Diários intermitentes

Mexico 18-8-74

Cinco semanas no Brasil. A primeira vez em dez anos que me senti mais ou menos à vontade "envolvido" com o Brasil. Olhava as pessoas como gente corrente; se alguém se dirigia a mim já me passava pelo espírito que poderia ser algo especial. E isso foi suficiente para que tudo mais pudesse ser visto e sentido de forma diferente. Pude reencontrar-me espiritualmente com coisas que são parte de mim. É como se eu descobrisse raízes que estavam perdidas em armários e gavetas esquecidos.

Pergunto-me se este estado de espírito não me induz a "compromissos", a embotar a minha consciência crítica. Será que vou perder essa lucidez, que não me abandonou em nenhum momento, no que respeita às coisas brasileiras. Essa lucidez terá sido quiçá o fruto mais positivo destes anos de exílio. Ou será que surge em mim uma certa fadiga, uma lucidez de lucidez? Vejo o mesmo esse mundo, tal qual ele é. Mas também vejo como é fácil superestimar a capacidade pessoal para mudá-lo. Vendo o último livro do Héli não paro de maravilhar-me com a extraordinária capacidade que ele tem de iludir-se superestimando a própria capacidade para interferir nos acontecimentos.

Falando com intelectuais, particularmente os de formação marxista, vejo o importante que é dispor de uma utopia para sobreviver nesse mundo absurdo. Imaginar que as "contradições" se estão agravando, que o futuro

Celso Furtado

Diários intermitentes
1937-2002

Organização, apresentação e notas
Rosa Freire d'Aguiar

Prefácio
João Antonio de Paula

COMPANHIA DAS LETRAS

CAPA E PROJETO GRÁFICO
Mariana Newlands

FOTOS DE CAPA, QUARTA CAPA E MIOLO
Acervo Rosa Freire d'Aguiar

Todos os esforços foram feitos para reconhecer os direitos autorais das imagens. A editora agradece qualquer informação relativa à autoria, titularidade e/ou outros dados, se comprometendo a incluí-los em edições futuras.

PREPARAÇÃO
Osvaldo Tagliavini Filho

REVISÃO
Marina Nogueira
Clara Diament

ÍNDICE ONOMÁSTICO
Luciano Marchiori

Centro Internacional
CELSO FURTADO
de Políticas para o Desenvolvimento
The International CELSO FURTADO Center for Development Policies

Esta obra contou com o apoio do Centro Internacional Celso Furtado de Políticas para o Desenvolvimento

Dados Internacionais de Catalogação na Publicação (CIP)
(Câmara Brasileira do Livro, SP, Brasil)

Furtado, Celso, 1920-2004
    Diários intermitentes : 1937-2002 / Celso Furtado.
— 1ª ed. — São Paulo : Companhia das Letras, 2019.

    ISBN 978-85-359-3267-6

    1. Diários 2. Economista – Brasil 3. Furtado, Celso, 1920-2004 – Anotações, rascunhos etc. 4. Memórias
I. Título.

19-27905   CDD-330.092

Índice para catálogo sistemático:
1. Economistas brasileiros : Diários 330.092

Cibele Maria Dias – Bibliotecária – CRB-8/9427

[2019]
Todos os direitos desta edição reservados à
EDITORA SCHWARCZ S.A.
Rua Bandeira Paulista, 702, cj. 32
04532-002 — São Paulo — SP
Telefone: (11) 3707-3500
www.companhiadasletras.com.br
www.blogdacompanhia.com.br
facebook.com/companhiadasletras
instagram.com/companhiadasletras
twitter.com/cialetras

Sumário

Apresentação

Rosa Freire d'Aguiar

Em meados de 2000, Celso Furtado anotou em seu diário que, desde muito cedo, se atribuíra a "tarefa ingrata" de pensar o Brasil. Mais precisamente, desde que se dera por missão escrever um livro sobre a "civilização brasileira", conforme registro feito a caneta-tinteiro na página de um caderno em agosto de 1938. Ele tinha dezoito anos e morava numa pensão no Recife, onde cursava no Ginásio Pernambucano o pré-jurídico para a admissão na faculdade de direito. Vinte anos depois, vivia em Cambridge e seguia os seminários de renomados economistas keynesianos. Foi nesse ambiente intelectual sofisticado que escreveu *Formação econômica do Brasil*. Se não tão abrangente a ponto de abarcar toda a "civilização brasileira", como ele vislumbrara um dia à beira do Capibaribe, a obra correspondia à "tarefa ingrata" de pensar o país, sua história e sua economia. Dois decênios separam o desejo do estudante do Recife, nascido em 1920, em Pombal, Paraíba, e a realidade do economista que em Cambridge, aos 38 anos, já era doutor pela Universidade de Paris e acumulara larga experiência como funcionário da Comissão Econômica para a América Latina, a Cepal. Nesse intervalo, a aspiração — eu diria a consciência de missão — de entender o Brasil só fizera crescer e aprofundar-se. Ela se tornaria a principal baliza de sua obra teórica, de sua atuação pública e de sua carreira acadêmica, mesmo quando exercida no exterior pelas contingências do exílio.

Celso não foi um praticante da arte dos diários, se por essa arte se entende o compromisso de registrar com regularidade o que de mais significativo acontece numa vida. Que o leitor não se equivoque: as notas que se seguem foram escritas ora num ritmo quase diário, ora espaçadas por meses, anos; ora se resumem a poucas linhas, ora se estendem por duas ou três páginas. Em geral, mais parecem apontamentos intermitentes que cumprem o que o autor previu, aos dezoito anos, num de seus primeiros diários: "Só pegarei na pena mediante duas premissas: tempo e motivo".

Motivo houve. Tempo, nem sempre. Razões variadas o moviam a abrir um caderno — raramente escrevia em folhas soltas — e fixar umas linhas no papel. Por exemplo, quando julgava ter testemunhado um encontro decisivo (Juscelino Kubitschek prestes a romper com o FMI); quando uma conversa lhe iluminava uma faceta desconhecida de um amigo (Roberto Campos, Roland Corbisier, Fernand Braudel); quando surgia a oportunidade de discorrer sobre o Brasil com um estrangeiro (Henry Kissinger, Claude Cheysson, Ievguêni Ievtuchenko). O diário também servia de derivativo para um dia de tensão, de imprevistos. Ou para um desabafo, um diálogo mudo consigo mesmo, como as tantas notas tomadas enquanto se arrastava no Congresso Nacional a votação da Lei da Sudene e ele, o futuro superintendente, corria de um gabinete a outro defendendo seu projeto e desfazendo intrigas de adversários que negociavam falsas fichas policiais a seu respeito. Nessas horas de ansiedade, o recurso ao diário parecia vital para deixar memória do que lhe ocorria. Também lhe inspiravam a leitura de um livro, uma conferência a que assistia. Datas próximas ao 31 de dezembro ensejavam um balanço do ano que terminava. E por três vezes os diários serviram-lhe para esboçar romances que, afinal, não foram adiante.

Em pelo menos duas ocasiões, "tempo e motivo" convergiram para gerar registros mais íntimos. O primeiro foi no início de 1945, quando Celso passou duas semanas a bordo de um navio militar rumo à Itália em guerra; o segundo, em setembro de 1964, recém-chegado a New Haven, Estados Unidos, onde iniciaria, como pesquisador da Universidade Yale, o longo exílio a que o golpe militar em abril daquele ano o submetera. Foram dois momentos em que se valeu do diário para uma espécie de autoanálise, sopesando os projetos interrompidos pelas reviravoltas do presente e as incertezas do futuro.

Viagens eram outra oportunidade. Muitas estão lembradas aqui, pelo Brasil, América Latina, Europa, Ásia. Não raro, quando chegávamos ao hotel num país visitado pela primeira vez, depois de um dia atribulado de diligentes turistas, ou da jornada cansativa de um congresso internacional ao qual eu o acompanhava, Celso abria o caderno trazido na mala ou comprado na papelaria mais próxima e escrevia o que o impressionara naquele dia. Foi assim na primeira viagem à China, em 1980, quando visitamos um país ainda fechado ao estrangeiro, que recebia só 12 mil turistas por ano. Foi assim na Mongólia, quando ele dormiu em tendas fincadas no deserto de Ulan Bator. Foi assim em Manila, nas Filipinas, para uma conferência sobre as democracias recém-restauradas, em que demos uma escapada para conhecer a coleção de sapatos da excêntrica ex-primeira-dama então foragida. Foi assim na primeira vez que voltou à Paraíba, dez anos depois de sair do país.

Em casa, era depois do jantar, ou aos domingos, que ele escrevia nos cadernos pessoais. Sempre à mão. Não relia as notas. Estes diários não foram revistos, nem reescritos. Com exceção de meia dúzia de anotações, assinaladas em nota de rodapé, não se trata de rascunhos de textos reelaborados para publicação ou futuras conferências. Celso não dispensava a revisão de seus textos. Estes ora publicados, ao que tudo indica destinados a permanecer nas páginas fechadas de um caderno — por sua vez esquecido numa estante —, apresentam as falhas de manuscritos não revistos. Que podem, contudo, revelar características de seu autor, como o recurso aos estrangeirismos, marcadamente em dois momentos de sua vida. Dos 28 aos 37 anos, como economista da Cepal, em Santiago do Chile e percorrendo a América Latina, Celso trabalhou e escreveu praticamente só em castelhano. Os textos da época, e mesmo dos anos imediatos a seu retorno ao Brasil, em 1958, estão entremeados de espanholismos. Uns figuram entre aspas, outros estão sublinhados, alguns sem nenhum destaque, como se fossem palavras do nosso vernáculo. Assim estão nesta edição. Da mesma maneira, nos quase vinte anos de exílio na França, quando ele proferia suas aulas em francês, galicismos pontuam seus textos e, por conseguinte, seus diários. Se compreensíveis ou dicionarizados, foram mantidos.

Os *Diários intermitentes* de Celso Furtado estendem-se por 65 anos. Ele começou o primeiro aos dezessete; aos 82, tomou as últimas notas aqui publicadas. Desde as páginas hesitantes e prolixas de 1937 até as sínteses depuradas de 2002, dois anos antes de falecer, guardou diários correspondentes a 43 anos — indicação de que podiam se passar vários anos sem que sentisse a premência de registrar o presente vivido. Durante esse tempo, escreveu em cerca de cinquenta cadernos, grandes e pequenos, e em agendas. Os da mocidade são pautados, de capa lisa, muitos comprados em papelarias do centro do Rio de Janeiro; nos anos 1960, foram quase todos escritos em agendas grandes, comerciais, brindes oferecidos ao então superintendente da Sudene e ao ministro do Planejamento que ele foi entre 1958 e 1964; os do exílio costumavam ser quadriculados, comprados no Quartier Latin de Paris, em Londres, Buenos Aires, Moscou, e onde mais as viagens o levassem; quando as vindas ao Brasil se amiudaram, escreveu em cadernos escolares grandes, espiralados, de capas com fotos coloridas, adquiridos em lojinhas de Copacabana. Todos foram abandonados pelo meio, alguns com apenas uma dezena de páginas escritas, quando seu autor, por mudar de pouso, ou esquecer o caderno anterior em casa, comprava outro e recomeçava.

Em certos momentos Celso foi assíduo "diarista": no fim dos anos 1930, quando viveu entre a provinciana João Pessoa e o Recife, que para ele ostentava ares de metrópole; na década seguinte, deslumbrado com a vida cultural do Rio de Janeiro; na guerra, entre um acampamento e outro ou nas escapadas para conhecer as belezas da Itália; no final dos anos 1940, quando se doutorou na França e tudo foi novidade digna de nota, até mesmo o racionamento de pão; dez anos depois, em tempos de Nordeste e de convívio com o presidente Juscelino Kubitschek. Um quarto de século adiante, o Brasil vivia os estertores do regime militar e foram extensas as anotações nos diários, dando conta dos encontros com Ulysses Guimarães, Tancredo Neves, Fernando Henrique Cardoso, Severo Gomes e outros nomes da oposição. Essas observações escritas "a quente" por quem ia se envolvendo mais e mais com o projeto político da redemocratização ganham, com a distância, uma notável dimensão para compreender aqueles anos incertos que se encerraram com a Constituição de 1988, quando Celso, ministro da Cultura da Nova República, registrou em minúcias a convivência com os atores do governo de José Sarney.

Diários são um território privado que reserva surpresas. Fragmentários por natureza, constituem uma coleção de instantâneos captados por um olhar perspicaz, que fixa um detalhe nem sempre perceptível, uma face inesperada do interlocutor. Certa vez, em Paris, comentávamos um lançamento editorial dos diários — gênero tão preciosamente cultivado por escritores franceses — de um nome ilustre das letras. Celso arguiu que alguns intelectuais deixaram diários tão portentosos, de tantos milhares de páginas, que davam a impressão de ter passado pelo mundo não tanto para viver a vida mas para contá-la. E que nem todos tinham tempo de vivê-la e descrevê-la: havia que escolher. Ele escolheu viver. Não deixou diários volumosos. Ainda assim, a quase meia centena de cadernos incompletos revela 65 anos do percurso de um privilegiado ator e observador da vida intelectual e política do Brasil e de vários quadrantes do mundo na segunda metade do século xx. São fatos pequenos e grandes, reflexões íntimas, comentários sobre os muitos personagens com quem cruzou vida afora, satisfações e frustrações que fazem de *Diários intermitentes* a obra mais pessoal de Celso Furtado. Esses registros espirituosos, pertinentes, relevantes ou insignificantes conformam a trajetória de quem soube ser fiel à ingente "tarefa ingrata" de pensar não só o Brasil, mas o mundo em que viveu.

Estas páginas seguem a ordem cronológica, e vêm acompanhadas de pequenas introduções biográficas que visam situar o leitor nos diários ordenados em dez capítulos. Igualmente, as notas de rodapé, embora sucintas, pretendem orientá-lo em relação às dezenas de pessoas citadas. Para ilustrar os *Diários intermitentes*, escolhemos itens de memorabilia conservados por Celso Furtado. Muitas das lembranças dos anos 1940 e 1950, como as que ele trouxe da guerra na Itália, ou do pós-guerra na França, só sobreviveram às constantes mudanças graças ao zelo de seus pais, Mauricio e Maria Alice Furtado. Foram eles que tiveram a preocupação de guardar "as coisas de Celso" e transportar, de residência em residência, uma caixa onde o filho ausente, por estar morando no exterior como funcionário das Nações Unidas ou como exilado, acumulara pequenas curiosidades de viagens e vestígios do passado. Assim salvou--se um acervo de cadernos, fotos, papéis, documentos. E muitos destes diários.

Prefácio

João Antonio de Paula[*]

A primeira observação deste prefácio só pode ser o registro de uma certa estranheza que se deve, de um lado, à generosidade de Rosa Freire d'Aguiar e, de outro, à minha imprudência. É que prefácios, em geral, pelo excepcional mérito de seus autores, agregam prestígio ao livro prefaciado. No caso destes *Diários intermitentes*, é o prefaciador que se sente prestigiado por associar seu nome ao de Celso Furtado.

A publicação acrescenta mais um título expressivo à importante obra literária de um dos grandes nomes da vida política e cultural brasileira, abrindo a possibilidade de se tomar conhecimento de materiais relevantes para a exata compreensão de uma obra e de um autor que condensam questões fundamentais de nossa época. Intelectual público, com forte inserção internacional, Celso Furtado tem lugar de excepcional relevo na vida brasileira pela constância de sua dedicação à plena emancipação da nossa sociedade, pela firmeza de seus compromissos democráticos, pelo brilho de sua inteligência tão elevadamente generosa quanto lúcida. Estes *Diários intermitentes*, iniciados em 1937, alongaram-se até 2002, compreendendo 65 anos de uma vida, o que é fato raro entre escritos da mesma natureza.

[*] Professor do Centro de Desenvolvimento e Planejamento Regional da Faculdade de Ciências Econômicas da Universidade Federal de Minas Gerais (Cedeplar-Face-UFMG).

Outros diários famosos abarcaram períodos dilatados, como os de André Gide, que tiveram início em 1889 e se prolongaram, com intermitências, até 1949. Igualmente longo foi o tempo coberto pelo também emblemático *Diário íntimo*, de Henri-Frédéric Amiel, que se iniciou em 1847 e se prolongou até 1881, com um total de 17 mil páginas, quinhentas delas publicadas pelo autor com o título de *Fragmentos de um diário íntimo*. Os irmãos Edmond de Goncourt e Jules de Goncourt mantiveram um *Diário* que, publicado inicialmente entre 1887 e 1896 e republicado pela Academia Goncourt entre 1927 e 1935, somava 27 volumes.

O gênero textual diário tem, como se vê, praticantes ilustres. Contudo, foi relativamente tardia a gênese daquilo que tem sido chamado de "literatura pessoal". É possível que a institucionalização dessa especialidade literária tenha se dado pela primeira vez na Université Paris 13, no início dos anos 1990, sob a direção do professor Philippe Lejeune.

Com efeito, a Grécia clássica não admitia a possibilidade de uma literatura pessoal. Aristóteles, em *Ética a Nicômaco*, diz que "o homem ideal não fala nem dos outros nem de si mesmo".[1] Nem as *Confissões* de Santo Agostinho devem ser vistas como expressão da subjetividade de um *eu*, individualmente autônomo, senão como uma apologia da grandeza inexcedível da fé cristã. Foi com a modernidade que se afirmou o conceito de homem, que permitiu a emergência plena de um eu — que só existe porque membro de um grupo, de uma corporação, de uma congregação —, de um eu sujeito de direitos, dotado de uma subjetividade potente e dinâmica. Não por acaso, Jacob Burckhardt abriu seu livro sobre o Renascimento italiano falando do Estado como obra de arte e de seu papel no desenvolvimento do indivíduo.[2]

A modernidade é, de fato, a casa desse eu que não só descobre a liberdade individual, mas inventa um novo mundo, novas instituições, a cidade moderna, a universidade, o Estado, a ciência moderna, o desejo de

---

1 Citado em Catherine Chauchat (Org.), *L'Autobiographie: "Les Mots" de Jean-Paul Sartre*. Paris: Gallimard, 1993, pp. 79-84.

2 Jacob Burckhardt, *O Renascimento italiano*. Lisboa: Presença, 1973.

ser feliz, a contínua inquietação que não hesita em explorar todas as possibilidades do humano. É exatamente do Renascimento a mais genuína representação dessa espécie de êxtase embriagador que representou a descoberta da liberdade de pensar, de investigar em todas as suas nuances o inesgotável do coração humano, de suas convocações do sublime ao mais abjeto do que somos capazes, passando pelo mais costumeiro da vida medíocre, dos pequenos nadas que preenchem muito de nossa existência. É essa a lição decisiva de Montaigne, sua disponibilidade para explorar a inesgotável peregrinação da consciência individual, que, descobrindo-se livre, tem de enfrentar agora o desafio de fazer escolhas, de realizar o indivíduo ético que, sendo livre e autônomo, sabe que sua liberdade e sua felicidade dependem da liberdade e da felicidade de todos.

A modernidade libertou o eu. Com a modernidade, quando um poeta, Petrarca, canta sua musa, Laura, esta não é uma figura mitológica, uma idealização do feminino, mas uma mulher real, uma criatura viva, cercada de um cotidiano prosaico; quando um pintor, Giotto, pinta sua figura, esta não é uma idealização, uma convenção, um modelo, mas uma figura real, com as peculiaridades típicas de cada indivíduo, com suas imperfeições, com o que o distingue de todos os outros indivíduos.

O século XVIII foi pródigo em autores que não hesitaram em se revelar da forma mais aberta, podendo causar certo escândalo até em uma sociedade tão permissiva como a nossa. É o caso de Samuel Pepys, homem sobretudo do século XVII mas cujo *Diário* só veio a público no início do século seguinte. Como escreveu Otto Maria Carpeaux sobre Pepys: "A sua sinceridade no escrever esse diário era tão desacanhada que os descobridores do *Diary*, em 1825, se espantaram; certas páginas que fariam corar o próprio autor de *Lady Chatterley* ficaram inéditas. Pepys é o mais sincero confessor de todas as literaturas, porque o seu livro não pertence à literatura. Ele só escreve para si próprio. Não pensa em abrandar a sua vida, em idealizar a sua conduta".[3]

3 Otto Maria Carpeaux, *25 anos de literatura*. Rio de Janeiro: Civilização Brasileira, 1968, p. 22.

Outro diário famoso do século XVIII é o de James Boswell. Ainda hoje quase só conhecido por seu livro sobre a vida de Samuel Johnson, Boswell tem tido sua obra reavaliada pelo reconhecimento da força de seu diário, *Boswell's London Journal*, que registra as peripécias da vida do autor em Londres, entre 1762 e 1763. Também aqui falou muito alto o desejo de nada escamotear do vivido. "A família do autor se opôs à publicação dos numerosos manuscritos que Boswell deixou inéditos, por causa do caráter com frequência escabroso das revelações que fazia sobre si mesmo. [...] Seu *Diário* é uma relação minuciosa de sua viagem, de sua permanência em Londres e de sua vida nos ambientes mais elegantes da capital, sem esquecer o capítulo de seus amores (sobre os quais fala com uma franqueza e uma sinceridade que nos lembram a mesma franqueza do *Diário de Pepys*)."[4]

A literatura pessoal abarca vários tipos de expressão: confissões, diários, autobiografias, memórias, além da correspondência. Na sequência acima, os primeiros termos — confissões e diários — dão conta de uma efetiva centralidade do sujeito que relata, centralidade essa que vai sendo diluída quando se trata de autobiografias e memórias, nas quais há, ainda que não explicitamente, um distanciamento entre o narrador e aquilo que é narrado, o que muitas vezes parece configurar uma narrativa em terceira pessoa. Já a correspondência pode assumir qualquer dos tipos listados e até mesmo combinações entre eles.

A forma da literatura pessoal é, por antonomásia, a confissão. Inaugurada exemplarmente por Santo Agostinho, a confissão, em tempos muitíssimo anteriores à psicanálise, deveria soar desconcertante. Afinal, há um certo júbilo na confissão daquela coleção de pecados e iniquidades que o ainda não santo nos oferece. É que, para valorizar a sua conversão, os pecados cometidos tinham que ser superlativos. Também extraordinárias são as *Confissões* de Jean-Jacques Rousseau, escritas entre 1765 e 1770 e publicadas entre 1781 e 1788. Carpeaux escreveu sobre as *Confissões*:

4 González Porto-Bompiani (Org.), *Diccionario literario*. 2. ed. Barcelona: Montaner y Simón, 1967, v. 4, pp. 54-5.

Essa autobiografia espantosa, ou melhor, esse grande *plaidoyer* perante a posteridade, é o livro mais sincero e mais hipócrita, mais humilde e mais orgulhoso, mais franco e mais confuso do mundo. Através das frases retumbantes em favor de simplicidade natural e da inocência da vida campestre revelam-se as perversões de um literato corruto, de um libertino vulgar, que se impõe, no entanto, pela eloquência torrencial. [...] As *Confissões* são um livro de importância histórica tão grande como as *Confissões* de Santo Agostinho: duas autobiografias que anunciam e terminam a agonia de duas civilizações, pelo desmoronamento total de todos os valores.[5]

Rousseau buscou se explicar, revelando-se inteiro, buscou se justificar diante do inominável, para nossa época, que é ter exposto seus filhos, entregues à caridade pública. Não será ilegítimo dizer que Rousseau criou a pedagogia moderna, ensinou aos pais e à sociedade como cuidar de seus filhos, como uma forma de compensação, expiação que não os isenta de suas responsabilidades morais.

Há, em vários casos de literatura pessoal, uma espécie de dupla perversão: o exibicionismo de quem relata e o voyeurismo de quem lê. Nem sempre é fácil a leitura desses textos. É este o caso do livro póstumo de Louis Althusser, sua autobiografia, *O futuro dura muito tempo*, que inventaria as circunstâncias que o levaram a matar sua mulher, Hélène, durante um surto psicótico. É com um incômodo crescente que se acompanha a narrativa de Althusser: "É provável que se julgue chocante que eu não me resigne ao silêncio depois do ato que cometi, e também a impronúncia que o sancionou e da qual, segundo a expressão espontânea, eu me beneficiei".[6]

Com efeito, *O futuro dura muito tempo* é um livro que cobra preço alto pelo nosso voyeurismo, porque nos solicita, nos interpela numa região profunda e trágica de nossa existência, que é quanto a nossa capacidade

---

5 Otto Maria Carpeaux, *História da literatura ocidental*. Rio de Janeiro: O Cruzeiro, 1961, v. 3, p. 1516.

6 Louis Althusser, *O futuro dura muito tempo*. São Paulo: Companhia das Letras, 1992, p. 21.

real, efetiva e incondicional de nos colocarmos no lugar do outro, de realizar o mais radicalmente humano de nossos sentimentos, diante do absoluto de um gesto improvável e brutal.

Nem toda a literatura pessoal tem essa vocação abissal, essa obsessão pelas profundezas e pela confissão-escarificação. Sendo inteiramente sincero e verdadeiro em seus *Diários*, Celso Furtado tem um pudor, uma contenção que não atenua, que não é um falso apaziguamento. Por vários títulos, ele tem algo de jansenista não religioso: a mesma lucidez intransigente, a mesma contenção de demasias, o mesmo sentido radical da realização do bem comum, a mesma aposta na capacidade humana de se autoemancipar.

No poema "O sim contra o sim", que está no livro *Serial*, João Cabral de Melo Neto nos dá genealogia, perfila afinidades eletivas: Marianne Moore, Francis Ponge, Miró, Mondrian, Cesário Verde, Augusto dos Anjos, Juan Gris, Jean Dubuffet. Em outro poema do mesmo livro, Graciliano Ramos é agregado à lista dos que se recusam à fraude pela radical convocação do cerne, do

> [...] *que reduz tudo ao espinhaço,*
> *cresta o simplesmente folhagem,*
> *folha prolixa, folharada,*
> *onde possa esconder-se a fraude.*[7]

Não será arbitrária a inclusão de Celso Furtado nessa lista. Ele, como os demais citados, enquadra-se no programa-escolha do poeta:

> *Sempre evitei falar de mim,*
> *falar-me. Quis falar de coisas.*
> *Mas na seleção dessas coisas*
> *não haverá um falar de mim?*

---

7 João Cabral de Melo Neto, *Obra completa*. Rio de Janeiro: Nova Aguilar, 1995, p. 312.

Não haverá nesse pudor
de falar-me uma confissão,
uma indireta confissão,
pelo avesso, e sempre impudor?[8]

Há, sob certos aspectos, um tanto de paradoxo em quem, escrevendo memórias ou diários, como Celso Furtado, abstém-se da confissão:

[...] de toda uma crosta viscosa,
resto de janta abainada,
que fica na lâmina e cega
seu gosto da cicatriz clara.[9]

Entre os tipos de literatura pessoal, Philippe Lejeune não incluiu as "antimemórias", que é título de livro de André Malraux. Vale a pena tentar sanar essa lacuna na medida em que as antimemórias, tal como Malraux as concebeu, trazem uma outra perspectiva à questão. Diz Malraux: "Mas o homem não atinge o fundo do homem; não encontra sua imagem na extensão dos conhecimentos que adquire; encontra uma imagem de si mesmo nas perguntas que faz. [...] E é possível que, no domínio do destino, o homem valha mais pelo aprofundamento de suas perguntas do que por suas respostas".[10]

Nada talvez sintetize mais adequadamente a caminhada de Celso Furtado do que a radical centralidade que a interrogação sobre o Brasil exerceu sobre ele. Em 20 de agosto de 1938, na casa dos seus dezoito anos, escreveu (p. 48):

Quero registrar hoje, aqui, uma ideia que há tempo venho acariciando: escrever uma História da Civilização Brasileira.

---

8 Id., ibid., p. 554.

9 Id., ibid., p. 311.

10 André Malraux, *Antimemórias*. São Paulo: Difel, 1968, p. 11.

Seria uma obra completa sob o ponto de vista crítico-filosófico. Não seguiria o plano até hoje seguido pelos nossos historiadores.

Ao lado das influências individuais observaria as influências das coletividades. Não me deixaria emaranhar pelos fatos. Não seria uma história das guerras.

Vejo dentro de mim todo esse monumento isento de facciosidade, de paixões: a História de uma Civilização.

Mais à frente haverá lugar para análise dos *Diários* de Celso Furtado. Nesse passo, registrem-se três aspectos importantes: a segurança, a *nonchalance* com que um jovem de dezoito anos se abalança a um projeto de tal envergadura; a recusa de uma visão tradicional da história, que a Escola dos Annales chamou de "história historizante", ao dizer: "Não me deixaria emaranhar pelos fatos. Não seria uma história das guerras"; e, finalmente, a espantosa constância daquele projeto: com efeito, toda a obra de Celso Furtado e toda a sua atuação política e intelectual não se afastaram nunca daquela obsedante interrogação: o que é o Brasil, como entendê-lo, como fazer para transformá-lo, para superar seus impasses e suas crônicas iniquidades?

Reconhecer a constância da pergunta não significa afirmar a inalterabilidade das respostas, porque tanto o Brasil como o próprio Celso Furtado se transformaram ao longo do tempo. De todo modo, há no fundo daquele projeto, daquele esforço de conhecer e atuar de forma racional, uma determinação que escapa ao puramente intelectual, para mais uma vez lembrar Malraux, porque no insondável das nossas escolhas há, muitas vezes, uma insinuação do trágico, "uma presença irrefutável e fugidia como a do gato que passa na sombra: a do fantasma de quem sem saber ressuscitei o nome".[11]

Não se omita esse fundo de mistério que é o fato de um jovem nascido no sertão, de classe média, que desde a infância tomou conhecimento da violência, do misticismo, da miséria, da opressão, da injustiça, e que buscava entender e transformar tal mundo.

11 Id., ibid., p. 13.

* * *

A literatura pessoal no Brasil tem vários e importantes cultores. É costumeiro ver *Minha formação*, de Joaquim Nabuco, publicado em livro em 1900, como um marco decisivo do gênero entre nós. E também frequente é o reparo que se tem feito à obra, mesmo por aqueles que admiram o autor, com relação à pequena presença nacional em seu relato: todo o Pernambuco, todo o Brasil, toda a formação humana do autor restritos a um único capítulo, "Massangana", enquanto abundam temas e autores estrangeiros ao longo do livro.[12]

Um contraponto expressivo às memórias de Joaquim Nabuco são as *Minhas recordações*, do mineiro Francisco de Paula Ferreira de Rezende, escritas provavelmente entre 1887 e 1890 e publicadas em 1944. Vejamos o que diz Antonio Candido:

> No famoso *Minha formação*, Joaquim Nabuco atenua de certo modo o caráter exemplar do que narra, porque traz para o primeiro plano uma personalidade bastante narcísica, embora eminente, dando exemplo de como o dado pessoal pode se desenvolver na vaidade, a mais particularizadora das forças que atuam em nós. Ferreira de Rezende, ao contrário, alcança o valor generalizante dos grandes livros, através da sua candura arguta e do desejo de fazer viver o seu tempo e o seu meio, graças ao relato de sua vida.[13]

Outro pernambucano ilustre, Gilberto Freyre, deixou-nos um diário: *Tempo morto e outros tempos: trechos de um diário de adolescência e primeira mocidade, 1915-1930*. Apesar de se apresentar como diário, isto é, como registro dos fatos, reflexões e impressões do autor na medida em que se sucedem, esse livro de Gilberto Freyre não é, pelo menos não inteiramente, um diário, como se pode ver pelo exemplo que se segue. Em re-

12 Joaquim Nabuco, *Minha formação*. São Paulo: Instituto Progresso Editorial, 1949.

13 Antonio Candido, "A autobiografia poética e ficcional na literatura de Minas". In: *IV Seminário de Estudos Mineiros*. Belo Horizonte: UFMG, 1977, p. 44.

gistro com data de 1923, e de Recife, diz Gilberto Freyre, sobre o movimento modernista: "Não consigo me entusiasmar por certas andradices de Mário. Prefiro as andradices 'modernistas' de outro Andrade, embora 'Noturno de Belo Horizonte' me pareça um belo poema numa nova língua portuguesa".[14] Nada a objetar com relação às preferências de Gilberto Freyre; ele tem todo o direito de tê-las, como todos nós. Mas há aí um problema: "Noturno de Belo Horizonte", de Mário de Andrade, foi escrito em 1924 e só apareceu em livro em 1927, em *Clã do jabuti*.[15] Mencionar em 1923 um poema que só seria escrito em 1924 prova que, de fato, não se trata de um diário, mas de livro que simula um diário, quando na verdade não o é, não resultando de registro de acontecimentos tais como eles se deram, no calor da hora, mas de elaboração posterior, portanto, sujeita a um juízo, que não é o do momento.

Entre os grandes memorialistas brasileiros, dois têm lugar de destaque, seja pelas qualidades da fatura literária, seja pelo muito que revelam do Brasil do século XX: Gilberto Amado e Pedro Nava.

O ciclo memorialístico de Gilberto Amado teve início com a publicação, em 1954, de *História da minha infância*, ao qual se seguiram *Minha formação no Recife* (1955), *Mocidade no Rio e primeira viagem à Europa* (1956), *Presença na política* (1958) e *Depois da política* (1960). Homem corajoso, Gilberto Amado não hesitou em confessar em suas memórias as circunstâncias que o levaram a matar um homem. Firme também era seu apego a amizades, mesmo quando alguns companheiros caíram em desgraça ou passaram a não gozar da simpatia da volúvel opinião pública. Testemunha privilegiada de momentos importantes da República Velha, foi merecedor da estima do condestável general Pinheiro Machado, além de amigo e admirador do grande político mineiro Raul Soares. Conviveu com Epitácio Pessoa, Arthur Bernardes, Washington Luís e Júlio Prestes. Foi adversário da Aliança Liberal e duro opositor de Getú-

---

14 Gilberto Freyre, *Tempo morto e outros tempos: trechos de um diário de adolescência e primeira mocidade, 1915-1930*. Rio de Janeiro: José Olympio, 1975, p. 132.

15 Mário de Andrade, *Poesias completas*. São Paulo: Martins, 1955.

lio Vargas. Professor, político, diplomata e escritor, realizou-se sobretudo nestas duas últimas áreas. Sobre a memorialística de Gilberto Amado, disse Odilo Costa Filho:

"Em *Minha formação* há uma Massangana; na *História da minha infância* há uma Massangana quase em cada página", escreveu Manuel Bandeira a Gilberto Amado, quando da primeira edição deste livro. É a impressão definitiva, a que ficará, e a rigor bastaria como introdução a este clássico brasileiro. Diz tudo. O que era, realmente, o cheiro de mel dos grandes tachos e a sombra dos escravos sobre o menino Joaquim Nabuco multiplicou-se em imagens da vida natural e de aconchego humano no menino Gilberto Amado. Num e noutro, todavia, não é o senso do descritivo ou o gosto de narrar que gera a eternidade, sim o renascer aflorante dos olhos de outrora.[16]

Pedro Nava surgiu no cenário cultural brasileiro como um vulcão benigno. Aos 69 anos, o médico mineiro, morador do Rio de Janeiro desde a década de 1930, um dos pioneiros do modernismo em Minas Gerais, admirado poeta bissexto, talentoso artista plástico, surpreendeu a literatura nacional com uma sucessão de grandes obras memorialísticas: *Baú de ossos* (1972), *Balão cativo* (1973), *Chão de ferro* (1976), *Beira-mar* (1978), *Galo das trevas* (1981), *O círio perfeito* (1983) e, ainda, o volume póstumo, *Cera das almas* (2006). É difícil, hoje em dia, avaliar o impacto, o abalo sísmico representado pelo trabalho de Pedro Nava. De repente, não mais que de repente, viu-se surgir uma alta montanha, dessas que se veem ao longe e que permitem ampliar muito o nosso horizonte mental, nossa subjetividade, nossa história cultural. Uma língua nova, não da mesma matéria que a de Guimarães Rosa, mas também refulgente em sua capacidade de fazer reviver e transfigurar, de dar voz ao que o tempo emudeceu, numa experiência literária que não perdeu de vista a odisseia proustiana, em que a palavra luta contra a morte, contra o mundo dani-

16 Odilo Costa Filho, "Prefácio". In: Gilberto Amado, *História da minha infância*. 3ª ed. Rio de Janeiro: José Olympio, 1966, p. xv.

ficado, contra a venalidade. A obra de Pedro Nava é um dos mais potentes e abrangentes painéis da vida política e cultural brasileira do século xx. Com seu centro em Minas Gerais, ele alcança seus antepassados do Ceará, do Maranhão, suas fundíssimas raízes mineiras. Tão vasto o panorama, tão exata a descrição, foi porque o autor cuidou de documentar-se: fotos, cartas, desenhos, longas conversas na cozinha (como é do gosto dos mineiros), e o passado é transfigurado, convocado de novo a reviver, se não como cópia do que foi, como invenção, que é como o que foi pode revelar a sua verdade no presente.

Em 1968, os grandes poetas Murilo Mendes e Carlos Drummond de Andrade lançaram suas memórias em forma de poesia: *A idade do serrote*, de Murilo Mendes, em que o título não esconde sua constante provocação e transgressão, e *Boitempo*, de Drummond, em que a convocação da memória segue a marcha exata do bambolear dos bois:

> *O gado é que anoitece*
> *[...]*
> *No gado é que dormimos*
> *e nele que acordamos.*
> *Amanhece na roça*
> *de modo diferente.*
> *A luz chega no leite,*
> *morno esguicho das tetas*
> *e o dia é um pasto azul*
> *que o gado reconquista.*[17]

Boitempo teve sequência em 1973, com *Menino antigo* (*Boitempo II*), e em 1979, com *Esquecer para lembrar* (*Boitempo III*), em que as memórias do menino no mundo do curral e dos bois se alargam para convocar o sexo, apenas antevisto:

17 Carlos Drummond de Andrade, *Boitempo & A falta que ama*. Rio de Janeiro: Sabiá, 1968, p. 59.

Diz-se que na mulher tem partes lindas
e nunca se revelam. Maciezas
redondas. Como fazem
nuas, na bacia, se lavando,
para não se verem nuas nuas nuas?[18]

Depois foi o colégio, Belo Horizonte, Friburgo, Belo Horizonte, a descoberta da poesia e da amizade, o curso de farmácia, o modernismo.

Romancista, contista, cronista, Graciliano Ramos foi notável memorialista. *Infância* (1945) e *Memórias do cárcere* (1953) estão não só entre as maiores obras do autor, mas também da literatura brasileira. A matéria de *Infância* é a mesma de *A idade do serrote* e de *Boitempo*: a sofrida experiência da descoberta do mundo, os tormentos do sexo imaturo, o todo de inquietação e dúvida mal formulada dos anos juvenis, a descoberta da injustiça.

Já estabelecemos aqui afinidades entre Graciliano Ramos e Celso Furtado. Vamos agora insistir nesse ponto e desdobrá-lo. Para tanto, recorramos a algumas tentativas de tipologia, a começar por uma tão antiga quanto elegante. Isaiah Berlin, em seu livro *Pensadores russos*, de 1988, lembrou de um poeta da Grécia antiga, Arquíloco, que dividia os pensadores em duas categorias: os *ouriços* e as *raposas*. Enquanto os ouriços expandem um único ponto até que este alcance o tamanho do mundo, as raposas, ao contrário, não partem de um único princípio, de um único ponto, mas vão recolhendo, colecionando, experimentando, ajuntando pedaços e fragmentos, de tal modo que, ao final, o resultado seja uma igual construção da integralidade do mundo, à qual os ouriços chegaram pela expansão de um núcleo original. Ouriços, nesta tipologia, seriam Platão, Santo Agostinho, Dante, Hegel, Marx e Freud. Já Aristóteles, Montaigne, Shakespeare e Goethe seriam raposas típicas. Outra tipologia, não destituída de interesse, é a proposta por José Lins do Rego, que

---

18 Carlos Drummond de Andrade, *Nova reunião: 19 livros de poesia*. Rio de Janeiro: José Olympio, 1983, v. 2, p. 675.

dividiu os escritores entre *gordos* e *magros*.[19] Entre os escritores brasileiros, ele via Coelho Neto como um gordo rotundo, que se nutria de adjetivos com fúria. José de Alencar também estaria entre os gordos, assim como Rui Barbosa. Magro por excelência seria Machado de Assis. Para ficar com a tipologia de José Lins do Rego, e completá-la, é de rigor que se enquadre Graciliano Ramos entre os magros, também João Cabral de Melo Neto e, certamente, Celso Furtado.

João Cabral de Melo Neto também tem sua tipologia de escritores. Inspirado pelos carros de boi de Pernambuco e do Rio de Janeiro, disse ele:

> Pensei então em escrever um poema que falasse de "boi de coice" e "boi de cambão". Os bois de cambão são os que puxam o carro, os de coice são os que freiam, quando ele está descendo uma ladeira. Eu pensava num poema que fosse uma tipologia geral. Por exemplo, Manuel Bandeira é boi de cambão, o Schmidt é um legítimo boi de coice. Sartre é um boi de cambão, o Camus é um boi de coice. Não há superioridade de um sobre o outro. É uma questão de tipologia. Auden era boi de cambão, Eliot era boi de coice. [...] Manuel Bandeira é o sempre na frente, desbravando o caminho, sem pose, sem grandiosidade. Carlos Drummond, no princípio, era boi de cambão, acabou como boi de coice. Murilo Mendes tem pedaços de boi de coice e pedaços de boi de cambão. [...] Mário de Andrade é boi de cambão, Augusto dos Anjos é boi de coice. Proust, boi de coice, Valéry, boi de cambão. Isso, como você vê, não é questão de valor, mas de *approach* da realidade. Inclassificável é o Shakespeare, capaz de escrever a comédia mais engraçada e a tragédia mais trágica.[20]

Os *Diários intermitentes* de Celso Furtado são documentos contundentes de que seu autor é um "boi de cambão". Ele já praticara a literatu-

---

19 José Lins do Rego, *Gordos e magros: ensaios*. Rio de Janeiro: Casa do Estudante do Brasil, 1942.

20 João Cabral de Melo Neto, "Considerações do poeta em vigília" [entrevista]. In: *Cadernos de Literatura Brasileira*. São Paulo, Poços de Caldas: Instituto Moreira Salles, n. 1, mar. de 1996.

ra pessoal em seus livros autobiográficos: *A fantasia organizada*, de 1985, *A fantasia desfeita*, de 1989, e *Os ares do mundo*, de 1991. Essa trilogia, para alguns leitores, talvez remeta à extraordinária biografia, também em três volumes, que Isaac Deutscher escreveu de Trótski: *O profeta armado*, *O profeta desarmado* e *O profeta banido*. Se a caminhada de Celso Furtado não teve os extremos de grandeza e tragédia que marcaram a experiência da geração de que Trótski é símbolo, houve nele uma radical aposta na capacidade humana de transformar a sociedade; houve os tempos difíceis, mas felizes, da ação, da perspectiva da construção exitosa, a que se seguiram a derrota, o exílio, a frustração, a "construção interrompida", como ele descreveu a situação em livro de 1992.

Francisco Iglésias, em sua apresentação da obra autobiográfica de Celso Furtado, disse, e como sempre muito bem:

> Estes textos têm alto valor como depoimentos para a história administrativa e política; e também para a da intelligentsia patrícia. Demais, valem para caracterizar com rigor uma carreira que foi sempre eficiente e lúcida, em compreensão do regional e do nacional, nos planos teórico e prático — coisa bastante rara na perspectiva brasileira. Valem para a política e para o entendimento dessa prática da qual tanto se fala e tão pouco de fato se conhece. O memorialismo de Celso Furtado é um marco para melhor compreensão da vida nacional em todos os seus aspectos e aumenta o patrimônio cultural do país neste fim de século em que ele teve tão relevante papel.[21]

Se me fosse possível dar um subtítulo aos *Diários intermitentes* de Celso Furtado, mobilizaria outro escritor paraibano, Augusto dos Anjos, e escreveria: "A lucidez foi sua companheira inseparável". No longo período abarcado pelos *Diários*, de 1937 a 2002, não houve concessões ao despautério, às demasias, ao patético ou ao ridículo. Tal apego à objetividade não excluiu a paixão, a indignação, a crítica implacável, que, no

---

21 Francisco Iglésias, "Apresentação da primeira edição". In: Celso Furtado, *Obra autobiográfica*. São Paulo: Companhia das Letras, 2014, p. 15.

entanto, não desandaram nunca em sentimentos subalternos, em exageros sentimentais, em mesquinharia ou ressentimento. Nesse sentido, mesmo os entusiasmos estiveram quase sempre sob controle, salvo quando se tratava de música e de literatura, áreas pelas quais Celso Furtado era aficionado.

Rosa Freire d'Aguiar, organizadora dos *Diários*, dividiu-os em dez partes, e apontou para a intermitência dos registros. Chama a atenção, quanto a isso, o silêncio dos *Diários* sobre dois períodos de grande importância na vida de Celso Furtado: o de 1949 a 1951, que coincide com seus primeiros anos na Comissão Econômica para a América Latina (Cepal), e o de 1962 e 1963, época em que elaborou o Plano Trienal e foi ministro do governo João Goulart. Por outro lado, esses dois momentos estão particularmente bem representados em sua autobiografia, o que nos dá condições de acompanhar, de maneira objetiva, as motivações e circunstâncias que marcaram sua vida e suas ações naqueles momentos.

A leitura dos *Diários* de Celso Furtado revela-o em sua íntegra pessoa. Por vezes nos surpreendemos com a severidade de seus juízos sobre figuras conhecidas e em geral aclamadas, como é o caso de Villa-Lobos, d. Helder Câmara, Jorge de Lima, Alfonso Reyes. Sem exacerbações também aparecem suas admirações: Raúl Prebisch, Josué de Castro. Mesmo reconhecendo os méritos de certos políticos — Juscelino Kubitschek, João Goulart, Ulysses Guimarães, Tancredo Neves —, nunca há entusiasmos ou omissão de suas limitações ou comprometimentos políticos e ideológicos.

Em 26 de dezembro de 1979, disse: "Não é de meu gosto botar no papel reflexões íntimas, pois elas são *très souvent* uma simples cortina com que nos encobrimos, ou meros *wishful thinkings*" (p. 262). São poucos os momentos em que os *Diários* se permitem confissões íntimas. Um desses momentos, quando de sua estadia em New Haven, em 1º de setembro de 1964, a solidão e o amargor da derrota política desarmaram-no, e ele expressou sentimentos que incidem em temática freudiana: "Os primeiros anos de minha vida, refiro-me aos primeiros três ou quatro, devem ter sido marcados por uma consciência de abandono. Aparentemente meu pai, depois de casado, continuou a mesma vida alegre de cantor de serenatas, indo participar de festas e deixando minha mãe grávida, numa pequena cidade do sertão, numa época em que a insegurança era geral" (p. 220). Abstenho-me de incursões psicanalíticas, de estabelecer relações de causa e efeito, mas é forçoso reconhecer, ao longo da vida de Celso Furtado, um certo sentido de missão, de compromissos incanceláveis, seja no plano pessoal, seja no plano político e intelectual. Realmente terá sido decisiva, na constituição de sua fisionomia erudita e moral, a certeza de seu valor. Em 21 de fevereiro de 1945, a bordo do navio que o levava para a guerra na Europa, ele escreveu (p. 80):

> Soube mais de uma vez que passara pelo perigo submarino, entretanto nunca este navio me pareceu menos seguro que a minha casa. Ocorreu-me, aliás, ao pensar nisso, algumas considerações sobre o medo. Ele só existe em mim como estado reflexivo. Penso, por exemplo, na hipótese de parar de viver por um ato de estupidez ou por um acaso estulto; penso na insignificância dessa morte no quadro geral dos acontecimentos e ao mesmo tempo na importância oculta que talvez encerre. É que eu ainda não esvaziei o copo que me cabe sorver, ainda constituo um mistério para mim mesmo; se eu chegar a ser um homem excepcional, no futuro, isto não constituirá surpresa para mim mesmo.

Os *Diários* de Celso Furtado têm início em João Pessoa, em 1937. De lá a ação se desloca para Recife, onde cursa o pré-jurídico. Em 1940 vai para o Rio de Janeiro, para cursar a Faculdade de Direito da Universidade do Brasil, que conclui em 1944. Em 1943, foi admitido por concurso ao serviço público como técnico do Dasp. Desde 1941 escrevia para a *Revista da Semana* e frequentava com assiduidade o Teatro Municipal. Em 1945 é convocado para lutar na Segunda Guerra Mundial, recebe a patente de tenente e se desloca para a Itália num momento em que a guerra está terminando. Dessa experiência extrai o material para seu primeiro livro, *Contos da vida expedicionária: de Nápoles a Paris*. O gosto pela literatura foi permanente em sua vida, e os *Diários* revelam mais de uma tentativa de escrever romances. Em 1947, de novo a Europa e Paris, onde faz o doutorado em economia na Universidade de Paris, concluído em 1948, com a tese *A economia colonial no Brasil nos séculos XVI e XVII*, que ficou inédita entre nós até 2001, quando, por instâncias do professor Tamás Szmrecsányi, foi publicada pela Associação Brasileira de Pesquisadores em História Econômica e pela Hucitec.

Após concluir o doutorado, Celso Furtado volta ao Brasil e vai para o Chile participar da Cepal, órgão das Nações Unidas criado em 1948 para estudar e oferecer alternativas à superação das mazelas crônicas de nossas sociedades.

Nestes *Diários*, quando teve que falar sobre sua condição de economista — em 14 de junho de 1959, depois de intensa discussão com Roberto Campos —, escreveu: "Um entendimento verdadeiro é impossível. Minha posição mental é algo distinta, pois eu não sou exatamente o que se chama um economista. Por mais que eu haja estudado economia, é fundamental em mim o fato de que busquei nessa ciência, desde o início, um instrumento de análise a mais para compreender a história" (p. 165). Contudo, há um outro modo de conceber a economia e os economistas que faz de Celso Furtado quase um economista por excelência. É o que resulta da assimilação da lição de John Stuart Mill: "É pouco provável que um homem seja um bom economista se ele não for mais que um economista".[22]

Um verdadeiro economista foi Celso Furtado porque atento leitor de sociologia, geografia, ciência política, filosofia, antropologia e, sobretudo, história. A economia política pareceu-lhe o lugar privilegiado para travar seu continuado combate pela plena emancipação de nossas sociedades, mediante um processo que chamou de *desenvolvimento*, e que de nenhum modo se confunde com o simples crescimento econômico. Para ele, desenvolvimento econômico é o resultado de transformações estru-

---

22 John Stuart Mill citado em André Marchal, *Méthode Scientifique et science économique*. Paris: Éditions M. Th. Génin, Librairie Médicis, 1952, v. 1, p. 35.

turais que distribuam renda, riqueza, poder e conhecimento. Toda a sua vida política e profissional foi guiada por essa missão, por esse compromisso. Quando teve que caracterizar a natureza do processo que buscava construir, Celso Furtado falou de "reformas estruturais", em contraposição à ideia de "revolução", defendida pelas esquerdas. Mais de uma vez, manifestou-se crítico das perspectivas hegemônicas na esquerda, por estas serem dogmáticas, autoritárias e incapazes de compreender o país. Sua defesa das reformas e sua rejeição à revolução têm que ser entendidas como respostas à degeneração autoritária que engolfou a Revolução Russa depois do início auspicioso. Por outro lado, não se subestime o radical compromisso de Celso Furtado com as transformações estruturais que emancipem as camadas populares, como democracia, distribuição de renda e riqueza, assim como a valorização da cultura que articula as vanguardas, a cultura erudita ao mais potente e criativo da cultura popular.

Os *Diários* são o registro de uma experiência alargada no tempo e no espaço: Paris, Rio de Janeiro, Santiago, Cambridge, Rio de Janeiro, Recife, New Haven, Paris, Caracas, Mongólia, 65 anos de uma vida plena. Em 27 de maio de 1985, Celso Furtado escreveu (pp. 321-2):

O papel que me cabia em tudo isso esgotou-se. Não me interessa exercer o poder pelo poder e sei que no setor econômico-financeiro nada de realmente importante pode ser feito. O país não está preparado para enfrentar os problemas maiores. Enfrentá-los sem os meios adequados é provocar desestabilização, dificultar a consolidação das vitórias no plano da redemocratização. Preparar o país a longo prazo para enfrentar os grandes problemas não é tarefa para mim e sim para a nova geração. O que me cabe fazer é continuar pensando os problemas globais.

Essa tranquilidade é bem-vinda. A angústia profunda, que me acompanhava e fazia de mim um transeunte, sempre preparado para partir, tentar algo de novo, vai finalmente cedendo. O fim de tudo, que é a morte, já não assusta. Fortifica-se o sentimento de que a vida foi bem aproveitada. O que eu trazia dentro de mim não se dissipou. O meu eu incorporou-se ao mundo real na medida em que fiz coisas que são permanentes. Não que o meu nome deva sobreviver com elas, mas o mundo no futuro será algo diferente porque elas ocorreram no passado.

É preciso acreditar que seremos capazes de honrar Celso Furtado, sobretudo nesse momento, em que se assanham, de novo, as potências do obscurantismo às quais ele nunca deixou de dar combate.

BIBLIOGRAFIA

ALTHUSSER, Louis. *O futuro dura muito tempo*. São Paulo: Companhia das Letras, 1992.

ANDRADE, Carlos Drummond de. *Boitempo & A falta que ama*. Rio de Janeiro: Sabiá, 1968.

_____. *Nova reunião: 19 livros de poesia*. Rio de Janeiro: José Olympio, 1983, v. 2.

ANDRADE, Mário de. *Poesias completas*. São Paulo: Martins, 1955.

BERLIN, Isaiah. *Pensadores russos*. São Paulo: Companhia das Letras, 1988.

BURCKHARDT, Jacob. *O Renascimento italiano*. Lisboa: Presença, 1973.

CANDIDO, Antonio. "A autobiografia poética e ficcional na literatura de Minas". In: *IV Seminário de Estudos Mineiros*. Belo Horizonte: UFMG, 1977.

CARPEAUX, Otto Maria. *25 anos de literatura*. Rio de Janeiro: Civilização Brasileira, 1968.

_____. *História da literatura ocidental*. Rio de Janeiro: O Cruzeiro, 1961, v. 3.

CHAUCHAT, Catherine (Org.). *L'Autobiographie: "Les Mots" de Jean-Paul Sartre*. Paris: Gallimard, 1993.

COSTA FILHO, Odilo. "Prefácio". In: AMADO, Gilberto. *História da minha infância*. 3. ed. Rio de Janeiro: José Olympio, 1966.

FREYRE, Gilberto. *Tempo morto e outros tempos: trechos de um diário de adolescência e primeira mocidade, 1915-1930*. Rio de Janeiro: José Olympio, 1975.

IGLÉSIAS, Francisco. "Apresentação da primeira edição". In: FURTADO, Celso. *Obra autobiográfica*. São Paulo: Companhia das Letras, 2014.

MALRAUX, André. *Antimemórias*. São Paulo: Difel, 1968.

MARCHAL, André. *Méthode Scientifique et science économique*. Paris: Éditions M. Th. Génin, Librairie Médicis, 1952, v. 1.

MELO NETO, João Cabral de. "Considerações do poeta em vigília" [entrevista]. In: *Cadernos de Literatura Brasileira*. São Paulo, Poços de Caldas: Instituto Moreira Salles, n. 1, mar. de 1996.

_____. *Obra completa*. Rio de Janeiro: Nova Aguilar, 1995.

NABUCO, Joaquim. *Minha formação*. São Paulo: Instituto Progresso Editorial, 1949.

PORTO-BOMPIANI, González (Org.). *Diccionario literario*. 2. ed. Barcelona: Montaner y Simón, 1967, v. 4.

REGO, José Lins do. *Gordos e magros: ensaios*. Rio de Janeiro: Casa do Estudante do Brasil, 1942.

Diários intermitentes

1. João Pessoa e Recife, 1937-1939

É num caderno grande, pautado, que Celso Furtado começa, no início de 1938, seu primeiro diário. Um ano antes, no dia em que completara dezessete anos, esboçara escrever, em folhas soltas, sobre o seu cotidiano. Mas o projeto não foi longe. Como relembra, já no caderno, "sob influência de algumas leituras criei coragem e comecei uma crônica diária de minha vida". Logo se deu conta de que era horrível relatar diariamente as minúcias de uma vida, por mais simples que ela fosse: "E eu, como é fácil prever, fui cansando e parei". Reconhece, também, que "falta de orientação segura e outras coisas estiveram sempre a me embargar o passo".

Em 1937 ele terminava os estudos no Liceu Paraibano, em João Pessoa, e à noite fazia, no quartel, o tiro de guerra que lhe conferiria o certificado de reservista do Exército. Em março de 1938 muda-se para o Recife, onde por um ano cursa o pré-jurídico, que preparava os jovens para o curso de direito. Recife representou o desafio de morar sozinho, aos dezessete anos, e estudar no prestigioso Ginásio Pernambucano, que com seus novecentos alunos assustava o rapaz vindo da acanhada João Pessoa em que os estudantes do liceu formavam um grupinho de amigos. Findo o pré-jurídico, o plano de ingressar na Faculdade Nacional de Direito do Rio de Janeiro foi adiado por um ano, pois os pais deviam cuidar do casamento da primogênita, e no orçamento familiar não caberiam as despesas de enxoval e de instalação do filho na capital da República. De volta a João Pessoa, ele então se matriculou no Instituto de Educação, em curso noturno, onde optou pelas aulas diárias de latim e literatura, suas matérias preferidas, e, quatro vezes por semana, sociologia, filosofia, higiene e geografia, como se lê no horário escolar registrado numa cadernetinha.

Nos diários destes anos descobre-se um jovem dividido entre estudos, leituras, divagações, angústias, amores e desencantos. E já então cogitando em escrever sobre o Brasil, conforme registro de 20 de agosto de 1938.

Passei o dia do meu aniversário um pouco diferente dos demais. Sentia tanta confiança em mim que me julgava o homem mais completo do mundo. Aquilo que se chama amor não existia para mim. Estive em casa todo o dia, saindo apenas à noite. Modéstia à parte, neste dia julguei-me quase um deus. À noite fui à rua. Estive na praça, ouvi a conferência de Ademar Vidal[1] (pelo rádio). Essa conferência foi lida na convenção estudantil, onde havia de tudo, menos estudante. Conversei até meia-noite com Jamil, Fernando Falcão e Claudio Santa Cruz a respeito do individualismo e do socialismo.

O casal Maria Alice e Maurício Furtado (ao centro) e os filhos Aída, Antonieta e Jorge (ao fundo), Celso e Helena (à esq. e à dir.) e Mario e Jair (à frente). João Pessoa, 1937.

1 Ademar Vidal (1897-1986) ocupou cargos no governo estadual e foi procurador da República. Estudioso do patrimônio cultural da Paraíba e suas manifestações populares, é autor de *Lendas e superstições* e de *O outro Eu de Augusto dos Anjos*.

No dia 27 começou a Festa das Neves.[2] Estive no quartel até 10h, onde [o tenente] Ciraulo nos empatou com embromação (ele estava de dia). Fui até o pátio de farda. Choveu nessa noite e continuou chovendo todas as noites. Eu não tinha interesse algum, não faltava, porém, a nem uma noite. O que mais me atraía era ler os jornais com meus camaradas, ver se buliam comigo ou sentir o efeito do que eu escrevia no *Fuxico*, onde, da terceira noite em diante, passei a colaborar. Chegava no pátio às 9h, passeava um pouco e ia ao pavilhão (fui quatro noites) com a cambada do *Fuxico*: Edson, Mario e Calmon. Aborrecia-me às vezes com essa história do beber à custa dos outros. Vinha para casa às 2h com meus camaradas todos bêbados, sendo eu a única pessoa ainda com um bocado de razão. Divertia-me bastante com o espalhafato dos outros companheiros. Edson, na segunda vez, chegou a ponto de se agarrar à janela de O. e beijar a varanda. Isto à custa de insinuações minhas. No dia 3 publiquei quatro estrofes dedicadas a Car. Fiquei tão apaixonado que passei dois dias seguintes todos idealizando amores platônicos. E, posso afirmar, jamais profanei a sua memória com uma ideia indigna. E também jamais senti um amor tão sublimemente platônico, tão adequado às minhas ideias.

JOÃO PESSOA, 15.8.37

Vou ao cinema ver *Rêve d'amour*, de Liszt. Assisto às duas sessões e fico verdadeiramente sublimado. Amo, nesse momento, a música mais que nunca.

---

2 Nossa Senhora das Neves, padroeira da cidade, é comemorada a 5 de agosto. A festa tem início dias antes, com procissões, barraquinhas, danças típicas. Era a maior manifestação religiosa e cultural da cidade, e os estudantes publicavam jornaizinhos com poemas e charadas. Celso Furtado (CF) colaborou em alguns.

JOÃO PESSOA, 16.8.37

Há instrução de canto, de noite. No quartel. O tenente, não tendo o que me perguntar, no fim da instrução indaga de mim: "Não é na véspera que se faz a festa?". (Referia-se ao dia 6, véspera do Dia da Pátria, em que íamos cantar. Na instrução anterior ele me perguntara se "à direita" tinha crase...)

JOÃO PESSOA, 17.8.37

Vou à reunião dos quintanistas. Na votação dos homenageados eu opino para que eles todos desapareçam. A maioria vence, porém. Apenas o Edésio e o Calmon votam comigo. Tiro caderneta de centrista.[3] Dou aula de geografia.

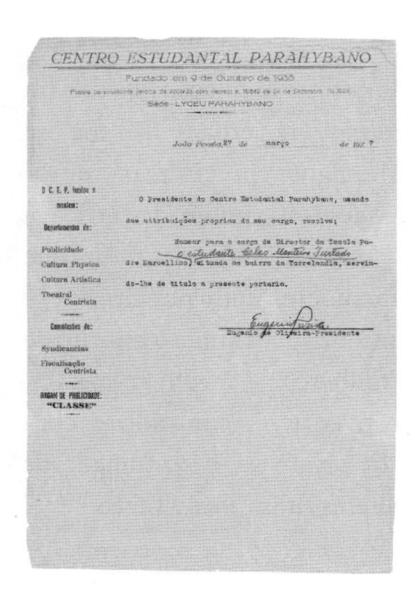

Nomeação para lecionar numa escola pública de João Pessoa.

3 O Centro Estudantil do Liceu Paraibano designava certos alunos para dirigir cursos noturnos em escolas da periferia. CF deu aulas de geografia e história numa delas.

Vou de manhã bem cedo a Cabedelo com uma comitiva, esperar o sr. Gustavo Ambrust, presidente da Cruzada do Ministério da Educação.[4] Começam, pelo meu, a sair os perfis dos quintanistas na *Imprensa*.

Tirei uma conclusão nestes dias que é minha de muito, mas que eu havia desprezado em parte nos últimos tempos: a felicidade só chegou até mim, só se sente atraída por mim nos momentos em que eu consigo me isolar o mais possível dos homens. A solidão tem sido minha melhor amiga. Todas as vezes que pretendo me confundir com os homens, condeno-me a dissabores, arrependimentos etc. Poderei ser muito feliz se não forçar este determinismo. Tenho lido muito e estudado pouco. Liszt tornou o piano mais interessante, nestes últimos tempos.

JOÃO PESSOA, 1937

Intrigara-me sempre a atitude da maioria dos meus colegas que diziam ir à praça, à rua, aos cinemas arranjar meninas. Na verdade não me era possível compreender como espontaneamente alguém procurava compromissos de tal natureza: além de exposto a dissabores, o pobre-diabo ficava na obrigação de perder horas e horas alimentando o pior dos assuntos (que é geralmente o escolhido) com uma pessoa medíocre, tendo por cima de se submeter a tudo para ser "cavalheiro". Mais me intrigava ainda o espírito de servilismo dos meus colegas para com as mulheres — revoltava-me. Tinham alguns raiva de mim por, em certas conversas, eu contradizer, chamar a atenção ou retificar nossas colegas. Irritavam-se. E eu tomado de espanto às vezes exclamava — Qual! As mulheres tiram-lhes a razão.

---

4 O médico Gustavo Ambrust (1879-1953) foi presidente da Cruzada Nacional de Educação, criada por Getúlio Vargas em 1932 em favor da alfabetização do país. Percorreu várias cidades incentivando estudantes e professores a organizar cursos de alfabetização de adultos. CF, que terminava o Liceu Paraibano, alfabetizou adultos em aulas noturnas, no quintal da casa dos pais.

Pouco tempo depois, porém, eu pegava o fio de toda a coisa. Em dado momento eu percebi que uma das mulheres que os meus colegas tão servilmente tratavam andava "pisando mole" para minhas bandas. Antes de tomar qualquer atitude, eu, como racional, me julguei no direito de refletir. E pensei — não podia ela ser o objeto que eu amaria, uma vez que há muito a conhecia (embora sem com ela trocar palavra) e dela não tinha sofrido influência alguma. Se era assim, ela queria apenas — como a muitos o fizera — "sangrar-me". Percebi também que o caso se dava justamente com a mais disputada das nossas colegas. Ante isso, não resisti. Que de mais possuía ela para ser tão desejada? Não era, sem dúvida, inconscientemente que preferiam-na às outras. A curiosidade apossou-se de mim, decidi-me por ela. Muito tive que aborrecer-me: horas que podiam ser aproveitadas em boas palestras ou em frutuosas leituras eram perdidas irreparavelmente. Dentro de três dias quis pôr os "pés atrás", acanhei-me; provocar ciúmes não sabia — era impossível capitular, e eu estava "danado da vida".[5]

JOÃO PESSOA, JANEIRO DE 1938

Não prometo nem devo prometer escrever neste diário todas as minudências de uma vida. Passarei por cima das vulgaridades domésticas, assim, poderá ele ter vida mais longa. Várias vezes tentei iniciar um diário, mas sucumbiram todos, ante a avalanche de pormenores que pus em sua frente. Na parte final deste livro inserirei os restos mortais que ainda existem destes defuntos diários. O valor deles, como de toda ossada, é puramente histórico. Tampouco prometo escrever aqui diariamente. Só pegarei na pena mediante duas premissas: tempo e motivo. Não desejo que este diário se me pareça abusivo e enfadonho, pelo contrário, nele

---

5 No final da página desse bloco, CF escreveu, em 4 de setembro de 1938: "Trata-se de Madalena". Referência a Maria Magdalena Guedes Pereira, que mais tarde se casaria com Gilberto Freyre.

quero encontrar um amigo seguro — um abrigo certo. Prometo a mim próprio protegê-lo até a última página de qualquer profanação. Sendo necessário, queimá-lo-ei, mas não permitirei que alguém roube o valor imutável que reside em sua essência — ser amigo e unicamente meu.

Que apenas essa vontade me seja satisfeita.

Que o mistério do acaso livre este livro de qualquer profanação.

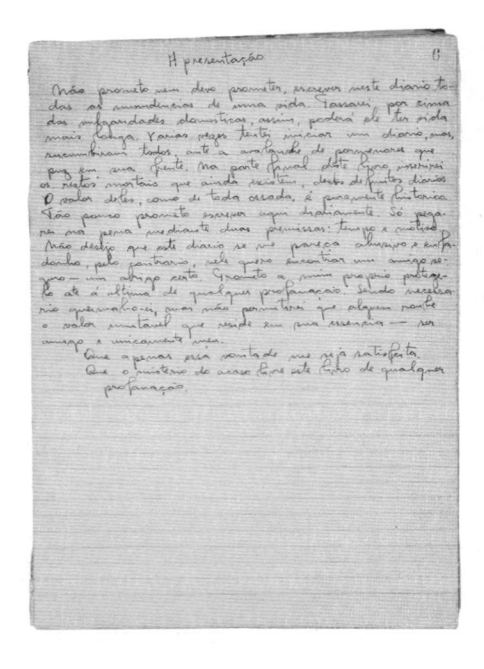

O primeiro caderno dedicado aos diários. Recife, 1938.

JOÃO PESSOA, 13.2.38, DOMINGO

Vivi:
Fui feliz e sofri.

Oh, o mundo, como é engraçado!

Inventaram que o mundo ia se acabar amanhã, com a passagem d'um cometa, e o povo está impressionado... Já me diverti muito hoje com isso. Mas, fora de brincadeira, se o mundo tivesse mesmo de se acabar? Estive a pensar, e verifiquei que havia de fazer um bocado de misérias — perderia todos os escrúpulos! Seriamente: seria um monstro. Vingar-me-ia da sociedade, dos homens, das mulheres — do mundo!

Continuo lendo bastante. Estou com o propósito de estudar um bocado de latim antes de ir para o Recife.

Foi deferida a petição que, com alguns colegas, fiz ao governo para cursar a Escola Normal. Já me chamam de professor. Mas qual. É inútil. Tenho que ir-me.

RECIFE, 13.3.38

Muitas vezes uma semana nos traz à vida mais novidades e inovações que anos de existência. Estes últimos dez dias estão, sem dúvida, nesse caso. Estou sentado a olhar o Capibaribe... em uma pensão. Pretendo passar, aqui, um ano. Cada vez eu me convenço mais da tolice de viver. Eu estou aqui. Não tenho preocupações. Nenhuma paixão me tortura o espírito. E eu sinto a inutilidade da vida. Nós só nos identificamos com o mundo por intermédio da dor. A felicidade que os homens idealizaram é apenas o ócio. Tudo diz que sou feliz neste momento. O ócio fere-me a alma.

Cheguei a Recife como pretendera, a 10 [de março]. No dia 11 matriculei-me no Ginásio [Pernambucano]. Tudo se sucedeu do melhor modo possível. Estou maravilhosamente hospedado. Em um ótimo quarto. Apelidei-o Reino de Sabá e com toda razão. E o ócio em mim é a maior força. Escrevo forçado.

Saí de João Pessoa com mais de mil documentos que me deram enorme trabalho para arranjar. Chego aqui e quase que deles não preciso. No quarto onde estou, esteve um casal de mexicanos cantores de teatro. A mulher, verdadeiramente insinuante, mereceu de mim o nome de Rainha de Sabá. Eis o motivo por que habito um reino... Hoje é domingo e eu estou triste porque não tenho a minha praça João Pessoa para espairecer...

RECIFE, 20.3.38

Eu sempre pensei que a solidão, o isolamento que me acompanha em todos os meus atos, mesmo os mais ordinários da vida, foi o maior incentivo de minha vida literária fruto do meu mundo interior. Esse isolamento nos dá personalidade, nos torna sentimentais. O homem que vive só é sempre um erótico, um sensual. Eu vivia isolado. Tinha um mundo só para mim. É lógico que procurasse povoá-lo com minha fantasia. E era cercado por essa fantasia que eu vivia. Os fatos, os mais tolos de minha vida, eu transpunha-os para o meu mundo de fantasias e com eles voava para a cidade de Platão. Via uma criatura na rua — com ela trocava algumas palavras ou olhares. E quando chegava em meu mundo, quando dobrava minha cabeça, sozinho e triste, chamava para minha companhia aquelas palavras ou aqueles olhares, e na potência de minha imaginação eu fantasiava uma estrada de flores ou um precipício de espinhos. Eu tinha o meu mundo — aonde as asas imensas de minha personalidade se expandiam e semeavam as ideias fecundas que as tornavam sublimes.

Há tédio na cidade de Platão, há tristeza no mundo que eu criei. Eu hoje choro essa tristeza sublime. Choro meu mundo com a tristeza de Deus se o universo ruísse.

RECIFE, 1.4.38

Tenho quatro ou cinco horas diárias de aula. Os professores não faltam por motivo nenhum. Tenho as manhãs e as noites para estudar. Sinto uma falta horrível de livros. O estudo aqui não é como o do liceu, que se faz em um ou dois livros. Faz-se necessária uma biblioteca. Precisamos consultar uma dezena de autores para criticar um fato histórico ou emitir um conceito de economia política. Os estudos de latim, literatura, biologia e psicologia tornaram-se amplos e complexos. Os meus colegas de estudo são, mais ou menos, tímidos e medíocres. Sou eu, talvez, a única pessoa que já se familiarizou com os professores. O Olívio Montenegro[6] chegou mesmo a me chamar depois da aula e perguntar pela minha procedência, os livros que possuía etc.

JOÃO PESSOA, 22.6.38

Estou na Paraíba desde o dia primeiro. Passei nove dias em Campina.

O meu modus vivendi atual é o mais desinteressante possível. Não tenho amores nem amizades. Vivo em completo isolamento. Embora tenha lido muito, não sinto paixão pelo que leio. Finalmente: estou com os pés doentes, quase impossibilitado de andar, o que muito me martiriza. Depois que cheguei do Recife já li: *Conduta* (R. Kehl), *Caçadores de símbolos* (Grieco),[7] *China, velha China* (Pearl Buck), *Filosofia da vida* (Will Durant).

RECIFE, 5.7.38

As aulas recomeçaram hoje. Tive ocasião de ver minhas notas (aqui são todas publicadas em conjunto em um grande quadro). Vejamo-las: economia política e estatística: 100; biologia: 90; psicologia: 90; literatu-

---

6 Olívio Montenegro (1896-1962), paraibano, jornalista e crítico literário, era professor de história do Ginásio Pernambucano, que mais tarde dirigiria. É autor de *O romance brasileiro*.

7 *Conduta: conceitos e preceitos éticos para jovens de ambos os sexos*, de Renato Kehl, fez grande sucesso na época, e teve três edições em um ano. O livro de Agripino Grieco, *Caçadores de símbolos*, de 1923, reúne seus estudos literários.

ra: 90; história: 80; latim: 75. Média: 87,5. Sei que podiam ser melhores. Em todo caso, esse 100 que por aí apareceu foi o único dos cursos pré-jurídicos e a média a melhor de todos os cursos pré-acadêmicos do ginásio.

RECIFE, 8.8.38

Muito bem disse Schopenhauer: apenas o sofrimento é capaz de encher uma vida. O mais que a felicidade nos pode trazer é o desinteresse, o tédio.

Eu tenho sido feliz nestes últimos tempos — por isso desprezei o meu diário como a muitas outras coisas que me são caras. Mas, em parte, há razão. Que iria eu escrever aqui? Que acordei, comi, estudei, fui ao ginásio... Minha vida tem sido rudimentar ao extremo. Nada me impressiona, coisa alguma me preocupa. Sinceramente, vitórias não me têm faltado: tiro as melhores notas do ginásio, estudo muito, sou por todos considerado, nenhuma contrariedade... Que quero mais? E é justamente por causa de tudo isso que o tédio não me deixa.

RECIFE, 20.8.38

Quero registrar hoje, aqui, uma ideia que há tempo venho acariciando: escrever uma História da Civilização Brasileira.

Seria uma obra completa sob o ponto de vista crítico-filosófico. Não seguiria o plano até hoje seguido pelos nossos historiadores.

Ao lado das influências individuais observaria as influências das coletividades. Não me deixaria emaranhar pelos fatos. Não seria uma história das guerras.

Vejo dentro de mim todo esse monumento isento de facciosidade, de paixões: a História de uma Civilização.

Planos de uma obra para explicar a civilização brasileira. Recife, agosto de 1938.

RECIFE, 22.8.38

Só agora soube de todas as minhas notas da segunda prova. A média teve uma baixa de três pontos; mas continua sendo a maior da turma.

RECIFE, 26.8.38

Uma grande alegria tem-me confortado nestes últimos dias: a certeza de que serão recompensados os meus esforços com a dispensa da taxa no próximo ano. O que me orgulha é poder dizer em casa que não estou estragando o dinheiro de meu pai... Sinto-me mais contente porque sei que isso servirá de estímulo para que eu intensifique os estudos até o fim do ano.

Minha vida tem sido simples: vou ao ginásio, à casa do dentista, estudo quase todo o tempo que estou em casa e... quando sobra tempo: recordo, sonho, leio este diário.

Oh, tudo que tenho escrito é tão insípido. Parece a minha vida.

Fui suspenso no ginásio por três dias porque ensinei a uns colegas na prova de psicologia...

A vida é assim.

Tenho lido muito.

RECIFE, 26.10.38

O professor de literatura quer por força que eu tome parte em um novo júri, acusando Gregório VII. Eu, porém, já o desenganei — preciso de estudar para a última prova. A minha resolução parece-me ter dado termo ao júri... Já que estamos falando de júri, tenho a dizer que o meu trabalho[8] foi lido pelo dr. Olívio Montenegro, autor de *O romance brasileiro*, reputado um dos maiores críticos do Brasil. Disse-me ele — após fazer-me os maiores elogios — que ia entregar o meu trabalho ao Gastão Cruls, que vem agora ao Norte, para ser publicado em uma revista literária do Rio. Acrescentou que desejava me apresentar ao Gilberto Freyre, quando este voltar da Europa, e a José Lins do Rego e Adalgisa Nery, que estão de viagem marcada para cá. Afora isto aconselhou-me a ingressar no magistério, prontificando-se ele e o dr. Silvio Rabelo a me facilitarem os meios.

RECIFE, 13.11.38

Um acontecimento notável por sua feição ridículo-cômica veio hoje perturbar a monotonia da minha vida: eu tenho todos os domingos ido a Olinda, pela manhã, tomar banho de mar e jogado voleibol à tarde em

---

8 Trata-se de "Liberalismo econômico", longa dissertação escolar que CF apresentou em 1938, numa aula de júri simulado, em defesa do liberalismo.

O trabalho do Ginásio Pernambucano em que defende o liberalismo econômico. Recife, 1938.

um time de Santo Amaro. Hoje, porém, não fui a Olinda por estar fortemente gripado mas à tarde fui a um jogo com o meu time naquela cidade.

Evidentemente estava de peso. Deixei minha cama e meu jornal instigado pelas telefonadas dos meus colegas. Chegado em Olinda surpreendeu-me logo uma rede armada em uma rua: não havia campo. Pediram-me, porém, e lá fui eu jogar. No meio da segunda partida um carro surge no meio da rua e de dentro dele saltam duas feras, uma fardada e outra não. Agarram a rede, tomam a bola. Eu fico estupefacto e cheguei mesmo a me sentir desconsiderado, não me interessando pelo trágico desfecho, afastando-me. Mas a curiosidade dominou-me e eu me aproximei da tragédia. Todos se lamentavam e indiretamente insultavam as feras. Então eu, olhando para o soldado que puxava a corda da rede, disse irônico: "Bicho de força". O delegado olhou-me (o bicho parecia uma pantera esfaimada — sofria, deduzi logo, das glândulas endócrinas, e seu olhar denunciava inteligência estreita e tendências afetivas), eu acrescentei: "Calma, jovem, a corda não tem culpa". O barril explodiu: "O senhor está arridicularizando a autoridade". Diante de tamanho atentado ao vernáculo e ao bom senso, não me contive e sorri. O bicho enfureceu ainda mais e gritou: "O senhor está preso". Eu acrescentei: "Estou pronto para cumprir as ordens do senhor...". "Leve este homem." E o soldado conduziu-me juntamente com rede e bola. Aproveitei e fui conversando com o homem que me conduzia. Dentro em pouco éramos amigos e o homem me dizia que ia haver um festão no colégio de Olinda, das freiras, de noite. E saímos prosando. Na delegacia dei nome etc. Fui para o xadrez, prosei com um preso. O mais interessante é que eu estava de camisa e calção. E assim passei pelas ruas... Ó, Olinda! Nem curiosos havia. Pouco tempo depois voltava para a delegacia. Aí os rapazes me esperavam. Vesti-me. Às seis horas chegavam ordens para me deixarem ir embora.

Aqui estou, agora, preparando-me para ir à festa de que me falou o soldado.

Ah! Esta vida...

JOÃO PESSOA, 1938

Livros lidos em 1937-8. *O guarani*, J. de Alencar, *Diva*, J. de Alencar, *Casa-grande & senzala*, G. Freyre, *Memórias póstumas de Brás Cubas*, M. de Assis, *Quincas Borba*, M. de Assis, *Joseph Fouché*, S. Zweig.

JOÃO PESSOA, OUTUBRO 1939

Quando estou para chamar alguém de ignorante, pergunto-me a mim mesmo pelo cadastro das obras de Platão, ou pelo peso específico do cloro, ou pelo ano da morte de Helvétius; pergunto-me por que as lentes bicôncavas diminuem as imagens, ou como se calcula o volume da esfera, ou onde passa a corrente do golfo; e então me abstenho dos julgamentos precipitados a respeito da ignorância alheia. Quando alguém me chama de burro, desarmo-o com uma pergunta: "Desculpe, qual é a capital de Honduras?". Mas quando, por minha vez, penso que outra pessoa é muito ignorante, folheio um livro de cultura variada para os pequenos de dez anos e — mortificante exercício — constato página por página quantas são as coisas que não sei.

Nos salões burgueses simulam-se as virtudes, nos salões intelectuais simula-se o vício.

A vida é muito curta para ler-se cartas compridas.

Em Santa Helena, Napoleão exclamou: "*Quel roman, pourtant que ma vie!*". A camareira que teve algumas intimidades com o patrão suspira: "A minha vida é um completo romance!".

Quando dizem "o homem descende do macaco", julgam ter feito o resumo completo de Darwin; quando dizem: "tudo é relativo", Einstein; "o fim justifica os meios", Machiavel. Por que todos sabem que Machiavel punha "panos reais e curiais" para ler, e ninguém sabe que Buffon, para escrever, punha o colarinho e os punhos de renda? Todos repetem que se o nariz de Cleópatra tivesse sido menor, a face do mundo teria sido diferente, e ninguém cita aquela outra frase de Pascal, da mesma forma lapidar, do grãozinho de areia na uretra de Cromwell.

JOÃO PESSOA, NOVEMBRO DE 1939

O que nos surpreende é a novidade: quem se habituou a considerar a dália como uma flor ornamental acha esquisito que no México a comam; os mexicanos acham esquisito que a usemos como flor de ornamento; quem trava conhecimento com o óleo de rícino como remédio acha muito esquisito que seja usado como lubrificante nos motores de aeroplano; se lhe tivessem ensinado antes que o óleo de rícino é um lubrificante de aeroplanos, teria sentido um pequeno choque ao anúncio de que se o usa como purgante. O caracterizador de Greta Garbo é Fred Walker, um ex--evangelista.

2. Rio de Janeiro, 1940-1946

É em 10 de janeiro de 1940 que Celso Furtado chega ao Rio de Janeiro, num vapor. Vai morar numa pensão no Flamengo. Pouco depois presta exame para a Faculdade Nacional de Direito, reputado ser dificílimo, ou mesmo minado pelo pistolão, conforme lhe asseveram. Sai-se muito bem em latim, a prova que mais temia. Muda-se para outra pensão, na Lapa, ponto ideal para quem vai dividir sua vida entre as aulas da faculdade no Campo de Santana, a poucos minutos de bonde, a redação da *Revista da Semana*, onde em maio se inicia no jornalismo, o *Correio da Manhã*, em que é aprovado para suplente de revisor, a Associação Cristã de Moços, para as aulas de natação, e o Teatro Municipal e a Escola Nacional de Música, palcos da movimentada cena musical carioca. Foi no Municipal que assistiu a Arthur Rubinstein, Arturo Toscanini, Eugen Szenkar e outros nomes de prestígio mundial que faziam turnês regulares no eixo Rio-Buenos Aires.

No terceiro ano da faculdade, o gosto pelo direito administrativo o leva a prestar concurso para o Departamento Administrativo do Serviço Público (Dasp), sendo aprovado como assistente de organização. No ano seguinte, faz outro concurso para o mesmo órgão, desta vez para técnico de administração. Em agosto de 1942, quando o Brasil declara guerra aos países do Eixo, Celso está em idade de ser convocado. A ir para a guerra, que seja como oficial. Inscreve-se, então, no Centro de Preparação de

Oficiais da Reserva (CPOR), e enfrenta um dos períodos mais árduos de sua vida. Sai de casa às quatro da manhã para o quartel da Vila Militar, dali para o expediente no Dasp, à noite para a faculdade, e, não raro, termina a jornada na revisão do *Correio da Manhã*.

Em dezembro de 1944, mesmo mês da colação de grau em direito, realizada em cerimônia no Teatro Municipal, Celso é convocado. Pleiteara, semanas antes, uma viagem de estudos aos Estados Unidos, para cursos na área de administração, mas a mobilização deixou seus planos em suspenso. Embarcou dois meses depois para a Itália, num contingente da Força Expedicionária Brasileira (FEB).

Dos diários da temporada carioca, chama a atenção um caderno espiralado cinza, comprado em 1944. Na capa, o endereço à rua Aristides Espínola, no sossegado bairro do Leblon. Nas páginas, o desejo de escrever regularmente "para pensar". E o primeiro esboço que ele traça, aos 23 anos, de um romance em que se percebe a influência do planejamento que era então sua rotina no Dasp: a "realização" do romance dependerá, antes de tudo, de um "planejamento amadurecido".

RIO DE JANEIRO, 11.1.40

Dizem que nunca passou ninguém do Norte. Campeia o pistolão. Há um curso na própria universidade com mais de cem alunos e estes passam. Não estou, porém, abalado. Gosto de coisas difíceis.[1]

RIO DE JANEIRO, 29.4.40

Tenho acompanhado pelo rádio muitos concertos e ido a alguns que são gratuitos. Heifetz (o maior violinista do mundo) já passou. Magda Tagliaferro vai passando. Guiomar Novaes tocará a 4 de maio. Rubinstein chegará a 15; Toscanini em junho... É para se ficar abafado.

RIO DE JANEIRO, MAIO DE 40

Minha emoção tem sido tão grande que ainda não me sinto com coragem de escrever sobre o assunto. Sinto-me numa situação de instabilidade. Esse homem invadiu-me a sensibilidade e abalou as raízes dos meus preconceitos estéticos. Rompeu com a estreiteza dos pontos de referência do meu espírito. Não há dúvida que daqui a muito tempo ainda eu hei de dizer: antes ou depois de Rubinstein.

RIO, MAIO DE 40

Um monarca oriental mandou a Antíoco uma embaixada para pedir-lhe entre outras coisas um *sofista*. O monarca da Síria contestou que os gregos não costumavam fazer comércio de filósofos.

1 Referências ao exame que presta para a Faculdade Nacional de Direito.

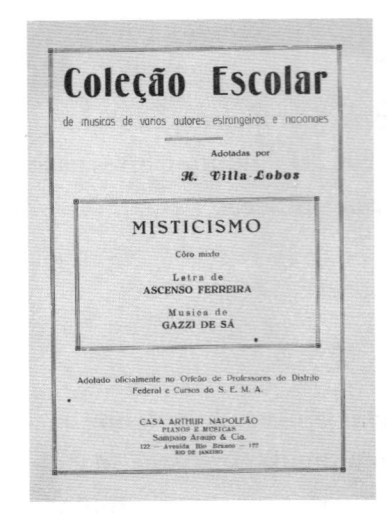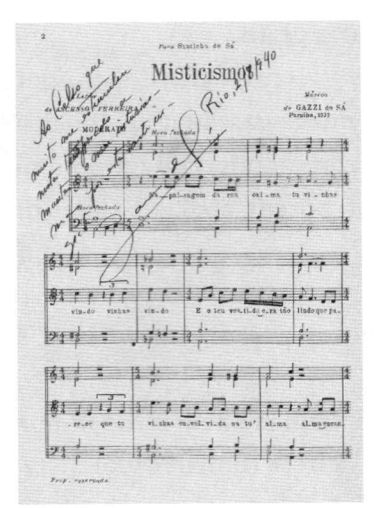

A partitura de Gazzi de Sá, professor de teoria musical de CF e colaborador de Villa-Lobos.

Um rei hindu enviou uma embaixada a Augusto. Levou quatro anos em fazer a viagem, acaso por sua estranha impedimenta, pois levava tigres, tartarugas, faisões, serpentes, um moço que podia atirar o arco com os pés, e até um monge budista. Os tigres se exibiram na inauguração do teatro de Marcelo, em Roma, no 21 a.C., e o monge budista levou a cabo a façanha de prestar-se a que o queimassem vivo em Atenas.

RIO, 14.7.40

Tenho aproveitado muito a temporada artística, já assisti a mais de vinte concertos — piano, violino, violoncelo, flauta, orquestra etc. É uma maravilha a vida artística. Gazzi[2] tem me aproximado das maiores figuras da música do Rio. Quem me vê tomando café na Cinelândia com

2 Gazzi de Sá (1901-1981) foi professor de piano e teoria musical de CF em João Pessoa, onde tinha uma escola de música. No Rio de Janeiro, trabalhou com Villa-Lobos no ensino de canto orfeônico.

Villa-Lobos ou no atelier do grande pintor russo Maiakóvski,[3] ou falando com o sr. Smith, diretor do departamento de música da Biblioteca de Nova York, etc., etc., não dirá nunca que eu sou um pobre-diabo... que não mora em apartamento luxuoso... mas que sabe juntar o dinheiro necessário para aproveitar, tanto quanto os grandes, do bom, e muito mais do que aqueles que mandam em mim e ganham vinte vezes mais do que eu.

RIO, 9.9.40

É interessante que a temporada oficial tem uma importância enorme para o Rio — preços elevadíssimos e casas superlotadas —, muito acima, parece-me, de seu real valor artístico. Os novos intérpretes excluem quase por completo a música moderna de seus programas. Um pouco de Villa-Lobos e Mignone, e não saem disso. Dos espanhóis apenas aqueles números repisados. É como se não houvesse curiosidade de conhecer, revelar, descobrir — coisa tão da feição dos verdadeiros artistas.

RIO, 21.6.41

Houve uma ligeira alteração na minha pobre vida. A convite de amigos comecei a trabalhar na famigerada agência Transocean.[4] Deram-me

---

3 Equívoco de CF. O pintor russo que ele conheceu nesse momento, e cujo ateliê visitou à rua São Clemente, foi Dimitri Ismailovitch (1890-1976), ucraniano que chegou ao Brasil em 1927 e fez diversos trabalhos inspirados em Aleijadinho. Em abril de 1942, como enviado da *Revista da Semana* a Ouro Preto para reportagem sobre a Semana Santa, CF lá o reencontrou.

4 Agência de notícias alemã que, durante a vigência do Pacto Germano-Soviético assinado em agosto de 1939 entre Stálin e Hitler, contratou jornalistas e intelectuais simpatizantes do Partido Comunista. O pacto foi rompido no dia seguinte a esta anotação. CF se desligou da Transocean três semanas depois.

o lugar de redator radiofônico. Há inteira independência no trabalho, o que torna sobremaneira agradável o serviço. O ambiente é simpático e meu expediente é de cinco horas. Ganho 600 mil. Não deixei a revista, onde apareço para fazer umas reportagens e receber umas encomendas de traduções, que não são frequentes.

RIO, 18.4.42[5]

Permaneci em Ouro Preto cinco dias em companhia do Arnaldo e trouxe de lá uma série de fotografias. Tudo que encontramos de fotografável veio conosco: os mais sugestivos recantos da cidade, todas as igrejas e bom número de trabalhos do Aleijadinho, além de tipos locais, curiosidades. É um encanto apreciar um monumento como aquela cidade. Queria que alguém conversasse com um sacristão de Ouro Preto no oitão duma matriz. Tem-se a impressão de que se recuou no mínimo duzentos anos. Eu me esqueci de que há guerra pelo mundo, de que há misérias, de que há muito para fazer, de que há homens que sofrem a vida inteira, só porque não se lhes permite trabalhar no seu verdadeiro lugar; esqueci tudo. As únicas rivalidades que por lá medram são as das ordens religiosas. As pessoas nascem e vivem no seu lugar como as árvores numa floresta.

RIO, JULHO DE 42

Villa-Lobos recebe algumas dezenas de contos de réis para apresentar ao público obras sinfônicas suas; contrata músicos, organiza uma grande orquestra, dá dois concertos tendo de antemão facilitado entrada a

5 CF e o fotógrafo Arnaldo Vieira foram a Ouro Preto na Semana Santa de 1942 fazer uma reportagem para a *Revista da Semana*. A equipe de Orson Welles estava na cidade, filmando para o documentário *It's All True*. O cineasta, cuja presença era esperada, não compareceu.

Semana Santa em Ouro Preto, com a equipe de Orson Welles. Abril de 1942.

quem quisesse — e o seu auditório é microscópico. Que o povo não gosta da música desse compositor, não obstante ele gritar há muito tempo que sua música é um reflexo da alma do povo brasileiro e sem qualquer artificialismo, é mil vezes um fato. O que eu tenho a dizer é o seguinte: esses concertos de Villa-Lobos vieram desiludir muita gente séria que acreditava nele. Muitas pessoas me sugeriram fazer uma enquete entre os compositores que ouviram a música sinfônica desses concertos. Eu não a fiz porque tenho certeza de que a grande maioria das opiniões seria de descrédito da música do maestro.

Voltando-se para a terra, ele nada mais fez do que imitar os seus maiores de lá fora. Nada disso, entretanto, justifica a existência entre nós de um "gênio incontestado", para usar as palavras do senil e amável J.I.C.[6] Eu,

6 João Itiberê da Cunha (1870-1953), compositor, crítico musical e literário. Assinava as críticas no *Correio da Manhã* com as iniciais.

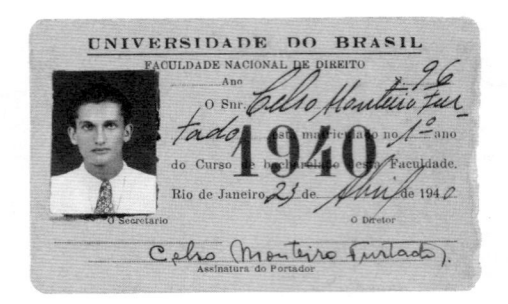

Primeiro ano na Faculdade Nacional de Direito do Rio de Janeiro.

de qualquer maneira, faria esta observação se pudesse conversar francamente com esse grande homem — como explicar que na música de um compositor que faz praça da própria incultura para provar que nenhuma influência sofreu são tão flagrantes as influências? De fato, a servilidade com que a música do maestro muitas vezes é pautada no estilo, na orquestração e mesmo no espírito de compositores contemporâneos, e mesmo não contemporâneos, chega por vezes a assombrar. E que coisa amorfa e heterogênea! Nada de profundamente pessoal desse sinete que faz o gênio inconfundível e admirado, mesmo quando não compreendido.

RIO, 3.4.44

Todos os ídolos que trouxe [da Paraíba], já os enterrei. O meu curso de direito que este ano concluo vale tanto para mim como um pensamento fortuito. A ideia de vir a ser um homem de vasta erudição livresca fanou-se. A ilusão de que tinha um *papel* a desempenhar sob o sol fundiu-se em nada.

RIO, 19.4.44

Comprei este caderno para tentar pensar sistematicamente — isto é, escrever. É inútil ou gratuito? O meu pensamento desordenado pesa-

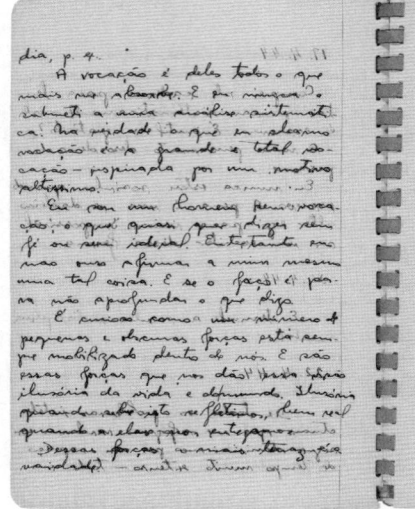

O diário de 1944, em que esboça um primeiro romance.

-me. Eu nunca estou sozinho quando escrevo. A pena é um verdadeiro alter ego para mim. Impossível ser um escritor dessa forma.

RIO, 20.4.44

É terrível a minha indisciplina mental.

RIO, 22.4.44

De todos os problemas intelectuais que me afogam, nenhum consegue dominar-me por um espaço de tempo muito extenso — todo um dia, por exemplo.

A vocação é, deles todos, o que mais me absorve. E eu nunca a submeti a uma análise sistemática. Na verdade, o que eu chamo vocação é a grande e total vocação — inspirada por um motivo altíssimo. Eu sou um homem sem vocação; o que é quase dizer sem fé ou sem ideal. Entretanto eu não ouso afirmar a mim mesmo tal coisa. E se o faço é para não aprofundar o que digo.

É curioso como um número de pequenas e obscuras forças está sempre mobilizado dentro de nós. E são essas forças que nos dão essa visão ilusória da vida e do mundo. Ilusória quando sobre isso refletimos, bem real quando a elas nos entregamos. Dessas forças a mais tenaz é a vaidade.

É imenso o papel que o sensualismo desempenha na minha vida. O meu principal órgão sensual são os olhos. Nunca consegui me privar de olhar uma mulher. Entretanto, 9/10 das mulheres causam-me antes aborrecimento, mesmo a um simples olhar. Tenho várias personalidades, todas diluídas, nenhuma inteiriça.

A consciência do tempo perdido dói-me como uma chaga. Mas eu nem sempre sou irresponsável. Uma conversa banal, destrutiva, nulificante, deixa-me um mal-estar quase orgânico.

RIO, 5.5.44

As linhas gerais do plano do meu livro já estão estabelecidas. As figuras estarão dentro de um mundo bem real, serão figuras perfeitamente delimitadas, as principais, naturalmente. Haverá uma dualidade de meio social. As figuras centrais virão do interior e estarão num processo de adaptação na metrópole. Daqui o título: *Transumância*.

Todo o interesse estará concentrado em três figuras centrais, que tenderão (apenas tenderão) a se constituírem símbolos. Uma das figuras (A) servirá de ponto de referência, comandará a cena. A figura A tem uma vida de grupo até a vinda para a metrópole. Representará a tentação do homem de classe média em face das facilidades, riquezas e valores da alta sociedade. Será o mundo artístico o canal por onde ele deslizará. A sua libertação final será através do amor puro à arte individualista.

A figura B terá uma vida de facilidades — remanescência da velha família — antes de vir para a metrópole. Nesta será tragado pelas formas mais desregradas de vida. Será a experiência do sensualista. Sua libertação será através do misticismo — sem religião —, somente a fé em atingir o sublime nesta vida.

A figura C representará a vida do retraído, do intelectual individualista, do homem nietzschiano — durante a primeira fase de sua vida. Com a vinda para a metrópole haverá nele uma involução no conceito dos valores individualistas. Ele se libertará entregando-se a um grupo, através de uma ampliação cósmica de seus mitos.

Há uma coisa que me preocupa seriamente — é o elemento *realização*. Uma bela ideia falhada ao realizar-se é mais entristecedor que uma pobre ideia. A forma participa da própria substância da ideia. Ou melhor, a ideia sofre na sua substância os reflexos da forma. Faz-se mister um panorama amplo para o grande plano ideal que concebi.

A figura C terá uma grande paixão, de fases complexas: fascinação, dúvida, tentação. Essa paixão involuirá na forma de uma exaltação, a princípio, e na forma de uma reminiscência sensual, depois. As linhas gerais do seu caráter serão muito severas.

O movimento translacional da figura A através de duas classes sociais não terá aparência de segundas intenções — isso, sem prejuízo de seus conflitos internos. O delineamento das figuras será tentado através do pensamento de cada uma. Será concentrado grande interesse em torno de diálogos (ilustrados subjetivamente) onde serão debatidas ideias que concorrerão para definir personalidades. Naturalmente, tudo está condicionado à capacidade de *realização*. A *realização* é dependência de dois fatores principais: o planejamento amadurecido do que vai ser feito, para que a ideia se conserve pura na sua beleza original, para que haja harmonia, finalmente para que a inteligência dê o seu máximo no trabalho artístico; e o grau de paixão que se consiga inocular em cada instante do tempo estético. Paixão no sentido de participação vital — decorrência de uma colaboração de todo o ser, de fé no valor do que está sendo feito.

O plano deve ser feito com antecedência, deve ser amplo. Não será, porém, rígido. A sua existência possibilita ampla liberdade ao espírito para trabalhar. Qualquer parte da obra, do começo, do meio ou do fim, pode ser atacada a qualquer momento. Teremos de atacar o trabalho em três fases: a 1ª será mais intelectual, consistirá na meditação e formulação do plano; a 2ª será mais emocional, consistirá na criação da matéria-prima; a 3ª compreenderá um trabalho de ajustamentos de partes e de lapidação geral, isto é, de todos os blocos nos seus detalhes.

Os numerosos problemas técnicos que no momento me preocupam levam-me a acreditar ser impossível a realização da obra como a desejo. Acredito, porém, que não perderei meu tempo, mesmo que venha a abandonar o fruto do trabalho.

RIO, 6.5.44

Hoje estive mais uma vez me observando que eu reajo em face de muita coisa na vida antes como romancista (pois eu me considero, para mim mesmo, como tal) que como homem. Surpreendo-me *analisando* quando seria natural que estivesse apenas *vivendo*. Pode ser um bom ou um mau sintoma.

Presentemente é esse o meu melhor ponto de apoio à ideia de que posso criar. Houve tempo em que eu sonhava em *ser*. Os meus devaneios tendiam para o *ser*. Hoje o processo do meu sonho é um processo de criação artística. Não há dúvida que disso vem uma certa serenidade. Não sou sozinho como sujeito; aprecio-me nos momentos mais duros como objeto criador de motivos de arte.

Quando começarei a escrever o romance? Preciso de um plano mais detalhado, é verdade. Vou forjar esse plano para a primeira fase — a vida de A na província. Mas é esta justamente a parte mais seca.

As ideias vão amadurecendo no espírito. Mas a arte não é feita apenas com ideias maduras. Muitas e muitas vezes sente-se que se é capaz de forjar algo que tem força de arte. Mas sente-se que aquilo seria um fragmento e perde-se o interesse.

Tenho pensado em variar a técnica literária com os dois personagens principais: A e C. Para este último eu reservaria um método de exposição subjetivista. A, pelo contrário, seria projetado sobre um fundo bem claro. As dificuldades técnicas são inúmeras. Primeiramente é preciso resolver a que distância convém ficar dos fatos. Talvez eu adote o método de *A condição humana*: um período de tempo literário bem curto, com uma grande projeção de tempo real.

A vida de A na província não teria tempo literário autônomo. Seria talvez recomendável partir de uma situação geral de interesse muito extenso a exemplo do *Contraponto*.

Que tal um concerto sinfônico? Estaria um grupo reunido. Há os intervalos a aproveitar, seja na palestra comum, seja diversamente para cada um. E há o desenrolar da música, a repercussão em cada espírito do número em si, da interpretação; daqui pode surgir uma gama infinita de elementos de interesse, quer no tempo, quer na essência. É bom meditar sobre isso. Haverá uma tendência natural a Proust, se for adotado o alvitre. A entraria na sala de concerto. O tempo literário começaria a contar exatamente quando ele transpusesse o umbral. O teor subjetivista seria alto em toda essa primeira cena.

Há dias eu estive meditando na incapacidade de expressão da literatura. Vai-se caminhando num túnel. O autor mergulha no espaço horizontal. Há um sussurro perene. Subitamente ecoa um grito, ou algo como um grito. Como uma chicotada, o som fino corta os nervos de alguém. Essa é a matéria-prima. Ora, quem sentiu a cena recebeu o grito diretamente do vácuo, e isso resultou numa emoção. Por hipótese eu quero transmitir idêntica emoção ao leitor. Tenho, entretanto, que afastá-lo do grito por uma referência. Assim, terei que apresentar o personagem e em dado momento apresentar o grito, só depois desta segunda apresentação é que será possível estabelecer uma relação entre personagem e grito, e tirar o efeito necessário. Essa dupla apresentação para conseguir uma síntese estabelece uma diferença de essência do fato real para o fato literário.

RIO, 21.6.44

Dias atrás, após a análise exaustiva de vários problemas atuais, eu me senti apoderado em uma sequência fragmentada de instantes — lampejos — de uma crise de ataraxia. Foi este um mal do qual já muito sofri. Afogado por um sentimento de inutilidade, era tudo inconsequência, agoniado com a inutilidade do esforço, com a estupidez do resultado.

Nos últimos dois anos, o fato de eu ter demasiadas ocupações afastou-me dessas crises. Principalmente o fato de eu me estar interessando por uma obra de arte. Os meus momentos de solidão são sempre enchidos pela ideia desse livro. E é notável como eu passei a descobrir valores antes desconhecidos nas coisas, nas situações, nos estados de espírito. É esta, parece-me, a porta de entrada para a universalidade no comunicar-se com o mundo.

RIO, 20.11.45[7]

Terminei minha peregrinação anteontem.[8] Isto porque consegui um avião. Três dias que passei no Recife fizeram-me odiar ainda mais aquela terra. A incerteza de transporte, a necessidade de chegar logo ao Rio, a visão torturante daquela cidade antipática. Encontrei o Rio na mesma

---

7 Este e os registros seguintes, neste capítulo, referem-se a quando CF já havia retornado da guerra na Itália. Os diários de sua participação na FEB estão no capítulo 3, a seguir.

8 Ao chegarem da Itália, os expedicionários tiveram um mês de licença remunerada. Em outubro, CF foi para a Paraíba, onde fez palestra sobre a guerra, passou dias numa estância termal, escreveu alguns contos.

pasmaceira: as mulheres vaidosas e fúteis como sempre; os homens cheios de problemas e ideias e a perder o dia todo pelos cafés e esquinas. Os meus parentes, todos vivos, embora nenhum estivesse me esperando no aeroporto... Ainda não sei se terei para logo minha licença no Exército. De qualquer forma já estou fazendo planos: penso fundar uma revista nova que se intitulará *Luta — pela cultura do povo*. Entretanto, não poderei assumir o meu emprego tão cedo quanto queria. Os planos de estudo estão de pé. A vida no Rio continua complicadíssima: uma moradia é tão difícil de encontrar que alguns têm se conformado em aceitá-la no cemitério. Há uma angustiante falta d'água. Os transportes continuam deficientes: esperei 45 minutos, hoje, numa fila de ônibus.

RIO, 17.12.45

Surgiu ultimamente uma perspectiva nova: a hipótese de não ir à América para ir novamente à Europa fazer um curso em Paris ou Genebra e talvez um na Rússia.[9] Eu há três anos que me dedico com todo carinho ao estudo da técnica de organização e orçamento. Estes estudos levam naturalmente a outros mais complexos, ou seja, planificação econômica e social. E no Brasil é impossível levar avante estes estudos.

RIO, 15.1.46

"*Dans quelle mesure puritains et juifs ont-ils contribué aux progrès du capitalisme moderne?*" (Henri Sée, *Revue Historique*, mai-juin 1927). Preocupação de Weber[10] e de Sombart de definir, de antemão, o que

9 O estágio pretendido na União Soviética seria na Comissão Estatal de Planejamento (Gosplan). Na Suíça lhe interessava estudar a administração local.

10 Em cartas a amigos, CF escreve que leu nesse ano *O capital*, de Karl Marx, em edição completa de cinco volumes, e *Economia e sociedade*, de Max Weber, em quatro volumes, todos publicados pelo Fondo de Cultura Económica.

eles chamam de espírito do capitalismo, *der Geist des Kapitalismus*. Tal mentalidade seria a *causa* inicial do capitalismo. Definição de tal mentalidade: espírito de ganho. "*Aussi estime-t-on tout particulièrement le travail considéré comme une 'vocation' (Beruf), en quelque sorte, religieuse.*" Weber observa o aspecto antitradicionalista e racionalista dessa mentalidade (cálculo, contabilidade exata, rigor e honestidade nos negócios). Medida de todas as coisas pelo dinheiro, inclusive o tempo, horror ao desperdício. Sombart faz especial menção ao espírito de empresa, à especulação, à engenhosidade e à sutileza de espírito: "*C'est pourquoi la mentalité capitaliste lui semble être moins le fait du marchand puritain, quelque peu empesé, que de l'homme d'affaires juif, subtil et souple*".[11]

Weber se esforça por demonstrar que o espírito capitalista tem por origem o calvinismo, ou, melhor ainda, o puritanismo, e notadamente as seitas animadas de seu espírito: o pietismo, o metodismo e sobretudo o batismo. Não se trata da Reforma no seu conjunto. Weber demonstra facilmente que Lutero é conservador e tradicionalista. Talvez mais que ao católico, ao luterano repugnam o empréstimo a juro, as especulações, o amor ao ganho. A simplificação do problema por Weber. E o capitalismo comercial?

RIO, 26.1.46

Minha vida é extremamente monótona: trabalho e estudo. Eu fui para o estado do Rio como técnico de organização para promover uma reforma na administração estadual. O presente governo de magistrados, seja o federal, seja o estadual, tem sido o mais ridículo desgoverno, do

---

11 Henri Sée: "Em que medida puritanos e judeus contribuíram para o progresso do capitalismo moderno?". Weber: "Assim, estima-se muito particularmente o trabalho considerado como uma 'vocação' (*Beruf*), de certa forma, religiosa". Sombart: "Por isso a mentalidade capitalista parece-lhe decorrer menos do comerciante puritano e um pouco rígido do que do homem de negócios judeu, sutil e flexível".

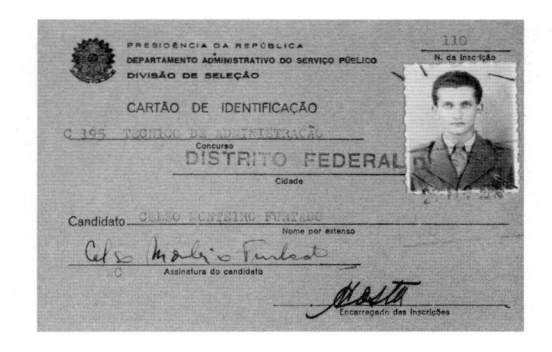

Aos 23 anos, o ingresso no serviço público, na então capital da República.

ponto de vista técnico, de que tenho memória. Que lição de politicagem e de ignorância administrativa estão nos dando esses juristas! O verão está escaldante e estes são os meses mais monótonos do Rio: não há concertos, não há teatro lírico, não há vida artística. Recomecei a todo o vapor os meus estudos de alemão. Espero no fim do ano estar dominando perfeitamente essa língua. Sendo um estudo muito difícil, eu o levo muito a sério como exercício de educação da vontade.

RIO, 14.4.46

A batalha inclemente que tem sido a minha vida fez-me murchar a alma e aniquilar-me o espírito. Eu era um indivíduo cheio de ilusões e com uma fé profunda nos destinos do homem quando me lancei à conquista do mundo, há oito anos. Desejava ser escritor e por isso procurei trabalho nos jornais. O jornalismo é um torpe mercado em que o espírito do homem é uma mercadoria de oferta ilimitada. Não se pode escrever honesta e livremente. A vida forçada de palhaço que se leva nesse meio abriu em meu espírito uma brecha, e desde então passei a ter duas personalidades. Afoguei-me no trabalho como única salvação para a torpeza da vida. Houve época em que cheguei a trabalhar em redações de jornais quinze horas por dia. E todo esse esforço unicamente para não parar, para ter a ilusão de que não era um desgraçado. Depois surgiu a guerra e comecei a maior cruzada de sacrifício de minha vida. Às quatro horas da manhã começava a minha batalha, que se estendia pelo quartel, pelo trabalho e pelos estudos. Três anos de vida militar, inclusive um de guerra.

RIO, JULHO DE 46[12]

Nenhum ponto básico da organização nacional é ferido: continua-se com a esdrúxula separação de poderes, não se aborda a reforma agrária, não se fere a ordem econômica, entra-se pela lei civil na questão do divórcio, atribui-se o orçamento ao ministro da Fazenda... Eu sei que há homens cultos na Assembleia. Mas estão desinteressados ou divorciados da realidade brasileira. Discute-se e briga-se em torno de mesquinhos interesses de paróquias eleitorais. Ontem houve reunião secreta para que o palhaço Barreto Pinto se justificasse de haver posado de casaca e cueca para uma revista. É de desanimar...

12 Notas sobre a Constituinte de 1946, elaborada no governo do marechal Dutra.

3. A guerra na Itália, 1945

Em outubro de 1944, Celso Furtado conclui o curso do CPOR como aspirante a oficial de Infantaria. Tem 24 anos. É um dos novecentos reservistas presentes a uma cerimônia presidida por Getúlio Vargas, e que breve vão se juntar às forças aliadas. Em dezembro, comparece ao Estado-Maior do Exército e, por falar inglês, é posto à disposição da Missão Militar Americana, que já auxilia, no Rio de Janeiro, os escalões de partida para o front na Itália. A data do embarque mantém-se secreta até poucas horas antes, por medida de segurança dos militares que temem atos de sabotagem ou espionagem nas costas brasileiras. Na madrugada de 8 de fevereiro de 1945, ele embarca no *General Meigs*, navio americano de transporte de tropa que leva 6 mil soldados brasileiros. É o quinto e último contingente da FEB a zarpar para a Itália.

Catorze dias depois chegam a Nápoles. Roma já estava libertada, o inimigo nazista recuara para o norte e a linha de frente se situava no rio Arno. Celso é mandado para a Toscana, onde faz um curso de mecânica de automóveis e caminhões. Em seguida, passa um tempo acantonado em Livorno, como oficial de ligação entre a FEB e o 5º Exército americano, a que estava ligado o nosso. Na ofensiva final dos Aliados, no norte da Itália, sofre um acidente quando seu jipe capota numa estrada esburacada e ele rola a ribanceira.

Em 8 de maio de 1945 os Aliados anunciam a vitória. Em fins de agosto, ele reembarca no navio-escola *Duque de Caxias*. Antes, porém, consegue permissão, veículo e combustível para uma "tocha" — uma escapada, no jargão militar — à França: conhece Paris no verão de 1945, a cidade onde três anos depois se tornaria doutor em economia e vinte anos mais tarde se exilaria.

Nos dias passados a bordo, tanto na ida como na volta, teve tempo para fazer um balanço de sua vida. Foi para a guerra aos 24 anos, voltou aos 25, com a amadurecida clareza de que ali se encerrava um ciclo. Embora recém-formado em direito, não seguiria a carreira que era a do pai. Tinha outros planos. Queria morar fora do Brasil. Desejava ser escritor. Se lhe faltasse talento para ficção, escreveria sobre administração, ciências sociais, política — e economia. Tudo isso está registrado, tudo isso se concretizou. Mas não só.

Nas páginas do diário de guerra, um caderno de capa de cartolina cinza onde se lê "Correspondência da Itália, asp.[irante] of.[icial] R/2, 1G 260417, Fev. de 1945", há anotações sobre o fascismo, a degradação da sociedade italiana, a miséria, os bombardeios. Outras, mais amenas, descrevem as belezas da Toscana, os passeios nos dias de folga, Roma, Pompeia, Milão. Algumas notas, rascunhadas às pressas, foram passadas a limpo e enviadas em cartões-postais à família e a uns poucos amigos. Numa delas, datada de dias depois da vitória aliada, Celso resumiu o que parece ter sido a sua experiência de combatente: "Esta guerra foi, para mim, pouco mais do que uma viagem de turismo".

Hoje é o décimo primeiro dia de viagem. Amanhã visitaremos Gibraltar e dois dias e meio depois aportaremos a Nápoles. (Pelo menos, este é o programa.) Entretanto, até hoje eu pensei apenas esporadicamente nas implicações da situação em que estou envolvido. O meu espírito tem sido sempre inclinado a aceitar as situações imprevistas. E isto talvez porque as zonas vazias que nele existem são muito grandes. Eu venho sofrendo nos últimos dez anos um processo de desagregação ideológica (se assim me posso expressar) bem acentuado. Aos meus catorze anos sofri a minha primeira crise espiritual — crise de angústia cósmica. Então eu senti pela primeira vez que a vida de cada homem era uma obra a ser realizada em função de um fim. Olhei abismado para o futuro e chorei apavorado ante a ideia de que talvez não pudesse atingir aquele fim. Começou então a longa caminhada de descoberta do mundo. Primeiro a natureza inundou-me com a sua poesia lírica. E logo depois veio a mulher completar essa paisagem. As longas caminhadas pelas largas alamedas desertas, a música do firmamento, a dança das estrelas, a infinitude do mar. E as páginas líricas da literatura naturista logo estenderam essas paisagens aos confins do universo. Então a vida era plena, mas constituída apenas de sonho.

A mulher, de princípio, era o complemento da natureza. Era um complemento na paisagem dos sonhos. Lembro-me de que, aos catorze anos, enchia-me de ternura a lembrança dos olhos grandes e negros de alguém. Alguém que nunca me ocorreria possuir. Era só uma lembrança lírica que eu sentia quando estava sozinho a ouvir o firmamento. E esta fase mágica do espírito progrediu e tornou-se cada vez mais complexa. Depois da natureza e da mulher eu descobri a sabedoria humana. Primeiramente abismei-me ante o mistério da humanidade. Toda partícula dessa humanidade tinha para mim poderosa carga poética. O mistério das civilizações pré-clássicas, uma deusa egípcia, um riso de esfinge, a imensidão babilônica. E depois viria a cultura helênica e todos os séculos que a seguiram.

Abismado dia e noite diante do monumento da cultura humana, eu sentia que o mundo era demasiadamente rico para me faltar um fim à vida. Talvez fosse ao estudo da filosofia que eu haveria de me dedicar. Dias e dias, meses e meses passei estudando a obra dos arquitetos do pensamento. Lembro-me que aos dezessete anos, certa noite em que estava a estudar, angustiei-me com a lembrança de que nada realizara até então no terreno da filosofia. Pareceu-me então que pelo menos alguma coisa equiparável à lei dos três estados já devia eu ter criado. Levantei-me da mesa e fui pedir inspiração às estrelas.

E veio então a maior descoberta: a arte. Literatura em prosa, poesia e música, por fim. Nunca avancei além dessas três formas. Elas me esgotaram. Ao lado da contemplação do belo artístico veio a reflexão sobre os valores humanos da estética. E a crítica com o seu mar de sedução. Eu estava então — aos dezoito e dezenove anos — na fase mais alta da construção do espírito. A história, a filosofia, a erudição, a literatura, as ciências naturais, a musicologia, a crítica — qualquer desses ramos do conhecimento seria suficiente para me inundar a imaginação e me absorver todo inteiro. A par disso havia meu programa de vida: estudar o direito, ciência do meu pai, seguir a advocacia, dedicar-me aos estudos, viajar para aprender, publicar obras. A minha vida de estudante fora uma progressão de sucessos; as minhas qualidades intelectuais e morais estavam bem acima da média, sabiam todos. Acostumara-me a ver tudo de cima. Nessa situação eu parti para ganhar a vida e construir o meu futuro.

A prática da vida é grosseira. O contato com o boçal prejudica apenas ao que não é boçal. A primeira coisa que eu vi no mundo foi a sordidez moral, a degenerescência, a perversão do homem. Não a vi, mas dela tomei conhecimento através da vida daqueles com os quais era obrigado a viver nas habitações coletivas. E uma paisagem nova, de coisas sórdidas, foi se impondo aos meus olhos. Logo cedo, em contato com a realidade, eu senti que fora equipado com as vestes de um cavaleiro andante para rastejar num pântano. Começou então a dolorosa mutilação moral. Eu representava na vida diária como em um palco, apressado que fiquei de ser semelhante àqueles que estavam ao meu lado. E tive que construir por cima de mim um homem grosseiro e banal, mas adaptado ao meio. Entretanto, o meu espírito estava permanentemente latejante. E desde então veio a necessidade de fuga. Tão mais difícil essa fuga quanto eu me habituara a ser uma criatura só, autossuficiente. Em que apoiar-me? Nunca conhecera o contato de uma criatura humana. A família praticamente não existira para mim. O pai fora praticamente um estranho. Um gesto interessado e humano seu não ficara na memória. A mãe quase não soubera fazer-se amar. Conservara sempre o filho alheio a ela como criatura que vive, sofre e ama. Não o aconselhara nos momentos de erro, não o chamara a comungar consigo nos momentos de alegria. Entretanto o meu caráter fundamentalmente reto fora sempre sedento de orientação. Uma vez que o pai me aconselhou, nunca mais o esqueci. Ele se referiu ao futuro, ao mal que feito agora pode prejudicar o futuro. Malgrado haver o conselho sido acompanhado de violenta reprimenda.

Eu acredito ter sido uma criança inferior. Possivelmente era o mais feio, com uma grande cabeça, um pescoço fino e um corpo ossudo, tinha o detestável vício de mijar na cama, não tinha espírito, era zangado — em síntese, ninguém se orgulharia de me apresentar como filho. O meu futuro deve ter se afigurado muito humilde, durante largo tempo. Na minha cabeça dura dificilmente entrava qualquer coisa. Era indiscutivelmente burro.

É claro que esse panorama progressivamente transformou-se. Nunca entretanto — exceto talvez nos anos últimos — houve um entendimento entre pais e filho sobre essa transformação. Trôpego e mascarado caminhei eu os primeiros anos. À proporção que ia construindo a minha segunda pessoa, mais sozinho ia ficando. E progressivamente perdia os meus símbolos de outrora. O ceticismo progressivamente alastra-se. Aos 22 anos eu era um homem que trabalhava o dia inteiro para viver, não tinha ideal, não tinha fé, não tinha programa de vida, não tinha sequer vícios. Os velhos símbolos, como brasas a consumirem-se, mostravam aqui e acolá um resto de brilho. Um pouco de contemplação artística era o que me restava.

À tarde avistamos a costa da África, cruzamos as colunas de Hércules e estamos agora em pleno Mediterrâneo.

A irrupção de amor tornou-me, é certo, um homem maduro. Esgotou-me as últimas ilusões, posto que como uma esponja removeu os resquícios de lirismo que ainda havia em meu espírito. Nos últimos anos de minha vida nem mais um dos velhos símbolos me restava. Começara a resolver os problemas individuais com fórmulas gerais. Passei a catalogar os meus símbolos como fantasias da juventude, a compreender a minha angústia cósmica como um fenômeno de marginalidade social. Como homem de uma sociedade em decomposição eu podia perceber as motivações gerais do meu ceticismo. Cabia-me construir novos símbolos. Integrar-me em um grupo social consistente, com uma margem de automatização que imunizasse o espírito da angústia. Entretanto, era essa possibilidade mesma de reconstituição individual que vinha completar a concepção de iniquidade da vida — de ausência de finalidade.

A audição de uma bela obra musical, ao lado de suas implicações próprias, tem outras — as ligações com o nosso passado. Ocorre-nos que aquilo já nos sugeriu outra coisa, outra coisa que talvez não queiramos rememorar... A tragédia literária perde o seu sentido heroico, pelo fato de que o homem deixa de interessar como potência autônoma. Surge então a incapacidade para aceitar as criaturas humanas como seres responsáveis. A incapacidade dos jovens para raciocinar sem ocupar o centro do universo, o desejo ardente da maior parte deles de se tornarem heróis, o egoísmo e a vaidade dos homens... Tendo de transformar tudo isso em termos de problemas gerais, é-se obrigado a reduzir os homens a bonecos, e então nos aborrecemos imensamente quando temos de tratá-los como se não fossem bonecos... E a comédia da vida dos intelectuais, e a feira da arte, e o meretrício do pensamento! E a fuga para as ideologias intelectualizada com todas as suas consequências práticas ridículas e acomodações mentirosas! E a sinceridade dos ingênuos em meio a tudo isso!

Entretanto, nem todo esse torvelinho era capaz de me tragar. Despido de todos os meus símbolos, imunizado contra a ilusão lírica, devastado pelo ceticismo, eu permanecia em pé. E isto porque a minha fonte de vida tinha raízes extremamente profundas. Nada conseguia extirpá-la. No momento extremo das crises mais terríveis eu voltava-me para dentro de mim mesmo e encontrava forças para resistir. Essas forças eram cegas, nenhuma luz traziam para orientar-me. Aplacavam o demônio e recolhiam-se. E o meu espírito ficava no mais miserável estado de desolação. Surgiu-me então no espírito a ideia de que eu seria um novelista. Não era uma ideia, era um sentimento. Impossível saber como germinou a primeira célula desse sentimento. Muitas e muitas vezes o demonstrei inconsistente e bobo. Entretanto ele persistia e veio a consistir no meu último apoio contra os vendavais. Ocorreu-me pensar que esse sentimento surgira da autocontemplação da profundeza de minha capacidade de sofrer. As minhas angústias foram incalculavelmente profundas. Isto porque tinham origem complexa e se alastravam em um espírito onde não restavam pontos de apoio. Considere-se ademais que eu carregava comigo uma segunda personalidade que nada ou pouco devia ser afetada por tudo isso. Acresce que a minha solidão fazia com que a dor se circunscrevesse a mim exclusivamente.

No meio dessa crise eu reuni todas as minhas forças e resolvi disciplinar a vida. Sistematizei uma série de hábitos, submeti-me a um programa de estudo (verdadeiro narcótico para o espírito) e arquitetei um futuro. A rigidez e amplitude desse programa de vida levar-me-ia a um permanente esforço de extroversão e disciplina. Nele estavam previstas grandes viagens de estudos ao estrangeiro e vastos trabalhos de pesquisa intelectual. Nenhuma força emotiva havia por trás de tudo isso: não conseguira erguer um novo símbolo. Tratava-se de uma realização a ser efetuada às expensas de energias intelectuais — um estado de fuga maior ou menor organizado. E eu confiava nas profundezas daquelas raízes que sempre me salvaram. Era um esforço para bem empregar aquelas energias potenciais. Um esforço que talvez merecesse o título de nobre.

Foi nesse ponto da reconstrução racional do meu ser que me chamaram (ou ordenaram) a ligar-me a um outro destino. Não era bastante cedo para alegrar-me, nem demasiadamente tarde para entristecer-me.

A BORDO, 21.2.45

A grande viagem vai terminar esta noite. Amanheceremos em Nápoles. Para mim ela nada mais foi que um passeio. Soube mais de uma vez que passara pelo perigo submarino, entretanto nunca este navio me pareceu menos seguro que a minha casa. Ocorreu-me, aliás, ao pensar nisso, algumas considerações sobre o medo. Ele só existe em mim como estado reflexivo. Penso, por exemplo, na hipótese de parar de viver por um ato de estupidez ou por um acaso estulto; penso na insignificância dessa morte no quadro geral dos acontecimentos e ao mesmo tempo na importância oculta que talvez encerre. É que eu ainda não esvaziei o copo que me cabe sorver, ainda constituo um mistério para mim mesmo; se eu chegar a ser um homem excepcional, no futuro, isto não constituirá surpresa para mim mesmo.

O medo como reação orgânica ao perigo não me ocorre possa tê-lo. Pelo contrário, a configuração desse sentimento desperta-me logo um estado de repulsa. Nenhum impulso simbólico, entretanto, impele-me nessa contingência. Sei que o fascismo foi uma grande chaga do século; sei que nós seríamos uma de suas grandes vítimas e que por trás dele se implantaria um imoral imperialismo germânico. Que todo o resto do século seria de lutas ingentes dos povos contra o banditismo ostensivo que se implantaria. Mas sei também que ainda desta vez não foi a nós que coube decidir nosso próprio destino; que essa cooperação poderia ter assumido outras formas sem perder em sua eficiência. Sei ainda que num país de mobilização restrita como o nosso o meu papel deveria ser outro.

26.2.45[1]

A primeira grande lição que aqui tomamos é o contato direto com a organização americana. E esse contato se inicia a bordo. Os americanos sabem que o homem é o maior fator na guerra, e tudo fazem para o seu bem-estar. Os cuidados higiênicos e o serviço médico são admiráveis; o serviço de diversões é inexcedível. Sente-se que aqueles que estão no comando sabem que a sua função é servir os que estão embaixo, posto que nada valeria um comando luzidio e uma soldadesca abandonada à própria sorte. O maravilhoso transatlântico em que viajamos possibilitou-nos bem-estar permanente. É pena não termos visto o mar à noite, pois o recolhimento para o interior do navio era feito à tardinha. Durante muitos e muitos dias estivemos fora da vista de terra, e foi numa tarde bem clara e já bem fria que avistamos a costa montanhosa do noroeste africano. Logo depois avistamos as costas espanholas, o cabo Trafalgar, onde Napoleão foi derrotado pelos ingleses, e Gibraltar. As cidades africanas e espanholas costeiras são constituídas de casinhas brancas e ruas irregulares. A entrada do Mediterrâneo é muito mais larga do que eu supunha; o mar é piscoso, aqui e acolá vê-se um cardume. Gibraltar é um rochedo que lembra o corpo de um camelo sem pernas e sem pescoço e cabeça. Não se vê o menor sinal das fortificações, tão bem-feita é a camuflagem. Esse rochedo é quase da altura do Pão de Açúcar e fica muito avançado para o mar.

---

1 Muitas anotações do diário de guerra não indicam o lugar onde foram escritas. Em cadernos e correspondências era vedado relatar o cotidiano e fornecer informações que, se em mãos inimigas, denunciassem a localização dos pracinhas.

27.2.45

Estou me adaptando ao frio rapidamente. Eu trouxe comigo dois co-bertores de lã, no navio me deram mais dois, aqui os americanos me deram mais dois, mais um saco-cama que vale por dois cobertores e mais um saco impermeável para colocar sobre o saco de lã. E naturalmente já se vai para a cama com boa camada de lã sobre o corpo...

Placa de identificação militar (à direita) e distintivos da FEB e do 5º Exército americano (à es-querda).

MARÇO DE 45

Tive oportunidade de ver Pompeia, um espetáculo indescritível: uma cidade desencavada e mostrada a nós da forma em que as lavas do Vesú-vio a surpreenderam 1900 anos atrás. O interior das casas de família, os restaurantes, as praças públicas, os altares, as inscrições nas paredes anunciando eleições... Tudo quase intacto. Estou quase sempre na Tosca-na, que tem o clima mais ameno da Itália. Atualmente a temperatura está ótima — varia entre quatro e doze graus. As cidades da Toscana são qua-se todas museus da Renascença. Em Florença podem-se ver os palácios dos Médici. O trono, as salas de reuniões diplomáticas, as salas de estudo de reza, de trabalhos femininos... Tudo está conservado e perfeito: ouro, alabastro, tecidos raros, mármores, incrustações. Aqui foi queimado Sa-vonarola, ali morou Dante, lá está o túmulo de Maquiavel...

23.3.45

A primeira vez que pisei numa poça d'água e ela se fragmentou aos meus pés, fiquei estupefacto e baixei-me para encher as mãos de gelo; quando vi a neve, arregalei bem os olhos para certificar-me, tirei o chapéu para senti-la melhor, mas foi como se encontrasse algo que já conhecia. A natureza aqui é delicada, os rios são quase minúsculos, o solo é nada rochoso, a vegetação é disciplinada. Os camponeses têm um nível de vida equivalente ao das nossas pequenas cidades no estado do Rio de Janeiro ou São Paulo. Não há o que conhecemos como miséria, e o estado de nutrição, particularmente das crianças, é digno de admiração. A população urbana, entretanto, vive em edificações quase medievais. Somente as grandes cidades apresentam construções mais ou menos satisfatórias para a classe média. (Diga-se de passagem que a classe média apresenta nível de vida muito mais baixo do que o da nossa classe média urbana.) Do ponto de vista cultural o povo apresenta um quadro completamente distinto daquilo que nós conhecemos. Qualquer camareira de hotel ou negociante de vinho discute sobre os valores da pintura italiana e dá informações que nós costumamos colher com os eruditos. Em parte isso deriva de os valores culturais circularem no mercado do turismo. Nas classes mais elevadas é admirável o estado de sedimentação da cultura. Admirável para mim — bicho do mato —, é claro.

24.4.45

A guerra é essencialmente duas coisas: trabalho e destruição. Muito cedo nos acostumamos com as destruições. Os sintomas mais diretos da guerra menos comovem ou ainda menos preocupam. O fato de saber que estão passando sobre as nossas cabeças seis ou oito centenas de aviões que vão ali adiante atirar bombas sobre o inimigo é tão banal quanto a passagem do bonde. Posso levar cinco horas ouvindo barulho de avião e é como se ao meu redor houvesse absoluto silêncio. Às vezes

vou dormir ao som do canhonaço da artilharia e isso tem para mim —
suponho que para todos — o mesmo poder emocional que o barulho do
mar no Leblon. A verdade é que a vida se resume a uma repetição de
um número limitado de emoções e um número ilimitado de motivações. A motivação aqui é uma, ali é outra — mas as emoções são as
mesmas.

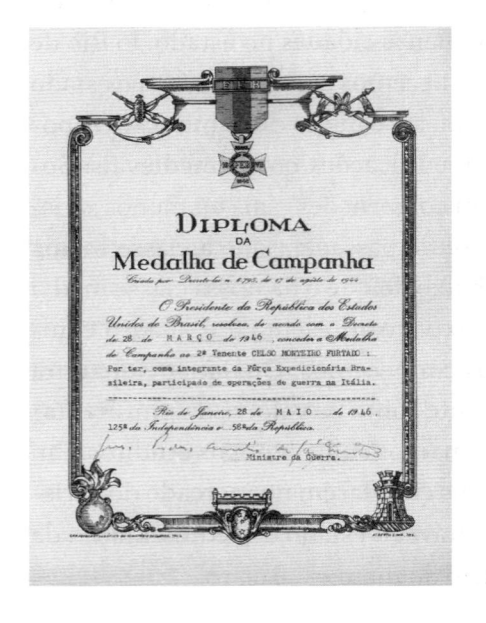

Medalha de Campanha pela participação na
Segunda Guerra Mundial.

16.5.45

Esta fase final de ofensiva foi uma terrível corrida. Passei dez dias
trepado num caminhão, parando apenas para dormir ou comer. Tive
oportunidade de atravessar todo o norte da Itália, indo parar perto da
fronteira da França. O meu trabalho era simples e material mas eu o de-
sempenhei com algum cuidado; isto me rendeu um elogio individual,
transcrito em boletim do coronel ajudante do quartel-general. Estou dizendo isto só para constar. Longe de me fazer de herói; digo sempre que

esta guerra foi para mim, que tão bem tenho apreciado o que vejo, pouco mais que uma viagem de turismo.

Curso feito na escola de mecânica do Exército americano, na Toscana.

17.5.45

O norte da Itália é admirável. A catedral de Milão é das coisas mais belas que se podem ver na Itália: estilo gótico, toda em mármore (dezenas de variedades de mármore), a mais rica do mundo como conjunto de estatuária, a terceira do mundo em tamanho. Dentro estão três ou quatro órgãos. No domingo que se seguiu à paz, lá estive eu assistindo a uma missa cantada. Por estas partes do mundo um brasileiro é algo desconhecido e exótico. Em alguns lugarejos aglomerava-se gente para ver de que jeito é um brasileiro. Um senhor disse: "São gente boa, e a propaganda fascista proclamando que eles são como feras!". Levei um dia um negro num lugar conquistado na véspera e foi um sucesso: as crianças corriam de todos os lados para vê-lo e até uma moça veio me perguntar se ele falava como nós. Em Milão uma senhorita olhou para mim admirada e disse: "Brasileiro? O Brasil para nós é um sonho!". Tenho que confessar que a minha tez queimada e o meu tipo de sertanejo causam aqui uma reação radicalmente diferente da que eu esperava. Particularmente as moças exteriorizam a admiração de maneira simpática. Certo dia, passando por um castelo, parei para tomar vinho e uma criatura loura e delicada que me veio atender, pensando talvez que eu não a entendesse, disse: "Meu Deus, que estranho, parece um homem do deserto!". Eu bebi o vinho e quase banco mesmo o homem do deserto levando comigo raptada a meiga castelã.

Com a conclusão das operações e a esperança de breve retorno, já se pode pensar um tanto em programa de vida. Estou aqui a matutar no que vou fazer, no que poderei estudar, no que terei de realizar. Tudo no Brasil se modificou tanto, desde minha saída, que se tornou indispensável uma revisão de programa de vida. E eu sem um bom programa sou um homem morto...

22.5.45

Com a libertação do norte da Itália tive oportunidade de entrar em contato com uma população que até o presente esteve sob o controle fascista ou alemão. É uma gente que há 25 anos não conhecia outra forma de vida que não a fascista. Pude ver bem claro como um sistema de arbítrio e irresponsabilidade de governo tende a corromper completamente o povo. Acostumados a esperar de parte dos poderes constituídos o que fosse de mais atrabiliário e imoral, os indivíduos procuravam se defender — ou progressivamente criavam o seu comportamento — dentro de uma ordem de coisas e com armas também imorais. A classe média, provavelmente a mais sacrificada dentro do regime fascista e durante a crise da guerra, apresenta um quadro triste onde dominam a exploração mútua, a passividade e a ausência de padrões de moralidade. Essa classe parece ser indiferente à grande tragédia, como acontecimento nacional, e nenhuma consciência de culpa ou revolta apresenta. O Estado fascista, parece, anulou-lhe o senso de responsabilidade no que diz respeito à coisa pública.

A grande massa do povo — conservada em estado de semi-ignorância e mantida numa permanente embriaguez coletiva pela técnica fascista —, essa não aceitou de nenhuma maneira a ideia de derrota. Afasta de todos os modos, de seus olhos, o espantalho da catástrofe, e em meio ao delírio

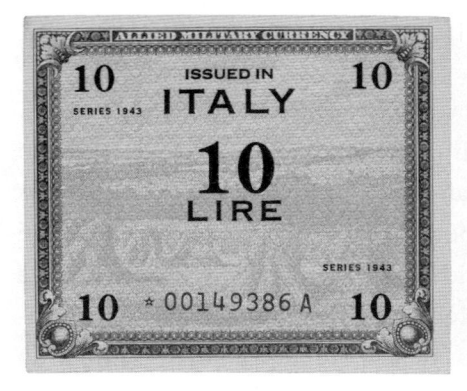

Notas emitidas pelas forças aliadas depois da libertação de Roma, e pelo governo provisório após a libertação de Paris.

da crise moral se entrega a toda ordem de sofismas e símbolos novos. Viciado pelo fascismo no delírio, o povo continua delirando à passagem daqueles que eram seus inimigos. Viciado na violência, aplica a violência contra os seus antigos ídolos. Vi alguns desfiles de partisanos:[2] têm tudo que configura os heróis: garbo, audácia e fé na sua causa. Vi algumas mulheres de bandeira na mão, comoventes e contagiantes no seu entusiasmo e sinceridade. O denominador comum de tudo isso, entretanto, é apenas o ódio — a força primitiva que o fascismo desencadeou nas suas almas. Sente-se que diante da tragédia surgiu a angustiante necessidade de transferir a culpa. A massa trabalhada para a paixão precisa saciar a sua fome, mesmo que seja devorando as próprias cabeças.

Não sinto nenhum indício de um verdadeiro movimento social renovador na Itália. A elite alta cada vez mais passiva no seu isolacionismo — o fascismo a tinha adormecido num sonho de segurança; a classe média completamente corrompida e sem senso de interesse coletivo — o fascismo alheou-a dos problemas superiores do país; a massa do povo, completamente ignorante em matéria política, extenuante de paixão, incapacitada para um movimento no sentido coletivo.

2 Termo corrente na época, corruptela de *partigiani* (membros da Resistência italiana).

Estou a bordo deste maçante e pesado *Duque de Caxias* já há dez dias. Estivemos dois dias em Lisboa. Ótima gente aquela. Gente de coração aberto e grande; gente que gosta e sabe agradar. É como se estivéssemos em nossa casa e em dia de festa. Lisboa, embora seja uma vasta cidade, é apenas uma miniatura de grande cidade. Magníficas aquelas praias de Cascais. O povo que ali reside deve ter uma fina compreensão da comodidade. Lembrou-me aquelas quintas de Capri que em si encerram uma filosofia. Olhando para aquelas casas cômodas e isoladas que se debruçam sobre o mar transparente de Capri, eu senti subitamente a realidade de uma filosofia que antes me parecia um sonho literário. Não será que mais vale deixar-se estar na doce solidão de um retiro a meditar na fragilidade e fortaleza das obras humanas, no aperfeiçoamento permanente de si mesmo? Na verdade, há muito de ostentação nessa ânsia de realizar algo que repercuta, que faça eco. A vida do homem é uma obra de arte; estudá-la e realizá-la é trabalho árduo. Mas é esta a primeira obra que a cada um cabe realizar — ela é a porta de acesso a tudo mais. É admirável como nos sentimos, nós brasileiros, em casa em todo esse vasto mundo latino. Na Itália, na França, em Portugal, todos nos recebem e aceitam como irmãos, e quase sempre como irmãos prendados.

Como eu gasto o meu pensar meditando diariamente no meu próprio futuro! Se eu não tomar uma decisão neste ano que aí vem pela frente estarei condenado a um futuro estreito na burocracia ou ao léu da sorte. Eu estou com 25 anos feitos. Tenho um emprego burocrático e um título de bacharel. Não pretendo advogar nem seguir a magistratura. É este um ponto que de tão assente já não vale a pena discutir. Tenho vontade de ser um escritor. Isto é, tenho vontade de me dedicar ao estudo de certos assuntos — política, administração, ciências sociais — e sobre eles escrever. Tenho vontade também — embora ignore se tenho um mínimo sequer de talento — de escrever obras de ficção. Não que deseje rabiscar trabalhos de imaginação; mas acredito que a ficção é um dos melhores meios de abordar certos problemas humanos que me apaixonam.

4. Paris, 1947-1948

Ao regressar da Itália, Celso Furtado retomou seu trabalho no Departamento do Serviço Público do Rio de Janeiro, em Niterói, onde foi chamado a chefiar a Divisão de Organização. Já desde antes da guerra, tencionava prosseguir os estudos no exterior. A hipótese de um estágio em Moscou, na Gosplan, para estudar o planejamento estatal soviético, não prosperou. Optou por Paris. Seu professor da Aliança Francesa, Jacques Billard, deu-lhe uma carta de recomendação para monsieur Roger Seydoux, diretor do Institut d'Études Politiques, a prestigiada Sciences Po. Em janeiro de 1947, embarcou na terceira classe do vapor *Désirade*. Em Paris, foi morar num hotelzinho do Quartier Latin, o Excelsior, que lá está até hoje, na rue Cujas. Na Sciences Po, cursou as seguintes matérias: História do Socialismo, ministrada pelo historiador comunista Jean Baby; Marxismo, pelo filósofo marxista Auguste Cornu; História dos Fatos Econômicos, pelo professor Charles Morazé; e Princípios Econômicos e Políticos, a cargo de Jacques Rueff. Em outubro, início do ano letivo, matriculou-se no curso de doutorado de economia da Faculté de Droit et Sciences Économiques da Universidade de Paris. Seu orientador foi o economista Maurice Byé, que lecionara no Brasil no início da Segunda Guerra Mundial. Teve como professores, entre outros, René Courtin, destacado membro da Resistência e um dos fundadores do jornal *Le Monde*; Louis Baudin, expoente do liberalismo francês; Bertrand

Nogaro, ex-ministro da Educação; e François Perroux, o teórico dos polos de crescimento. Das disciplinas ministradas nessa época aos futuros economistas, uma refletia os anos do pós-guerra: Economia da Reconstrução.

Em 1º de junho de 1948, Celso defendeu sua tese de doutoramento: *A economia colonial no Brasil nos séculos XVI e XVII*. Foi, naquele ano, o único estrangeiro a se doutorar na Sorbonne com a menção *très bien*.

A temporada na Europa foi bem mais que a Sorbonne. Foram as viagens a Londres, em contato com estudantes e professores da London School of Economics; à Tchecoslováquia, para um festival da juventude; à Bósnia, para, de picareta em punho, integrar uma brigada internacional que reconstruiu o leito de uma estrada de ferro. Foi o deslumbramento com os teatros e os atores Maria Casarès, Jean-Louis Barrault, Louis Jouvet. Foram as consequências ainda palpáveis da guerra, as greves, o racionamento de pão, manteiga, tecidos. Foram as amizades com os pianistas Arnaldo Estrella e Anna Stella Schic, o compositor Claudio Santoro, os pintores Carlos Scliar e Samson Flexor, os escritores Jorge Amado e Ernesto Sabato. Em julho de 1948, embarcou no *Jamaïque*, com destino ao Rio de Janeiro.

O estimulante ambiente intelectual da França, os encontros e descobertas, as reflexões sobre as ideologias, os rescaldos do fascismo e o futuro do automatismo formam o conteúdo dos diários escritos nos dois cadernos que comprara, antes da viagem, na Tipografia e Papelaria Galeria Cruzeiro, no centro do Rio de Janeiro.

Viagem longa de 23 dias, não chegou a cansar. A única escala foi o Senegal — Dakar. A população de quase exclusivamente negros. Há muita coisa que lembra o Nordeste. A vestimenta — toda indígena — e os maometanos rezando e beijando o chão pelas ruas, é o que há de mais curioso para nós. Os negros são loucos pelo Brasil — país onde, creem, não há distinção de raças. As condições de vida da grande massa são miseráveis, mas a população é sadia e alegre. Aportamos ao Havre com cinco graus abaixo de zero. Não encontrei quase neve, mas as águas paradas, todas geladas. Em todo caso, sofro muito menos aqui do que na Itália, onde as condições de aquecimento eram muito inferiores.

Instalei-me em Paris. No Quartier Latin, logo ao lado da Sorbonne — Hotel Excelsior, rue Cujas, no Quinto Arrondissement. Um quarto espaçoso, com duas janelas, lavatório, aquecimento, cama de casal, guarda-roupa, mesa etc. Aluguel: cem francos por dia: dezesseis cruzeiros, câmbio oficial; oito no *marché noir*. A alimentação é bem razoável. Melhor e mais barata do que eu esperava. Por enquanto nada excedeu aos meus planos.

Comprovante de residência no Hotel Excelsior, 20, rue Cujas.

A vida continua bastante monótona, dada a falta de jornais. Desde o dia da minha chegada que dura a greve dos impressores. Amanhã vou ver se compro um rádio, e então ficarei mais ao par dos acontecimentos. O frio continua doloroso. Sair para a rua todo dia com temperatura abaixo de zero é um sofrimento. Às vezes são dez graus negativos: os músculos do rosto se contraem e fica-se quase sem poder falar. Outro sofrimento é não poder nunca falar a própria língua. Estou matriculado no Instituto de Estudos Políticos da Universidade de Paris. Há uma formidável variedade de cursos, inclusive um sobre história do socialismo e outro sobre marxismo.

Estudante da Sciences Po. Paris, ano letivo 1946-7.

PARIS, 21.3.47

A vida vai se normalizando. Com o frio, eu tenho me limitado ao plano de estudos. A atividade cultural é naturalmente intensa e rica, mas há uma certa tendência para o isolamento. Os livros alemães e americanos são pouco divulgados; obras verdadeiramente fundamentais não são traduzidas e ficam inteiramente ignoradas no meio estudantil. Quase todo o trabalho de pesquisa é feito dentro do método histórico e fundado numa imensa erudição. Falta o ar novo da pesquisa sociológica. Nas ciências sociais, navega-se mais pelas águas do passado que pelas do presente. O que me está interessando, presentemente, é a pesquisa histórica, coisa que no Brasil quase não se faz. Tenho comprado alguns livros. Os preços são mais acessíveis.

Comprei um rádio Philips de quatro válvulas. Ouço a *Hora do Brasil* com dificuldade mas dá para entender. As estações na Europa não têm propaganda comercial e o governo francês não faz nenhuma propaganda dele mesmo. Ouvindo a *Hora do Brasil* pode-se perceber como nada mudou: o governo na permanente preocupação de se justificar, de dizer que está fazendo muita coisa, de que não é responsável pela situação em que se encontra o país.

A política do governo francês é simples:[1] a) fixou um mínimo vital de 7 mil francos (zona de Paris); b) congelou todos os salários, desaprovando qualquer greve para aumento de salários; c) determinou uma baixa geral no nível de preços, 5% e depois 10%; d) determinará outras baixas de preços em conformidade com o crescimento da produção; e) equilíbrio orçamentário a todo custo para evitar emissão. Uma coisa é certa: o custo da vida se estabilizou há já alguns meses e há uma certa confiança geral que é o contrário da intransigência que reina no Brasil.

PARIS, 14.4.47

Não se pode governar este país sem o apoio das organizações sindicais. A forma clássica do parlamentarismo — governo e oposição (os

---

1 Em janeiro de 1947, Vincent Auriol foi eleito presidente, dando início à Quarta República Francesa. O primeiro-ministro era o socialista Paul Ramadier, que governou com centristas e comunistas. Nesse momento estava em vigor o primeiro plano quinquenal de reconstrução, modernização e equipamento da França no pós-guerra. Em maio, os comunistas foram afastados do governo e Charles de Gaulle fundou seu primeiro partido, marcadamente de direita.

ingleses dizem: governo de Sua Majestade e oposição de Sua Majestade) — é impraticável atualmente na França. Os trabalhadores têm um plano de reivindicações — se eles põem esse plano acima de tudo apelando para a greve, a economia nacional se ressentirá fundamentalmente. Por outro lado, a classe patronal demonstrou que é capaz de sabotar qualquer plano de nacionalizações governamental e torná-lo inoperante. Nesta altura dos acontecimentos surge De Gaulle, que pretende precipitar os acontecimentos. É o grande assunto do momento. Mas as coisas ainda não se definiram. Qualquer coisa lembra Getúlio nesse homem. Ele pretende ignorar esquerda e direita, falar em nome de um "interesse nacional", ser o "pai da pátria". No fundo ele faz o jogo da direita, mesmo que se veja forçado a mandar Plínio[2] para o exílio e a deixar alguns heróis verdelinhos de calça suja.

PARIS, JUNHO DE 47

Conversei hoje com um escritor argentino[3] sobre a situação política de seu país. Chegamos à conclusão, que já era minha, de que é preciso não confundir peronismo com Perón. Este é um oportunista que soube aproveitar-se de certas condições que levavam inexoravelmente a uma revolução na ordem de coisas da Argentina. Essa revolução é burguesa e emancipacionista. Perón tornou possível essa revolução conseguindo enfileirar o proletariado a reboque da burguesia que lutava contra o domínio da finança alienígena. A contradição do regime Perón está em que ele se apoia ao mesmo tempo no grupo burguês emancipacionista e na massa proletária que ele conseguiu seduzir com um programa de melhorias concretas de condições de vida.

---

2 Plínio Salgado (1895-1975) criou em 1932 a Ação Integralista Brasileira, inspirada no fascismo. Seus membros eram conhecidos como "galinhas verdes". Depois do levante integralista, em 1938, Salgado se exilou em Portugal, até a redemocratização de 1945.

3 Ernesto Sabato (1911-2011), físico, trabalhava no laboratório de Irène Curie.

Journal intime. Será que eu hoje sou bastante infeliz para escrever sobre mim mesmo? Não conseguimos jamais superar a estreiteza de certa condição primária. Assisti hoje à representação do *Ruy Blas*, de Hugo, na Comédie. É muito sugestivo como amostra de teatro romântico, e nos faz pensar exatamente nessa escravidão do homem a certas contingências que lhe independem. Em determinados momentos o mundo de tal maneira se simplifica e reduz, que a criatura humana, que nele se encontra, desce às proporções de simples marionete. Ontem assisti a um filme dinamarquês, *Dies irae*,[4] que reflete maravilhosamente essa mesma limitação do espírito humano. A introdução do elemento "consciência do pecado" torna mais dramática a estreiteza dos limites da liberdade do homem. A comparação dos dois dramas faz ressaltar o elemento histórico dessa limitação do homem.

PARIS, 18.6.47

Estive nos estúdios da Radiodiffusion Française e consegui um magnífico relatório das atividades do ano passado. O rádio francês, assim como o inglês e quase todo o europeu, não pode ser comercializado. Está organizado assim como uma universidade, um conservatório ou a Comédie-Française. É submetido à crítica permanente do público e da imprensa e tem um plano geral que engloba suas várias finalidades: diversão, informação, instrução, educação, assistência social, defesa da cultura francesa. Como não há anúncios, os programas falados podem ser mais desenvolvidos do que entre nós. Aprecia-se muito a reportagem radiofônica: chega um ministro ou uma estrela de cinema, o repórter vai com o *micrô* até o aeroporto, entrevista o tipo imediatamente, dá impressões etc. Os jornais falados são em grande número e curtos. Diariamente

---

4 *Dies irae* (1943), do cineasta dinamarquês Carl Theodor Dreyer.

há reportagens diretas dos Estados Unidos, da Inglaterra. Essas reportagens combinam o sério e o divertido, o instrutivo e o vulgar. Há dias ouvi uma reportagem diretamente do polo Sul. Os programas musicais são tanto de música popular como de música erudita. É preciso considerar que não há como no Brasil uma separação antagônica entre os dois campos. A música popular é em grande parte a canção francesa, de letra espirituosa e certo acabamento técnico. Os programas de música erudita são apresentados, em parte, de forma instrutiva: acompanhados de diálogos, introduções. Esses trabalhos não são improvisados por amadores, jornalistas ou curiosos. Sempre se convidam pessoas de grande renome que por si só já despertam interesse. Tudo é feito com honestidade e competência. A Radiodiffusion Française emite para a França três programas simultâneos em três faixas de onda diferentes. Conta com a vantagem de um público muito mais homogêneo do que o nosso. Inúmeros programas são diretamente dirigidos a certos grupos: mutilados de guerra, trabalhadores, agricultores, suburbanos, crianças, mulheres. Semanalmente há uma mesa-redonda de jornalistas para debater problemas de interesse imediato. O teatro é apresentado com muito cuidado. O público francês nesse ponto é muito exigente. No último mês levaram uma transcrição da obra monumental de Roger Martin du Gard, *Les Thibault*.

PARIS, 23.6.47

Na França, a indiferença mútua aparente das pessoas é uma consequência do individualismo e um elemento da liberdade pessoal. Mas liberdade não significa isolamento; daqui a multiplicidade dos grupos e variedade de veículos de contato humano, particularmente intelectual. Em cada café de esquina se reúne um grupo: aqui existencialistas, ali trotskistas, lá anarquistas. Há dias levaram na Sorbonne uma peça de teatro grego — *Agamêmnon*, de Ésquilo — com máscara, coro, o que quer dizer um espetáculo extremamente monótono, e todos os requintes de reconstituição. Vieram centenas de pessoas e foi preciso repetir a representação.

Estou comprando toda a bibliografia essencial marxista em francês. São traduções muito bem-feitas, algumas que ainda foram revistas por Marx ou Engels. Comprei as obras filosóficas e políticas completas de Marx (dezesseis volumes pequenos), obras de Engels (dezessete volumes) e uma parte das obras econômicas de Marx. Pretendo adquirir a correspondência completa de Marx-Engels. Afora isso comprei ainda uns trinta volumes de obras marxistas ou de crítica ao marxismo.

PARIS, 28.6.47

A França é um país cuja evolução econômica sofreu grande influência de fatores exteriores. É um país cujas classes privilegiadas viveram em grande parte de rendas de capitais investidos no exterior, até 1938. E por isso a burguesia francesa pôde evitar uma completa industrialização do país, que tenderia a criar contradições internas mais graves. Daqui o ideal do artesanato e o slogan de que o espírito francês é uma função do individualismo no trabalho. Com a última guerra a França perdeu as suas reservas no exterior e consequentemente teve a sua moeda desvalorizada. O francês médio deixou de viver em parte do trabalho de outros povos. Daqui o agravamento da crise social. A burguesia de um momento para outro passou a constituir uma carga muito mais pesada para o país e as classes trabalhadoras viram bruscamente o seu nível de vida reduzido. Na prática a França se apresenta hoje como um país profundamente dividido. De um lado, um operariado poderosamente organizado e capaz de paralisar toda a produção nacional em dado momento; de outro, uma grande burguesia cega e apavorada sonhando com uma ditadura "que ponha ordem no país". O homem comum da classe burguesa é um elemento negativo em todos os sentidos. Não tem nem a audácia do capitalista americano nem o senso de realidade do inglês. É o pobre homem que chora os bons tempos do passado, que não se conforma com a supressão da primeira classe nos ônibus e no metrô, que quando reconhece em lágrimas que o mundo está se transformando e que é preciso encontrar uma solução para as contradições de hoje, cruza os braços e diz: "Mas que há a fazer? O comunismo é a barbárie!". Daqui a ideia de parar a marcha das coisas com uma ditadura. Em síntese: a França atravessa o mais agudo de sua grande crise social. Aqui podemos ver com toda a força da evidência que se as classes têm um papel histórico, o da burguesia francesa já passou. Chegou o momento de outro ator tomar o centro da cena.

PARIS, JULHO DE 47[5]

Uma das consequências mais persistentes da guerra é o "drama de consciência" dos homens de pensamento. Persistente e deletéria. O homem que esteve em Dachau, que sofreu na carne o extremo da degradação; o indivíduo que passou a guerra de armas na mão e se mutilou no corpo e no espírito, representam para a sociedade de hoje uma carga menos negativa do que o "intelectual" que testemunhou o drama de seu gabinete. Aqueles são doentes sociais identificados, fichados, talvez hospitalizados. Os outros, os "homens que sofreram na consciência" a tragédia, estão por toda parte confundidos com as criaturas sãs, a escrever livros e artigos, a dar o "seu testemunho", a ditar orientação.

É o caso do escritor inglês Aldous Huxley. Durante a guerra refugiou-se nas paragens amenas da Califórnia, para não se infectar de "psicose de guerra". Furtou-se mesmo ao ruído das bombas. Agora que tudo serenou, se sente com forças para sacar da palmatória, arrastar-nos de joelhos a seus pés e nos dar uma lição de sabedoria. É a impressão que tenho lendo um capítulo de seu livro *Philosophia perennis* publicado no primeiro número da revista francesa *Civilisation*.

É indiscutível que Huxley, de cima de sua riqueza e de seu prestígio, tem uma imensa margem de livre-arbítrio. Tanto que quando a guerra se

---

5 Essas notas foram desenvolvidas em texto posterior.

tornou iminente pôde escolher o lugar mais sossegado do mundo, onde todas as comodidades da "idolatria tecnológica" lhe estavam à disposição, para viver. Até que ponto, ocorre-nos pensar, um soldado de Hitler era dotado desse "livre-arbítrio"?

BÓSNIA CENTRAL, 3.8.47

A Iugoslávia impressiona pelo laboratório de experiências sociais que representa. Viajei por quase todo o país e me detive na Bósnia Central, região muçulmana, onde as mulheres ainda trazem o rosto velado. As mesquitas, os mercados, a arquitetura, a vestimenta, tudo evidencia o vigor dos traços culturais muçulmanos. Na Iugoslávia se processa uma profunda revolução social. A paixão de progresso e o delírio de renovação abalam tudo. O governo e as organizações do povo empreendem obras audaciosas e através de uma extrema propaganda mantêm o país em estado de revolução psicológica. Por toda parte se discutem os problemas mais gerais e os jovens tomam a frente de todos os movimentos. É fácil imaginar as consequências para o indivíduo dessa dramatização da vida coletiva — por toda parte se sente o peso da psicologia de massa sobre o homem. É a juventude construindo estradas, é o homem da rua

A caminho de Sarajevo.
Agosto de 1947.

fazendo trabalho voluntário, é a população de uma vila tomando a iniciativa de uma obra... Nenhum país da Europa sofre presentemente uma tão profunda revolução. E o sentido dessa revolução é vencer as etapas de atraso material e cultural em que se encontra o país. Naturalmente nem todo mundo está disposto ao sacrifício que de tudo isso resulta. O governo não conta com o apoio das antigas elites e de grande parte da burguesia urbana. A inércia das classes camponesas das regiões mais atrasadas é igualmente um elemento negativo. A juventude e o proletariado são os dois sustentáculos ativos do grupo revolucionário que dirige o país.

BÓSNIA CENTRAL, 3.8.47

Cheguei a esta região central dos Bálcãs. Engajado em uma brigada internacional de trabalhadores voluntários. A mocidade iugoslava tomou a iniciativa de construir uma grande via férrea pela região montanhosa e mais atrasada do país. Como era de esperar, gente de boa vontade se mobilizou de toda parte para cooperar na empresa. Minha brigada, que está sob o pavilhão francês, tem suíços, poloneses, haitianos, escoceses, americanos, franceses, italianos e brasileiros (eu e um outro). Ao

Na brigada de reconstrução de uma estrada de ferro. Bósnia, agosto de 1947.

nosso lado estão os búlgaros, os gregos, os australianos, os ingleses. Estamos acampados à beira de um rio, a algumas horas da cidade de Sarajevo. Acordamos às cinco horas da manhã e às seis já estamos no trabalho — construção do leito da estrada: cavar com a picareta, transportar terra em carro de mão, socar o chão.

A brigada é constituída metade de rapazes metade de moças, mais ou menos, pois somos uns oitenta. As *filles*, como se diz aqui, trabalham que me espantam. Trabalham no duro. São pequenas cultas de nível universitário que têm preocupações as mais complexas e superiores. Estou aos poucos me acostumando a ver essas pequenas delicadas e graciosas de picareta na mão. Aqui se pode compreender que quando os homens se unem por ideais superiores e comungam o mesmo sacrifício no trabalho se elevam acima da média comum.

BÓSNIA, 4.8.47

Praga é uma grande cidade com cinco magníficos teatros, iguais ou superiores ao Municipal, com muitos grandes estádios, com o maravilhoso edifício para a mocidade. Tudo foi mobilizado para o festival.[6] Só as delegações vindas de mais de cinquenta países constituíram um espetáculo único. Quase todos com trajes típicos: mongóis, búlgaros, gregos, palestinianos, chineses etc. Todos deram espetáculos de danças folclóricas. A delegação russa apresentou coisas maravilhosas em matéria de dança, de canto, de violino, de piano, de coro. Uma fantástica bailarina da Ásia Central (russa) deixou a todos atônitos.[7]

A inauguração do festival constituiu de um desfile de todas as delegações num dos grandes estádios. Foi realmente maravilhoso. Eu desfilei

6 O Festival Mundial da Juventude Democrática, iniciativa da Federação Mundial da Juventude Democrática, sediada em Londres, reuniu 200 mil jovens do mundo todo, em agosto de 1947.

7 Olga Lepeshinskaya (1916-2008), primeira bailarina do Teatro Bolshoi.

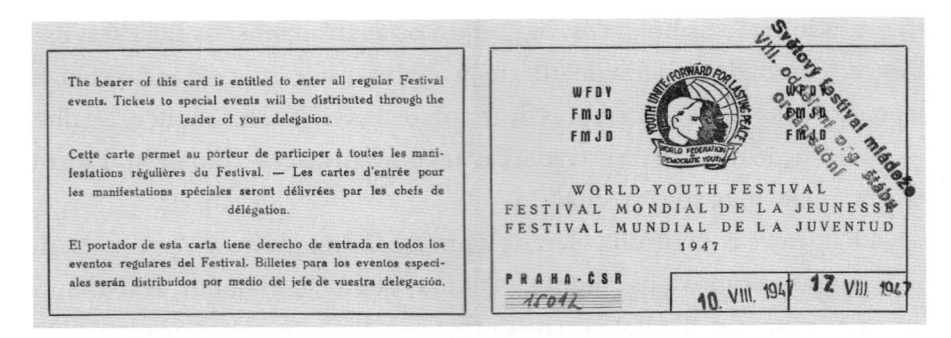

Festival Mundial da Juventude.

Com um russo e estudantes coreanos. Festival Mundial da Juventude, Praga, agosto de 1947.

na delegação da América Latina, onde figuravam as bandeiras do Brasil, México e Venezuela: dois venezuelanos, dois mexicanos, um argentino e quatro brasileiros: eu, o pintor Carlos Scliar, a pianista Anna Stella Schic e o marido dela. Tenho usado minha camisa com o emblema do Brasil no braço. Todos me veem falar estupefactos pelo fato de eu ser brasileiro. Creem, talvez, que o Brasil fica na Lua.

Atravessei a Alemanha do Sul e encontrei todos os campos cultivados. As cidades, entretanto, dão uma impressão de mundo de fantasmas. A população em geral abatida e apática. Não nos encaram e têm um ar de miséria e de rancor. A Hungria praticamente nas mesmas condições. Entretanto, em Budapeste se encontra de tudo e a vida é bastante intensa. Impressão magnífica dá a Tchecoslováquia. Poucas destruições e muito trabalho. Acentuadamente melhor que a Europa Ocidental, particularmente no que diz respeito a facilidades de alimentação.

LONDRES, 30.8.47

Londres é uma pesada Babilônia. Nada do encanto e da leveza de Paris. É uma cidade de burgueses comodistas e discretos. As londrinas, entretanto, estão muito acima do que imaginamos comumente. As inglesas feias e desagradáveis são as de exportação. Aqui elas se apressam em nos dizer: "Por favor, não nos julguem pelos ingleses". E de fato seria injusto fazê-lo.

LONDRES, 1.9.47

Os ingleses pela primeira vez estão enfrentando a realidade do após-guerra. Pela primeira vez estão dependendo unicamente de seu trabalho para viver. Desvaneceu-se o sonho de uma fácil recuperação da posição privilegiada de antes da guerra às expensas de um empréstimo americano. Para bem compreender a gravidade da situação econômica em que se encontra a Grã-Bretanha é preciso ter em conta: 1º) a natureza e a razão de ser dos privilégios sobre que se fundava essa economia na fase anterior à guerra; 2º) as profundas alterações na distribuição da riqueza e na capacidade produtiva dos países trazidas pela guerra. A Inglaterra foi a primeira nação a se industrializar amplamente. Esta vantagem inicial repercutiu na evolução de sua economia até nossos dias. Importando matérias-primas e alimentos e exportando produtos manufaturados, os ingleses tinham a seu favor a vantagem de ditar os preços de uns e outros. Ditavam os preços das matérias-primas e dos alimentos porque a oferta destes era imensa num mundo ainda quase inteiramente agrícola. Ditavam ainda os preços dos materiais manufaturados porque tinham um quase monopólio da produção e do transporte destes.

Na prática isso se traduziu por uma extrema procura da moeda inglesa, o que revertia em grande benefício para a balança de pagamentos do país. De simples exportadores de mercadorias os ingleses se foram convertendo em exportadores de capitais. O capital é exportado sob a forma de mercadoria — bens de reprodução — e invertido em companhias organizadas à base de uma fácil mão de obra e de uma procura certa de seus produtos. Se essas companhias prestam os serviços chamados de utilidade pública, seus lucros podem ser previstos a longo prazo, dadas as garantias que a própria imprescindibilidade do serviço envolve. Com mais frequência ainda, os capitais foram invertidos em companhias fornecedoras daquelas matérias-primas e daqueles alimentos importados obrigatoriamente pela Grã-Bretanha. Isso tinha a dupla vantagem de regularizar os fornecimentos à indústria e ao povo ingleses, e de facilitar o controle dos preços desses gêneros essenciais.

O fornecimento de alimentos a baixo preço dentro das ilhas era tão mais importante quanto era a única maneira de evitar um encarecimento da mão de obra industrial. Diz-se que a Inglaterra sempre viveu à base de alimentos e carvão baratos. Melhor seria dizer que a Inglaterra viveu à base de importações baratas. Se o carvão era de baixo preço, devia-se isto ao fato de ser pago com alimentos importados a preços insignificantes. Nenhuma nação dependia tanto da importação de alimentos quanto a Inglaterra. Aí estava a sua força e a sua fraqueza. Outra forma de exportação dos capitais ingleses estava nos empréstimos feitos a todas as nações que se encontrassem em dificuldades e que oferecessem garantias. A importância desses empréstimos para consolidar a posição política inglesa é óbvia. Essa vantagem inicial que tinham os britânicos consolidou-se em imensas reservas de ouro e divisas estrangeiras resultantes dos dividendos e juros dos capitais invertidos pelo mundo afora. Ainda em 1913 os ingleses tinham polpudos capitais empregados nos Estados Unidos.

Em todas as grandes nações da Europa produziram-se profundas transformações na ordem social e política após a Primeira Guerra Mundial. A França, que perdeu os imensos capitais investidos na Rússia, na Turquia, e liquidou aqueles investidos em outros países, sofreu uma brusca diminuição em seu nível de vida e perdeu a proeminência na esfera política. A Alemanha, detentora do parque industrial mais moderno da Europa, privada do seu campo de expansão, involuiu para a política nazista de redução do nível de vida interno e de agressão externa. A Inglaterra, poupada pelo desgaste da guerra, conservou-se dentro do quadro de suas instituições liberais. Imensos capitais acumulados durante século e meio e colocados por todo o mundo fariam-na, ainda por 25 anos, uma nação próspera e feliz e dariam a suas instituições uma inegável estabilidade.

LONDRES, 2.9.47

Os ingleses — particularmente aqueles que não querem renunciar ao sonho de voltar ao sistema de vida de antes da guerra — negam categoricamente que a Inglaterra tenha passado de nação credora a nação devedora. Vejamos o que afirma no seu número de 30 de agosto último *The Economist*, de Londres: seria pouco razoável supor que a Inglaterra é um país devedor em números redondos e credor em rendas auferidas. Este raciocínio, que enche de esperança a tantos ingleses saudosos dos velhos tempos, se baseia em que a Grã-Bretanha não dilapidou completamente seus capitais investidos pelo mundo afora. A crise inglesa seria apenas em parte devida aos estragos feitos pela guerra nos capitais investidos no estrangeiro; não pouco importante seria o fato de que muitos capitais deixaram de pagar dividendos por causa da desorganização do comércio internacional e outros eventos, como sejam as insurreições coloniais, a continuação da guerra na China etc. *The Economist* é de opinião que os capitais ingleses investidos na Malásia "e em outros lugares" voltarão a pagar dividendos em breve prazo. A situação da Inglaterra poderia ser descrita da seguinte forma: deve mais do que possui no estrangeiro, mas paga muito menos juros do que recebe em lucros pelos seus capitais investidos fora do país. *The Economist* afirma, reservando-se o direito de dizer que não é uma opinião demasiadamente otimista, que depois de 1950 os juros e dividendos dos capitais ingleses invertidos no exterior serão suficientes para cobrir as despesas governamentais fora do país.

Aceitando a opinião de que a Inglaterra ainda não é um país devedor, admitindo mesmo que em futuro próximo ela possa auferir cerca de 50 milhões de libras anuais de juros e dividendos no exterior, resta a realidade indestrutível de que este país já não pode ser considerado uma nação de semipensionistas. A estrutura da balança comercial inglesa será determinada, doravante, pelas suas exportações e importações. Em outras palavras: os ingleses contarão para viver unicamente com o seu próprio trabalho. Cabe aqui uma pergunta um tanto impertinente: será que o trabalho dos ingleses dá para eles viverem?

LONDRES, 7.9.47[8]

Há dois ou três dias um jornal londrino abria a sua primeira página com um artigo intencionalmente escandaloso em que afirmava, em letras de meia polegada, que Egito, Argentina e Brasil tinham sugado o melhor do empréstimo inglês feito nos Estados Unidos. O articulista nada esclarecia, apenas afirmava que os dólares americanos que se destinavam a reconstituir o organismo da Grã-Bretanha, se tinham tonificado alguém, foram "os organismos dos egípcios, dos argentinos e dos brasileiros". Por trás dessas afirmações está a insinuação de que nós, brasilei-

---

8 Notas desenvolvidas em artigo publicado posteriormente, em dezembro de 1947, na revista *Panfleto*.

ros, convertemos as nossas libras ex-congeladas em dólares fresquinhos chegados dos Estados Unidos.

A grande massa dos pequenos empregados urbanos flutua ao sabor dos acontecimentos. Atualmente o descontentamento é evidente entre essa gente. Cerca de 500 mil pessoas se inscreveram para abandonar o país. Alimentam a doce ilusão de que lá fora a vida será mais fácil. Não se pode deixar de sorrir ao ler na imprensa conservadora artigos substanciosos sobre essa nova onda de ingleses que desejam expandir-se. Comparar essa gente desanimada e temerosa de enfrentar a batalha da vida dentro destas ilhas com os audaciosos conquistadores dos séculos anteriores é ingênuo e cômico. Há dias li um artigo de um deputado independente em que acusava o governo de não utilizar essa gente numa política de desenvolvimento dos recursos do Império em solo africano. Pouco depois falei com umas pessoas que querem emigrar e que sonham com o Brasil — com a doçura de suas noites, de suas laranjas e suas carmens mirandas. Um desses indivíduos me disse que estava contra o governo porque ele dificultava a emigração. Outro porque era um governo pobre e por isso sempre em dificuldades... Com esse eleitorado contam os conservadores recuperar a direção do país.

LONDRES, 10.9.47

Estive ontem numa recepção da embaixada e entrei em contato com toda a população de brasileiros vadios e grã-finos que vivem em Londres. Também aqui em Londres há gente que acredita que do lado de lá da "cortina de ferro" comem gente viva. A vida em Londres é bem mais monótona que em Paris. Os ingleses são preguiçosos e sem curiosidade. As inglesas estão loucas para casar com estrangeiros e abandonar o país. De maneira geral se trabalha muito pouco aqui. O burocrata inglês é mais ou menos como o brasileiro; e o empregado de comércio trabalha sensivelmente menos que no Brasil. A hora certa é para entrar e sair e não para trabalhar. O nome mais corrente em Londres é *spiv*, ou seja, "vagabundo". Vindo aqui é que se percebe que há duas Inglaterras: uma de exportação — para brasileiro ver — e outra de verdade.

Trabalho no momento num livro que tenho a intenção de publicar no começo do ano que vem. São quatro estudos sobre quatro diferentes fases da crise europeia: a) as consequências sociais do fascismo na Itália; b) a decomposição da ideologia burguesa, na França; c) o fim do capitalismo inglês; d) os ensaios de renovação ou a planificação nas nações ainda em formação. Acabo de terminar o primeiro estudo.

O Quartier Latin está novamente cheio de estudantes que prestam exames de segunda época e que fazem as matrículas para o novo ano. Estou pensando em dedicar este ano estritamente aos estudos de economia: farei o curso superior na universidade e tentarei uma defesa de tese

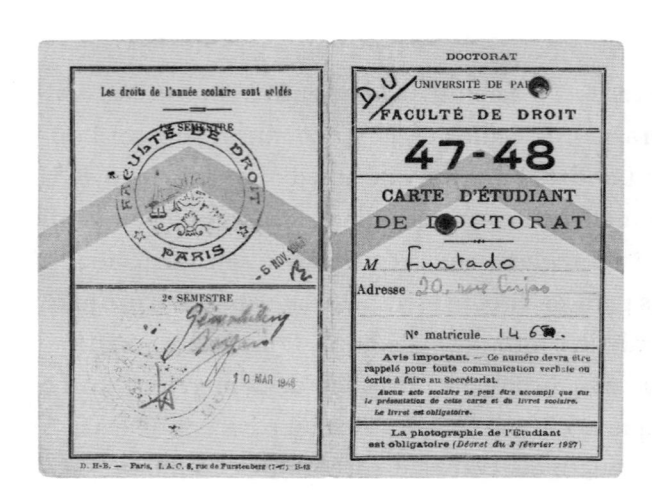

Estudante de doutorado na Universidade de Paris.

de doutorado. Dependerá de muito trabalho porque os programas são extremamente longos e os exames muito rigorosos. Pode-se afirmar que o estudo aqui, em qualquer nível, é três vezes mais completo e mais sério que no Brasil.

PARIS, 21.10.47

A grande massa dos intelectuais medíocres, dos estudantes, dos cientistas de pequeno porte traz a marca da origem pequeno-burguesa ou campesina. Essas forças reacionárias pela origem são em grande parte amorfas e incapazes de se articularem por si mesmas. Num momento de crise, elas podem ser dirigidas ou aproveitadas mesmo no sentido da renovação social. Entretanto, quando aparece uma possibilidade qualquer de reação, elas despertam e constituem um terrível peso negativo. É o que ocorre presentemente. Em torno de De Gaulle estão reunidas todas as forças negativas do país: os anticomunistas, os antirrepublicanos, os antidirigistas, os anti-o-que-quer-que-seja. Não têm qualquer programa positivo e por si são incapazes de fazer qualquer coisa. Uma vez levantada a bandeira do aventureiro, seguem sem saber para onde nem o que vão fazer.

PARIS, 5.11.47

Nas eleições municipais houve maior definição de forças com uma vitória de De Gaulle dentro da direita. No conjunto a esquerda progrediu, particularmente o Partido Comunista, que passou de 28% para 31% do eleitorado. Pela primeira vez comunistas e socialistas representam mais de 50% dos votos. Dentro da direita houve uma derrocada completa dos partidos em benefício de De Gaulle — *l'apprenti ditacteur*, como se diz. Encorajada pelos americanos, a reação — particularmente a alta finança — está procurando afundar o país para tornar necessária a volta do "salvador". Todos os métodos estão sendo utilizados — desde os incêndios criminosos de colheitas e estoques até as manifestações de praça pública. O Partido Socialista, que governa o país, enveredou por uma política contraditória que desagrada a todos e, portanto, agrava a situação. Sem querer romper abertamente com a classe trabalhadora, que é em grande parte seu eleitorado, os socialistas procuram igualmente contentar os americanos, que estão regateando o "auxílio" Marshall. Dia a dia se multiplicam as exigências americanas em favor dos conservadores, sendo comuns os casos de intervenções abertas de senadores *yankees* que vêm aqui fazer "observações" e declarações à imprensa. Em síntese, trata-se de uma batalha de interesses, uma tentativa das classes privilegiadas para recuperar o controle completo do país, seja com o auxílio dos americanos seja acenando com o espantalho de De Gaulle. Mas nada indica que essa luta possa degenerar em guerra civil.

PARIS, 5.11.47

Em toda essa onda de reação no Brasil o mais abominável é a covardia dos diretores de jornais e de muitos políticos "democratas". No dia em que Dutra der o golpe todos se apressarão em cantar loas ao "patriotismo do chefe da nação". Têm na vida pública uma dignidade de vendeiros. Defendem com "bravura" apenas os fortes. Li um artigo repugnante de Gilberto Freyre "acusando" Tristão de Athayde de haver "atacado o Exército nacional"! Lembrei-me do Salcede defendendo "o seu amigo Carlos da Maia"[9] em cujo cortejo ele pretendia ser aceito. Que o Luiz da Parteira faça dessas, aceito. Mas homens que não precisam mendigar para comer?

9 Dâmaso Salcede e Carlos da Maia, personagens do romance *Os Maias*, de Eça de Queirós. Salcede, mesquinho e covarde, simboliza o que havia de pior na sociedade portuguesa. Carlos da Maia, descrito como um cavaleiro da Renascença, é o dândi representante da geração que perseguia os ideais românticos de renovação social.

PARIS, 16.1.48

O meu trabalho me desperta crescente interesse. Entre a universidade e o meu quarto vai quase todo o meu tempo neste inverno. Faço minha cozinha e quase toda em casa. Saio uma vez ou outra para ir ao teatro. Estou num clube de cinema onde vejo películas selecionadas, antigas e modernas. Uma vez ou outra reúno-me com uns amigos para trocar informações do Brasil. Hoje irei a uma reunião no apartamento do Arnaldo Estrella.[10]

PARIS, 27.1.48

A situação interna francesa apresenta momentânea calma.[11] Há uma certa abundância de gêneros, o racionamento se limita ao pão, à manteiga, ao café, ao leite e outras poucas coisas. Eu gasto cerca de 5500 francos com a alimentação, mensalmente. Como carne três ou quatro vezes por semana, bom peixe uma ou duas vezes. Os salários são baixos em comparação com o nível a que estavam acostumados os trabalhadores franceses. Em relação aos do Brasil, são bastante elevados. O último aumento de salários trouxe uma certa calmaria. Todo mundo tem os olhos voltados para os índices de preços. Se o custo de vida recomeça a aumentar, voltará a inquietação, e o próximo choque — que poderá ocorrer em quatro ou cinco meses — será muito sério. O atual governo é relativamente forte, comparado com os anteriores, e parece contar com um decidido apoio americano.

10 O pianista Arnaldo Estrella (1908-1980), sua mulher, a violinista Mariuccia Iacovino (1912-2008), o compositor Claudio Santoro (1919-1989), a pianista Anna Stella Schic (1922-2009) e o pintor Carlos Scliar (1920-2001) formavam o núcleo de amigos brasileiros de CF em Paris.

11 O primeiro-ministro era Robert Schuman, num governo de coalizão de socialistas, democratas-cristãos e radicais. Em novembro e dezembro de 1947 houve uma onda de greves em todo o país.

Consumo diário de alimentos racionados: 100 g de pão, 20 g de queijo, gêneros diversos e gorduras. Paris, 1948.

A temporada teatral está magnífica. Ontem fui à Comédie-Française assistir a uma comédia estilo Primeiro Império e muito conhecida, *Un chapeau de paille d'Italie*. Os *décors* são inigualáveis e o desempenho, mesmo dos atores mais insignificantes, é magnífico. A semana passada vi *Édipo Rei*, com *décor* de Picasso, música de Honegger e representação de Pierre Blanchar (o que fez o filme *A sinfonia pastoral*). Também fui ao teatro de Jean-Louis Barrault e irei na próxima semana ver Jouvet. Há pelo menos dez grandes companhias em teatros de primeiro plano, sem falar nas duas óperas e nos incontáveis teatros de *quartier*. Não me refiro a teatros de variedades à Folies Bergère, porque isso pouco me interessa.

Depois da febre de alta de preços que se seguiu aos aumentos de impostos e de salários, atravessamos um período de relativa calma. Está mais que provado que não adianta aumentar salários. O governo não se compromete de nenhum modo a garantir o poder aquisitivo desses salários. Pelo contrário, ele tem mesmo um certo interesse em ver a moeda se depreciar para assim aligeirar o peso da dívida pública.

O problema que se propõe resolver o governo da França é um círculo vicioso: conciliar uma política social avançada, com o completo respeito das instituições capitalistas e com uma política de reconstrução nacional. Ora, para reconstruir é preciso dinheiro; esse dinheiro tem que sair dos capitalistas ou do povo. Aqueles não abrem mão dos seus lucros e não aceitam a intervenção pública na produção ou na distribuição da riqueza. A sabotagem das nacionalizações já o provou sobejamente. Pode o governo lutar contra essa classe que tem as chaves de toda a economia nacional? Certamente não, basta ter em conta que esse governo é constituído de homens dessa classe. Por outro lado, a classe trabalhadora não está disposta a fazer mais sacrifícios do que já fez ou faz.

PARIS, 19.3.48

Tenho estado fortuitamente com Villa-Lobos. Uma sua conferência sobre folclore, perdi-a. Uma francesa disse-me que foi uma grande decepção... O homem praticamente não fala francês e se perdeu em generalizações; preocupou-se muito com folclore europeu e quase nada disse do brasileiro. Essas coisas não surpreendem, porque sabemos que o maestro não é conferencista. O que vale é que a música dele deixa outra impressão.

Li no boletim que a embaixada me manda diariamente a nova tabela de vencimentos proposta pelo Dasp. Primeiramente me parece muito injusta no sentido de que procura aumentar a distância, já intolerável no Brasil, entre os que ganham muito e os que ganham pouco. Em segundo lugar me parece um sintoma alarmante do encarecimento da vida. Não que isso signifique necessariamente que o país esteja em más condições, pelo contrário, tudo indica que há muita riqueza correndo pelo país. Mas pela miséria que isso significa para o povo, para um povo que nem sequer pode apelar para a sua única arma — a greve. E ainda mais para aqueles que dependem em todo ou em parte de rendimentos fixos. Para estes, a inflação provocada pelo governo ou pelos institutos de crédito apoiados pelo governo é mais do que um imposto exorbitante e injusto, é um roubo. Finalmente, essa história de publicar um ano antes a tabela de aumentos significa a anulação desses aumentos antes de sua entrada em vigor. Pior ainda, significa uma baixa imediata dos ordenados e salários *reais*, uma vez que a alta de preços vai se acelerar imediatamente. Toda essa confusão tanto prejudica o povo quanto beneficia os capitalistas e negocistas porque o que uns perdem outros ganham.

PARIS, 24.5.48

Sessenta teatros funcionando em Paris, e entre eles uns quinze de primeiro plano. A Comédie tem dois grandes teatros e apresenta a tradição do bom teatro francês: clássicos e modernos. Mas é fora da Comédie que se encontram as iniciativas mais audaciosas. O Jean-Louis Barrault, por exemplo, deu este ano uma versão nova realmente magnífica do *Amphitryon* do Molière, um tanto heterodoxa, é verdade, mas extraordinária como cenário e interpretação. O seu grande feito foi, entretanto, a apresentação da peça de Kafka, *O processo*. Não é fácil traduzir em linguagem teatral o ilogismo esotérico de Kafka. Foi um grande feito. Outro tanto

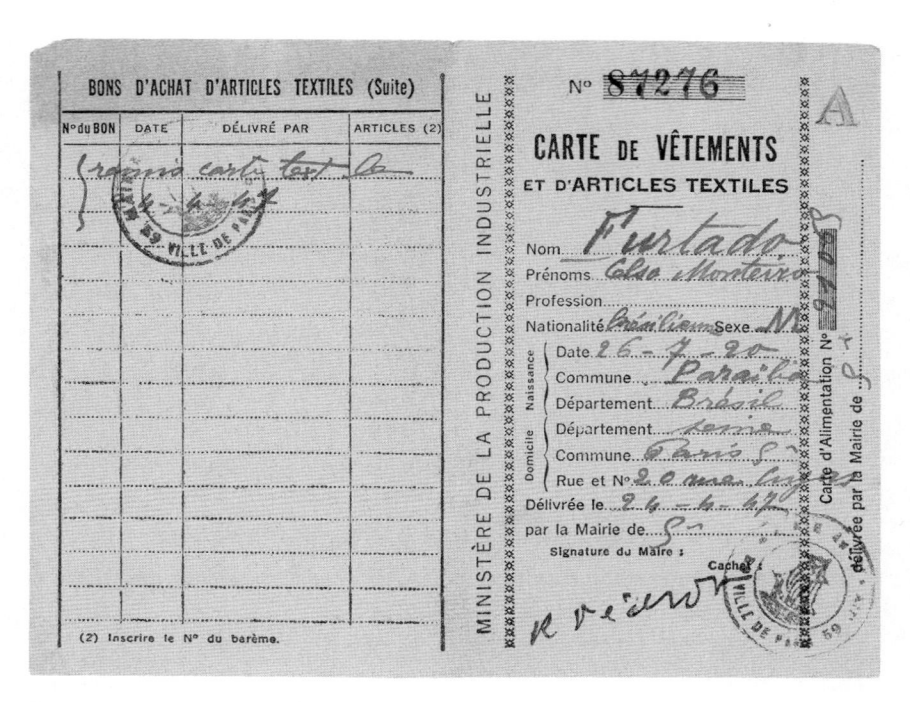

Roupas e artigos têxteis racionados no pós-guerra. França, 1948.

teria a dizer de sua interpretação de Hamlet. Há alguns dias estive no chamado Théâtre de Poche, uma curiosidade: a sala é do tamanho da Divisão de Seleção;[12] tem-se a impressão de estar dentro do palco com os atores. O teatro me conquistou completamente em Paris. Houve ontem na Sorbonne uma magnífica homenagem a Pablo Neruda, com a presença de Aragon, Jean-Louis Barrault, Maria Casarès e mais de mil assistentes.

PARIS, 1.6.48

A vida em França assume um certo caráter de normalidade. Este mês as rações diárias de pão passaram de duzentos para 250 gramas. Encon-

12 Do Departamento do Serviço Público onde CF trabalhava.

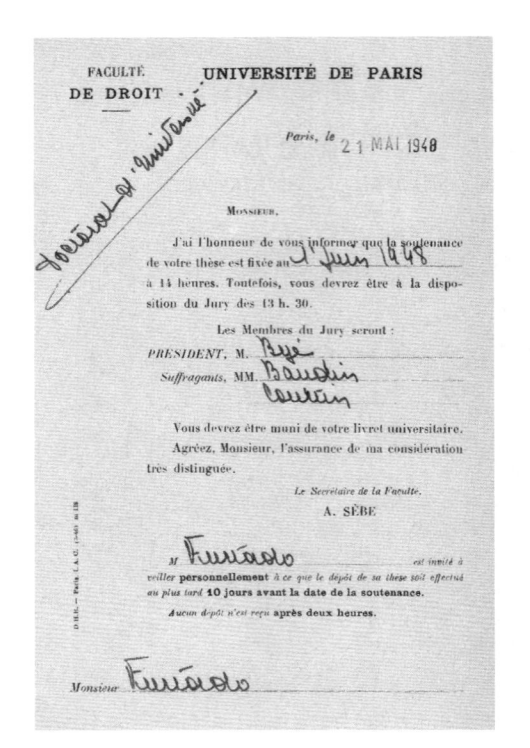

Convocação para a defesa de tese de doutorado na Universidade de Paris em 1.6.48.

tra-se tudo para comprar. A França se aproxima progressivamente do que era antes da guerra. As vantagens relativas que os trabalhadores tinham obtido logo após a Liberação já lhes foram arrancadas, uma a uma. Um país como este não pode funcionar a menos que a classe capitalista faça bons lucros; ora, esses bons lucros serão sacrificados se se procura melhorar a situação dos trabalhadores. Como o país tem que funcionar, sacrificam-se os trabalhadores. A isto se chama aqui *la logique du système*. Enquanto isso, eu faço minha vida como bom estudante do Quartier Latin: saio pela manhã para fazer meu *petit marché*, preparo o almoço: a salada, o bife, o purê. Enquanto isso ouço o rádio. Vou ler nos jardins do Luxemburgo. E até o dia em que eu não volte a ser um burocrata de Niterói, serei um estudante do Quartier Latin...

Recebi do Jorge Amado um convite para participar do Congresso Mundial dos Intelectuais pela Paz, a realizar-se em Varsóvia de 25 ao 28 de agosto. Senti bastante ter que negar-me.[13] Irão escritores do mundo inteiro e será certamente um acontecimento extraordinário.

Realizou-se ontem minha *soutenance de thèse*. A atitude de todos os professores, suas palavras, suas atenções, seus elogios e a *mention très bien* me deixaram completamente *flatté*. Atravessei o boulevard Saint-Michel, hoje, montado numa nuvem. Tenho a impressão de que o próprio Byé se sentiu um tanto orgulhoso. O Baudin discutiu vários problemas comigo relativos à primeira parte (dedicada a Portugal) mas sempre de uma maneira distinta como se se tratasse de um igual. O Courtin, que tem um livro sobre o Brasil de espírito inteiramente diferente do de meu trabalho, não foi menos atencioso. Creio mesmo que exagerou um tanto em seus elogios. O Byé disse-me que minha tese tinha concorrido para que ele mudasse seu ponto de vista relativamente ao estado de desenvolvimento histórico de Portugal à época da Reconquista, e por aí adiante.

A BORDO DO *JAMAÏQUE*, 12.7.48

Começo a me preparar psicologicamente para a chegada e o reatamento de minha vida no Brasil. A verdade é que eu não me considero de nenhuma maneira preparado para esse reengajamento. O passado recente se afigura ainda de tal forma tumultuoso que me é totalmente impossível olhar para o futuro tomando-o como base. Com isso de nenhuma maneira pretendo condenar esse passado cuja importância para minha vida será certamente muito grande. Sinto, entretanto, que ainda não o dirimi.

---

13 Jorge Amado morava na Tchecoslováquia. Em fins de agosto de 1948, CF já estava de volta ao Brasil.

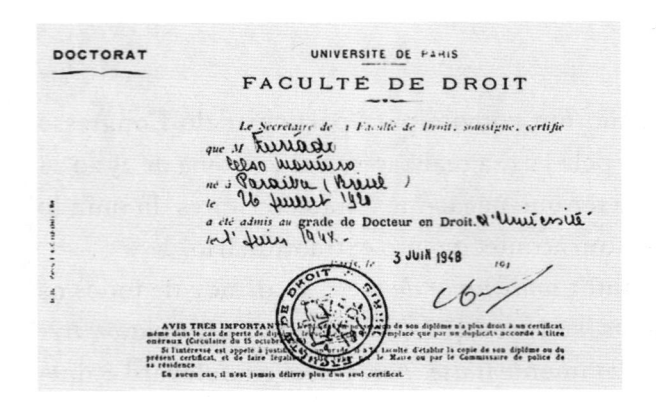

Doutor pela Faculdade de Direito da Universidade de Paris. 1948.

O barco em que viajo vai formidavelmente cheio: é uma verdadeira feira ambulante. Viajo com mais cinco indivíduos numa cabine de terceira. A comida é perfeitamente passável. Um de meus companheiros de cabine, um jovem engenheiro de rádio, francês, que vai para o Rio, tornou-se muito amigo meu. Juntamente com dois jovens suíços e um outro francês, formamos um grupo na mesa e nos divertimos bastante. A quase totalidade dos passageiros de terceira são emigrantes, incluindo-se um grande número de pessoas *déplacées*.[14] É certamente um espetáculo curioso ver esses homens de idade madura, às vezes velhos, com uma gramática na mão se introduzindo nos segredos da língua espanhola e portuguesa. Muitos são húngaros e mesmo russos, pobres criaturas esfarrapadas ou com um resto de dignidade cômica, que fogem dos "bolchevistas".

Quando vejo os filhos desses indivíduos, sujos e malnutridos, estirados no porão do navio, penso no crime que contra eles talvez estejam cometendo os seus pais. Há também alguns jovens que vão principalmente para a Argentina ou mesmo para o Uruguai. São simpáticos, bons camaradas. Entretanto, todos, inclusive o engenheiro, não têm nenhu-

---

14 Calcula-se em 7 milhões as *displaced persons* que, de 1945 a 1951, abandonaram os países do Leste Europeu e se agruparam majoritariamente na Alemanha sob os cuidados de organismos internacionais que, a partir de 1952, lhes concederam o estatuto de refugiados.

ma preocupação espiritual. Isso me leva mais uma vez a pensar na insignificância da educação da pequena burguesia na Europa. Todos esses jovens não tiveram nenhuma oportunidade de sair dos mais estreitos limites da mediocridade que lhes impõem os meios de ganhar a vida. (O engenheiro, vendo-me com um livro do Thomas Mann na mão, e quando lhe disse que se tratava de um escritor alemão que vive na América, indagou se era algo assim como Jan Valtin.)[15]

Passo sempre algum tempo observando essa feira curiosa que é o tombadilho de terceira classe. Lembro-me sempre de um quadro do Lasar Segall: *Navio de emigrantes*. Há o russo-branco, filho de nobre, defendendo sempre uma caricatura de "dignidade" e uma postura de papelão; há as famílias numerosas em torno dessas mulheres, verdadeiras heroínas, que passam o dia estendendo roupa no tombadilho; há os jovens que vão à aventura; há os velhos em busca de um filho ou filha "bem"; há todos esses orientais que misturam no olhar a estultice e o sensualismo e que nos parecem sempre sujos. Às vezes olho lá para a ponte de primeira (até hoje não tive a curiosidade de passar por lá) e me sinto melhor aqui em baixo. Sinto-me de alguma forma irmão de toda essa gente que vai enfrentar o desconhecido: seja no sofrimento, seja na coragem, descubro neles um resto de dignidade humana que é completamente alheia aos pobres de espírito permanentemente em busca de prazeres fáceis que povoam o salão da primeira.

Emprego quase todo o meu tempo lendo: atravessei cerca de mil páginas de *A montanha mágica*, na tradução francesa. É essencialmente um livro na tradição goetheana da literatura alemã. Um livro olímpico, como eu diria em outra época. O autor busca fundamentalmente efeitos plásticos. Poderíamos colocá-lo no polo oposto a Dostoiévski. Os livros dessa ordem — mesmo quando são uma obra-prima, como é o

---

15 Jan Valtin (1905-1951), pseudônimo de Richard Julius Hermann Krebs, era um comunista alemão, espião soviético entre as duas guerras, autor de uma autobiografia de muito sucesso, *Out of the Night*, publicada em 1941. No Brasil, publicada com o título *Do fundo da noite*, pela José Olympio, em 1942.

caso — me dão uma certa impressão de virtuosismo que pode chegar a ser fatigante.

Um dos meus companheiros de cabine é espanhol: trinta anos, trinta meses de cadeia franquista, deserção, guerra na França, guerra na Síria, na Líbia etc. É um magnífico rapaz, casado com uma italianinha nascida no Egito. É operário e comunista. Vai para Buenos Aires encontrar os pais que aí se refugiaram na época da revolução. Não posso furtar-me a compará-lo com os jovens franceses que viajam conosco: estes, durante toda a Ocupação, guardaram humildemente os seus postos e passivamente "esperaram". O espanhol fez sete anos de Exército francês, foi condenado por Franco e por Vichy como desertor. Fez toda a guerra. Outra boa aquisição que fiz: um pintor francês — Flexor[16] — que vai exibir pela segunda vez no Brasil. É um pintor abstrato, inteligente, culto e comunista. Tornou-se muito meu amigo e eu o ajudo a fazer umas traduções para o português relativas a seus trabalhos. Viaja com a senhora e dois filhos e pensa demorar-se um ano no Brasil.

16 Samson Flexor (1907-1971), artista plástico nascido na Moldávia, vivia em Paris desde jovem e, em 1948, fixou residência em São Paulo.

5. América Latina, 1951-1958

Quando chegou ao Rio de Janeiro em julho de 1948, às vésperas de completar 28 anos, Celso Furtado trazia na bagagem o título de doutor em economia e o vago projeto de trilhar uma carreira docente. Por ora, reassumiria o emprego no Departamento do Serviço Público, como chefe da Divisão de Seleção e Aperfeiçoamento. O general Edmundo de Macedo Soares, governador do Rio de Janeiro, o convidou para ser seu assessor econômico. A esse convite ele preferiu o da Fundação Getulio Vargas, para trabalhar na revista *Conjuntura Econômica*. Foi lá que soube que as Nações Unidas estavam criando a Comissão Econômica para a América Latina (Cepal), em Santiago do Chile, e buscavam formar o quadro de economistas. Candidatou-se e, em fevereiro de 1949, apenas seis meses depois de chegar da Europa, mudou-se para o Chile. A Cepal fora criada no pós-guerra para estimular a cooperação entre os países da América Latina e, com um corpo técnico de excelência, ajudá-los a enfrentar os problemas do subdesenvolvimento. Sob a liderança do argentino Raúl Prebisch, então o único economista latino-americano de renome internacional, constituiu a primeira escola de pensamento econômico do continente. As teses ali elaboradas pelos estruturalistas sobre o desenvolvimento, a industrialização, o conceito de centro e periferia, propagaram-se rapidamente e tiveram decisiva influência nas políticas de muitos governos latino-americanos, como o do Brasil.

Por nove anos Celso permaneceu na Cepal, onde em pouco tempo passou a chefiar a Divisão de Desenvolvimento. Foi o único brasileiro da geração pioneira, a dos anos 1950, formada por não mais de vinte jovens cientistas sociais diplomados em universidades dos Estados Unidos e da Europa. Nesse período, morou no México, onde chefiou um estudo aprofundado sobre o país. No Brasil, presidiu, entre 1953 e 1955, o Grupo Misto Cepal-BNDE, cujo trabalho *Projeções do desenvolvimento da economia brasileira, 1953-1962*, com ênfase nas técnicas de planejamento, serviu de base ao Plano de Metas do governo de Juscelino Kubitschek. Em 1957-8, decidido a se afastar da rotina de funcionário internacional e retomar os estudos, em especial no campo da dinâmica econômica, passou um ano no King's College da Universidade de Cambridge, sob a supervisão do economista inglês Nicholas Kaldor. Aí escreveu sua obra mais difundida, *Formação econômica do Brasil*.

As muitas viagens desses anos 1950, percorrendo o continente para participar de conferências, chefiar missões de assistência técnica, ministrar cursos de formação, renderam-lhe anotações em dois ou três cadernos que lhe fizeram as vezes de diário. Na Costa Rica, em Caracas, no Panamá, foi um apurado observador de usos e costumes locais. Em 1955, sozinho em Paris e no México, ensaiou o plano de mais um romance, reelaborado nos anos seguintes mas jamais concluído.

Dr. Prebisch falou da natureza da Cepal, que objetivos perseguia etc. Dr. Vargas perguntou se não era essa a Comissão que tinha se pensado em eliminar. Quando soube que sim, declarou que tinha se interessado em conhecer a Comissão em virtude da ideia de eliminá-la e tinha decidido apoiá-la. Dr. Prebisch agradeceu a decidida e valiosa cooperação do governo brasileiro, cooperação essa que havia sido decisiva para o futuro da Cepal na conferência do México. Dr. Vargas se interessou em conhecer a composição da Comissão, sua sede, e o custo da mesma para os países latino-americanos. Dr. Prebisch explicou que a Comissão está formada por vinte países latino-americanos, Estados Unidos e três países europeus: França, Grã-Bretanha e Holanda; que sua sede está em Santiago do Chile e que seu custo para os países latino-americanos era muito pequeno pois a Cepal é mantida pelas Nações Unidas em seu conjunto.

Em seguida o dr. Prebisch passou a explicar a natureza dos trabalhos que estava realizando a Cepal. Disse que esses trabalhos estavam concorrendo para esclarecer os problemas com que se defrontam os países latino-americanos em sua etapa atual de desenvolvimento. Como exemplo se referiu aos estudos relativos aos termos do intercâmbio. A existência desse problema tinha sido pressentida pelo presidente em discurso pronunciado no período anterior de seu governo. A Cepal estudou amplamente o problema, analisou a evolução do mesmo em um longo período e apresentou uma explicação do fenômeno relacionando-o com a existência de um excedente de população na produção primária de exportação. A realidade vem demonstrando que a única for-

---

1 Em agosto de 1951, o secretário executivo da Cepal, Raúl Prebisch, visitou o Brasil a convite do Centro das Indústrias do Estado de São Paulo. Antes de retornar a Santiago, fez uma escala no Rio de Janeiro para uma audiência com Getúlio Vargas, a quem agradeceu o apoio brasileiro à consolidação da Cepal, então ameaçada de ser extinta por pressão dos Estados Unidos. CF o acompanhou ao Palácio do Catete e tomou, em espanhol, essas notas do encontro. Ver *Obra autobiográfica* de Celso Furtado (São Paulo: Companhia das Letras, 2014).

I - Preguntó sobre la qué

Dr. Pr. dijo que de la naturaleza de la Cepal que objetivos persigue, etc.

L. Vargas preguntó si no era esa la Comis. que se había pensado en eliminar. Vanard supo que si, declaró que había interesado en conocer la Comisión a raíz de sus ideas de eliminarla y había decidido apoiarla.

- Dr. Prebs. agradeció la decidida y valiosa cooperación del gobierno brasileño, cooperación que su gbno. había sido decisiva para el futuro de la Cepal en la conferencia de Mexico.

- Dr. Var. se interesó por conocer la composición de la Comisión su sede, y el costo de la misma para los países latino-americanos.

- Dr. Prebs. explicó que la Comis. está formada por 20 países la a. Est. U y los países europeos: Fr. G. Br. y Holanda, que su sede está en Santiago de Chile y que su costo para los países lat. ameri era muy pequeño, pues la Cepal es mantenida por las Naciones Unidas en su conjunto.

Mod. G 5/37

Anotações do encontro de Raúl Prebisch com o presidente Getúlio Vargas. Agosto de 1951.

En seguida el Sr Jubisch pasó a explicar
la naturaleza de los trabajos que estaba realizando
la Cepal. Dijo que esos trabajos estaban concur-
riendo para aclarar los problemas con que
se enfrentan los paises l.g. en su etapa actual
de desarrollo. Como ejemplo se refirió a los
estudios relativos a los términos de intercambio.
La existencia de ese problema había sido sentido por el Presidente en discursos pronunciado
en periodo algun de su gobierno. La Cepal
estudió ampliente el problema, analizó
la evolución del mismo en un largo periodo
y apresentó una explición del fenomeno
relacionandolo con la existencia de un
sobrante de población en la producción
primaria de exportación. La realidad de
viene demostrando p. la única forma de
evitar ese deterioración en los term. de inter-
vendo en absorber ese sobrante de población
atravez de la industrialización. Ese tema
ha sido ampliente estudiado por la Cepal
y son el sultado de sus estudios ha despertado
que interesa a los paises lat. am. particularte
en el Br.
— El Presid. demostró grande interés por esos estudios y solicitó copia de los mismos.
Sr. Trebisch dijo que ellos estaban en portugui
pues habia sido traducido y publicado en parte

por la F.G.V. y que tendrías gran honor
en enviarlos al Presidente.

— En seguida el Presid. preguntó se la Cepal
se preocupaba con el problema del patrón
monetario.

— Dr. Prebisch contestó que el organismo directa-
mente incluido de eso era el F.M.I. pero que
siendo imposible aislar, en los países L.A., $\overline{poco}$
los problemas monetarios de los del desarrollo
economico, la Cepal

ma de evitar essa deterioração nos termos do intercâmbio reside em absorver esse excedente de população através da industrialização. Esse tema foi amplamente estudado pela Cepal e o resultado desses estudos despertou grande interesse nos países latino-americanos, particularmente no Brasil. O presidente demonstrou grande interesse por esses estudos e solicitou cópia dos mesmos. Dr. Prebisch disse que eles estavam em português pois tinham sido traduzidos e publicados em parte pela Fundação Getulio Vargas e que teria grande honra de enviá-los ao presidente.

Em seguida o presidente perguntou se a Cepal se preocupava com o problema do padrão monetário. Dr. Prebisch respondeu que o organismo diretamente incumbido disso era o FMI, mas que, sendo impossível isolar, nos países latino-americanos, os problemas monetários dos do desenvolvimento econômico, a Cepal também os estudava.

Carteira funcional do ano em que se tornou economista da Cepal.

Muitas vezes me perguntei se poderia me transformar plenamente num funcionário internacional. Não sem alguma surpresa sinto ter feito um progresso significativo nesse sentido. Pesa-me, por isso, ver-me na contingência de ter que reconsiderar meus planos futuros, nesse momento em que se coloca para mim a dúvida de saber se poderei conservar e exercer o direito de publicar de vez em quando algum estudo, no campo da teoria econômica, sob minha responsabilidade pessoal. Se chego a perceber que não existe um interesse real por parte de meus superiores para que eu possa exercer esse direito, eu teria que renunciar ao prazer e ao privilégio que é trabalhar na Cepal.[2]

PARIS, 11.55

Objetivos gerais:[3]

1. Retratar — através de seus reflexos na maneira de pensar — as enormes transformações ocorridas no país em uma geração.

2. Contraponto de dois temas humanos: o conflito entre os ideais sociais e os atavismos individualistas, e o conflito entre os ideais individualistas e a estrutura social.

Os dois conflitos seriam a expressão da vida de dois personagens que seriam as peças centrais da estrutura narrativa.

A narrativa teria o papel limitado de sustentáculo de toda a construção. Seria como as colunas e os arcos numa nave gótica: o mais possível reduzida e claramente constituída. Essa armação elegante e inteiriça em

---

2 A publicação do primeiro livro teórico de CF, *A economia brasileira*, em 1954, causou desagrado ao secretário executivo Raúl Prebisch, sob a alegação de que funcionários das Nações Unidas não podiam publicar obras sobre temas afins com seu trabalho. CF comunicara-lhe em carta, um ano antes, o desejo de publicar um livro sobre a economia brasileira, sem que, na resposta, lhe fosse feita nenhuma objeção.

3 Esboço do romance a que se refere no diário de 23 de outubro de 1960, à p. 207.

nada prejudicaria a visão dos vitrais que iluminariam o mais possível a construção.

O plano geral deve ser elaborado em detalhe e em seu conjunto. A narração relativa aos personagens deve ser concebida à parte, tal uma estrutura que deve suportar a construção. Num outro plano serão considerados todos os problemas que virão a ser a essência da vida dos personagens. O tratamento de cada um desses problemas poderá tomar bastante tempo, sem que disso resultem modificações para o plano geral. A etapa final de elaboração deverá consistir em incorporar a matéria desenvolvida no tratamento dos problemas, na estrutura geral da narração. A harmonia do conjunto poderá ser melhor cuidada e lograda se se tem em todo momento uma ideia do conjunto da construção.

MÉXICO, 22.12.55

O trabalho deverá compreender várias partes, digamos entre três e cinco, com um certo grau de autonomia.

Primeira parte. A parte inicial seria formada pela infância dos dois personagens. Incluiria os acontecimentos que, na Paraíba, marcaram a Revolução de 1930. O objetivo é configurar o mundo de onde saem os personagens.

O primeiro desses personagens é filho de uma família rica urbana; o segundo é filho de uma doméstica dessa mesma família. A primeira cena estaria constituída pelo assalto da massa popular à casa da referida família, cujo chefe tinha marcadas simpatias pelo candidato federal à Presidência da República.[4] Estamos na efervescência que se seguiu ao assassínio de João Pessoa. A cena começa com a entrada na casa do per-

---

4 João Pessoa, então presidente do estado da Paraíba, fora candidato a vice-presidente da República na chapa de Getúlio Vargas, em março de 1930. Foi assassinado no Recife, em 26 de julho desse ano, dia em que CF completava dez anos. Nos dias que se seguiram, CF foi levado por uma doméstica de sua casa para acompanhar as procissões que encheram as ruas da cidade.

sonagem B (filho da doméstica), que entra pelos fundos e vai avisar A
— que ele sabia possivelmente encontrar-se só na casa — de que o povo
vem incendiá-la.

A segunda cena estaria formada pela saída dos dois pelo quintal; atra-
vessariam o muro para a quinta vizinha e, de cima de uma mangueira,
veriam o espetáculo da gente invadindo a casa. A e B não se conheciam,
senão de vista. É essa a primeira vez que se falam.

A terceira cena seria no casebre de B, para onde se encaminham depois do incêndio. A está deitado numa esteira e ouve os comentários da
mãe de B sobre os acontecimentos. Pela primeira vez se dá conta de que
ela, que tantas vezes vira humildemente em sua casa, tem opiniões sobre
uma série de assuntos e é ardorosa partidária de João Pessoa. Ouve os
comentários sobre este último como se se tratasse de um santo.

A quarta cena seria a caminhada de A e B para o local onde se encontrava a pequena fazenda do pai de A, e onde a família deste estava refu-
giada. A caminhada é feita a pé e toma praticamente todo um dia. Vão
em direção ao Cabo Branco e seguem depois várias léguas pela praia.
Nesta cena a narrativa começa a tomar uma certa espessura retrospectiva. A se põe a comentar o que vê: os cajueiros, os passeios na praia — e
interroga B se havia estado com eles algumas vezes em tais ou quais temporadas. Comentam sobre as pessoas e A se dá conta de que B o conhece
muito mais do que ele imaginava. Vai se descobrindo de início o mundo
de A: as festas praieiras, os passeios pela praia em grupo, as danças
(coro), a presença da mulher. Em seguida, mais sutilmente começam a
aparecer os vestígios da vida interior de B: os sonhos de evasão com as
barcaças, as longas caminhadas solitárias pela praia, as pescarias, os
passeios nos cajueirais, o endeusamento da figura feminina. O diálogo
terá um tom despreocupado e surgirá ocasionalmente no correr da caminhada. Existe entre os dois uma certa cerimônia — e só depois de
certa relutância é que B trata A de "você". A imagina intimamente que B
lhe deve ter um certo rancor, ou pelo menos inveja, e por isso é que está
sempre retraído. B em realidade tem uma profunda consciência do des-
nível que existe entre os mundos em que os dois vivem. Mas daí não re-

sulta nenhum rancor, seja porque o seu caráter é fundamentalmente infenso ao ódio, seja porque no mundo em que se criou lhe ensinaram a respeitar a riqueza e a considerar a pobreza como um mal natural. Algo assim como a cegueira: que prejudica em todos os momentos e deforma a alma daqueles que a têm.

A quinta cena começaria com uma descrição da pequena fazenda onde se havia recolhido a família de A. Trata-se de uma pequena propriedade situada no litoral, herdada pela mãe de A de seu pai, um homem simples sobre quem as coisas do mar haviam exercido uma profunda e permanente atração. A propriedade é simples e a casa guarda o estilo das habitações praieiras. A havia, em sua primeira infância, feito muitas viagens a essa propriedade em companhia do avô. Ele se recordava das histórias de pescadores que tanto interessavam ao seu avô. A casa está arrodeada na frente e nos lados por um longo alpendre onde se armam as redes. Essa cena vai igualmente adquirindo profundidade, e através da pessoa do avô materno começa a ser apresentada a família de A. A família materna está constituída por gente de pequena classe média: o avô era um pequeno empregado de correios e tinha um grande orgulho de ser funcionário federal. O interesse deve concentrar-se em mostrar o que era a pequena classe média — constituída principalmente de funcionários — que já existia no começo do século. Essa gente para quem o mundo terminava no outro lado da rua. A aceitação da ordem instituída como uma ordem natural. A inveja da riqueza. O respeito ilimitado por tudo que era autoridade. O complexo de inferioridade diante dos ricos refletindo-se num profundo desprezo pelo povinho e numa nítida consciência de classe social. Na alma do avô todos esses complexos se diluíam numa necessidade fundamental de sonhar. Guardava sempre o prestígio de ser poeta. Tinha um respeito extraordinário por tudo que estava escrito e havia sido um grande leitor de Alexandre Dumas e companhia.

Quando A chega, encontra a mãe rezando e o pai trancado no quarto. Haviam circulado as primeiras notícias de que tinham sido incendiadas todas as casas de perrepistas.[5] Dizia-se também que havia muitos mortos. A se sentia um pouco herói pelo fato de haver escapado ao incêndio e estar ali são e salvo. Disse também que sua irmã estava bem, pois a mãe de B fora informar-se na noite anterior. Haviam ficado os dois na casa da avó materna. Depois de ter contado aos pedaços essa história à mãe, que não se afasta de seus santos, A ouve a voz forte do pai que o chama.

A sexta cena é a entrada de A no quarto onde se encontra o pai. O quarto é relativamente grande, deixando ver o abaulado das paredes de taipa. O piso de ladrilho cor de tijolo. De um lado a cama turca larga, relativamente elevada. De outro um móvel tosco adaptado para uma mesa de trabalho. A janela está aberta para o coqueiral. O pai de A tem uma calça de brim branco e um paletó de pijama. Está de chinelos. Quando A entra, ele está sentado junto à mesa tosca e a luz da janela lhe ilumina a cara em cheio. A barba, já com alguns fios brancos, está por fazer. A sofre um choque quando vê o pai. Permanece de pé e não se atreve a mirá-lo de frente. Suas relações nunca haviam sido íntimas com o pai. Acostumara-se a olhá-lo como a um monumento. Sua presença era suficiente para inibi-lo e incapacitá-lo para falar. O pai se informa do que aconteceu. Pergunta se toda a casa pegou fogo e A informa que não — haviam retirado os móveis para a rua e queimado. Provavelmente estava muito danificada pois ele havia visto muita gente entrar armada de pau. Tinham atirado os livros no fogo, mas possivelmente não todos. O pai não faz nenhum comentário. A sabe que ele comentará tudo depois com a mãe e que esta o informará. Olhou mais uma vez a cara do pai e viu que ela estava profundamente marcada de sulcos. Lembrou-se de que a mãe lhe dissera que o pai tivera profunda apreensão pela sorte pessoal dele, A, e que praticamente não dormira na noite anterior. O pai diz "está bem", duas vezes, e A se retira.

A sétima cena ocorre na noite seguinte. Chega à pequena fazenda

---

5 Partidários do PRP (Partido Republicano Paulista), os perrepistas eram rivais dos chamados liberais, partidários da Aliança Liberal que patrocinara a chapa Getúlio Vargas-João Pessoa na eleição de 1930. Muitos atribuíam aos perrepistas a morte de João Pessoa.

um irmão da mãe que vem aconselhar o pai a retirar-se do estado, pois ninguém sabia o que poderia acontecer amanhã. Comunica que há uma patrulha do Exército policiando a casa e que nada do que resta será roubado. Se haviam salvado parte da biblioteca, as coisas de cozinha e o que estava no sótão. Muitas outras coisas, como o piano, estavam apenas danificadas. A propensão ao solene e ao enfático, do pai, tendia a exagerar-se quando ele tratava com a família da mulher. Essa família estava constituída por gente da pequena classe média, quase sempre funcionários de baixa graduação, cuja preocupação principal era saber se o governo pagava ou não os salários e quando seria a próxima promoção. O pai era considerado por toda essa gente como rico: havia herdado terras que não rendiam muito mas lhe davam prestígio e exercia uma advocacia relativamente rendosa. O interesse principal da discussão que se trava, e o desenvolvimento dessa parte, será caracterizar as chamadas elites provincianas dessa etapa final da República Velha. O pai começa a criticar o que aconteceu, qualificando de uma volta dos vândalos cuja única preocupação é destruir a civilização. "Estou vendo a minha primeira edição dos comentários de Clóvis [Bevilaqua] ao Código Civil pisoteada e atirada pela janela." "Estamos nos umbrais de uma nova Idade Média." "É o triunfo da ralé ignorante." Suas apóstrofes se sucedem como se estivesse falando para a posteridade. O cunhado atreve-se numa que outra vez a introduzir algum argumento — coisas lidas no jornal local liberal. A discussão toma vulto pois o pai aparentemente necessita soltar tudo o que tem sentido. Em torno da casa o coqueiral se inclina ao sopro dos ventos alíseos. Aqui e acolá uma pequena luz de querosene. Trata-se aqui de elaborar um contraponto — principalmente feito no espírito de A — entre as frases que diz o pai e o que se pode ver em torno. Uma vez ele olha para uma choupana e se recorda de uma história que nela lhe haviam contado, ao avô e a ele: uma história bem primitiva em que o pescador trata o mar antropomorficamente; outra vez ele vê um grupo que vem subindo a praia com um samburá nas costas, totalmente desligado de tudo que os preocupa. Começa a recordar-se das conversas que tinha ouvido na casa de B: e se essa gente ouvisse o que estava dizendo o pai? Certamente não compreenderia nada. Desce os olhos e vê B sentado no chão, no alpendre ao lado, contra uma coluna. Estaria ele compreendendo? Que estaria pensando? Na meia escuridão, ele vê a cabeça ossuda de B sobre um pescoço estranhamente fino. Lembra-se de que durante a viagem havia mais de uma vez se detido a observar as pernas e os braços tão finos do companheiro. E uma forte ternura por ele o invade nesse momento. Lembra-se da casa de palha, da esteira onde dormiram, do pedaço de pão com café preto que tomaram pela manhã. Nesse ponto a discussão toma outro rumo. As arbitrariedades de João Pessoa, "a negação total do direito". A se recorda das histórias que sobre J. P. ouviu na noite anterior: a da velhinha que foi buscar água, a dos presos. Trata-se de deixar transparecer sutilmente a contradição entre o que pensam os que "pensam" e a realidade corrente que os circunda.

A oitava cena é a partida no dia seguinte. A viagem se fará no lombo de mulas até Goiana, onde se tomará outro tipo de transporte para o Recife. Haverá necessidade de transbordo em canoa em mais de um ponto e serão necessários cerca de dois dias para fazer os sessenta ou setenta quilômetros de viagem. A viagem será interrompida para dormir num pequeno engenho situado num dos vales. O proprietário é um amigo do pai. O começo da viagem se desenvolve em uma região assolada de malária. O interesse principal estará no enfoque falso das observações que fará o pai sobre tudo o que se vê.

A nona cena se passará no engenho, onde há um ambiente que será cuidadosamente aproveitado.

A décima cena é a chegada ao Recife. O pai dá entrevista aos jornais, se reintegra em sua dignidade. Trata-se de retratar um mundo urbano — em alguns quadros — totalmente em contraste com a subsociedade que havia sido vista antes. Os carros de luxo, os grandes salões, os espelhos franceses. E as conversas "cultas", o amor pelas palavras. O pai sente que se reintegrou em seu mundo.

As duas partes ainda não cristalizaram suficientemente para que possam ser estruturadas em cenas ou capítulos.

Segunda parte. Esta parte deverá cobrir o período que vai de 1930 a 1935-7. A ideia aqui é demonstrar como num mundo pobre, com uma tremenda desigualdade na distribuição de renda, e estagnado, pega a ideologia socialista. Entra com a mesma força transformadora, destrutivo-construtiva, que teve o cristianismo primitivo num mundo fundado na escravidão. Em contraste com a primeira parte, que é uma reconstituição da sociedade existente, a segunda representará a penetração das novas ideias nessa sociedade. A pobreza era considerada como um defeito de nascença. A maior vitória social era ascender de uma classe a outra. A atividade intelectual era principalmente uma forma de exibicionismo. Vai-se sutilmente deixando transparecer que a própria organização econômica cria a necessidade de aplicar improdutivamente a riqueza.

A penetração da ideologia socialista nada tem que ver com transformações internas da sociedade. Apenas se pode dizer que ela corresponde a um estado de desilusão, cansaço entre certos grupos intelectuais, com a Revolução de 1930. Mas o importante é que essa ideologia precipita uma tomada de consciência. De um instante para outro o mundo se transfigura para muitas pessoas. É como se fosse um ato de graça. A pobreza já não é um defeito e sim o lado negativo da exploração do homem pelo homem. Tudo aquilo que antes se explicava como um complexo natural de raça, indolência indígena, clima esgotante, atraso nacional, passa a ser atribuído à organização social. O homem se volta para a sociedade em todo momento com uma atitude moral. A ideia de igualdade penetra com força, e em seguida todas aquelas que põem em xeque as travas da sociedade existente: a religião, a família, o Estado. É a ideologia anarquista com toda a sua força libertadora do indivíduo. A Revolução de 1935 surge como uma eclosão. E tudo se afoga e termina.

Terceira parte. Esta parte compreende o período que se estende de

1937 a 1944. Aqui veremos gestar-se outro tipo de individualismo que não o anarquista. Enquanto na segunda o herói central é A, na terceira passa a ser B. O cenário traslada-se para o Rio. É o contato com a cultura e o descobrimento progressivo do mundo artístico e cultural. Dentro de um mundo policiado a cultura floresce.

Quarta parte. Ida de B para a Itália. A volta ao primeiro plano na crença de que a democracia será restaurada. Tanto na terceira parte como na quarta os problemas do indivíduo tomam vulto.

Quinta parte. Ida de A à Europa. Os dramas individuais de A e B realizam o contraponto final entre o indivíduo e a sociedade.

MÉXICO, 31.12.55

Na segunda parte deveria surgir um terceiro personagem, C. Esse personagem desempenharia o papel de mestre de A nas novas ideias. Trata-se de um indivíduo nascido e criado no sertão. Aos nove anos ele havia presenciado o assalto da casa do pai e havia escapado por milagre. Um desejo profundo de vingança se havia gerado em seu espírito nessa época. Na casa do tio, onde tinha se recolhido, ouvia sempre cantar a extraordinária coragem do pai e repetir por todo mundo: "O filho está aí, ele será vingado". Mas na seca de 1919 tem que emigrar com a família para o litoral. Aí o metem num colégio religioso com a ideia de fazê-lo padre. No caráter dele vai se amalgamar uma mistura de altivez e coragem com a manha e o cálculo. No colégio existem tanto estudantes que deverão seguir a carreira religiosa como outros que fazem suas humanidades. C estuda e presta serviços no colégio. Uma mistura de brusquedade [sic] e hipocrisia marcam o seu comportamento. Sua inteligência aguda e magnífica memória fazem dele um aluno excelente. Os padres, entretanto, se dão conta de que não o conhecem. Seu espírito é impenetrável. A convicção que transmite de suas palavras, o ardor mesmo com que fala, lhe capacitam a influenciar outras pessoas. É como se sua personalidade tivesse uma força potencial enorme. Mesmo sem compreendê-lo, as outras pessoas confiam nele, mais ainda: sentem a necessidade de entregar-se a ele. O mesmo fenômeno irá ocorrer depois, com as mulheres. Mais adiante se irá demonstrando que as pessoas que deixam de o amar passam a odiá-lo.

SAN JOSÉ, 16.4.56

Visitamos ontem o vulcão Irazú. Imensa cratera a mais de 3 mil metros de altura. Da boca principal, e em menor medida das duas secundárias, esfumam permanentemente vapores ou gazes de enxofre ou do que quer que seja. A cratera é tão grande que me veio a ideia de que nela cabe toda a humanidade empacotada.

Praticamente todas as terras por onde passamos, na meseta, são cultivadas e muito bem tratadas. As partes mais altas estão dedicadas a pastos e nestes se veem árvores sombreadoras. Um haitiano que ia a meu lado comentou: *"C'est bien la Suisse normande"*. Eu pensava no contraste que existe entre essa região e a meseta central do Equador, de características físicas tão similares. No Equador, o regime de servidão em que é conservado o índio — o *huasipungo*[6] — e a brutal densidade demográfica marcam a paisagem que é asfixiante.

A cidade de San José tem uns 150 mil habitantes. É menor do que Fortaleza. E é uma pequena metrópole. Contei já uma meia dúzia de livrarias, algumas com as publicações estrangeiras mais recentes. Vitrines inteiras com álbuns de reproduções de pintores. Tem uma orquestra sinfônica, que ainda não ouvi e imagino que não será grande coisa por um programa que vi afixado. Mas não posso deixar de lembrar-me que Recife e Porto Alegre, cidades quatro e três vezes maiores, ainda estão na etapa da banda de música. O teatro municipal é uma joia e data de 1897.

---

6 O *wasipunku* era o lote de terra de uma fazenda dado ao indígena em troca de seu trabalho, em lugar da remuneração monetária. Ali construía seu casebre e cultivava uma agricultura de subsistência.

Dez anos mais antigo que o nosso no Rio. As dimensões são as do Teatro Santa Isabel, no Recife. No teto há um afresco com ninfas, como no Municipal do Rio, do México, e creio que de toda parte. Mas que delicadeza de cores e de formas logrou esse pintor aqui em Costa Rica! Poucas vezes terei visto um tema convencional tratado com tanta felicidade. Ah, esses bustos e esses ombros e esses dorsos de mulheres italianas, da melhor tradição — em que se combina a abundância das venezianas com a pureza e o mistério das fisionomias florentinas — que estão um pouco em todos os teatros antigos! E que agradável é saber que mesmo em Centro América se pode encontrar um pouco da Itália!

Uma cidade pequena como esta com coisas tão sofisticadas! Já me havia chamado a atenção a insinuação de um chofer de táxi. "Sim, são bonitas as *chicas*, e se conseguem coisas muito discretas e de alta qualidade..." Eu evitei o tema, mas ontem pela noite não pude deixar de dar um pouco de atenção a um indivíduo que me abordou. Era um preto cubano com uma cara alerta. Começou fazendo ofertas cruas, mas logo se deu conta de que havia errado o caminho. Deu voltas no assunto e findou abrindo o jogo. Existe na cidade um meretrício de caráter muito especial, exclusivamente para estrangeiros. São moças de classe média, empregadas de escritório, que aceitam estar de duas a três horas com um forasteiro, mediante um presente de cinco a dez dólares, que deve ser diretamente introduzido em sua bolsa. Provoca-se um cruzamento em um ponto qualquer da rua para que o estrangeiro veja se lhe agrada o tipo. "*Hay chicas lindísimas*", insistia o cubano. "*Usted seguramente se va a regalar harto*." Eu fiz umas perguntas com respeito a pessoas com as quais estava tendo contato na secretaria do congresso. E pelo menos com relação a uma ele me assegurou que a colocaria à minha disposição. Também me deu uma série de informações com respeito a várias pessoas do corpo diplomático e da alta sociedade com as quais eu já havia tomado contato. Quando nos separamos eu lhe dei dez dólares e ele me rogou insistentemente por alguma roupa. "Posso passar sem comer, mas não sem estar bem-vestido", dizia. Há coisas que, vistas pela centésima vez, surpreendem sempre. Sentei-me no alpendre do hotel e fiquei olhando a cidade, já quase sem movimento às dez e meia da noite. Muitas daquelas jovens de pequena classe média estariam naquele momento entrando nos automóveis de um daqueles bebedores de uísque ou daqueles velhos senis com quem eu cruzara ali todos os dias. E seriam exigentes, pediriam "serviço completo". Segundo o cubano, faziam isso para vestir-se bem e figurar na sociedade. Muitas, seguramente, teriam razões mais sérias. Ainda assim... Que insondável e incompreensível é a criatura humana!

SAN JOSÉ, 18.4.56

A delegação do Brasil ao Congresso de Turismo está constituída por um representante do Ministério do Trabalho e dois da Confederação do Comércio. Saíram do Brasil cada um pelo seu lado, sem prévio contato e sem instruções. Cada um se crê a autoridade máxima sobre o assunto e se desencadeou uma briga sem quartel pela chefia. Não há divergências fundamentais de princípios, pois as deliberações são sobre assuntos muito vagos. A luta é por uma questão de "prestígio". O representante do Ministério do Trabalho é quase uma figura de circo. Transforma cada questão em "problema jurídico". Em uma questão corriqueira em que os norte-americanos estão defendendo a "iniciativa privada", para que os turistas norte-americanos circulem pela América Latina ao sabor do que pareça mais conveniente às companhias de turismo "sem intervenção estatal", o nosso amigo defendeu a conveniência de que o governo central seja responsável pela "morfologia jurídica" do turismo e os governos locais, pela "liturgia jurídica"...

Esse Cantuária Guimarães, delegado do Brasil e funcionário do Ministério do Trabalho, devia ir para um jardim zoológico. Arvorou-se em Dom Quixote da iniciativa privada. Saiu com um projeto proibindo o Estado de participar, mesmo a título de cooperação, em atividades como as hoteleiras. E os homens das empresas privadas tiveram de defender firmemente o Estado contra esse funcionário público. E até os norte-americanos estiveram contra ele, que votou sozinho. E dizer que se manda um homem como esse, sem instruções precisas, representar o governo do Brasil. Os dois representantes do comércio estão em estado de desespero. Como os delegados estão em desacordo sobre tudo, ou quase tudo, de um comitê para outro a opinião do Brasil pode mudar radicalmente.

O Cantuária é um homem de 59 anos, pesando mais de cem quilos, solteirão, que está há um ou dois anos nos Estados Unidos representando o Brasil num conselho de imigração qualquer. Também se diz presidente de uma sociedade privada afim, que segundo outras opiniões não existe. É um contador de anedotas pornográficas. Sugeri a ele a ideia de organizar excursões turísticas ao Brasil, com visitas às tribos de índios que praticam o nudismo total. Por certo que muita americana frustrada logo se interessaria pela antropologia.

Estivemos ontem na Fábrica Nacional de Licores, que tem o monopólio da fabricação de bebidas destiladas neste país há um século. A fábrica tem como linha geral de política não permitir que aumente o consumo de álcool por habitante. Não se faz nenhuma propaganda de bebidas e se destina parte dos lucros para a campanha antialcoólica. Quando surge uma tendência para aumentar o consumo, aumenta-se o preço para restabelecer o equilíbrio. A aguardente popular tem apenas 33% de álcool. O consumo nacional seria de aproximadamente cinco litros por pessoa. Mas existe o consumo clandestino, que é o grande problema. Pagam-se cinquenta colones a quem denuncia um negócio clandestino, e existe por toda parte uma clientela de denunciantes. Se se aumenta o preço demasiadamente, a produção clandestina cresce, e dada a sua má qualidade, a saúde da população sofre. Desta forma, o que se pode desejar é manter o equilíbrio.

O homem do campo — empregado — trabalha das seis da manhã às 14 horas, por conveniência climática. Existe, assim, o grande problema do ócio inútil. Os ociosos se reúnem nas pequenas localidades rurais para conversar e beber. O problema é ainda mais sério porque essa população já é meio alfabetizada, com algumas "inquietudes". Tem-se tentado difundir o gosto pelos esportes e pensa-se que a televisão, adequadamente organizada, poderá contribuir para criar outras derivações. Que grande problema humano e social é o ócio inútil! O nosso homem do campo, que trabalha de sol a sol, pelo fato mesmo de que está assimilado a uma besta de carga, não tem esse problema. Mas tem-no a senhora de alta classe, do *café society*. Estaria a solução do problema em inventar hobbies que contribuam para embrutecer o homem, como se está fazendo nos Estados Unidos? Se mantemos o homem com as mãos ou os pés permanentemente ocupados, evitaremos que sua cabeça se desgoverne? Será esse, individualmente, o grande problema do futuro: utilizar em forma criadora o sobrante crescente de energia humana que o desenvolvimento material da sociedade criará.

SAN JOSÉ, 22.4.56

A partir das dez a cidade se torna praticamente deserta. E com esse clima maravilhoso é um paraíso para flanar. Ia hoje por uma das ruas centrais e encontrei um pobre homem, com uma barba enorme, esfarrapado e imundo. Vinha andando lentamente e ao seu redor saltavam alegres cinco ou seis cachorros. De raças variadas e quase todos animais bonitos. Os cachorros iam na frente cabriolando, numa verdadeira alegria, como um grupo de crianças num parque. Quando chegavam numa esquina paravam indecisos e numa atitude inteligente esperavam o amo. Imaginei que seriam companheiros de excursões noturnas. Possivelmente acampariam no mesmo local, e daí a intimidade. Aquela camaradagem me comoveu. Que lindo poder contar com um amigo! Que agradável poder cabriolar pelas ruas desertas com esse tempo divino! O homem se aproximou de mim e falou com voz limpa e pronunciando bem cada sílaba: "*Por favor, amigo, ya son las doce?*". Não. Ainda eram onze e meia. Não me contive e perguntei: "*Que lindos perros, adonde los lleva?*" — e lhe passei uma pequena moeda. Ele respondeu com sua voz serena e sua esplêndida pronúncia: "*Al crematorio, al fuego*". Os cachorros haviam parado na esquina e voltavam a cabeça para o amo numa atitude de expectativa e impaciência. Continuaram pela mesma rua, e de longe eu ainda podia ver o grupo alegre e unido.

SAN JOSÉ, 24.4.56

Esse embaixador do Brasil me elogia quase sem medidas. Conhece vários trabalhos meus e se refere a eles como a obras-primas. Tem-me cumulado de gentilezas. Ontem levou-me a um concerto da Sinfônica de Nova Orleans, de passagem aqui. Foi um lindo espetáculo. O pequeno e lindo teatro de sabor italiano estava em grande gala. O presidente da República, o corpo diplomático, a alta sociedade. Que elegantes as mulheres e que distintos os cavalheiros! Um ambiente de século XIX, como já se vê pouco hoje em dia. Em nosso camarote estavam também o ministro da Itália e sua senhora, convidados do nosso embaixador. Um napolitano pretensioso e bombástico. Dizendo todo o tempo grandes vulgaridades em tom solene. Sua senhora, uma veneziana simpática, magra como um bacalhau de porta de venda. O oposto das ninfas de inspiração italiana, do teto do teatro.

Hoje o embaixador me convidou novamente com um jovem poeta e contista da terra. Impôs-nos uma horrível dissertação sobre José Bonifácio. É dessas pessoas que querem estar todo o tempo com a iniciativa e dissertando. E não diz mais que coisas descritivas e convencionais. Nunca aborda um problema abstrato. Falou-nos de Bonifácio homem de ciência, grande patriota, grande político, grande, grande... A ele se deve a unidade do Brasil! Deus meu! Essa unidade do Brasil se deve a todo mundo. A d. João VI, a Pedro I, a Pedro II, aos jesuítas, ao diabo. Essa gente do Itamaraty sempre encontra uma forma de puxar para fora a unidade do Brasil, particularmente quando estão com hispano-americanos! Não conheço nenhum tema sobre o qual se derrame permanentemente tanta tolice. Depois saíram à baila livros. O embaixador pensa que todos os livros de estrangeiros escritos sobre o Brasil valem muito pouco. Falou-se de poesia e ele elogiou os poetas brasileiros. Eu já não aguentava mais. Quando saímos, o poeta costa-riquense me fez polidamente referência à candidatura de Jorge de Lima ao prêmio Nobel. Candidatura infelizmente malograda. Eu não me contive e lhe disse: "Não sou diplomata e creio que podemos falar francamente. Não me parece que Jorge de Lima tenha sido uma figura para prêmio Nobel. Claro que as mais das vezes esse prêmio é conquistado com influências e mesmo com dinheiro. O caso de Gabriela Mistral é conhecido. Mas não concordo com essa vaidade boba dos brasileiros e dos mexicanos que pretendem um prêmio Nobel para um Jorge de Lima ou um Alfonso Reyes. Não são essas figuras de categoria universal. Jorge de Lima soube prestar tantos favores, ser tão útil e agradável que nunca nenhum crítico pôde julgar sua obra com objetividade, no Brasil. Ele soube difundir a sua própria obra: fazê-la traduzir, distribuí-la através do Itamaraty... Muitos têm os seus livros e poucos os leem...". O poeta olhava para mim admirado. "E quem poderia merecer o prêmio Nobel no Brasil?", perguntou. "Atualmente ninguém", respondi. "Temos dois ou três novelistas bons, mas nenhuma figura de expressão universal." "E na América Latina?", insistiu ele. "Neruda e Borges", respondi.

CARACAS, 9.6.57

Que experiência mais interessante é a Bolívia, para um brasileiro. Todos nos criamos com uma ideia perfeitamente definida do que são povos explorados, dominantes, imperialistas. Nunca nos passa pela cabeça que

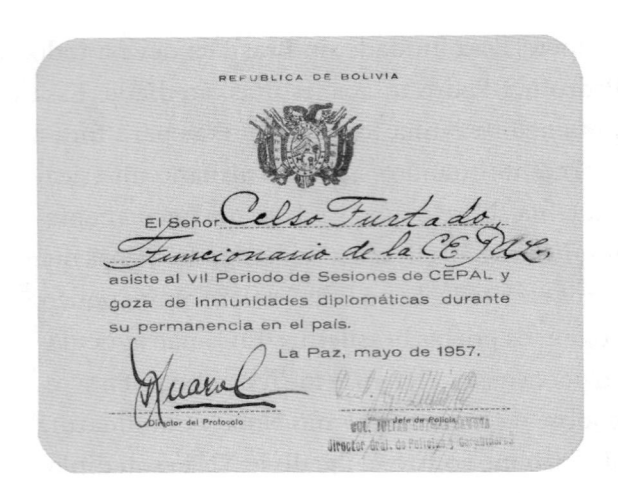

Credencial diplomática para a Conferência da Cepal em La Paz, 1957.

um dia nos digam na cara que somos um desses povos. A reação inicial é de incredulidade, depois de revolta, depois de perplexidade. É como descobrir pela primeira vez que também podem estar com a razão aqueles que pensam diferente de nós. O caminho do ceticismo sempre encontra novos sendeiros...

Os bolivianos eram um povo cheio de complexo de inferioridade, sem muita fé no seu futuro. Entenda-se, a classe dominante boliviana, a pequena minoria que tinha consciência de nacionalidade. Se os homens de ciência acreditavam em superioridade de raça, que se poderia esperar da gente comum, que tinha sob os olhos o espetáculo dessa pobre indiada? O país fora mutilado tantas vezes, e inclusive entregara uma boa parte do seu território, sem uma reação viril, ao manhoso barão! A Guerra do Chaco foi o último trago do cálice de amargura. Prostrada e assustada pela cobiça das companhias petroleiras, a Bolívia firmou o famoso acordo de 1938[7] que cria uma situação de privilégio para os nacionais de

---

7 Uma das causas da Guerra do Chaco (1932-5), entre Bolívia e Paraguai, teria sido a descoberta de petróleo ao sopé dos Andes, o que resultou em conflito entre as companhias petrolíferas Standard Oil e Shell. À derrota boliviana seguiu-se a assinatura, em julho de 1938, do acordo que outorgou 75% do território do Chaco ao Paraguai e 25% à Bolívia.

um país vizinho dentro de seu território. Há vinte anos esse preço não parecia desproporcional, pela construção de uma estrada de ferro. Hoje a situação mudou e a Bolívia tem a seu lado hábeis advogados de companhias petroleiras internacionais. Como permitir um privilégio de extra-territorialidade! Que entrem as empresas privadas estrangeiras de todas as origens em igualdade de condições! O governo da Bolívia terá recursos para pagar a estrada, mesmo ao preço exorbitante que os brasileiros apresentam! Exigir o cumprimento de um tratado absurdo não tem escusas entre nações irmãs! Etc., etc.

No discurso de abertura da Conferência da Cepal o presidente Siles fez uma indicação clara a esse assunto. Muita gente percebeu, e alguns amigos vieram me interpelar. Conversando com outras pessoas me fui informando da situação. "Os brasileiros sempre querem negociar em posição de força. Queriam impor a Petrobrás, uma empresa estatal, dentro do território boliviano, quando no Brasil não permitem sequer companhias privadas brasileiras na exploração do petróleo. Dificultam por todos os meios o acesso da Bolívia ao rio Paraguai. É sabido que muitos pensam que a fronteira natural do Brasil está em Santa Cruz..."

Pouco depois chegava a missão brasileira para negociar o assunto, encabeçada por três coronéis do Exército, de avião militar. Entre os coronéis, o presidente da Petrobrás. É evidente que o assunto já saiu das mãos do Itamaraty e está nas do Estado-Maior do Exército. Conversei com o nosso embaixador em La Paz e disse a ele muito claramente que o momento requeria precaução e magnanimidade. Que os erros de hoje nos podem custar caro no futuro. Que o desenvolvimento natural da Bolívia é uma integração econômica com os vizinhos, particularmente o Brasil. Que a Bolívia de hoje não é a de vinte anos atrás. Que os bolivianos estão tratando de fazer um jogo entre o Brasil e as grandes companhias petroleiras. Que as companhias petroleiras estão intrigando bolivianos com brasileiros. Que havia o risco de que os militares se deixassem levar pelas provocações.

A situação é algo insólita e séria. Prevalece entre os militares brasileiros o ponto de vista de que tudo é fruto da cobiça das companhias petroleiras que querem "apoderar-se da parte do Brasil". Dessa forma, se está formando pela primeira vez uma zona de fricção entre interesses norte-americanos e brasileiros. É um fato novo e que pode ser de incalculáveis derivações. O princípio geral de que as políticas do Departamento de Estado e do Itamaraty podiam sempre apoiar-se mutuamente já não prevalece. Isto poderia inclusive conduzir a um entendimento mais sincero do Brasil com a Argentina. Todo esse assunto deve aparecer perfeitamente claro aos técnicos do Departamento de Estado. Será que eles ainda não admitem a hipótese de tomar o Brasil a sério? Ou será — o que é mais provável — que em matéria de petróleo a política e a geopolítica são de estrita competência das grandes companhias?

CARACAS, 19.7.57

Há pouco no Panamá, em um almoço com o ministro de Relações Exteriores e outros altos funcionários, ouvi uma série de comentários que me deixaram pelo momento perplexo. Falava-se no contrabando que realizavam os aviões militares da Colômbia na última etapa do governo de Rojas Pinilla. A história surgiu a propósito de dificuldades de aterrissagem no aeroporto do Panamá provocadas pelo próprio pessoal do aeroporto, pois tratando-se de aviões militares não pagavam nada, e os empregados estavam cansados de tanta cortesia... Finalmente os comerciantes locais interessados no contrabando haviam solucionado o problema pagando os gastos de aterrissagem informalmente. Mantinha-se a cortesia e mantinha-se o contrabando... A conversa seguiu por aí e fui compreendendo que todos os problemas do país eram formulados tendo em vista suas implicações sobre o contrabando e outras indústrias locais afins. O embaixador panamenho em Londres estava presente e fez várias referências a casos que tratava em seu "escritório de advogado" relacionado com seguros internacionais marítimos e formas engenhosas de eludir o imposto sobre a renda. Falou-se na possibilidade de aumentar a carga fiscal do país — onde não há imposto sobre a renda — e todos se assustaram. As grandes companhias de seguros — para eludir o imposto em outros países — põem lá uma agência que tem o rótulo de sede, empregam um pequeno grupo de pessoas e não pagam um tostão de imposto. O país renuncia inclusive a ter um sistema monetário. O sistema é tão sensível e há tanto medo de afugentar o capital financeiro, que é impossível pensar em uma política de desenvolvimento interno. Em toda a conversa estava implícita a premissa de que se poderia tirar grande proveito de formas disfarçadas de contrabando. Falou-se muito em aumentar a zona livre dentro do aeroporto. E também fizeram amargas referências às autoridades do canal. Não cumprem a obrigação contratual de realizar compras de preferência no Panamá e não tomam conhecimento dos repetidos protestos do governo panamenho. E por aí iam as coisas. Vendo aqueles homens eu não podia deixar de recordar que eles governavam a parte da América que Bolívar escolhera para situar a capital de toda a América espanhola.

Na Venezuela a corrupção é de outro tipo: está ligada a uma grande euforia construtora. Creio eu, em nenhuma parte o lema de Stálin de "transformar a natureza" pegou tanto como na mente da gente daqui. E a transformação se mede pelo custo. Um projeto tem tanto mais probabilidade de ser aceito quanto mais custoso é. Qualquer argumento serve para aumentar os custos. Ontem o coronel que dirige as obras do Caroní me dizia que as turbinas que vai usar têm determinadas peças que são as maiores do mundo. Diante de minha curiosidade, explicou-me que exigira que se fabricara inteiriça, de aço inoxidável, determinada peça que usualmente se faz de ferro para se soldar no local. Assim evitaria problemas de mão de obra no futuro. E ademais — está implícito — terá as turbinas mais caras do mundo. A semana passada foi aprovado o projeto para construção da ponte sobre o lago Maracaibo. Custará mais de 100 milhões de dólares e ninguém se preocupou em demonstrar se terá verdadeira utilidade econômica nos próximos dez anos. Escolheu-se um projeto em concreto, uns 30 milhões de dólares por cima de outro de construção com estrutura de aço. O argumento é que será menor a corrosão, que não será necessário empregar gente para repintar constantemente a ponte...

Hoje eu conversava com um alto funcionário do Ministério de Fomento e o telefone o interrompeu. Falou-se de terrenos, de valorização etc. Depois ele considerou conveniente me explicar o que era. Uma coisa tipicamente venezuelana, disse. "Eu conheci de antemão o projeto de construção da ponte, e com uns amigos comprei terras adequadamente situadas na região. Agora a corrida está terminada." Depois contou-me algumas outras pequenas coisas relacionadas com as recentes concessões petroleiras. Uma pequena companhia de barcos para prestar serviços dentro do lago, organizada um mês atrás, tivera suas ações elevadas em 700%. São pequenas companhias que prestam serviços às petroleiras. Como não estão sujeitas às mesmas cargas sociais, os custos são mais baixos. Todos saem ganhando. Agora, com as novas perfurações no lago, se abrem grandes possibilidades a uma companhia desse tipo. Boom. Boom...

CAMBRIDGE, 23.4.58

A Conferência de Istambul foi muito mais interessante do que seria de esperar.[8] Criou-se um ambiente bastante cordial, particularmente nas reuniões informais. Pela primeira vez encontrei gente do outro lado da Cortina disposta a botar a carga abaixo e discutir as questões técnicas de planificação sem máscara e sem constrangimento. Para mim foi extremamente útil, pois consegui ver mais claro em muitas questões que antes me pareciam obscuras. Os documentos técnicos apresentados à conferência não valem muito.

---

8 Em março de 1958, a Associação Internacional de Economistas e a Unesco organizaram uma conferência em Bursa, Turquia, reunindo economistas do Leste e do Ocidente para discutirem os respectivos sistemas socialista e capitalista. Dos países subdesenvolvidos foram convidados um egípcio, um libanês e CF. Ver *Obra autobiográfica* de Celso Furtado, op. cit.

Primeira edição de *Formação econômica do Brasil*. Janeiro de 1959.

CAMBRIDGE, 17.5.58

Tenho vontade de escrever um trabalho maior sobre o desenvolvimento recente (os últimos dez anos) da "dinâmica econômica", principalmente as contribuições de Harrod, Joan Robinson e Kaldor. Tenho me dedicado exclusivamente a ler. Nos primeiros meses o livro[9] me tomou muito tempo, e agora estou impaciente por recuperar o atraso no meu programa de leitura. Tenho semanalmente uns três ou quatro seminários para estudantes graduados que são extraordinariamente interessantes. Nesses seminários é que a gente pode ver como se forma um economista. As discussões teóricas são em nível muito elevado e todos têm uma base realmente sólida. O resultado é que depois de cada uma dessas discussões aumenta o desejo de estudar.

9 *Formação econômica do Brasil*.

Acabo de escrever um livro praticamente novo sobre o desenvolvimento econômico do Brasil. Aproveitei só uns 15% do texto do livro anterior, e desenvolvi substancialmente a análise do século XIX e do período colonial. Usei bastante material de história econômica comparativa e me esforcei para dar uma ideia do processo geral de formação econômica do país. Sempre que na Cepal eu começava a estudar a economia de um país, procurava um livro que me desse uma ideia de conjunto do processo histórico que havia levado à situação atual. Quase nunca encontrei esse tipo de livro. Pois minha ideia foi escrevê-lo com respeito ao Brasil.

6. Brasil,
1958-1964

O retorno de Celso Furtado ao Brasil, em setembro de 1958, foi o ponto de partida de um percurso de seis anos que o levou a concentrar-se no combate ao subdesenvolvimento do país, sobre o qual até então tanto teorizara. Aceitou o convite para ser diretor do Banco Nacional de Desenvolvimento Econômico (BNDE), com a condição de que fosse uma diretoria dedicada ao Nordeste. Tão logo a assumiu, percorreu a região, naquele ano castigada por uma seca que deixara meio milhão de flagelados. Redigiu o estudo *Uma política econômica para o desenvolvimento do Nordeste*, que em fevereiro de 1959 foi apresentado pelo presidente Juscelino Kubitschek, em cerimônia no Palácio do Catete, aos governadores, ministros e parlamentares nordestinos. Tinha início, ali, a Operação Nordeste, logo apelidada de Meta 31 — a meta que faltava às do famoso Plano de Metas que JK ia cumprindo a toque de caixa desde o início de seu governo.

Assim começou a luta mais árdua que Celso travou como homem público: a da idealização e implantação da Superintendência do Desenvolvimento do Nordeste, a Sudene. Não por acaso, na descrição que faz desses anos[1] são recorrentes os termos "estratégia", "comando", "retirada", "operação". Nessa batalha, os adversários iam desde os incrédulos e des-

1 Ver *A fantasia desfeita*, em *Obra autobiográfica* de Celso Furtado, op. cit.

confiados opositores de JK, até os usineiros e as elites receosas da perda de privilégios e controle de verbas que irrigavam a política nordestina. O projeto reformista da Sudene contou, porém, com o apoio da juventude e das classes urbanas, o que sem dúvida influiu na recondução de Celso à frente do órgão pelos presidentes Jânio Quadros e João Goulart. Este o convocou, em setembro de 1962, para ser o primeiro ministro do Planejamento do país, e elaborar, em três meses, um plano de estabilização e crescimento econômicos. Se o Plano Trienal de Desenvolvimento Econômico e Social foi decisivo para a vitória do plebiscito que consagrou o retorno ao presidencialismo, em janeiro de 1963, não encontrou condições favoráveis para ser implantado pelo governo de João Goulart. Celso deixou o Ministério do Planejamento meses depois de empossado e voltou a dedicar-se integralmente à Sudene, em meio à radicalização política que ia num crescendo de denúncias contra o "perigo comunista" no Nordeste. Nesse fogo cruzado, ele era rotulado ora de comunista, ora de agente de Wall Street. O desfecho veio em 31 de março de 1964, com o golpe militar.

Os despachos com JK nos anos finais de seu mandato lhe renderam observações instigantes. Nos diários do período há também notas de viagens, perfis de amigos como Roland Corbisier e Roberto Campos, encontros com os keynesianos de Cambridge e, em destaque, sua visão dos embates e jogos de influências desses que foram anos de intensa atuação na política do país.

Visitei ontem o porto e vi uma porção de gente aglomerada perto de um navio. Perguntei se se tratava de passageiros — passageiros humildes de alguma linha fluvial ou costeira. Disseram-me que não. Eram simplesmente pessoas que ali estavam aguardando o desembarque de sacos de farinha de trigo. Durante o desembarque, um deles — mais atrevido — consegue avançar e perfurar um dos sacos. O carregador abandona-o então como deteriorado e atira-o à distância. A multidão avança sobre o saco abandonado e o estraçalha. O seguro depois indenizará. Um saco talvez seja suficiente como resgate para que o trabalho da tarde possa correr "normalmente". Exatamente — disse o rapaz que me acompanhava — como os boiadeiros que querem atravessar o rio com um rebanho. Largam uma novilha às piranhas e podem fazer o trabalho tranquilos.

As condições de vida do povo aqui nesta cidade são das mais precárias que hei visto em toda minha vida. A habitação é extremamente precária. Em conjunto a situação é pior do que a de populações similares — cidades médias ou pequenas em zonas pobres — no México, na América Central ou no Equador.

Esta é tipicamente uma região superpovoada.

Cheguei a Natal para acompanhar os trabalhos do Encontro dos Bispos do Nordeste.[2] Puseram-me de imediato num palco para enfrentar perguntas de uns prelados. Nunca imaginaria, quando comecei a tratar de desenvolvimento econômico, há pouco mais de um decênio, que essa

---

2 Em maio de 1956 houve o primeiro Encontro dos Bispos do Nordeste, que apresentou ao presidente Juscelino Kubitschek uma pauta de reivindicações em grande parte incorporadas, posteriormente, nos programas da Sudene. Três anos depois, os bispos tornaram a se reunir.

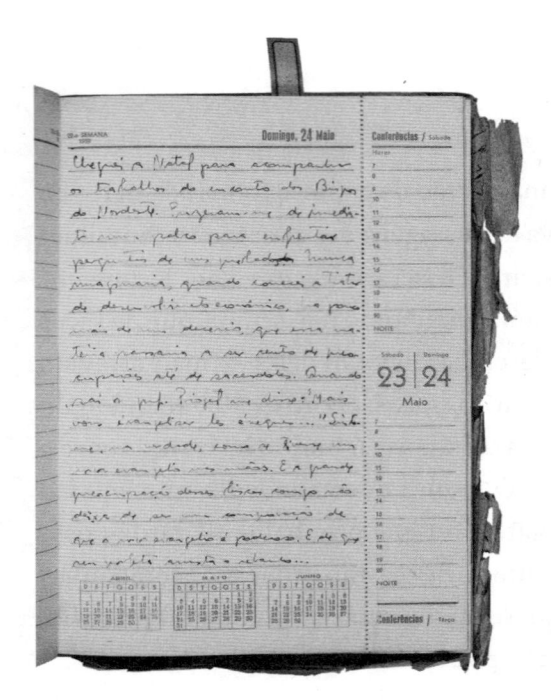

O Encontro dos Bispos do Nordeste. Natal, 1959.

matéria passaria a ser centro de preocupações até de sacerdotes. Quando saí, o prof. Pioget[3] me disse: "*Mais vous évangelisez les évêques...*". Sinto-me, na verdade, como se tivesse um novo evangelho nas mãos. E a grande preocupação desses bispos comigo não deixa de ser uma comprovação de que o novo evangelho é poderoso. E de que seu profeta assusta o rebanho...

O debate de hoje à noite com os bispos e com o público em geral durou quatro horas. Muita gente ficou fora, sem poder entrar na sala. Soube que o debate foi seguido pelo rádio em toda a cidade. Abordamos todas as questões e aparentemente as respostas foram convincentes. A sinceridade também é uma forma de demagogia. Se bem utilizada. Afirmo categoricamente que não faço promessas. Não alimento ilusões. Trato de fazer com que todos entendam meu ponto de vista. Isso de que os

3 O professor Pioget, consultor da FAO (Organização das Nações Unidas para Agricultura e Alimentação), era especialista em solos não saturados de água.

homens querem ser enganados é apenas uma meia verdade. Cada vez mais me convenço de que a razão é um poderoso instrumento de dominação, mesmo das multidões. O evangelista da razão...

NATAL, 26.5.59

Conheci hoje novos aspectos da personalidade de d. Helder Câmara. Não obstante houvesse combinado comigo, na frente de todos os bispos, que a primeira reunião do presidente seria com minha presença, evitou por todos os meios que Juscelino pudesse sequer ver-me. Mas foi no teatro que pude conhecer o aspecto mais curioso dessa personalidade de autêntico tartufo. Não creio que iluda muitas pessoas, se bem que o governador Dinarte Mariz se referisse a esse "quase santo". Levantou a multidão diante de Juscelino e exigiu deste que "prometesse" a energia para Natal um ano antes do prazo estabelecido no plano. E ele prometeu.[4]

NATAL, 27.5.59

Passei hoje todo o dia sob a desagradável influência da cerimônia, ou melhor, do show de ontem no teatro. Jamais pensei que a demagogia mais desenfreada seria liderada por um sacerdote. Eu supunha que a luta maior seria contra os políticos, isto é, contra aqueles que fazem profissão de prometer. Como explicar que os sacerdotes ainda sejam mais irresponsáveis que os políticos? Que pretendem com isso? Levar o povo a novas desilusões e amarguras? Levá-lo à revolta? Depois de todo o esforço que realizei para explicar que esses problemas não podem ser objeto

4 CF informara que a construção da linha de alta-tensão, que levaria a Natal a energia de Paulo Afonso, só estaria concluída em 1962, mas diante da insistência de d. Helder Câmara JK prometeu a conclusão da obra em seu governo. Ver *Obra autobiográfica* de Celso Furtado, op. cit.

de decisões emocionais. Por mais que queiramos, não temos nem 25% de probabilidade de cumprir a promessa do presidente. Padre malfazejo.

RECIFE, 2.6.59

Na reunião do conselho deliberativo do Codeno[5] de hoje debateu-se o projeto de lei que cria a Sudene. A grande questão foi saber como contentar o Congresso nessa matéria de distribuição de verbas. O deputado Aluizio Alves acha que o Congresso só se contenta com uns 20%... Em certo momento tive que declarar que se é para repetir o passado não aceitarei a direção desse órgão. Tenho grande curiosidade em saber quanto tempo essa bola quente ficará em minhas mãos. Sinto que existe um imenso trabalho a realizar. Mas não sinto um verdadeiro apego a essa tarefa. Não que me falte amor a essa gente. Mas talvez porque sinta que a tarefa ainda não é realizável.

RIO DE JANEIRO, 5.6.59

Ouvi um pouco de García Lorca em uma boa gravação. *Antonio Torres Heredia, hijo y nieto de Camborios...* Há uma grandeza que se alcança pela arte. A grandeza dessa virilidade, desse enfrentar o mundo com sua própria inspiração. Ou de dar a entender aos homens comuns que alguns disso são capazes. Mas também há uma grandeza em enfrentar o mundo simplesmente como ele é, em enfrentar essa porca realidade. Em tentar transformá-la. O artista pode criar um mundo extraordinário fora da realidade, mas só o herói é capaz de transformar essa realidade.

---

5 O Conselho de Desenvolvimento do Nordeste, criado por decreto em fevereiro de 1959 e com sede no Recife, ocupou-se da nova política para o Nordeste até ser votada, em 15 de dezembro de 1959, a lei instituindo a Sudene.

Cheguei ao Laranjeiras às dez da manhã, com Cleantho. Sette[6] levou-nos ao quarto de dormir de Juscelino. Ele estava deitado lendo a *História da República* de Maria Bello. Comentou conosco uma passagem sobre os começos do nacionalismo no governo Venceslau Brás. Ao lado da cama havia uma certa quantidade de livros. Passei a vista: coisas gerais e informativas. Nada que denunciasse um interesse definido. Um toca-discos e uma coleção em inglês para melhorar a oratória, se não me equivoco. A conversa estendeu-se quase duas horas. Reforma cambial e a obstinação do Fundo Monetário. E dos homens que entre nós pensam como o FMI. E esses homens são aqueles que pensam no governo e efetivamente o dirigem no setor econômico-financeiro: Lucas e Campos.[7] Deu-nos a entender que pusera Lucas para modificar a política cafeeira, porque Alkmin se inimizara demasiado com a imprensa: "Perdia metade do tempo respondendo ao *Correio da Manhã*".

Falou-se sobre café: tratei de explicar o aspecto "realista" da política de Lucas; que os interesses dos cafeicultores estavam em contradição com os da balança de pagamentos; que não temos capacidade administrativa para seguir uma política que simultaneamente desestimule a produção e defenda os preços lá fora. A discussão, entretanto, logo se desviou para o essencial: as negociações com o FMI. Contou-nos que Lu-

---

6 Cleantho de Paiva Leite (1921-1992) integrou a Assessoria Econômica da Presidência da República no segundo governo de Getúlio Vargas, foi diretor do BNDE e do BID (Banco Interamericano de Desenvolvimento). O embaixador José Sette Câmara Filho (1920--2002) era chefe do Gabinete Civil da Presidência da República.

7 Lucas Lopes (1911-1994) era ministro da Fazenda desde junho de 1958, em substituição a José Maria Alkmin (1901-1974). Ficou no cargo até junho de 1959, quando sofreu um infarto. Roberto Campos (1917-2001) era presidente do BNDE. Os dois foram os responsáveis, por exigência do FMI, por um plano de estabilização monetária que propugnava quatro medidas principais: restrição ao crédito; maior controle dos gastos públicos; aumento de impostos de renda e consumo; eliminação de subsídios cambiais. O plano acirrou o embate entre a corrente monetarista que ambos representavam e os estruturalistas, em que CF se incluía. A polêmica estava no auge no primeiro semestre de 1959.

cas estava carregando nas tintas e que há algumas semanas chegara lá com ar de profunda gravidade e dissera: "Há momentos em que o estadista se manifesta tomando as decisões mais graves — creio que o momento é chegado em que você deve anunciar ao país a paralisação das obras de Brasília". "Dei um salto", disse Juscelino, "e quase o mandei à puta que o pariu."

Tive uma grande surpresa quando nos comunicou os detalhes da proposta de reforma monetária que havia sido feita ao Fundo. Passar tudo para o câmbio livre, exceto café e cacau; limitar as bonificações ao petróleo, ao trigo e elementos para a indústria automobilística. Não faz muito tempo eu ouvi Juscelino se irritar profundamente com as declarações de Campos na televisão preconizando essa reforma cambial. Saí naquele dia convencido de que ele, Juscelino, já não daria nenhum passo no sentido da reforma cambial. Afirmou aos gritos que iria para a demagogia na praça pública mas que não cederia à pressão do Fundo. "Querem fazer comigo o que fizeram com Frondizi. Mas estão equivocados. Seria um louco se pretendesse fazer este país digerir novas elevações de preços através de reajustamentos de câmbio. Sinto que não terminarei meu mandato se me deixo levar por este lado. Já mandei dizer a essa senhora (Claire Booth, que se pensava seria a embaixadora) que não venha para o Brasil se antes não me resolver esse problema."

E agora o homem nos diz que foi feita a proposta da reforma de câmbio. Pode-se chamar a isto instabilidade de caráter? A impressão que se tem é a de que quem governa é o ministro da Fazenda e que o presidente funciona apenas como força moderadora. Cada dia o Lucas conquistava um palmo de terreno. Agora, depois de haver cedido muito mais do que pretendia, vem a nova bomba: o Fundo acha pouco: a reforma seria inflacionária! E o homem entrou em pânico. Afirma que está disposto a dar uma meia-volta e tomar abertamente uma série de atitudes "contra" os Estados Unidos. Está disposto a reunir os ministros militares e expor a situação. Depois reuniria o ministério para, em seguida, anunciar um conjunto de medidas. Deseja que o assessoremos na elaboração desse plano. ("Essa assessoria, de toda forma, seria indispensável", disse, "pois o Sebastião[8] não é o Lucas, não aprofunda os problemas"; é evidente que ele não tem muita confiança no Sebastião e quer prevenir-se.) Exteriorizei minha opinião de que o Fundo vai aceitar a proposta mas exigirá medidas fiscais complementares. Também afirmei que esse problema é mais diplomático que técnico. Que as decisões realmente importantes, no Fundo, não são tomadas pelos técnicos. Existe um grupo pressionando, o qual trata por todas as formas de conseguir seus objetivos enquanto está no Ministério o Lucas. Cheguei mesmo a afirmar que esse grupo deve ter o olho na sucessão no Brasil — que exigir medidas antipopulares significa favorecer certa tendência sucessorial.

A discussão se orientou para a reforma cambial propriamente dita. Tratei de fazer ver ao presidente que a reforma que se vem fazendo por etapas — integração dos mercados financeiros e de mercadorias — constitui uma volta atrás no aperfeiçoamento de nossas instituições. Seria uma grande sorte se não se concretizasse a reforma que foi proposta.

Levantei-me convencido de que já se caminhara demasiado para trás. A influência de Campos tem sido imensa e não existe nenhuma equipe que possa substituir a dele. No fundo, o que deseja Juscelino é um entendimento com os norte-americanos. O medo de pôr em risco algumas obras do seu governo, particularmente Brasília, o deterá sempre. De outro modo, como explicar que se haja deixado levar tão longe pelas diretrizes de Campos? Mesmo sabendo que este é um obstinado e sem percepção política?

Saindo dali não pude deixar de pensar o difícil que é governar este país sem o apoio do Departamento de Estado. E que pouco aparelhada está a chefia do governo para auto-orientar-se.

Depois da conversa fomos para a sala onde vimos um lindo filme sobre Brasília. No almoço conheci Guimarães Rosa. Conversamos sobre as dificuldades que apresentam as traduções de seus livros.

---

8 Sebastião Paes de Almeida (1912-1975), até então presidente do Banco do Brasil, assumira interinamente o Ministério da Fazenda em 4 de junho de 1959, quando Lucas Lopes se afastou por motivos de saúde. Foi efetivado no cargo em 28 de julho.

O presidente reuniu hoje no Laranjeiras um grupo de pessoas para considerar as medidas a tomar em face da negativa dos técnicos do Fundo de aceitar a reforma cambial proposta. Estavam o Negrão, o Sebastião, o Amaral Peixoto (embaixador em Washington), o Poock, o Fleiuss, o Sardenberg, o Casimiro, Cleantho, Sette e eu.[9] O presidente começou dizendo que tivera naquele momento uma conversa em termos extremamente ásperos com o encarregado de negócios dos Estados Unidos. Pedira que comunicasse ao seu governo o extremo descontentamento suscitado pela forma como o Brasil estava sendo tratado. "Foi uma conversa na canelada", afirmou.

Dera por rompidas as negociações. Já não enviaria nenhuma missão para tratar da matéria com o Fundo. O Negrão disse quatro palavras. Dá a impressão de estar fora da realidade. Incapaz de ter uma ideia que não seja para se acomodar ou para eludir a gravidade da situação. Amaral disse algumas coisas e eu me lembrei das palavras de Juscelino: "Não é embaixador para enfrentar uma situação dessas". O Sebastião também parecia nas nuvens. Disse umas palavras tentando justificar umas emissões de papel-moeda, mas Juscelino gritou logo: "Temos que evitar por todo custo novas altas de preços". Desses quatro, o único que parecia estar realmente dentro da questão e sentindo a gravidade do momento era o próprio presidente. Parecia satisfeito com o que dissera ao americano. Eu disse que fora informado por um técnico das Nações Unidas que o Fundo estava exercendo verdadeira tutela na Argentina, Chile e

---

9 Francisco Negrão de Lima (1901-1981) era ministro das Relações Exteriores. Ernani do Amaral Peixoto (1905-1989) era embaixador do Brasil nos Estados Unidos. Paulo Poock Correa (??-1987) era diretor da Carteira de Câmbio da Sumoc (Superintendência da Moeda e do Crédito), ligado a Roberto Campos. Henrique Fleiuss (1904-1988) assessorava Juscelino Kubitschek, de quem tinha sido ministro da Aeronáutica. Idálio Sardenberg (1906-1987), militar, era presidente da Petrobras. Casimiro Ribeiro (1922-1993) era funcionário da Cexim (Carteira de Exportação e Importação) da Sumoc e fora assessor de José Maria Alkmin no Ministério da Fazenda.

Bolívia. Neste último país a ingerência ia a detalhes de organização de serviços sociais. Na Argentina também estava chegando a extremos. Terminei dizendo, enfático: "Se o senhor capitular, presidente, eles farão novas exigências, o que querem é uma tutela". Negrão olhou para mim como se estivesse cheio de susto. O presidente comentou: "Minha decisão já foi tomada. Nessa reunião senti que havia chegado o momento de tomá-la".

Poock fez uma longa exposição, pontilhada de timidez e cheia de desejo de compromisso. Referiu-se à gravidade de uma decisão que poderia criar dificuldades com um país que "sempre nos havia ajudado". Mostrou o caráter inflacionário das medidas alternativas. Perguntei se também não era inflacionária a reforma de câmbio proposta. Ele reconheceu mas defendeu-se quase bruscamente. O presidente afirmou que a decisão estava tomada: iríamos para diante sem mais apelar para o Fundo. Quis saber que recursos podiam ser mobilizados, que pagamentos deviam ser deferidos. O brigadeiro Fleiuss comunicou os contatos que no correr do dia tivera com as companhias de petróleo sondando um financiamento de dezoito meses para as compras do óleo. Falou-se em caucionar os 120 milhões de dólares de ouro das reservas. Sugeri que o governo suspendesse as vendas de divisas no câmbio livre. Poock reagiu bruscamente mas reconheceu que havia omitido esse aspecto do problema. Juscelino fez algumas exigências concretas. Com efeito, o Sebastião, o Negrão e o Poock não pareciam acreditar que aquelas coisas estivessem sendo discutidas a sério.

Depois da reunião Juscelino nos disse: "Meus dois ministros da Fazenda anteriores eram homens de muita personalidade, que sabiam o que queriam. Sebastião parece no ar. É preciso acompanhá-lo de perto".

Pude ver claramente hoje que o grupo que ocupa as posições-chave é todo ele acomodatício e temeroso de qualquer atitude que possa modificar o statu quo. Com esse grupo Juscelino jamais poderia levar adiante as medidas de independência vis-à-vis dos Estados Unidos que está "ameaçando" tomar. Quando saíamos, disse ao Sette: "Esse seu ministro das Relações Exteriores é de morte". No outro lado do salão ele ia conduzindo Juscelino abraçado para atrás de uma cortina. Os olhos cheios de espanto com que me olhou quando falei de "tutelagem" ficaram-me gravados.

RIO DE JANEIRO, 10.6.59

Nova reunião hoje pela manhã no Laranjeiras. Falou-se primeiro de política do café[10] e depois da questão do Fundo. Quando cheguei, encontrei o A. Frederico Schmidt[11] nervoso. Referia-se a governos de estados ou locais que estão recebendo "impostos" dos contrabandistas de café. "Um país como este que autoridade tem para falar com o Fundo ou com o governo dos Estados Unidos?" Estava evidentemente preocupado com as decisões que o presidente estava tomando. Aí há uma mistura de interesses feridos e de ciúmes, pois o presidente tem estado um pouco fora da influência dele. A reunião sobre o café me pareceu deplorável. O Renato Costa Lima[12] pensa sobre café como um tendeiro que vende verdura. Quer vender mais, custe o que custar ao país. E quer fazer medo aos outros países produtores limitando-se a fazer o jogo dos grandes países consumidores. Chamei a atenção para a necessidade de organizar melhor o mercado. "É o único grande produto do comércio internacional cujo mercado continua desorganizado", afirmei. Houve uma reação brusca e muitas explicações. Juscelino fez umas interpelações. Não parece muito convencido. Lembra-se sempre do que diz Alk-

10 O preço da saca do café baixara de 59 dólares, dois anos antes, para 43 dólares. Para compensar a perda, o governo mantinha um programa de compra da produção excedente. Esse gasto era compensado pelo chamado "confisco cambial", que repassava ao governo parte da renda gerada em divisas pelos exportadores e agravava o descontentamento dos cafeicultores.

11 Augusto Frederico Schmidt (1906-1965), empresário, poeta, muito influente junto a JK, de quem foi assessor internacional e ghost-writer.

12 Renato Costa Lima (1916-1993), cafeicultor paulista, assumira a presidência do IBC (Instituto Brasileiro do Café) em setembro de 1958. À frente do Instituto, implantou uma agressiva política de venda do produto, baixando seu preço no mercado internacional e combatendo a especulação.

min: "Com essa política vendemos mais e recebemos menos". "Estou talvez resolvendo os problemas do futuro, mas não os meus." "É verdade que tenho hoje menos problemas administrativos, e isso é uma grande coisa."

A discussão subsequente foi no estilo da do dia 8. Já conhecendo a "reforma", me foi possível demonstrar que ela seria inflacionária. O presidente parece consolidar-se na opinião de que não devemos seguir na linha que havíamos tomado. Constitui-se uma comissão para trabalhar, seja em contrapropostas, seja em medidas compensatórias. Deverá reunir-se no gabinete do ministro da Fazenda.

RIO DE JANEIRO, 12.6.59

Campos me chamou para uma reunião, com Cleantho, Ewaldo e Miguel Osório.[13] A discussão foi quase exclusivamente entre ele e eu, e durou mais de quatro horas. Tenho a impressão de que ele involuiu para uma ortodoxia cujas bases ele ainda não submeteu a uma crítica em profundidade. Disse que a contraproposta feita ao Fundo foi uma vitória contra ele, que desejava coisa mais radical. Também confessou que a proposta era capenga por conveniência tática na discussão com Juscelino. Aceita a parte cambial pelo Fundo, estariam fortes para exigir a contrapartida fiscal do governo. É evidente que eles estiveram negociando com Juscelino e não com o Fundo, cujo ponto de vista aceitam totalmente.

---

13 Ewaldo Correa Lima (1915-1992), economista, foi diretor executivo do BNDE de 1957 a 1960 e dirigiu o Departamento de Ciências Econômicas do Instituto Superior de Estudos Brasileiros (Iseb). Miguel Osório de Almeida (1916-1999), diplomata, era o coordenador técnico do Programa de Metas no Conselho de Desenvolvimento da Presidência da República, no governo JK.

Pronunciei uma conferência no Iseb.[14] Havia mais de trezentas pessoas, inclusive umas duas centenas de oficiais do Exército e Aeronáutica. Falei hora e meia e tivemos mais de uma hora de debates. Essas conferências me permitem ordenar algo as ideias em evolução, pois constituem a única oportunidade que tenho para pensar em conjunto sobre o que estou fazendo. É tremenda a penetração do Iseb nas Forças Armadas. Pretendem fazer dois ciclos mais de conferências até o fim do ano. Cada um, 250 oficiais. A corrente nacionalista parece estar totalmente consolidada na oficialidade jovem.

RIO DE JANEIRO, 14.6.59

Saí ontem do Iseb com Roland Corbisier.[15] Tem estado em contato permanente com Juscelino. Considera que o momento é chegado para que o presidente se firme na orientação nacionalista. "O prestígio popular do homem está intacto." "Todo o curso da sucessão poderá modificar-se." "Com apoio popular, uma reforma constitucional ainda está em tempo para que esse homem continue mais algum tempo no governo." Deseja constituir um grupo de "economistas nacionalistas" para sugerir novos rumos ao governo. Chamei a atenção para o fato de que nem sequer as informações são disponíveis. Tem feito descobertas cada dia, e o próprio presidente se surpreende ao tomar conhecimento delas.

---

14 A conferência, sobre a Operação Nordeste, foi uma das três que CF proferiu no Iseb naquele ano, no curso Introdução aos Problemas do Brasil, destinado aos oficiais das Forças Armadas. A exposição e os debates foram publicados em *A Operação Nordeste*, de Celso Furtado (Rio de Janeiro: MEC; Iseb, 1959).

15 Roland Corbisier (1914-2005), filósofo, foi um dos fundadores do Iseb, voltado para a temática do nacional-desenvolvimentismo, e era seu diretor.

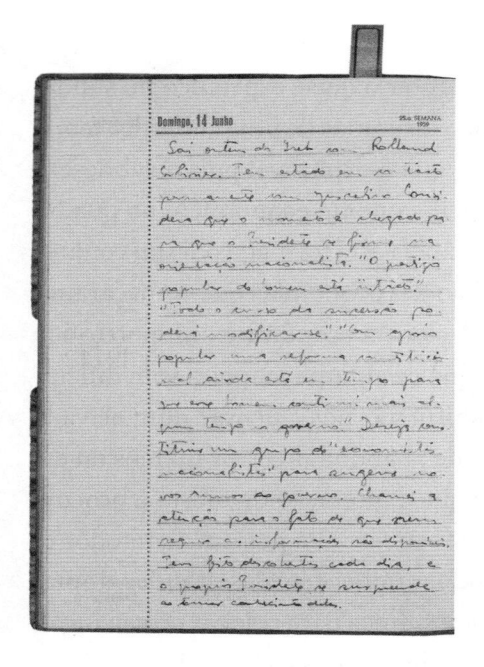

Trocando ideias com Roland Corbisier sobre JK. Rio, junho de 1959.

RIO DE JANEIRO, 14.6.59

As discussões que tive na última semana e os fatos em que fui envolvido são de molde a exigir de mim, para minha autodeterminação, algumas reflexões. Juscelino, Campos e Corbisier representam três facetas de uma mesma realidade histórica na qual cada dia me sinto mais intimamente envolvido.

Campos representa o neoliberalismo. É o economista imbuído de ideias de desenvolvimento econômico mas que não chegou propriamente a firmar-se em uma teoria autêntica do desenvolvimento, ou melhor, do subdesenvolvimento. Enquanto realizava um trabalho de crítica em organizações de responsabilidade executiva, Campos desempenhava uma função altamente positiva. Com sua inteligência aguda descobria com facilidade as incongruências resultantes da aplicação da teoria econômica ortodoxa no mundo subdesenvolvido. Preconizou uma ação crescente do Estado nos países de economia subdesenvolvida, chegou mesmo a advogar o planejamento econômico. Seu desinteresse pela dimensão histórica do fenômeno econômico inibiu-o de captar o que é específico no subdesenvolvimento de nossa época. Nós não dispomos de uma autêntica teoria econômica do subdesenvolvimento, o que é explicável pois o subdesenvolvimento não é um fenômeno especificamente econômico, no quadro de nossa ciência econômica, cuja substância está formada por um conjunto de hipóteses derivadas da observação das economias que começaram a industrializar-se no século passado. A ciência econômica se hipertrofiou em alguns de seus departamentos, o que de alguma maneira vem dificultar o desenvolvimento de outros. Habituamo-nos a pensar num elevado nível de abstração, o que nos impede de abandonar certos marcos ou categorias. Por exemplo, a hipótese de que a interação de oferta e procura orienta racionalmente a aplicação dos recursos está presente em todos os nossos critérios de racionalidade. Todos conhecemos as grandes limitações dessa hipótese, mas como nada possuímos para colocar no seu lugar, somos levados a pensar como se aquelas limitações não existissem.

Ao passar da atitude crítica para a operativa, um economista bem formado dificilmente poderá evitar uma involução para a ortodoxia. Campos e Prebisch são exemplos acabados desse fato. Essa involução faz-se ainda mais rapidamente porque a experiência logo vai indicando que a alternativa para os automatismos do mercado é uma ação administrativa totalmente inoperante. Ainda mais inoperante em regime inflacionário. Compreender que a inflação e até a irracionalidade administrativa podem ter certo papel nas transformações de uma economia subdesenvolvida atual são ideias que não podem encontrar guarida na cabeça de um economista bem formado. Entretanto, como não temos uma teoria em que basear uma política autêntica de desenvolvimento econômico e social, os "erros" dos políticos podem muitas vezes ser mais frutíferos que os acertos dos economistas.

Na medida em que foi tendo uma maior responsabilidade executiva, o apoio da ortodoxia foi se tornando mais e mais indispensável ao Campos. A obstinação com que quer estabelecer entre nós o sistema cambial que tantos males nos causou no passado é típica disso. No após-guerra o sistema cambial tem sido entre nós um instrumento de política de desenvolvimento. Permitiu redistribuir a renda em favor de setores dinâmicos. Permitiu levar adiante, aos tropeços, uma política de substituição de importações. Por outro lado, causou males, particularmente a certas regiões pobres como o Nordeste. Como abandonar liminarmente esse instrumento de trabalho? Como permitir que as flutuações bruscas do mercado financeiro voltem a criar crises de importações e a desorganizar a economia, como no passado? É para a frente que teremos de caminhar. Entretanto, como ainda não vemos claro um caminho para a frente, Campos quer que regressemos ao passado, a uma posição cuja racionalidade deriva de uma falsa generalização teórica. Compreende-se que esse seja o ponto de vista do Fundo Monetário. Mas não foi por outra razão que lutamos dez anos contra o Fundo, inclusive com o apoio dele, Campos.

Há dois dias tivemos uma discussão de mais de quatro horas para ver se nos púnhamos de acordo no essencial, antes da reunião que deverá realizar-se amanhã no gabinete do ministro da Fazenda. Um entendimento verdadeiro é impossível. Minha posição mental é algo distinta, pois eu não sou exatamente o que se chama um economista. Por mais que eu haja estudado economia, é fundamental em mim o fato de que busquei nessa ciência, desde o início, um instrumento de análise a mais para compreender a história. Eu parto da observação do processo histórico e metodicamente vou introduzindo a análise econômica. O subdesenvolvimento desta metade do século é fenômeno intimamente ligado à forma de crescer da economia capitalista, com seus ciclos e com sua tendência inexorável à concentração geográfica da renda.

De tudo isso o que se pode concluir é que uma das inteligências mais poderosas de nossa geração tendeu a desviar-se mais e mais para uma atitude conservadora, ligando-se a todas aquelas forças que desempenham o papel de reação no processo histórico. Neste momento, entre a posição dele a do velho Gudin[16] já não existe diferença perceptível.

16 Eugênio Gudin Filho (1889-1986), ministro da Fazenda do governo Café Filho, criador do Instituto Brasileiro de Economia da Fundação Getulio Vargas, era o expoente do pensamento econômico liberal.

O outro lado da medalha pode ser percebido no Corbisier. Ele aglutina boa parte do que chamou as forças nacionalistas, cuja vanguarda está constituída por um grande grupo de oficiais jovens e pelos estudantes. Essas forças são uma indicação de que profundas transformações se estão operando neste país. Até há muito pouco tempo essas transformações não transpiravam no diálogo em razão de que a atuação do Partido Comunista havia desorientado e dificultado o exercício de toda autêntica ação revolucionária. Não obstante as profundas transformações que tenham lugar na infraestrutura social com o processo de desenvolvimento econômico, não existia no país um autêntico movimento de esquerda, isto é, um movimento guiado por uma antevisão dessas transformações. Os comunistas, trancados em sua ortodoxia e facilmente neutralizados sob a acusação de servir a interesses estrangeiros e de desejar a subversão do regime, ocupavam um espaço da arena política que dessa forma permaneceria neutralizado. Qualquer um que se aproximava desse espaço era facilmente confundido com eles e neutralizado. A consequência prática disso foi que o diálogo político circunscreveu-se à direita. O Brasil tem sido um país com partidos políticos apenas de direita, no último decênio. Alguns líderes têm a intuição dessa situação e fazem uma política pessoal de esquerda.

O movimento nacionalista veio encher esse vazio. Sua expansão foi facilitada nos últimos anos pela desarticulação ideológica do Partido Comunista. A essência do nacionalismo é a mesma aqui da de outras partes: o objetivo fundamental é desenvolver o país econômica e socialmente, para reduzir a distância que o separa de outras nações; as classes dirigentes atuais não estão aptas para levar adiante esse desenvolvimento, pois os seus líderes não têm autonomia mental, reproduzem a forma de pensar dos países metropolitanos, em muitos casos estão ligados aos sistemas das economias metropolitanas. Os nacionalistas são em grande parte pequenos empresários, pessoas de classe média e intelectuais, como ocorria com os quadros dirigentes do Partido Comunista. De nenhuma forma estão preparados para governar. Se amanhã elegessem o presidente da República, as modificações na política econômica não seriam muito sensíveis, pois não existem plataformas ou programas "nacionalistas". Apenas há atitudes nacionalistas com respeito a certos problemas.

O Roland Corbisier percebeu esse vazio e pretendeu enchê-lo com sua equipe no Iseb. Essa equipe era na verdade do Helio Jaguaribe.[17] Mas este deixou-se desviar para as atividades privadas, ligou-se a grandes grupos financeiros, e se não mudou de ideias pelo menos perdeu a confiança de muitos. A luta pela sucessão fez-se entre Roland e Guerreiro Ramos.[18] Este último quis chegar demasiadamente rápido e capotou. Ganhou a batalha mas perdeu a guerra, pois ficou do lado de fora, sem a instituição e o dinheiro. Nenhum dos dois tem excepcionais qualidades de liderança. Continuam trabalhando na mesma direção mas se digladiando. No momento presente Roland, entre os líderes da ala nacionalista, é o que mais acesso tem ao presidente. Sua atuação em face da crise provocada pela ruptura das negociações com o Fundo é típica. Veio-lhe logo a ideia de transformar a confusão no ingrediente de um golpe, no caso o "golpe continuísta". É possível que haja nisto algo muito pessoal, pois dizer ao presidente que o povo vai pedir a ele que fique deve ser uma melodia fácil de prender ao ouvido. Contudo, não deixa de ser significativa essa facilidade de augurar uma solução golpista. Ele afirma que a única força viva neste país é a corrente nacionalista: "Isso vem como uma cascata que vai tudo resolver". O fato mesmo de que ele não seja capaz de perceber as dimensões e limitações do movimento em que está envolvido já indica sua insuficiência como líder. E sua tendência a pensar em termos de golpe denuncia a pouca profundidade da faixa do movimento social que sobre ele está atuando. Limitando seu trabalho à agitação, Roland não está fazendo mais do que o jogo de algum outro que

---

17 Helio Jaguaribe (1923-2018), sociólogo, foi um dos fundadores do Grupo de Itatiaia (1952), secretário-geral do Instituto Brasileiro de Economia, Sociologia e Política (1953) e chefe do Departamento de Ciência Política do Iseb (1955). Em fins de 1958, seu livro *O nacionalismo na atualidade brasileira* provocou uma disputa no Iseb, do qual Jaguaribe se desligou no ano seguinte.

18 Alberto Guerreiro Ramos (1915-1982) chefiava o Departamento de Sociologia do Iseb e era professor da Escola Brasileira de Administração Pública da FGV.

lhe tomará a bola no momento crítico. Como ele não está preparado para enfrentar nenhum problema, sua força passa a ser circunstancial. É necessário não esquecer que todas as posições-chave do governo estão em mãos de pessoas com uma orientação distinta. A grande maioria das pessoas que tiveram oportunidade de adquirir experiência está do outro lado. E não se pode governar sem gente que tenha alguma experiência. O Iseb dividiu-se entre o ativismo e as elucubrações literárias de Guerreiro sobre os fundamentos metafísicos do nacionalismo. Mas não se aparelhou para promover a formulação de uma doutrina orgânica, orientada para a ação. Entretanto, sem essa doutrina não será possível desviar o país da orientação que lhe dão presentemente todos os seus dirigentes e administradores.

RIO DE JANEIRO, 3.7.59

Reunião da diretoria do BNDE. Discutiu-se a continuação do anúncio na *Econômica Brasileira*, cuja página passa de cinco para dez contos.[19] Para surpresa geral, Campos foi contra. Ficou só. Como diretor da revista, abstive-me de votar. Não posso descobrir senão mesquinhez na atitude dele. Jamais o considerei capaz de uma mesquinharia dessas. Temos sempre que estar revendo o conceito que fazemos daqueles que estão próximos de nós. Mesmo dos amigos próximos. Será que ele crê nas intrigas que Victor Silva[20] e outros fazem a meu respeito? Será que ele é menos nobre do que penso? Conversando com Sette, ele contou-me que Campos anda desarvorado. Que passa noites sem dormir, que a mulher chora. Sempre o julguei homem de coragem. Será que são coisas distintas a co-

19 No início de 1955 circulou o primeiro número da *Econômica Brasileira*, revista acadêmica trimestral criada, por iniciativa de CF, por um grupo de quarenta economistas reunidos no Clube dos Economistas.

20 Victor da Silva Alves (1916-1986), ex-funcionário das Nações Unidas, tinha sido secretário executivo da Comissão Mista Brasil-Estados Unidos, da qual Roberto Campos foi conselheiro econômico.

ragem e a resistência aos contratempos? Alguém me disse certa vez que Campos tinha preocupação de fazer fortuna. Que estava com quarenta anos e "não tinha nada". Outra vez, Ewaldo me disse que ele criticara a *Econômica* porque nela havia "comunistas". Será mesmo que ele involuiu mais do que eu suponho? Hoje estive pensando em dar uma entrevista ao *Metropolitano* e aproveitar a oportunidade para defendê-lo. Entretanto já estou convencido de que ele é capaz de fazer efetivamente mal a este país.

RIO DE JANEIRO, 5.7.59

Os governadores do Nordeste que chegam esta semana trazem uma missão reservada. Melhor, serão convocados para uma reunião reservada em que lhes será submetido um documento-manifesto em que se declaram unidos em torno da solução do problema nordestino. O objetivo é colocar esse problema acima das divisões partidárias. Redigi o rascunho do manifesto. O aglutinador do movimento é Cid Sampaio.[21] Fiz chegar ao conhecimento de Juscelino minha iniciativa e a ele lhe pareceu boa.

RIO DE JANEIRO, 5.7.59

Estava comendo uma pizza num pequeno restaurante quando chegou Carlos Scliar, que conheci em Paris há doze anos e nunca mais tinha visto. Com ele estava um cinematografista, autor de *O drama das secas* que Josué encomendou.[22] Conversamos e o cinematografista logo se entusiasmou por fazer um filme de longa-metragem. Josué havia eli-

---

21 Cid Sampaio (1910-2010) foi eleito governador de Pernambuco em 1958 por uma coligação liderada pela UDN, partido de oposição ao PSD de JK.

22 O curta-metragem *O drama das secas*, de Rodolfo Nanni, foi baseado no livro *Geografia da fome*, de Josué de Castro. De acordo com a Cinemateca Brasileira, a única cópia do filme, apresentado pela primeira vez em 21 de agosto de 1958, foi censurada pelo governo.

minado qualquer caráter polêmico do filme. Mostraram a seca pelo lado de fora, o que deve haver tirado força ao filme. Disse-lhe que se poderia fazer qualquer coisa como *Que viva México!*, de Eisenstein. Mostrando o profundo desequilíbrio que existe entre o homem e a natureza decorrente do sistema social que prevalece. Talvez algum dia façamos esse filme.

RIO, 6.7.59

"Você parece ser duro como um agave", me disse o Marcio Lourenço Filho.[23] Essa impressão de resistência ao embate que dou às outras pessoas é que me permite liderar. A essência da liderança está na confiança que inspira, na sensação de segurança que irradia. A maioria dos que estão perto de mim confia em que eu realmente sei aonde vou, sei o que quero. E na verdade cada dia tenho mais confiança em mim mesmo nessa luta. Se me derem as armas eu chegarei aonde quero, e tenho fé em que mudarei o curso das coisas no Nordeste.

RIO, 7.7.59

Fui informado de que os governadores ontem se reuniram e discutiram o manifesto de união em torno da prioridade para a solução do problema do Nordeste. Houve grande interesse. Juraci aceitou com entusiasmo. Parsifal também. O menos decidido foi o Pedro Gondim.[24] É homem de posição menos independente. Entretanto, como homem do PSD deveria ser o mais entusiasta da ideia. Mas não percebe o verdadeiro alcance político da

---

23 Filho do educador e pedagogo Lourenço Filho e autor de *Um educador brasileiro: Lourenço Filho* (São Paulo: Melhoramentos, 1959).

24 Juraci Magalhães (1905-2001) era governador da Bahia pela UDN. José Parsifal Barroso (1913-1986) assumiu o governo do Ceará em março de 1959, eleito por uma coligação entre o PSD e o PTB. Pedro Gondim (1914-2005) era governador da Paraíba.

Visitando o interior do Maranhão para um futuro projeto de colonização, 1961.

manobra, que é retirar a Jânio um campo de fácil exploração demagógica. A assinatura foi postergada mas Cid vai continuar insistindo.

RIO, 8.7.59

Hoje na rua uma mulher me parou. Havia me visto na televisão num programa com governadores do Nordeste. Tinha confiança em que levaríamos aquilo para diante. Começo a ser uma pessoa notória. Na porta do hotel um grupo de estudantes gaúchos me reconheceu e veio me contar suas dificuldades. No avião alguém me reconheceu e levou-me para a cabine do comandante, que aproveitou para informar-se, não como piloto mas como empresário de pesca. Andar só, sentir-se só ou pelo menos não reconhecido é algo inestimável.

Mamãe hoje me disse que José, irmão de papai, está desempregado há bastante tempo e caiu em negra miséria. Vende sabonetes e quando não os vende quase não tem com que comer. A mim me devem odiar, pois supõem que não o emprego por desprezo ou desinteresse. É esse o avesso de minha força. Papai nos incutiu essa filosofia, que no fundo é uma forma de egoísmo ou de timidez. Se se pede, tem-se que pagar. E pagar com aquilo que não é nosso — a coisa pública — é abjeto. Se temos que pagar, paguemos logo de nosso bolso. Enquanto isso o desgraçado vai morrendo de fome.

O Parsifal deu entrevista hoje afirmando que a Operação Nordeste deveria ser colocada acima de quaisquer compromissos partidários nas próximas eleições presidenciais. A ideia está vingando. Cada dia mais me convenço de que essa ideia deverá ser levada efetivamente a sério. Não podemos abrir o jogo a favor de nenhum candidato. Tenho tido vários convites para conversar com Lott. "Você terá de integrar o Estado-Maior do marechal", disse-me um de seus genros. Sette quis levar-me para um almoço com ele. Neguei-me porque era na semana de nossas conversas de governadores para a mensagem de independência.[25]

25 CF propunha, no final do governo JK, que o próximo presidente se comprometesse a prosseguir, independentemente da filiação partidária, a política de desenvolvimento do Nordeste. Os dois candidatos à Presidência eram o marechal Henrique Teixeira Lott e Jânio Quadros.

Lott tem feito uma série de declarações significativas. Vê-se que a real influência sobre ele é dos conservadores do PSD. Não creio que seja apenas o desejo de consolidar o apoio dessa força amorfa, "liderada por covardes", no dizer de Juscelino, que são os altos quadros do PSD. Essas declarações transmitem os desejos e intenções mais profundas do candidato. Quase seguramente marcharemos para um segundo governo Dutra. E em um país mais complicado. O grupo que venha a formar a "copa e cozinha" passa a ser o grande problema nacional. A alternativa é a incógnita Jânio. Do ponto de vista do Nordeste, o melhor governo será aquele que esteja mais convencido da urgência do desenvolvimento, mesmo que do Sul.

N. Chaves, chegando ao Rio, disse-me que os deputados cearenses Expedito Machado, Vica (irmão do José Cândido[26] do Dnocs) e aquele outro do contrabando de linho[27] estavam fazendo na Câmara campanha contra mim. Tinham cópia de minha exposição reservada ao presidente sobre a liberação dos recursos do crédito das secas (3700 milhões). Disse-me também que falara com um "fornecedor" que havia vendido há pouco grande quantidade de "folhas" a um desses deputados.[28] Seguros da chantagem que fariam ao presidente — só votariam pela emenda constitucional se fosse assinado o crédito —, compraram com 30% de quebra grande parte da dívida.

26 José Cândido Pessoa (1925-2003), engenheiro cearense, era diretor-geral do Departamento Nacional de Obras Contra as Secas. Seu irmão, Euclides Wicar Pessoa (1924--1977), era membro da Comissão de Segurança Nacional da Câmara dos Deputados.

27 Referência a Carlos Jereissati (1917-1963), deputado, que desde os anos 1950 se tornou o maior comerciante de linho importado no Nordeste, sendo acusado de licenças falsas de importação.

28 Nos debates sobre a Lei da Sudene circulara entre os deputados uma ficha policial de CF, apresentando-o como agente da Internacional Comunista. As "folhas" sobre seu "prontuário" foram obtidas no Departamento Federal de Segurança Pública, no Rio de Janeiro. Ver *Obra autobiográfica* de Celso Furtado, op. cit.

Entrevistei-me ontem com o marechal Lott a pedido do ministro da Justiça, Armando Falcão, e em companhia do senador pelo Maranhão, Remy Archer. A conversa durou uns quarenta minutos e teve lugar no novo escritório eleitoral do marechal. Ele falou quase todo o tempo, sendo necessário interrompê-lo. Tratou de vários assuntos econômicos, como se quisesse demonstrar que "entende" da matéria. Entretanto, sobre nenhum dos assuntos que abordou disse algo que revelasse perfeita percepção da matéria. Parecia estar repetindo coisas que ouvira. "Dizer que temos inflação porque há excesso de dinheiro em circulação, quando não temos mais de dois contos de réis per capita neste país? O problema é a produção que se perde por aí, não chegando aos mercados." Parecia-me estar ouvindo Guerreiro Ramos ou outros "sociólogos" que entre nós opinam sobre problemas econômicos.

O tema principal foi o Nordeste. Começou dizendo que os governadores estão "acirrando" o separatismo. Referia-se, seguramente, ao "manifesto dos governadores" indicando prioridade para o plano de desenvolvimento do Nordeste na próxima campanha presidencial. Evidentemente falava como político, assustado com o partido que possa tirar Juraci da união do Nordeste.[29] Nossas razões para explicar-lhe o verdadeiro sentido de união nacional que tem a recuperação do Nordeste — pois só o desenvolvimento poderá eliminar os atuais ressentimentos — não o impressionavam. Via apenas o aspecto político imediato.

Ora, o manifesto de união do Nordeste havia sido concebido por mim e por mim redigido com o objetivo de tirar o Nordeste da exploração demagógica de Jânio que se anuncia claramente. Reduzindo a possibilidade de exploração por parte de Jânio, estávamos reforçando a posição dele. Evidentemente não pude fazer referência a este ponto, pois não sou "político". Não sabendo aproveitar a coisa, ele deixou o campo aberto para Juraci e todo o problema se complicou.

---

29 Juraci Magalhães era pré-candidato udenista à Presidência da República.

Saí pensando em como seria complicado o governo deste país por esse homem. Pareceu-me incapaz para discernir o que é realmente importante daquilo que é secundário. (Referiu-se ao envio de dois oficiais ao estrangeiro que poderiam encaminhar os problemas do Nordeste.) Contou casos pessoais insignificantes para demonstrar que conhecia o Nordeste. Ao invés de ouvir para informar-se, falou como se pretendesse convencer-me de algo. Se não parece ter qualidades de estadista, tampouco as tem de político. Chamei-lhe a atenção para a inabilidade da entrevista que deu sobre o Nordeste, dizendo que não existia propriamente um "problema Nordeste" e que Furnas e a indústria automobilística eram tão boas para o Nordeste como para o Sul. E acrescentei que Jânio no mesmo dia e na mesma página do *Jornal do Commercio* de Recife havia dito que não podem coexistir dois Brasis, um rico e próspero e outro miserável. O marechal se exaltou e disse: "Ah, esse é irresponsável, diz qualquer coisa. Eu só digo o que penso". Para governar, um homem desses terá que ser afastado da maioria dos problemas. O poder estará com aqueles que o cerquem.

RIO DE JANEIRO, 7.10.59

Fiz hoje uma exposição na Comissão do Polígono das Secas, da Câmara. Esteve presente muita gente. Lá estavam muitas das pessoas que Callado envolveu em suas reportagens, apontando-as como "industriais das secas".[30] Falei com o Franz[31] pela primeira vez. Tem uma voz afetada

---

30. O romancista e jornalista Antonio Callado (1917-1997) publicou no *Correio da Manhã*, em setembro de 1959, reportagens sobre o Engenho Galileia, onde surgiu a primeira associação de camponeses em Pernambuco, embrião das Ligas Camponesas lideradas por Francisco Julião. No ano seguinte publicou-as no livro *Os industriais da seca e os "Galileus" de Pernambuco: aspectos da luta pela reforma agrária no Brasil* (Rio de Janeiro: Civilização Brasileira, 1960). O termo "industriais da seca", cunhado por ele, se refere aos grupos que, historicamente no Nordeste, se beneficiaram das verbas federais destinadas aos flagelados.

31 Jacob Frantz (1905-1980), gaúcho, foi prefeito de Pombal-PB e deputado estadual pela UDN. Nesse momento era deputado federal pelo PSP (Partido Social Progressista) e membro da Comissão de Economia da Câmara.

e um acento gaúcho que seguramente conservou, depois de viver trinta anos no Nordeste. Ali, basta ter um acento sulista para parecer letrado. Minha exposição foi seguida de amplo debate. O Franz fez umas observações "inteligentes", seja para ver se me confundia, seja para mostrar que "entende" dos problemas da região. Contudo, ninguém se atreve a uma discussão aberta.

Depois da reunião, soube que o movimento sorrateiro contra nós, isto é, a favor da emenda Argemiro, estava crescendo. O líder do PTB, Odilo Costa Filho, está contra nós. A ação do Amaral está se estendendo. O Gileno de Carli — esse pequeno burocrata que se fez milionário da indústria açucareira — está colhendo assinaturas em um memorial de apoio à emenda, que já contaria com mais de cem nomes.[32]

RIO DE JANEIRO, 9.10.59

Dei uma conferência hoje no Estado-Maior do Exército. Havia uns trinta generais e uns cem oficiais outros. Não houve debates, apenas duas perguntas do Pradel.[33] Um outro general comentou comigo: "As perguntas do Pradel lembraram-me a velhinha que foi pedir uma caneca d'água ao chefe da Divisão de Águas que estava prometendo 200 milhões de litros à população: 'Você poderia me encher esta canequinha por conta?'". O chefe do Estado-Maior, general Lima Brayner, nos comunicou depois que o E. M. já havia comunicado ao presidente da República sua

32 O senador paraibano Argemiro Figueiredo (1901-1982), ligado à indústria da seca, liderou a oposição ao projeto de lei da Sudene e ao superintendente, acusando-o de "bolchevizar o Nordeste" e apresentando emenda parlamentar que retirava o Dnocs, base de operação dessa indústria, do controle da Sudene. O almirante Ernani do Amaral Peixoto (1905-1989) era o titular do Ministério da Viação e Obras Públicas, a que o Dnocs estava subordinado.

33 O general Honorato Pradel (1896-1980) apoiara em novembro de 1955 as forças que tentaram impedir a posse do presidente eleito Juscelino Kubitschek. Em maio de 1959 era o comandante do 4º Exército, sediado em Recife.

preocupação de que a Operação Nordeste não seja mutilada com a retirada do Dnocs.

O problema da votação da lei está colocado em termos políticos extremamente complexos. Amaral se deixou levar muito longe. Tenho a impressão de que ele não tem percepção exata da situação presente no Nordeste. Ontem ele teria afirmado que deixará o Ministério caso caia a emenda Argemiro. A situação é a seguinte: se cai a emenda, ele sofrerá uma grande derrota; se não cai, a derrota terá de ser de Juscelino, pois toda a Openo [Operação Nordeste] virá abaixo. Estou decidido a não aceitar a Superintendência, com a saída do Dnocs. O problema é do presidente e caberá a ele a decisão e arcar com as consequências.

Ontem à noite falou-me Rômulo[34] pelo telefone. Estava de passagem para São Paulo e trazia-me uma mensagem reservada de Juraci. Este considera a possibilidade de que sua candidatura tenha de ser retirada e que o fundamental é preservar para o Nordeste algo de fundamental. A ideia seria apresentar um nome capaz de despertar a confiança do Nordeste, fora dos partidos políticos. Esse candidato seria eu. Respondi que qualquer articulação desse tipo viria prejudicar meu trabalho que tem como objetivo unir o Nordeste. Esse trabalho está rendendo grandes frutos dentro da diretriz que escolhi. Ele telegrafou a Juraci — leu-me o telegrama hoje pela manhã — dando o meu ponto de vista. Amanhã será a reunião dos governadores do Nordeste com Jânio, em Aracaju.

RIO DE JANEIRO, 11.10.59

A questão do Nordeste chegou a seu máximo de complicação política. Quando Juscelino lançou a Operação, não pôde refletir sobre as consequências que ela teria, caso alcançasse pleno êxito. A primeira dessas

---

34 Rômulo Almeida (1914-1988), economista, ex-chefe da Assessoria Econômica da Presidência da República no segundo governo de Getúlio Vargas, era secretário sem pasta do governador Juraci Magalhães, então pré-candidato a presidente da República.

consequências foi a valorização dos governadores estaduais. Essa valorização trouxe um grande ciúme da parte dos deputados estaduais. Isto se tornou um problema sério, pois os governadores são do partido da oposição. O caso de Pernambuco é claro: Cid chama para si todos os êxitos da Operação, todas as iniciativas. Abre-se para ele a possibilidade de um grande governo, de um governo de estilo novo, "desenvolvimentista". O PSD vê nisso o seu declínio. Há dias tive um jantar com a bancada na Câmara do PSD de Pernambuco. Fizeram-me ver isso claramente.

Contudo, o problema fundamental é mesmo o da "indústria" das secas. Planejar significa reduzir de forma previsível a rentabilidade dessa indústria. Ao lançar-se a Operação, quase ninguém demonstrou perceber esse aspecto do problema. Muitos seguramente acreditaram que surgira uma oportunidade para aumentar os recursos à disposição dessa indústria. Seguramente imaginaram que eu seria envolvido com facilidade. Ocorreu, entretanto, que em torno da Operação formou-se todo um movimento de opinião. Passou-se a repetir que a Operação era a "última esperança" do Nordeste. Por outro lado, a Operação foi se ligando mais e mais ao meu nome. Os governadores começaram a prestigiar a Operação e a depositar confiança na minha ação. Eu consegui três vitórias colaterais: a) apoio da imprensa carioca, em particular do *Correio da Manhã*, jornal que Juscelino considera enormemente; b) apoio dos militares: Lott e o Estado-Maior do Exército estão me prestigiando neste momento; c) neutralidade do clero: d. Helder mantém-se calado e muitos bispos me apoiam diretamente: há pouco o bispo de Recife mandou um telegrama a Juscelino de apoio a mim.

Amaral lançou-se à luta sem uma apreciação exata das forças que estão do outro lado. O *Correio da Manhã* hoje lançou um artigo de fundo direto contra ele. Ora, eu sei que ele não quer briga com esse jornal. Por outro lado, ele não me conhece. Deve ter uma série de informações contraditórias sobre a minha pessoa. Em Recife conversamos superficialmente. Chegou do estrangeiro há pouco e nunca esteve no Nordeste, "senão nos portos", conforme me disse. Deixou-se envolver por José Cândido e pelos deputados cearenses industriais da seca e pelos deputados pernambucanos cegos pelo medo a Cid. Político velho, não tem ideia do desgaste que representaria para o governo de Juscelino a debandada da Operação. Ou talvez imaginasse que seria fácil me envolver. Juscelino não tem grande opinião dele. Lembro-me de que no momento da crise com o Fundo [Monetário Internacional] ele comentou conosco: "Amaral não é embaixador para uma situação como essa". Entretanto, Amaral é o presidente do PSD.

A conclusão que se tira de tudo isso é clara: os inimigos do Nordeste estão lá, ou aqui "representando" o Nordeste. Seria totalmente impossível realizar uma reforma administrativa do tipo da que pretendemos se as decisões últimas dependessem dos homens públicos do Nordeste. É perfeitamente claro que a ruptura da superestrutura só se poderia fazer pela violência. Compreende-se assim o autêntico sentido construtivo das revoluções camponesas. Com efeito, os deputados, na maioria dos casos, se elegem agenciando favores para pequenos chefes locais. Estes, por seu lado, se perpetuam mediante os benefícios decorrentes desses favores. Às vezes o deputado é pessoa esclarecida e fora do seu pequeno feudo luta por causas progressistas. Jacob Franz é um exemplo. A raiz, entretanto, é podre. Quando se pretende mexer perto da raiz eles gritam. Foi o que fizemos acenando com a lei de irrigação. A partir desse momento compreenderam o perigo que havia em nosso trabalho aparentemente inocente e idealista.

Caberia perguntar: será possível fazer a reforma[35] sem violência? Talvez sim, graças ao fato de que o Nordeste não é um país independente. Juscelino não tem a base de seu poder no Nordeste, e talvez por isso possa dar-se ao luxo de dar um passo adiante dessa ordem. Por outro lado, a maioria do Parlamento não é nordestina. Os brasileiros do Sul, alguns políticos pelo menos, sabem o barril de pólvora que representa a miséria

---

35 Por proposta de CF, o presidente Juscelino Kubitschek encaminhara ao Congresso Nacional um projeto de lei de irrigação que destinava parte das terras úmidas do litoral, monopolizadas por latifúndios do açúcar, à produção de alimentos, visando uma futura reforma agrária. A Lei de Irrigação sofreu permanente oposição e nunca foi aprovada.

do Nordeste. Os homens do Sul podem dar-se ao luxo de ser até certo ponto "objetivos" quando tratam de assuntos nordestinos. Graças a essas circunstâncias e ao fato de que um grupo de nordestinos que completaram sua formação e adquiriram experiência fora da região — e que estão totalmente desvinculados de interesses econômicos — esteja empenhado na luta, talvez seja possível que se leve a cabo essa autêntica revolução fria no setor do governo federal. A modificação nas estruturas governamentais estaduais será evidentemente mais lenta e uma decorrência do desenvolvimento econômico da região.

RECIFE, 27.12.59

Vai terminando o ano. E que ano. A 6 de janeiro Juscelino nos reunia em Petrópolis para trocar ideias sobre o Nordeste. A 15 de dezembro ele sancionava a lei criando a Sudene. A batalha foi ganha em toda a linha.

RECIFE, 31.12.59

Na luta pela Sudene talvez o episódio mais interessante haja sido esse das acusações pessoais a mim. Essas acusações visavam me apresentar como elemento socialmente perigoso, como "comunista". As acusações não se baseavam nem em atos meus, nem na orientação geral da Operação, nem em escritos meus, em nada de real. Tinham um sentido estritamente pessoal. O objetivo era minha pessoa, que se tornara perigosa, suspeita. Pelos interesses que eu ia ferindo, na medida em que o programa se ia definindo. A base real da história foi a seguinte: um indivíduo qualquer, que ainda não identifiquei mas que suponho estar ligado à Confederação Nacional da Indústria, soprou no ouvido do nosso bom José Cândido, do Dnocs, que eu estava "fichado" na Polícia como comunista. O José sentiu que havia tirado o bilhete grande. Foi à Polícia, nesse momento na mão de cearenses, e argumentando que necessitava escla-

Paralisação popular contra as acusações do senador Argemiro de Figueiredo, 5.12.1961.

recer situações de interesse para o governo, no Nordeste, pediu a "ficha" da DPPS [Divisão de Polícia Política e Social] do pessoal de alto nível do Codeno. Conseguiu cópia do "material" e saiu com ele distribuindo na Câmara e nos círculos governamentais. Quando tomei conhecimento do assunto fui à Polícia e ao Conselho de Segurança Nacional, o que resultou ser extremamente interessante para mim. Era de meu conhecimento que a Polícia do Distrito Federal me havia "fichado" como comunista em começos de 1948. Nunca me preocupei com essa ficha pois ela não me criava dificuldades. Considerava uma baixeza ter que discutir minhas ideias, quaisquer que elas fossem, com policiais. Agora, entretanto, a situação mudara, pois estavam usando esse instrumento contra o que eu pretendia fazer. Um senador da República, de sua tribuna, me denunciara ao país como elemento perigoso.[36] Meu primeiro impulso foi requerer ao ministro da Justiça que mandasse publicar tudo que havia a

36 Argemiro Figueiredo, ver p. 178.

meu respeito nos órgãos da Segurança para que eu me defendesse publicamente, ou me demitisse. Agi bem, entretanto, não dando esse pulo no escuro, pois eu não sabia quanta mentira se pode acumular em torno de um homem neste pobre país. Na Polícia e no CSN (Conselho de Segurança Nacional) encontrei a mesma "ficha", constituída de uma série de informações desconexas, mas que pareciam impressionantes. Eu seria um indivíduo de grande ascendente e prestígio no Partido Comunista, teria estado na Iugoslávia na época em que se criou o Kominform, teria estado em outras reuniões internacionais importantes promovidas pelos comunistas, inclusive numa no México em 1949, teria regressado ao país "por meio desconhecido" em 1948, etc. Mas também se dizia que, já em 1955, se fizera uma investigação sobre minha pessoa e nada se apurara e que eu presentemente fazia sentir que "abandonara minhas ideias" mas que continuava "tendo amigos entre os comunistas". Pude apurar que toda a intriga fora forjada com base em "denúncias" da Polícia de Niterói feitas em 1948. Essas "denúncias" são o fruto da mesquinha luta que se travou no DSP [Departamento do Serviço Público] de Niterói entre técnicos de administração e oficiais administrativos. A luta por postos entre Eutacílio Leal e Briggs. Este último, quando perdeu o cargo para Eutacílio, foi para a Polícia, como alto funcionário. Eu fui para uma chefia de divisão do DSP, se bem que nada tivesse com a briga. Soube depois que o Briggs havia urdido uma grande intriga contra os outros técnicos, e agora tenho conhecimento de que também o fez contra mim. Existe inclusive ofício de Niterói em que se solicita à Polícia Federal que comunique às embaixadas dos países amigos a ficha desse "perigoso bolchevista". O único elemento concreto que a Polícia de Niterói forneceu à do DF como comprovação das acusações foi um cartão-postal que eu enviei de Praga, em 1947, no qual dizia: "As coisas aqui vão indo bem e creio que ainda vão ficar melhores". (Esse cartão-postal, na versão que José Cândido apresentava a coisa, passou a ser um documento recém-recebido de Praga em que eu recebia instruções sobre a Operação Nordeste.) Nenhum outro elemento real, e sem fazer qualquer investigação (sem sequer olhar no meu passaporte o meio como eu havia regressado ao Brasil

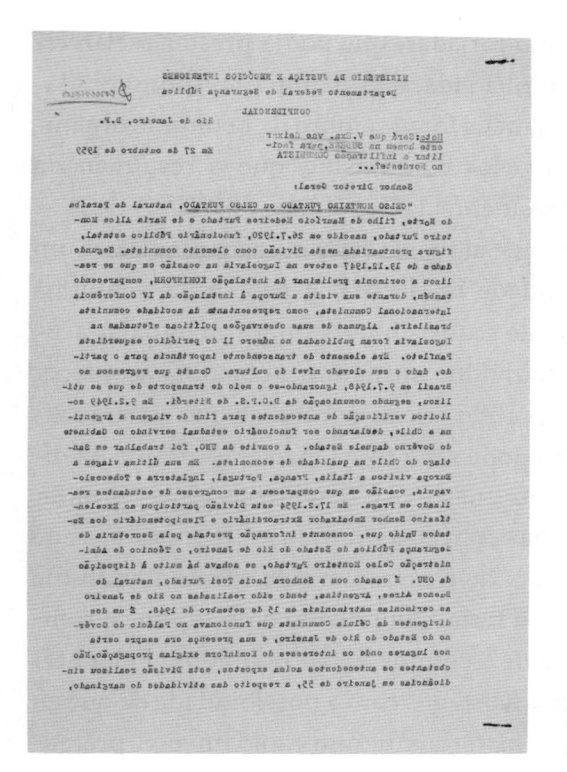

Denúncia anônima arquivada no Ministério da Justiça.

em 1948: na terceira classe de um navio francês), a Polícia Federal passou a prestar informações a meu respeito. O CSN também repetia essas "informações" se bem não concluísse sobre elas. Pude saber que em 1955, quando requeri minha readmissão no Dasp, foi consultada a Polícia sobre minha "ficha ideológica". Também pude saber que no começo de 1959, a propósito de minha participação no seminário de Garanhuns da CNI,[37] foi consultado o CSN sobre minhas ideias. Em face da situação que encontrei, considerei conveniente requerer, tanto na Polícia como no CSN, a revisão do meu dossiê. Afirmei que as informações ali contidas

37 O Seminário para o Desenvolvimento do Nordeste, inaugurado em Garanhuns por JK em 26 de abril de 1959, mesmo dia de instalação do Codeno, foi visto como o lançamento da nova política para o Nordeste, em presença de representantes de todo o país e industriais da Europa.

estavam falseadas e haviam sido forjadas, que podia prestar esclarecimento sobre todos os atos de minha vida, que assumia a responsabilidade de tudo que havia feito, que jamais fora membro de nenhuma organização que pudesse ser usada pelos comunistas, que o resultado da investigação fosse levado ao presidente da República.

Que dizer de um país onde pode alguém forjar informações sobre um cidadão com alta responsabilidade intelectual e não se dá nenhuma oportunidade a esse indivíduo de sequer tomar conhecimento das acusações? Se Juscelino fosse um indivíduo pusilânime, como sói acontecer em certos postos, eu não teria podido iniciar o trabalho que estou realizando no NE. A simples intriga pode ser a força mais importante na direção do curso dos acontecimentos neste país. E a intriga está aí proliferando. Pude saber que as minhas conversas com Juscelino, por ocasião da crise com o FMI, deram lugar a "denúncias" ao CSN, apresentando-me como elemento "dissociador". Eu teria aconselhado o presidente a romper, e se possível "violentamente", com os Estados Unidos. Evidentemente, as pessoas que estavam assustadas com a possibilidade de que eu esclarecesse o presidente nessa matéria atuaram rapidamente, pretendendo cortar os meus passos. Como poderei ter independência ao aconselhar o presidente, se sei que os espias estão ao lado e vão deformar o que eu digo? E que as informações que eles prestam me criarão dificuldades futuras?

BUENOS AIRES, 27.2.60

Estivemos reunidos ontem, durante muitas horas, para decidir sobre um concurso para um conjunto de cátedras na Faculdade de Ciências Econômicas, da Universidade de Buenos Aires. Esplêndido esforço este que aqui estão fazendo. Aproveitaram a chance dada pela anulação dos concursos realizados na "era peronista" para passar a vassoura nessa velha escola. Escolheram uma banca internacional, calculadamente de gente jovem, para escolher os novos professores. Indicamos três catedráticos e treze professores associados. O representante do claustro de professores protestou acerbamente contra a decisão. *"Daba sus clases con gran señorío"*, disse de um da velha guarda que não escolhemos. Vão apelar ao Conselho Diretivo da Universidade. O decano, entretanto, está confiante em manter nossa decisão.

PARIS, 2.3.60

Cheguei hoje a Paris e aqui passarei três dias sem ver a conhecidos. Que diferença extraordinária com a Paris de dez anos atrás! Que capacidade de recuperação tem este país! Visitando o Quartier [Latin] não posso deixar de comparar as casas de comércio com as de meu tempo. São as mesmas, mas como estão agora pintadinhas e limpas. E a população, como está bem vestida. Vendo essa mocidade passar não posso deixar de refletir que já se trata de uma geração posterior à minha. A mocidade de dez anos antes era a da guerra e da Ocupação. E também da terrível década dos 1930. Havíamos vivido a Guerra da Espanha e a avalanche do fascismo. E como o futuro era incerto, necessitávamos de grandes sonhos. Ainda se lia com ardor o *Jean-Christophe* de Romain Rolland. Hoje tem-se a impressão de viver uma época conservadora. A esquerda perdeu fé em si mesma. Tem consciência de haver perdido a sua chance. A direita recuperou a fé no futuro. O sonho de unificação da pequena Europa constitui a sua esperança de sobrevivência. E é um sonho bonito.

RIO DE JANEIRO, 8.3.60

Tive hoje uma entrevista com Juscelino. Encontrei-o o mais eufórico do que nunca. É difícil encontrar um indivíduo tão tenaz na busca de seus objetivos. Mas ainda é mais difícil encontrar um que demonstre mais prazer no logro desses objetivos. A quase certeza de que Brasília será a capital do país dentro de alguns dias, e por suas mãos, a consciência de que as metas foram alcançadas no essencial, a intuição de que o país se transformou em suas mãos, fazem dele o homem mais feliz do mundo. Sempre imaginei que os homens capazes de realizar coisas verdadeiramente grandes tinham um certo sentido trágico da vida, e que estavam assim armados para não se maravilhar com a própria obra. Não é o caso de Juscelino. Dá a impressão de sentir tanto prazer quanto uma criança, em face do que realizou.

O Palácio das Laranjeiras estava empilhado. De ministro de Estado a vigarista notório, de tudo lá se encontrava. Entrei na frente de todo mundo porque tinha um assunto comum com d. Helder. E para este as horas marcadas valem. Esse acaso me permitiu ouvir um diálogo de d. Helder, o bispo de Goiânia e Israel Pinheiro,[38] em frente ao presidente. O bispado tem uns terrenos no novo DF que quer vender por preço fora da tabela, e receber outros em doação. Haviam apresentado a coisa de forma lateral a Juscelino, que está ansioso para que se constitua o arcebispado de Brasília. (Não duvido nada que saia um cardinalato para lá.) Israel desmanchou a história e disse: "Não, fora da tabela é impossível, pois criaria um escândalo". E acrescentou: "Podemos fazer uma chantagem com os contratistas, para que eles deem dinheiro". Riu e disse com insistência: "Sendo para a Igreja estamos perdoados. Ou é pecado?". D. Helder fez que não ouviu e o outro bispo riu amarelo. Esse Israel Pinheiro é perfeito no cinismo.

Depois fiquei para tratar a sós com Juscelino de outros problemas. Ele em tom extremamente cordial me disse: "Pois você não pode imaginar as dificuldades que tive de enfrentar para nomeá-lo para a Sudene. Tive que fazer algo que ainda não havia feito aqui: simular, faltar à verdade. Dei a entender que não o nomearia, para conseguir que aprovassem a lei. Queriam por força que entregasse a Sudene ao PSD". E insistiu: "Repetiam sempre a mesma tecla: tem que ser homem do PSD".

É extraordinário esse Juscelino. Tão extraordinário que eu não consi-

---

38 Israel Pinheiro (1896-1973) era o presidente da Novacap, a empresa pública que construiu Brasília, e foi seu primeiro prefeito.

go crer nele quando fala. Continuo convencido de que ele, quando deu a entender que não me nomearia (o que permitiu aos meus adversários cantar vitória certa e se enfraquecer), não estava decidido a me nomear. Queria que saísse a Sudene. Quanto ao mais estava "assuntando". Se minha posição se enfraquecesse, cortaria minha cabeça sem remorsos. Tanto assim que, no dia em que sancionou a lei, a um jornalista que indagou quem seria o superintendente respondeu secamente: "Ainda não sei". Ao não cortar minha cabeça naquele momento, deu-me a vitória. O movimento de opinião pública a meu favor se avolumou de tal forma, que seria preciso outro que não JK para não nomear-me. Nisso ele nunca erra: em saber de que lado está a opinião pública.

Quando terminamos a entrevista, eu disse: "A propósito desses telegramas prenunciadores de seca, como o do governador Dinarte Mariz, não se preocupe que o inverno virá. Estamos observando a coisa de perto. E a estrela da Sudene continua brilhando". Ele riu de plena satisfação.

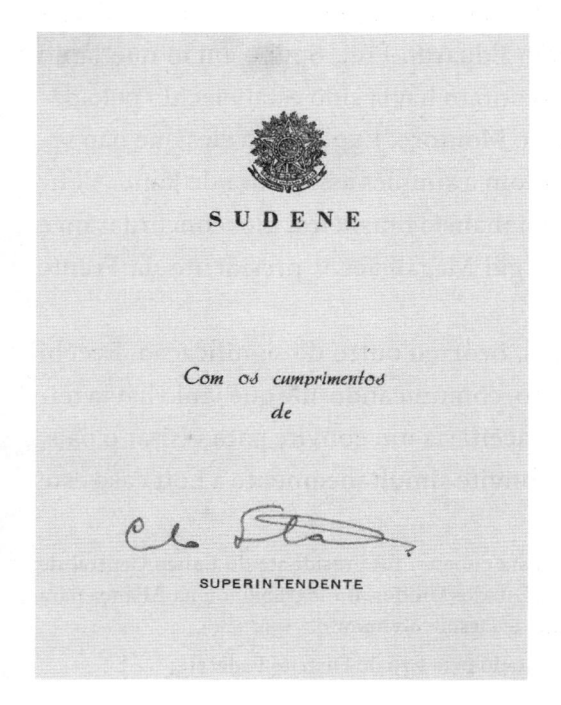

Cartão de correspondência do superintendente. Recife, 1959.

Transformei-me sem querer em agente secreto de um governo estrangeiro. E de que governo: o de Fidel Castro. Há umas duas semanas veio ao Brasil, com a missão especial de falar comigo, o Xavier Pazos (filho de Felipe[39]), que é assistente de Regino Boti, ministro da Economia de Cuba e conselheiro direto de Fidel. Xavier tinha a missão de consultar-me sobre a possibilidade de conseguir as assinaturas de Lott e Jânio para um documento que congregará nomes da mais alta influência na América Latina. O documento é uma advertência contra a intromissão nos assuntos internos de Cuba. Disse a Xavier que em meu parecer Lott de nenhuma maneira assinaria esse documento, obviamente dirigido contra os Estados Unidos. Mas que seria possível conseguir outras assinaturas ilustres. Dei o documento a alguém para estabelecer contatos e fiquei na expectativa. Algum tempo depois chegaram do Chile um membro da Câmara dos Deputados e o escritor Ricardo Rojas. O principal padrinho do documento é o senador chileno, ex-candidato à Presidência e líder democrata-cristão Eduardo Frei. Soube então que Jânio assinaria o documento, e que o contato havia sido estabelecido pelo deputado democrata-cristão Franco Montoro. Expliquei a eles que não seria justo publicar o documento com a simples assinatura de Jânio. Convinha introduzir algum líder nacionalista brasileiro. Eles concordaram e eu consegui a assinatura de Sergio Magalhães,[40] presidente da Frente Parlamentar Nacionalista.

Entre os dois acontecimentos, ocorreu outro de significação. Recebi um telegrama de Cuba, de Regino, comunicando-me que Jânio havia feito saber ao governo cubano que aceitaria um convite para visitar o país. Que o governo de Cuba faria o convite simultaneamente a Lott caso este

---

39 Felipe Pazos (1912-2001), economista cubano, foi presidente do Banco Central de Cuba, mudando-se em seguida para os Estados Unidos, onde trabalhou na Aliança para o Progresso e no Banco Interamericano de Desenvolvimento.

40 Sergio Magalhães (1916-1991), deputado pelo PTB do Distrito Federal.

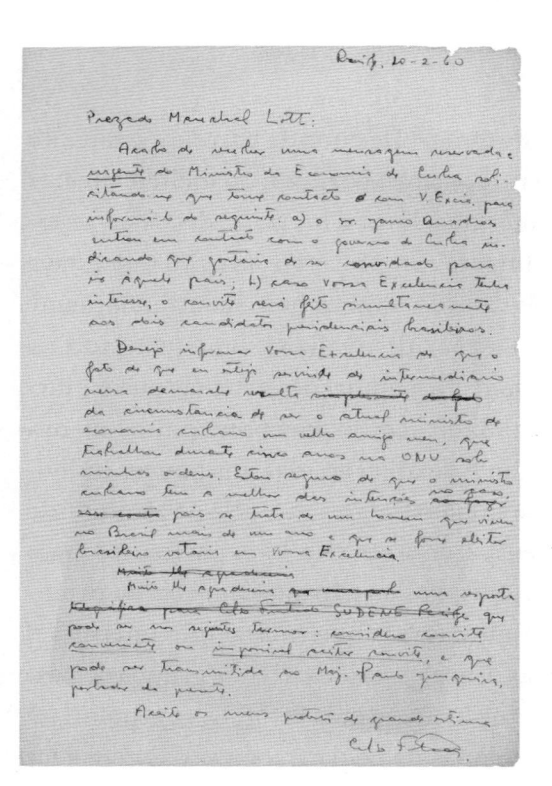

Consulta reservada ao marechal Lott, para eventual visita a Cuba durante sua campanha para presidente da República.

indicasse que aceitaria. Consultei Lott por carta, imediatamente, e obtive a resposta de que não era possível aceitar o convite. Transmiti a resposta a Regino por telegrama. Uma semana depois surge nos jornais, com grande estardalhaço, a notícia de que Jânio havia sido convidado para ir a Cuba, aceitando o convite. O assunto é explorado demagogicamente. Lott divulga uma nota dizendo que também havia sido convidado mas que não aceitara o convite porque "estava em desacordo com o caráter sanguinário que assumira a Revolução Cubana". Entra então em cena a embaixada de Cuba para dizer que Lott "não fora convidado". Evidentemente não fora "convidado", fora sondado. Lott retruca categoricamente que fora informado de que o convite viria, caso aceitasse, por "pessoa idônea e merecedora de fé". A coisa ficou por aí. Espero não ter que voltar ao assunto...

Inconcebível essa catástrofe de Orós.[41] De cima da barreira, enquanto via a imensa quantidade de água empurrar a barreira, ou melhor, crescer de forma quase perceptível a olhos nus, lavar a barreira, despejar-se sobre ela, abrir uma fenda e finalmente rompê-la, eu pensava que estava presenciando um espetáculo que antes nenhum homem vira. Somente por maldade ou erro o homem é capaz de rivalizar com a natureza na criação de espetáculos dessa ordem. As populações urbanas ou semiurbanas haviam, em sua quase totalidade, fugido para pontos altos em outras localidades fora de perigo. Em Aracati vi apenas uns poucos indivíduos que saltavam de um barco e tinham toda a aparência de assaltantes. Entretanto, a população rural permanecia em seus lares em muitos lugares. Evidentemente não estavam avisados ou não queriam crer na extensão do perigo. Já havia milhares de casas submersas, sendo impossível saber o destino exato das pessoas. Em alguns locais havia grupos de pessoas ilhadas e sob a ameaça de afogamento, pois as águas continuariam a subir ainda algumas horas. Centenas de pequenas fazendas com seus cata-ventos e suas plantações, inclusive muita banana, estavam submersas. Na cidade de Jaguaribe, única onde a correnteza já havia chegado com toda sua força, apenas as ruas mais próximas do rio haviam sido inundadas. Poucas casas já haviam sido totalmente derrubadas. Os prejuízos materiais serão seguramente muito grandes. A população do vale, a jusante de Orós, era de 240 mil pessoas. Umas 100 mil devem ter sido atingidas diretamente pela enchente.

Antes de dirigir-me para Orós visitei Icó, sobre o rio Salgado, cidade que se encontrava entre as que podiam ser destruídas, pois está a poucos quilômetros do Jaguaribe em um de seus principais afluentes. Falei com o prefeito, um rico comerciante local. Entrei em sua esplêndida casa,

---

41 O açude de Orós, projetado no governo JK no sertão do Ceará, foi construído pelo Dnocs. Em março de 1960, a barragem de terra cedeu, as águas transbordaram e inundaram vários povoados, destruindo 11 mil propriedades. A catástrofe foi vista como incúria do Dnocs, decorrente de erro de planejamento e de desvio de verbas.

com várias salas e magnificamente mobiliada. Ele havia mandado a família para fora e havia empilhado todas as coisas. Recebeu-nos, obrigou-nos a tomar assento e foi buscar cerveja gelada. Fez aceno para uma senhora que apareceu ali, com uma garrafa de champanha, o que despertou protesto. O prefeito disse-nos que estava preocupado com a possibilidade de pilhagem. Não se havia organizado um comitê para proceder à evacuação, não havia plano para coisa nenhuma. Disse-nos o prefeito que estava aconselhando as pessoas "que tinham para onde ir" a deixarem a cidade. E que cerca da metade da população tinha deixado a cidade. Percorri a cidade e logo percebi que a "gente bem" — aqueles que tinham como ir e para onde ir — havia efetivamente abandonado a cidade. O "povo", entretanto, estava todo ali. E o povo é que morava na beira do rio. Entrei numa casa, a poucos metros da água, em cuja porta estava um pobre homem esquálido e amarelo, qual um fantasma. De dentro veio logo uma criança com uma imensa barriga e uma mulher desdentada que trazia no braço um recém-nascido. Disse-nos que tinha 23 dias. Na rede estava outra criança de seis anos, corcunda de uma queda. Havia "tomado frieza" e tinha um braço inchado. Não passava a febre, segundo informou. Quando saímos da casa se havia aglomerado uma grande quantidade de gente na rua. Um indivíduo falava mais alto e insistia em dizer que não lhes haviam dado nenhuma ajuda para sair da cidade. Uma mulher dizia: "Por que não nos dão umas lonas para acampar nos lugares altos?". Um indivíduo que estava conosco — não sei se funcionário do Dnocs ou que outra coisa — referiu-se ao caboclo que protestava: "Aquele 'politizado' deve ter estado na capital. O Partido Comunista deve ter passado por ali". Evidentemente disse isso para me agradar. Para que eu, na qualidade de alto funcionário do governo, pudesse identificar como um fenômeno patológico alguém que se atrevesse a manifestar um descontentamento. Alguém do "povo", evidentemente.

Diante daquele aglomerado humano, eu não podia deixar de pensar nessa imensa pobreza física dessa gente nordestina. Não são pessoas. São trapos humanos. Todos parecem velhos, mesmo as crianças. São magros ou cadavéricos, amarelos ou esverdeados, tronchos, desdentados, aleijados... São incapazes de responder com segurança a uma pergunta. Emitem frases formadas por quatro ou cinco palavras. O nível mental médio não pode estar acima do de uma criança de oito anos. Se um de nós consegue realizar 70% ou 80% das potencialidades humanas que existem em cada indivíduo da espécie, uma dessas criaturas não conseguirá realizar mais de 5% ou 10%. Creio que se existisse uma tabela para medir as pessoas dessa forma — pelo que elas realizaram daquilo que têm de virtual como humano — o Nordeste se nivelaria com o que de mais baixo existe atualmente na humanidade.

Conforme me informou o prefeito, dando detalhes de preços, a cidade estava abastecida. O comércio tinha reservas, e por isso estavam preocupados com assalto. Entretanto, não passava pela cabeça de ninguém organizar um comitê de ajuda aos que, não tendo nenhuma reserva, não podiam retirar-se de suas casas. Ali pelo menos estavam na expectativa de que o "governo" chegasse com alimentos. O grau de solidariedade é mínimo nessas regiões pobres. Ninguém se sente obrigado para com o próximo. Se a população morre de fome ao lado dos estoques de víveres escondidos, a culpa é do "governo".

E quando se presencia uma catástrofe dessa ordem provocada pelo próprio homem, pela irresponsabilidade, pela estupidez, pela vaidade! A tragédia de Orós não pode ser justificada de nenhuma forma. Ficará na história como uma das maiores tragédias provocadas pela estupidez humana. O projeto foi concebido sem o grau de segurança necessário. Como se o risco a correr fosse negligenciável. Se houvesse uma seca, tudo daria certo. Se o inverno fosse ruim, também estaria salvo. Se fosse médio e de chuvas bem distribuídas, igualmente se salvaria. Em qualquer outra hipótese — e é o maior problema — a probabilidade maior era de que se perdesse. Pelo menos dentro do plano de obras em que estava sendo construído. O inverno atrasou-se muito. Isso ajudou a construção, mas fez maior a tragédia.

Vendo os jornais cheios de notícias orientadas no sentido de culpar a natureza, ouvindo o governador do Ceará exclamar "Deus abandonou o Ceará", não se pode evitar um calafrio. O Nordeste ainda é mais desgraçado do que pensam os mais pessimistas.

Juscelino pareceria saber que hoje é meu aniversário, pois procurou agradar-me de todas as formas. Após a esplêndida conferência que fez no Simpósio de Economistas, levou-me em seu carro, assinou com satisfação os documentos que lhe apresentei, levou-me para visitar Chateaubriand[42] no hospital, insistiu em que eu fosse ao Laranjeiras e convidou-me para almoçar. E no almoço pude ouvir coisas interessantes. Discutiu-se sobre a greve dos estudantes com o ministro da Educação (Penido[43]). O ministro se encontra entre dois fogos — não quer reduzir a autonomia da universidade (da Bahia) pois ele mesmo é reitor de universidade (de Minas); e não quer assumir o risco de um choque maior com os estudantes. O propósito evidente do ministro é mobilizar o próprio prestígio de Juscelino, mas este não quer correr o risco de nenhum desgaste. Foi taxativo: "Nomeei-o ministro para que você resolvesse esses problemas". O ministro insistia: "Até onde posso ir?". E Juscelino deixava-o a pão e água: "Não sei, esse é problema seu". Em uma conversa menos formal, depois, ele fez alguns comentários: o quanto é um temperamento fundamentalmente conservador. "Não quero saber de estudante mandando em universidade. Isso será o fim." E insistia: "Temos que evitar que a greve se generalize". O ministro observava: "Eles estão totalmente dirigidos pelos vermelhos". Observei que o que está passando nas universidades é reflexo da penetração da ideologia do desenvolvimento. Os estudantes querem que as universidades se integrem na corrente do desenvolvimento. A Universidade da Bahia é um caso de afastamento extremo da realidade. No meio estudantil ridicularizam-se as iniciativas da universidade, como esse grande dispêndio num museu de arte sacra, ou o recente "colóquio luso-brasileiro".

42 Francisco de Assis Chateaubriand (1892-1968), influente jornalista e político, dono dos Diários Associados. Estava hospitalizado desde fevereiro daquele ano, quando teve a trombose que o levou à morte, oito anos depois.

43 Pedro Paulo Penido (1904-1967), catedrático de odontologia e reitor da Universidade de Minas Gerais, era o recém-nomeado ministro da Educação e Cultura.

É impressionante como, sendo um homem tão interessado nos problemas do desenvolvimento, Juscelino possa ser fundamentalmente tão conservador. Comentou-se sobre Fidel Castro e ele mostrou-se muito pouco simpático ao que se passa em Cuba. Comentou que Fidel era "um estudante no poder". "Não deixa nunca de agir como um simples estudante", insistiu, como querendo dizer: não passa de um irresponsável. Não lhe ocorre que para fazer uma autêntica revolução de liberação nacional é necessário ter a audácia de um estudante. A mesma audácia e intransigência que caracterizou Bolívar. Ao meu ver Cuba põe abaixo o mais difícil de todos os jugos: que é aquele que quase não se percebe.

O ser ou não ser conservador depende, evidentemente, do contexto onde se atua. Foram homens conservadores, como Lord Clive ou Lawrence, que transformaram boa parte do mundo. O que tem feito Juscelino é da mesma natureza. Ele tem a paixão das grandes realizações. Sabe que vivemos uma época neste país em que é possível realizar grandes coisas. Mas não existe por trás disso nenhuma "inquietud" social. Nenhum inconformismo. O mundo deve ser desfrutado tal como existe. Uma forma de desfrutá-lo é realizar grandes coisas: é transformá-lo. Mas se o transformamos é por uma necessidade pessoal de afirmação.

A discussão desviou-se para outro assunto e ele deu a entender que a coisa que mais o interessa agora são as eleições de 1965. O Penido observou: "Você dizia que depois de passar o poder iria para uma fazenda plantar! Ora, quem conhece seu temperamento sabe que isso não seria possível". Ele observou: "Com efeito, recuperei outro sentido para a vida. A ideia de que a partir do próximo ano não teria nada que fazer deixava-me desarvorado. Agora já sei o que vou fazer: vou trabalhar para 65. Essas viagens pelos estados me demonstraram que possuo um grande patrimônio. Irei pregar o desenvolvimento em todo o país".

Falou-se sobre Jânio: ele insistiu em que esse é um homem mau. Uma senhora contou uma anedota sobre Jânio como conquistador grosseiro de mulheres. D. Sara disse coisas duras de Jânio: "Ele fará tudo para destruí-lo". Juscelino observou que o pior que poderia fazer Jânio era imitar o que ele mesmo havia feito com Getúlio: referir-se a ele polidamente mas ignorá-lo. Depois disse que, de toda forma, teria um mandato de senador para defender-se. E acrescentou: "Sem isso eu estaria perdido".

Comentou-se a situação no estado da Guanabara e ele afirmou categoricamente que Tenório[44] estava eleito. Acrescentou que essa seria sua vingança de Carlos Lacerda: vê-lo derrotado por Tenório. D. Sara e outras senhoras comentaram o caráter de Carlos Lacerda como sendo um homem extremamente mau. "O que ele fez com a família de Getúlio depois dele morto!" Entretanto, a mim me pareceu que a Juscelino desagrada, tanto ou mais que C. L., o Sergio Magalhães. Comentou que aos comícios de Sergio iam apenas "dois caminhões de comunistas". Por fim, contou que o Gilberto Marinho havia dito a ele que não devia permitir uma loucura dessas, a eleição de Tenório. E ele havia observado: "Que posso fazer?". "Criar as condições para que não se chegue lá", disse o Marinho. Juscelino teria observado: "Acima de tudo temos que respeitar o jogo das instituições democráticas". Estou convencido que aí ele atua com toda sinceridade. Não será por culpa dele que o regime atual será danificado. Tenho a impressão de que vai muito mais com o temperamento dele ser um presidente democrático que um ditador. É que ele aparentemente "gosta" das dificuldades que tem de enfrentar um presidente democrático. Gosta inclusive de demonstrar a todo mundo que é capaz de superá-las. Ser ditador seria monótono para ele.

PARIS, 12.8.60

Tenho flanado bastante, ontem e hoje. Impressionante como esta cidade vive dentro de mim. Nem minhas recordações de infância e pri-

---

44 Tenório Cavalcanti (1906-1987), político com base eleitoral na Baixada Fluminense, conhecido como "o homem da capa preta" e sempre armado com a submetralhadora "Lurdinha", foi candidato ao governo da Guanabara em 1960, mas perdeu para Carlos Lacerda, líder da UDN. Gilberto Marinho (1909-1985) era senador pelo PSD do estado da Guanabara.

meira mocidade, na Paraíba, calaram tão dentro de minha alma como o período que aqui vivi como universitário. Talvez porque tenha sido a primeira época de minha vida em que vivi diretamente e plenamente para mim. Antes eu não havia conhecido vida universitária e desde o ginásio que não sabia o que é poder dedicar-se totalmente ao estudo. Por outro lado, a vida no plano das ideias era extraordinariamente intensa. Minha mocidade se havia confundido em grande parte com a medíocre, nulificante ditadura getuliana. No ano que passara no Brasil entre a guerra e a volta à Europa, estivera tão engolfado no trabalho que não me restara tempo para participar de outras atividades. Por outro lado, a mediocridade da vida política, particularmente da esquerda, me afastava. Todas as minhas dúvidas e ansiedades, aqui pude discuti-las.

PARIS, 13.8.60

Ontem fui ao teatro ver um pouco de Ionesco: *La Cantatrice chauve* e *La Leçon*. Esta última eu havia visto em Londres há dois anos. É buscar o absurdo por todos os meios. O gênero pode render muito mais: particularmente na mão de um indivíduo com mais senso de humor. Hoje vi o *Alexander Nevsky* de Eisenstein, com música de Prokófiev. Como cinema é uma obra-prima. E se bem me seja demasiado óbvio o objetivo propagandístico, é uma autêntica obra de arte. Paris está inundada de turistas. E parece uma cidade morta, ocupada.

TEL AVIV, 14.8.60

Cheguei hoje a Israel. À medida que se vai tomando contato com o país, aumenta a surpresa. De encontrar um país de verdade. A existência da língua hebraica, falada por quase toda a população, marca a existência do país. O homem da rua, particularmente os jovens, não tem nada do judeu convencional. As características da raça, que conhecemos lá fora, aqui desaparecem. Bastaria isso para justificar este país, verdadeiro monumento ao esforço humano.[45]

TEL AVIV, 15.8.60

A reunião de abertura da Conferência sobre a Ciência nos Estados Novos foi uma grande solenidade. É visível a preocupação de Israel de autoprestigiar-se. Todas as honras são para esses chefes desses novos Estados, quase todos da África negra. O povo explodiu em palmas quando falou o representante do Congo. Procura-se dar a impressão de que se estão vivendo grandes momentos com o nascimento desses numerosos países. Os discursos foram pronunciados no tom de quem está vivendo momentos históricos. À noite, na primeira sessão de trabalho, falou Arthur Lewis. Pronunciou uma brilhante conferência sobre problemas dos novos Estados. Suficientemente agressiva para interessar e *no compromising* para não assustar. Sua tese central é a de que o problema do desenvolvimento é político muito mais que econômico. O desgaste representado pela vida política improvisada desses países impede uma autêntica política de desenvolvimento. A solução estaria num "bom comportamento político". Fica de pé a pergunta: bastaria isso para desenvolver esses países? Poderão esperar por uma "classe empresária" dinâmica estilo ocidental? Poderão repetir a história do Ocidente? E quanto tempo necessitarão? Terão as novas gerações suficiente paciência para esperar por esse lento processo? E o problema da capacidade de importação? Lewis limitou-se a dar uma lição de bom senso inglês, reprochando o excesso de vaidade dos novos líderes.

---

45 A respeito de sua viagem a Israel, para uma conferência sobre a ciência nos novos Estados, e seus encontros com autoridades do governo e de um kibutz de brasileiros, ver *Obra autobiográfica* de Celso Furtado, op. cit.

No primeiro dia de trabalho desta conferência surpreendeu-me o tom conservador dos representantes dos "países novos". O reitor da Universidade da Libéria (um negro bem ensaiado à moda americana) apresentou, com referência a seu país, um quadro de um mundo onde tudo *va pour le mieux*. O ministro da Educação de Singapura — um malaio falando um puro inglês de Oxford — também descreveu um mundo cor-de-rosa. Um tal Lisette, vice-presidente do Tchade, falou da África *d'expression française* como não falaria um agente do governo francês. Não há dúvida de que há um elemento de oportunismo nesses indivíduos. Mas não deixa de ser impressionante o processo de aculturação desses coloniais. Reproduzem com maravilhosa perfeição o figurino da metrópole. Ver um negro do Tchade, desses engomados em Sciences Po, referindo-se a um socialismo humanista, é extraordinário. Dão a impressão de haver perdido totalmente as raízes. De estar soltos no ar. Mas não existe nisso nada de extraordinário. Muitas vezes penso em abandonar a minha luta e organizar uma vida "espiritual" em Paris. E se eu não tivesse uma luta? À tarde procuraram-me uns africanos do Senegal, do Sudão e do Congo. Tinham ouvido minha exposição, em que afirmei muito claramente que uma efetiva política de desenvolvimento pressupõe a conquista dos centros de decisão. Também já tinham ouvido falar no meu nome. Tivemos uma longa conversa e eu pude ver o outro lado da África de hoje. Eles se referiram aos oradores como a simples agentes dos países colonialistas. A propósito da Comissão Econômica para a África,[46] nos seus começos, eu lhes contei um pouco de nossa experiência na Cepal. A luta inicial para sobreviver e forjar uma ideologia do desenvolvimento. A conquista da nova geração. A ajuda aos governos na

---

46 A Comissão Econômica para a África é uma agência das Nações Unidas criada em 1958 para promover a cooperação econômica e o desenvolvimento do continente africano. Não teve a projeção e a influência da Comissão Econômica para a América Latina, criada dez anos antes.

elaboração de uma política independente. Alguns dos rapazes realmente vibraram. Eu via nos olhos deles que estavam inflamados pela fé nova. Se eu já não estivesse metido numa batalha, não seria para Paris que iria. Iria juntar-me a essa juventude africana inflamada. Eles estão conscientes da servidão econômica que a Europa vai pretender impor-lhes em nova forma. Estão desconfiados do Mercado Comum Europeu. Eu indiquei que eles não deviam confiar demasiadamente na assistência técnica das ex-potências colonialistas. Que deviam formar um grupo próprio para pensar com independência. Que nós, no Brasil, talvez lhes pudéssemos dar alguma ajuda. Que para formar esse grupo maior alguns teriam que liderar a elaboração de uma ideologia fundada na compreensão da realidade de um ponto de vista próprio.

18.8.60

Iniciei hoje uma viagem para conhecer o país. Viajei até o Neguev. Grandes extensões de terra foram recuperadas para a agricultura através da irrigação. A certa altura encontramos tendas de beduínos. É impressionante o contraste com as aldeias agrícolas. O beduíno assimilou o automóvel, que não modifica sua vida nômade. Mas as tendas continuam a ser primitivas.

Toda a gente fala com extremo orgulho do país. Todos têm consciência da grandeza da época que estão vivendo. Tudo aqui tem uma dimensão patriótica. Não se pode, entretanto, deixar de refletir sobre o verdadeiro significado deste grande movimento. Com gente de todas as partes, ao impulso de uma ideologia, criou-se um povo novo. Os homens que aqui chegaram tinham em comum uma ideologia de tipo nacional, como os comunistas de antes da guerra de 1914 tinham uma de caráter internacional. Ao ver aqui um homem vindo da Índia, outro da Polônia, outro da Inglaterra, constata-se que era muito pouco o que tinham em comum. Mas desses homens está nascendo um povo novo. Guardará esse povo os complexos messiânicos daqueles que antes se consideravam exilados?

Muito provavelmente não. O milagre da ressurreição do idioma e a epopeia do retorno são suficientes para cimentar a nova cultura que se está formando. Mas nada nos diz que esse povo novo e vigoroso queira carregar nas costas os complexos dos outros judeus que continuam espalhados pelo mundo afora. Quererão viver sua própria vida. E como a população judia continuará aumentando pelo mundo afora, o problema do judeu sem lar nacional continuará de pé toda vez que surja uma onda de antissemitismo. Encontrei aqui no hotel, em Beersheba, um grupo grande de jovens, de catorze a dezessete anos, americanos do norte. Depois da ceia dançaram danças israelitas e cantaram canções religiosas. Explicaram-me que esses jovens passam um ano por aqui trabalhando em aldeias agrícolas, viajando para conhecer o país etc. Quando voltam ao seu país passam a ser grandes propagandistas do sionismo. Isso poderá contribuir como pretexto para discriminação contra os judeus em outros países, sob alegação de que eles têm duas lealdades políticas. Enquanto Israel estiver na órbita de influência dos Estados Unidos isso não é problema. E se amanhã houver um afastamento? Compreende-se por que a Rússia não permite que seus judeus façam essa peregrinação. O Estado de Israel terá sempre que estar subordinado a uma dessas duas potências. E essa subordinação criará clima propício ao antissemitismo na outra. E se um dia pretender independentizar-se das duas poderá criar esse clima em ambas. É indubitável que esse sionismo militante criará problemas para o futuro.

Que maravilhosa é a noite aqui no deserto!

TEL AVIV, 21.8.60

O dr. Rolando García,[47] decano da Faculdade de Ciências Exatas de Buenos Aires, falou hoje na conferência sobre as vicissitudes que enfren-

---

47 Rolando García (1919-2012), cientista argentino, era decano da Faculdade de Ciências Exatas da Universidade de Buenos Aires nos anos 1950 e 1960, quando a UBA se projetou internacionalmente.

tam as universidades na América Latina. É um rapaz jovem, doutor em meteorologia, formado nos Estados Unidos. O ter-se formado nos Estados Unidos não o faz em nada diferente dos outros argentinos da Faculdade de Ciências Exatas que conheci: idealista de esquerda, antimilitarista e anticlerical. E com uma grande fé em que a ciência é o caminho para melhorar a sociedade e, por aí, o homem. Essa geração representa uma última vaga do Movimento da Reforma. Admirável esse movimento que perdura na Argentina, em particular entre os estudantes de ciências. Progressistas, idealistas mas algo irrealistas. García fez uma análise histórica da América Latina, referiu-se à carga representada pelas tradições obscurantistas da Espanha, ao nacionalismo mal orientado que alimentou o militarismo precoce, ao militarismo que impediu o desenvolvimento das instituições políticas, ao papel obscurantista da Igreja, e terminou afirmando que só a independência da universidade permitiria formar uma geração esclarecida, e que um dia a influência dos bispos e militares seria substituída pela dos homens de formação científica.

Falar de América Latina é sempre um perigo. A influência do clero nem sempre foi fator decisivo. Na Venezuela praticamente nunca existiu e na Colômbia chegou ao máximo. No México desapareceu desde a Revolução. O militarismo como casta nunca foi importante na Colômbia, hoje não existe no México, no Chile já muito é insignificante. O que quase sempre predominou, na América Latina, foi a frustração econômica e a instabilidade de economias relativamente monetizadas dependentes de um ou poucos produtos. Daí o vaivém político, e daí o militarismo oportunista.

O idealismo dos argentinos de formação científica — talvez o grupo melhor do país — está em não partir de uma análise precisa da realidade. Nunca analisaram com objetividade a crise argentina dos últimos trinta anos. Essa análise, Prebisch chegou a esboçá-la, se bem que de forma um tanto mecanicista. Como não captam a realidade no essencial, não estão capacitados a abrir um caminho novo, a apontar para o futuro, a lançar as bases de uma ideologia capaz de aglutinar forças. Perdem-se olhando para trás, sobre-estimando os adversários. Para vencer na luta social é indispensável definir os objetivos desde o começo e correr em direção a eles. É preciso lutar por alguma coisa e não contra alguma coisa. De toda forma, a atitude corajosa de García me agradou muito. Destoou neste ambiente de funcionários coloniais disfarçados de políticos.

Visitei hoje Jerusalém. A cidade velha amuralhada, a vemos de longe. Estive na universidade e também no bairro dos judeus fanáticos que nem reconhecem o Estado de Israel, pois ainda esperam o Messias. Estive no monte Sião, no local da Última Ceia, um dos episódios mais belos da legenda cristã. Mas não podia deixar de pensar, andando por aqueles lugares, como me sinto distante do cristianismo. Andando pelos montes de Atenas, na companhia de Sócrates, senti com muito mais força que voltava às minhas origens. A mensagem da busca de si mesmo pela razão e da integração estética com o mundo são a essência mesma de minha vida.

ROMA, 26.8.60

Cheguei em Roma à noitinha. Atravessando a cidade, não pude deixar de pensar na Roma que conheci quinze anos atrás. A recuperação e transformação do país excederam tudo que se pudesse prever. À noite sentei-me num café de calçada da rua Veneto. Às três da madrugada o movimento continuava intenso. Entre gente de toda espécie via-se uma prostituição de luxo que somente as grandes épocas produzem. Saí andando e fui até a praça de Espanha para reencontrar a Roma que amo ou talvez a mim mesmo. Olhei para aquelas janelas onde viveram Keats e Axel Munthe. Como esta cidade conquista a todos.

Saí hoje com Spaventa, para sua casa de campo em Tivoli, em companha de Sen e Garegnani. Quatro colegas de Cambridge.[48] Sen chegou da Índia ontem. Casou-se com uma linda hindu, *mignone*, nobre e poetisa. Garegnani vai publicar seu livro sobre teoria do capital e Sen, o seu sobre escolha de tecnologias. Falamos do recente livro de Sraffa, publicado depois de quarenta anos de autoflagelação mental. É uma tentativa para voltar a Ricardo, abandonando tudo o mais. Falou-se também de Joan Robinson e da tendência do pessoal de Cambridge para fugir mais e mais para a abstração. Senti saudades do tempo em que me dedicava ao trabalho teórico.

ROMA, 29.8.60

Ontem à noite Garegnani levou-me até Ostia e conversamos bastante. Ele está preocupado com o futuro do movimento social na Itália. As esquerdas continuam vivendo de capitalizar descontentamentos, e isso não é o suficiente. A capacidade de recuperação e transformação da economia capitalista continua a impressioná-lo. Eu lhe observei que, com o Mercado Comum, previa uma consolidação do tipo de capitalismo misto, com ampla ação diretiva do Estado, que se formou na Europa depois da guerra. O desenvolvimento imperialista, para fora, seria substituído por um desenvolvimento à base de ampliação do mercado interno. A Europa entra na época da produção em massa, à americana. E socialmente assumirá uma posição conservadora, de isolacionismo egoísta. Garegnani não discordou dessa conclusão.

---

48 No ano letivo de 1957-8 que passou no King's College da Universidade de Cambridge, CF conviveu com os economistas Luigi Spaventa (1934-2013), mais tarde ministro do Orçamento da Itália e deputado pelo Partido Comunista Italiano, o indiano Amartya K. Sen (1933-), futuro prêmio Nobel de economia, e Pierangelo Garegnani (1930-2011), professor da Universidade de Roma e mais tarde diretor do Centro de Pesquisas Piero Sraffa, de cuja obra foi executor testamentário.

Voltamos a Buenos Aires, Jorge Ahumada[49] e eu, para retomarmos o famoso concurso de teoria econômica da Faculdade de Ciências Econômicas. O grupo da reação conseguiu impugnar o ditame anterior baseando-se em razões formais. Tivemos ontem uma reunião com os representantes dos alunos e dos professores. Este último é um tal sr. Guaresti, advogado com tintura livresca de economia à século XIX. Para grande surpresa sua decidi-me a ficar o tempo necessário para completar o concurso, submetendo todos os candidatos a prova oral. E também a incluir na lista aqueles que ele indicou. Melhor houvera sido criar uma escola de economia nova, do que tentar adaptar parcialmente essa velha escola de contabilistas. O ensino da economia exige um ambiente muito distinto do das escolas de contabilidade e administração. A atitude mental deve ser outra.

BUENOS AIRES, 20.9.60

Estes dias me têm permitido observar as profundas transformações que estão ocorrendo neste país. O velho espírito conservador recuperou-se e é senhor do poder. Toda a política de crédito está orientada para restabelecer o poder econômico da velha classe proprietária da terra. Existe uma obsessão que é restabelecer o crédito externo do país, estabilizando a moeda. Está implícito o raciocínio de que o capital externo afluirá em grande escala e salvará o país. É preciso estar aqui numa etapa como esta para conhecer a força do clero dentro do Estado. Dependendo do Estado, ela se defende atacando: ocupando posições-chave na máquina estatal por todos os lados para evitar surpresas. O resultado é uma guerra feroz entre clericais e anticlericais. Não há clima para qualquer

---

49 Jorge Ahumada (1917-1965), economista chileno, colega de CF na Cepal e posteriormente professor da Universidade Central da Venezuela.

forma de tolerância. A luta pelo domínio da universidade encontra-se no auge. Os clericais estão movendo todas as forças, particularmente dentro do Exército, para que o governo decrete a intervenção e alije o grupo de liberais que controla a reitoria, a faculdade de ciências exatas, a de economia e algumas outras posições. A reação dentro da universidade é tremenda e a intervenção poderá provocar um conflito de consequências imprevisíveis.

BUENOS AIRES, 21.9.60

Cada dia vou captando novos aspectos da crise profunda que afeta este país. Não posso deixar de lembrar-me do caso do Chile. Confirma-se a regra de que o estancamento econômico cria processos cumulativos de tensão social. Este é um país que se desenvolveu extraordinariamente em uma etapa anterior. Uma etapa não longínqua: que ainda está na memória de muita gente. Esta cidade extraordinária nos anos 1920 já era um dos principais centros da civilização ocidental. O padrão de vida médio aqui em nada seria inferior ao das grandes metrópoles da Europa Ocidental. No que respeita à classe alta nem é bom falar. Três decênios de corrosão não foram suficientes para abalar o edifício. O país está marcado por esse complexo de paraíso perdido. Repete-se por toda parte que o passado não pode ser restabelecido, mas no fundo não se busca senão isso. Tudo que se está fazendo conduz ao restabelecimento da velha estrutura social.

RECIFE, 22.10.60

Tenho pensado detidamente no alcance do esforço que aqui estamos fazendo. Adotamos, desde o começo, uma linha extremamente flexível inspirada na estratégia do "approach indireto". Tratamos de mobilizar todos os aliados possíveis visando a convergência de forças em um só ponto: retirar a maquinaria administrativa da mão dos grupos que a detêm neste momento. Partindo do fato elementar de que quem controla o poder administrativo detém em suas mãos um instrumento de extraordinária importância numa região onde a política se faz com dinheiro público, levantamos o grito de revolta contra a apropriação do poder administrativo (e o dinheiro das obras públicas) pelos grupos que o detêm no momento presente. Aliaram-se nessa luta os outros grupos descontentes, grande parte dos militares e dos bispos, grande parte dos periodistas, os estudantes e outros elementos de várias ordens. Em muitos existe a consciência de que o atual estado de coisas não pode continuar, e mostram um simples espírito oposicionista. Minha ideia era de que a vitória era possível principalmente em razão do apoio da opinião "esclarecida" do Sul do país. Com efeito, tanto na imprensa como no Congresso o apoio do Sul foi decisivo. Sem esse apoio e com o tipo de reforma que estávamos tentando, isso somente seria viável com métodos bem mais drásticos. Com a Lei da Sudene nas mãos, o objetivo era proceder a uma profunda reforma administrativa. Formaríamos uma administração nova ao lado da velha, o que possibilitaria a eliminação progressiva desta última. Essa nova administração, armada de uma ideologia própria, escudada em programas de ação e técnicas modernas, acionada pelos volumosos recursos vindos do Sul por intermédio do governo federal, assumiria a fisionomia de um poder até certo ponto autônomo. Os aliados surgiriam logo: a classe industrial nascente, o operariado urbano, os novos políticos interessados em transformar em demagogia as novas ideias. Dessa forma teríamos rompido as bases do sistema atual em que o poder político se funda na propriedade da terra e no caudilhismo obscurantista. É necessário reconhecer que parte dessa transformação já se havia operado, pois é sabido que parte substancial do poder político se funda atualmente no poder administrativo, ou melhor, no dinheiro do governo federal. Muitos "representantes do povo" já não são hoje em dia indicados e eleitos pelos coronéis dos latifúndios, e sim pelos poderosos contratistas de obras públicas. Trata-se de um autêntico processo de feedback: os contratistas elegem os políticos, estes incluem no orçamento as "verbas" que mais interessam aos contratistas e indicam os diretores dos "distritos" que distribuem os contratos de obras; as obras novas permitem gastar mais dinheiro nas próximas eleições... Essa forma primitiva de capitalismo permitiu minar o poder dos antigos coronéis fazendeiros. Estabeleceu-se uma disputa pelo voto e o eleitor foi ficando mais sabido. Nosso objetivo era, portanto, arrancar o poder administrativo da mão dos grupos que servem de instrumento dos contratistas, liberando assim uma parte do poder político.

Evidentemente, a quebra do poder feudal no Nordeste é um passo adiante. É menos importante acelerar o desenvolvimento que debilitar esse poder, se bem que as duas coisas são inseparáveis em nossa estratégia. O fim último terá que ser liberar o homem do campo, despertá-lo para a vida. Ele representa três quartas partes da população da região e nove décimos da miséria. Seu comportamento ainda é infra-humano, muitas vezes bem perto da animalidade.

Se formamos nas regiões urbanas um novo poder baseado nas classes industrial e operária, não corremos o risco de que este também seja conservador vis-à-vis dos problemas agrários? Contudo, não poderá ser mais conservador do que o atual poder feudal. Por outro lado, numa região de terras pobres e escassas, o desenvolvimento industrial poderá ser amordaçado por uma agricultura anacrônica. E do antagonismo de interesses poderá surgir uma atitude menos conservadora. Mas no caso do Nordeste não vejo como atacar o problema da estrutura agrária sem criar uma fonte autônoma de poder fora da agricultura. Enquanto abordamos o problema assim indiretamente, vamos conhecer melhor essa estrutura agrária, descobrir suas linhas de clivagem para tentar a ruptura com o mínimo de desgaste. Mas não é menor que essa ruptura o que pretendemos.

RECIFE, 23.10.60

Passei hoje todo o dia arrumando meus papéis melhor. Reli as cinquenta páginas do romance que comecei a escrever em 1957, quando estava só em Caracas. Interessaram-me bastante. Quisera ter tempo para retomá-lo. Mas não bastaria ter tempo. Também necessitaria ter alma. Quanta coisa tenho planejada dentro do meu espírito para realizar nos próximos anos! Terei que preparar esse livro de ensaios teóricos.[50] Tenho que preparar outro sobre política de desenvolvimento. Tenho que continuar e intensificar a luta pela Sudene. E gostaria tanto de escrever o meu romance. Somente neste poderei botar tudo que tenho dentro de mim.

RECIFE, 24.10.60

Falei hoje para os oficiais do 4º Exército, pela tarde, e para os estudantes de economia pela noite. Dei grande ênfase ao fato de que estamos apenas iniciando a luta. Que vamos nos preparar para abordar a fundo a questão agrária. Que um dos objetivos básicos do desenvolvimento é criar condições adequadas de vida para a grande população que vive no campo. Que estamos estudando o problema e que iremos propor soluções de base. Que aí as medidas terão de ser de grande amplitude, mas que se não as realizarmos, estaremos nos enganando e preparando soluções drásticas.

BRASÍLIA, 8.11.60

Falei com o presidente hoje, no Alvorada, à hora do café. É a primeira vez que o vejo depois das eleições. Pareceu-me mais descansado. Pouca gente no Palácio. O presidente devia partir às 9h30 para o Rio, em razão da ameaça de greve geral. Questão de paridade dos vencimentos de civis com os dos militares. Fala-se de tudo, inclusive de "estado de sítio". Humberto Bastos, que enfrenta dificuldades para reconduzir-se como conselheiro econômico, estava vaticinando grandes perturbações da ordem. Juscelino não parecia interessado em falar com ele. Esteve primeiramente com o Chagas Rodrigues, governador do Piauí, que está extremamen-

---

50 Será *Desenvolvimento e subdesenvolvimento*, lançado em 1961.

te acabrunhado com a ameaça de intervenção federal, noticiada pelo Tribunal de Justiça. Foi muito jovial comigo e me disse: "Não sei o que teria sido de nós no Nordeste se não fosse pela Sudene". Estranho indivíduo, esse. Irradia tanta simpatia e leva-nos a querer cooperar com ele. Mas não dá a sensação de atuar como presidente da República. Pareceria estar sempre mais preocupado com ele mesmo do que com a República.

RECIFE, 10.11.60

Estive com Zito,[51] que veio de São Paulo, das conversações sobre o futuro governo Jânio. Segundo ele diz, o meu nome assusta tanto a gente do café como a da indústria automobilística. Os do café, explica-se. Meus pontos de vista são conhecidos: pretendo que se acabe com a falácia do "confisco cambial", absorvendo-o por um imposto, e que o setor cafeicultor contribua para financiar os estoques inflacionários.[52] A indústria automobilística deve ser temor a uma disciplina na remessa de juros e dividendos para fora. Indivíduos como Glycon de Paiva[53] que me têm horror lá estão mamando grosso.

RECIFE, 11.11.60

Soube hoje que o Renato Ribeiro Coutinho, latifundiário, industrial têxtil e presidente da Federação das Indústrias de Pernambuco, está movendo guerra contra mim. As acusações de "comunista" vêm em primeiro plano, como sempre. A raiz da coisa está em que neguei peremptoria-

51 José Antonio de Sousa Leão (1934-2003), secretário executivo da Comissão de Desenvolvimento Econômico de Pernambuco (Codepe), parente do então governador Cid Sampaio.

52 Ver nota referente a este assunto no diário de 10 de junho de 1959, à p. 160.

53 Glycon de Paiva (1902-1993), geólogo, foi presidente do BNDE e diretor da Companhia Vale do Rio Doce, e mais tarde teve ativa participação no golpe que depôs o presidente João Goulart.

O Semanário, publicação nacionalista e irreverente, aponta Celso Furtado como agente de Wall Street. Rio de Janeiro, 2-9 de agosto de 1961. Na página seguinte, uma notícia do *Diário da Noite*, em que o economista é acusado de tramar um plano subversivo para o Nordeste. Novembro de 1961.

mente câmbio de custo para a indústria têxtil dele, gorda de lucros extraordinários. Teria ele dito que é necessário "tirar esse indivíduo da Sudene". Deve estar atordoado. Em condições "normais" esses casos se resolvem gastando dinheiro, comprando influências. A Sudene estando no Recife, ele, o todo-poderoso, deveria resolver o seu caso pelo telefone. E a dura realidade é a de que não tem mesmo para quem apelar. O

grupo de industriais de tecidos, ligados aos latifúndios açucareiros, são talvez a força mais obscurantista daqui. Formam ao lado dos contrabandistas do Ceará e dos industriais da seca. Desde o começo se colocaram contra nós, talvez temerosos de que criemos condições para que apareçam outros mais agressivos. Agora já não estão contra a Sudene, querem ver se dela se apoderam.

Reuni-me hoje com os deputados marechal Mendes de Morais e Paulo Sarasate na casa do primeiro, que foi designado relator do orçamento da Sudene. A casa do marechal é um museu, desses que estiveram em moda no século passado, presidido por uma grande estátua de Napoleão. Pela quantidade de obras, vi logo que o marechal era um grande admirador do corso. Dirigi a conversa para esse lado e logo ele se entusiasmou. Depois acrescentou: "No século xx só tivemos um homem desse porte: Hitler". Também fez grandes elogios a Mussolini, que "com uma matéria-prima tão inadequada havia conseguido fazer tanto". Eu observei que Mussolini, tentando fazer da Itália aquilo que de nenhuma maneira correspondia à vocação de seu povo, demonstrava grandeza somente em sua inépcia. O marechal não prestou atenção. Via o grande pelo espetacular. Referiu-se embebido ao fato de que "depois de Cristo o homem sobre quem mais se escreveu foi Napoleão".

Não pude deixar de pensar que aquele homem tão fora de sua época, tão alienado da realidade que o circunda, foi o candidato do PSD ao primeiro governo do estado da Guanabara. O "militar culto" no pior sentido do leitor inveterado de biografias de Napoleão. Ele observou que pretendia dar sua biblioteca, onde há obras de grande valor para bibliófilos, ao Jockey Club.

Juscelino reuniu o Ministério hoje e nos chamou, nós, dirigentes dos órgãos autárquicos, para uma conversa. Eu não tinha nenhuma dúvida de que o objetivo da reunião seria qualquer coisa de interesse dele e não do governo nem do país. Estranho esse homem. Não consigo imaginá-lo preocupado com coisas que não digam respeito à pessoa dele. Nenhum ministro tem acesso a ele para tratar de assuntos de seu Ministério. O ministro da Agricultura jamais consegue vê-lo para os problemas da agricultura, pois são todos "pequenos". Um ministro tem que "cavar" uma audiência com ele através de um funcionário da Presidência. Soube que [Horácio] Lafer, o ministro das Relações Exteriores, as poucas vezes que esteve com ele foi para tratar das viagens de Juscelino ao estrangeiro, das viagens de Jango, de delegações que se transformaram em grandes cavações, *y cosas por el estilo*.

Finalmente a reunião era para tratar dos relatórios finais do governo. Cada um terá de ir à televisão para dizer o que fez o seu setor, informações terão de ser dadas para o último volume da obra em cinco volumes "O governo de Juscelino Kubitschek" e finalmente para uma "Enciclopédia JK". Esta terá de apresentar em ordem alfabética todas as realizações do governo JK. Quando saíamos, o Sardenberg, presidente da Petrobrás, me disse: "Para essa enciclopédia já estão passando o pires. Apareceram lá pela Petrobrás pedindo 1,5 milhão [de cruzeiros]". Depois da reunião cada um de nós recebeu uma carta pessoal do presidente na qual se exige que em quinze dias sejam apresentadas contas finais assumindo cada um a responsabilidade em obediência "às constantes recomendações para que fossem obedecidas as normas da boa administração do dinheiro público". A era da corda frouxa havia terminado. Faltam sessenta dias para terminar o governo.

BRASÍLIA, 28.11.60

Reunimo-nos numa sala de um desses novos edifícios ministeriais de Brasília, um grupo de nove pessoas: Cyro dos Anjos, Josué de Castro, Darcy Ribeiro, Victor Nunes Leal, Hamilton Nogueira, Candido Mota Filho, Afonso Arinos e Lourival Fontes.[54] O objetivo era criar uma ins-

---

54 Cyro dos Anjos (1906-1994) era subchefe do Gabinete Civil do governo JK; Josué de Castro (1908-1973) era deputado federal por Pernambuco; Darcy Ribeiro (1922-1997) estava encarregado de planejar a Universidade de Brasília; Victor Nunes Leal (1914-1985) tinha sido, até agosto daquele ano, chefe do Gabinete Civil da Presidência da República; Hamilton Nogueira (1897-1981) era deputado pelo estado da Guanabara; Candido Mota Filho (1897-1977) era ministro do Supremo Tribunal Federal; Afonso Arinos (1905-1990) era senador pelo estado da Guanabara; Lourival Fontes (1899-1967) era senador por Sergipe.

tituição cultural de cúpula que venha a ser qualquer coisa do tipo do Institut de France. Havia já um manifesto que, creio, foi realizado inicialmente pelo Cyro. Discutiu-se o manifesto no qual se expunham os objetivos: dar a Brasília um estatuto superior na cultura nacional, adjudicar prêmios nacionais de cultura, assessorar o governo nas relações culturais internacionais. Discutiu-se muito a lista que deverá incluir 45 nomes representativos da cultura nacional. No manifesto original sugeria-se o nome Academia Nacional. Falou-se em Instituto mas abandonou-se por causa dos da Previdência. Argumentou-se contra o indefinido de Academia Nacional. Era preciso evitar o "Brasileira" por causa da de Letras. Sugeri Academia de Cultura do Brasil. Ao final prevaleceu Academia Nacional de Cultura.

Já no final falou-se em diretoria provisória. Cyro quis escusar-se. O Afonso Arinos citou o nome do ministro Antonio Candido,[55] que estava numa das cabeceiras da mesa. Este também se escusou, pois sua qualidade de ministro do Supremo não o recomendava para um cargo que envolve muitos contatos com o presidente. Convocou-se outra reunião para dentro de quatro dias. Depois da reunião ficamos um pequeno grupo: Josué, Darcy, Cyro, Victor Nunes e eu. Foi então que percebi o tremendo desapontamento de Josué, que queria ser o presidente. "Vamos afundar tudo desde o começo se aceitamos na direção pessoas que sabemos inoperantes." É evidente que o nome dele, Josué, suscita resistências. Talvez o Afonso Arinos tenha feito a indicação de propósito. Eu me havia esquecido de que o móvel de todas as academias é a vaidade.

RIO DE JANEIRO, 6.1.61

Estive ontem em Orós para a inauguração do açude. Está ali aquela imensa montanha de terra que custou a desordem de todos os trabalhos

---

55 Lapso de CF, ao querer se referir a Candido Mota Filho.

do Dnocs e cuja utilidade imediata é nenhuma. Falei com Juscelino e ele chamou-me para regressar com ele em seu avião. Conversamos bastante. É provavelmente a última vez que o vejo como presidente (neste mandato). Termina o mandato como candidato. Preocupa-o acima de tudo o que se diz de sua obra. Disse-me que Jânio daria grande importância ao Nordeste, pois aqui "há grandes coisas a fazer e ele não poderá ofuscar-me no conjunto das obras". Pareceu-me muito tranquilo quando se referiu a Jânio, mais do que outras vezes antes da eleição quando falava na frente de outras pessoas. Deve ter havido uma articulação por trás de tudo isso. Disse que contava ir para o Senado.

Voltamos a falar de Jânio, e eu observei que no setor externo ele teria uma margem grande para mover-se. Ele logo se entusiasmou: "Não há dúvida de que estamos entre os maiores países do mundo subdesenvolvido. Somente Índia e China pesam mais que nós. O Paquistão vem depois". É interessante como essa ideia de que o mundo subdesenvolvido tende a encontrar-se toma vulto. Entretanto ele nada fez nesse terreno. Toda a sua política externa foi um esforço schmidtiano[56] para induzir os Estados Unidos a liderar-nos com mais inteligência. Voltou a falar do futuro: "Preciso de sua cooperação para defender-me no futuro... Minha intenção é estar presente para que esse movimento JK-65 não morra". Agradeci a oportunidade que ele me deu de empreender uma tarefa como a que estava realizando. Agradeci particularmente que nunca houvesse interferido por motivos políticos. Queria assegurar-lhe que esse espírito de independência nessa obra eu o manteria até o fim.

RIO DE JANEIRO, 27.4.64

Foi decretada intervenção militar na Sudene, por iniciativa do comandante do 4º Exército, sendo interventor o general Expedito Sampaio (um que foi chefe de polícia do Cid). Estava eu planejando encerrar

---

56 Alusão a Augusto Frederico Schmidt, o prestigiado assessor de JK.

o meu trabalho no Nordeste, e já não o tinha feito por uma série de dificuldades internas surgidas nos últimos meses. Essas dificuldades eram reflexo da situação de quase desgoverno a que havíamos chegado, na fase final de exacerbação do populismo janguista. Mais uma vez as esquerdas demonstraram grande inépcia, confundindo os seus ingênuos desejos com a realidade. É essa uma longa história, a da incapacidade das esquerdas para fazer mais do que "oposição" e "barulho". O nosso trabalho metódico, lá no Nordeste, nem sempre é entendido no seu verdadeiro alcance no processo de democratização.

Sinto-me um pouco como Édipo em Colono, vítima de uma fatalidade mas com a paz no espírito. Minha grande paixão foi sempre o trabalho teórico. Agora terei que seguir nessa direção, pois não me resta outro caminho. Estou pensando em ir para alguma universidade no estrangeiro, quiçá nos Estados Unidos.

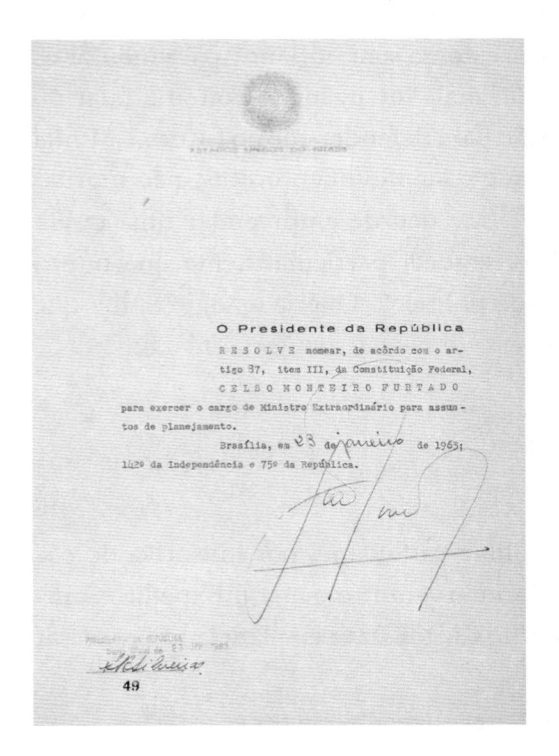

Nomeação para o cargo de ministro extraordinário do Planejamento, assinada por João Goulart.

7. Exílio, 1964-1983

Celso Furtado partiu para o exílio em fins de maio de 1964. Embarcou sozinho, com passagem apenas de ida. A de volta ficaria adiada por quase vinte anos. Seu nome constava do ato institucional nº 1, publicado em 9 de abril e assinado pela junta militar que depusera o presidente da República dias antes. A centena de nomes que ali figuravam — a cúpula política do país, encabeçada por Luís Carlos Prestes, João Goulart, Leonel Brizola, os ministros do governo destituído e parlamentares considerados de esquerda — foi punida com cassação de direitos políticos e civis, por dez anos. No caso de Celso, veio ele a saber só mais tarde que, além da cassação, também fora demitido do Dasp, "a bem do serviço público". Tão logo houve o golpe, recebeu telegramas de três universidades de grande prestígio — Harvard, Yale e Columbia — convidando-o para ser professor. Optou por Yale, onde passaria um ano a partir de setembro de 1964. Antes, porém, fez uma escala de três meses em Santiago do Chile, onde dirigiu um seminário a que compareceram, entre outros, Fernando Henrique Cardoso e Francisco Weffort, e em que reexaminaram o aparato teórico da Cepal elaborado por ele e pela primeira geração de economistas cepalinos, um decênio antes.

De início como pesquisador na Universidade Yale, e a partir de 1965 como professor na Universidade de Paris, Celso dedicou-se, no exílio, à vida acadêmica. Na Faculdade de Economia da Sorbonne, na École des

Hautes Études en Sciences Sociales, no Institut des Hautes Études de l'Amérique Latine, na École Nationale d'Administration e, como professor visitante, nas universidades de Cambridge, Columbia, American, no Japão e na América Latina, lecionou economia do desenvolvimento e economia latino-americana; orientou dezenas de teses, chegou a ter, por ano, 150 alunos em graduação e pós-graduação, fez seminários de pesquisa sobre o subdesenvolvimento, o capitalismo, o Brasil. Foram os anos mais fecundos de sua produção teórica. Nesse tempo longe do país, escreveu dez livros.

As duas décadas do exílio calaram fundo nele. A percepção de que fora punido por um ato de arbítrio, as tribulações inerentes a quem reinicia a vida e um novo ofício no exterior aos 43 anos de idade, as mesquinharias disfarçadas de exigências burocráticas criadas pelos governos militares para causar embaraços à vida dos exilados, os ecos que lhe chegavam das brutalidades praticadas nos anos sombrios, o acabrunhamento com as adversidades enfrentadas pelos que ficaram no país, a sensação, enfim, de que, como ele ocasionalmente expressava, o Brasil deixara de ser a pátria que protege para ser a que ameaça — todas essas marcas estão presentes, conquanto discretas e difusas, nos diários desses anos, que começam com uma reflexão algo intimista feita dias depois da chegada aos Estados Unidos, quando ele iniciaria a jornada do expatriado.

O interesse pelos homens "em geral" não seria um reflexo de uma inibição fundamental para querer as pessoas em particular? Digo querer no sentido de efetivar a querença, de passar do potencial para o real. A capacidade virtual de amar deve refletir a vitalidade do indivíduo. Independe, em boa medida, dos fatores que condicionam o desenvolvimento do caráter, quero dizer dos fatores sociais. Por outro lado, a capacidade para efetivar o amor, considerado este num sentido amplo, forma-se com o desenvolvimento da personalidade. Se, por condições particulares a um indivíduo, surge um grande desequilíbrio entre as duas capacidades, as tensões daí resultantes tenderão a encaminhar o indivíduo em alguma direção. E esta poderia ser a do amor em geral, o da "sensibilidade" social.

Tenho refletido sobre este ponto, ao dar voltas ao problema fundamental de minha vida, que tem sido a preocupação com os problemas do homem "em geral". Toda a minha vida tem sido marcada por essa preocupação, como se me sentisse responsável pela pobreza, pelos sofrimentos decorrentes dessa pobreza, pela condição de animalidade em que vive grande parte da humanidade. Não que o sofrimento humano me preocupe em si mesmo. Tendo a considerar isso como um fato natural, um componente da paisagem, pelo menos de certas paisagens. E é por isto que percebo que minha natureza não é religiosa. O imenso sofrimento que acabrunha um número imenso de pessoas das classes altas, vítimas de tantas neuroses características de nossa civilização, não me desperta um interesse particular. O que me preocupa é a deformação, a abjeção humana, provocadas pela organização social baseada na exploração econômica ou na dominação política de muitos por poucos.

E essa preocupação tem sido tão profunda que condicionou minha vida até o presente. Quando olho para trás, percebo que essa preocupação tomou corpo em minha existência desde os primeiros momentos em que comecei a ter uma vida intelectual, o que em mim ocorreu relativamente tarde, aí em torno dos catorze anos de idade. Antes de receber qualquer influência ideológica, essa preocupação surgiu ao tomar consciência de [que] a pobreza não era "natural" e de que havia pessoas que lutavam contra ela, e que essa luta encontrava grandes resistências. Não é fácil saber como se formou essa consciência, mas não há dúvida é de que ela se formou com rapidez, como se encontrasse um terreno extremamente propício. Aos quinze anos eu já era uma pessoa com uma aguda sensibilidade social e orientava as minhas leituras no sentido de consolidar e aprofundar essa consciência.

Que fatores psicológicos estão por trás dessa predisposição para perceber e sofrer o problema social, num ambiente em que não existia nenhum indício de luta de classes ou qualquer consciência de classe da parte de nenhum grupo social? Esse problema é distinto de outro mais geral, que é ter ou não convicções ideológicas. A partir do momento em que um homem tem consciência de que participa ou pode participar da história como agente ativo e responsável, e de que o conhecimento da estrutura social e de certos princípios que regem o comportamento do homem em sociedade pode aumentar sua eficácia como agente da história, esse homem está preparado para atuar ideologicamente. Todo indivíduo que é agente consciente da história leva em si uma ideologia, isto é, um projeto com respeito ao futuro da sociedade, o qual resulta de uma opção.

O problema que aqui me preocupa é puramente psicológico: quais as causas de minha aptidão para desenvolver a sensibilidade social, e consolidá-la tão profundamente?

Os primeiros anos de minha vida, refiro-me aos primeiros três ou quatro, devem ter sido marcados por uma consciência de abandono. Aparentemente meu pai, depois de casado, continuou a mesma vida alegre de cantor de serenatas, indo participar de festas e deixando minha mãe grávida, numa pequena cidade do sertão, numa época em que a insegurança era geral. Conservo clara a imagem de um louco que vivia ao relento na praça central, para a qual dava a nossa casa. Minha mãe tinha um medo agudo desse louco. Na grande enchente de 1924 — eu tinha então três anos e nove meses — fui vítima de dois acidentes, dos quais me recordo com clareza. O primeiro foi o derrumbe da parte posterior da casa em que vivíamos. Estávamos comendo, e todas as pessoas se levantaram quando ouviram o ruído. Eu fiquei sozinho. Depois vieram retirar-me. O segundo acidente foi mais grave. Com o derrumbe parcial da casa, foi improvisada uma cozinha num dos quartos. Um dia eu estive brincando com uma bola nesse quarto e derrubei a panela de feijão sobre o meu traseiro. A queimadura foi grave, pois a cicatriz ainda hoje a tenho.

A consciência de abandono, de ter sido "enjeitado", de não ser filho dos meus pais, de ser o mais "preto" da família, perdurou em mim durante toda a infância. As causas últimas disso são evidentemente irreconstituíveis. Sei que minha mãe amamentou-me apenas três meses. A essa altura novamente engravidou. Bebi leite de jumenta para me criar. Aos onze meses já tinha eu outro irmão, se bem que entre minha irmã mais velha e eu a diferença fora superior a 22 meses. Esse irmão mais moço morreu seis meses depois, se bem que havia sido até os cinco meses uma criança de magnífica saúde. Minha mãe sofreu extremamente, conforme eu poderia comprovar pelos anos afora. Minha mãe somente teve outro filho dezenove meses depois da morte desse pequeno. Daí resultou que a diferença entre mim e meu irmão mais moço passou a ser de mais de três anos, ou seja, uma diferença suficientemente grande para criar sérios problemas de ajustamento, particularmente na infância. Aos quatro anos de idade eu já devia ser considerado um "grandalhão" e ter consciência de que era "responsável" por qualquer malfeito que surgisse.

NEW HAVEN, 15.10.64

Passeando por esses imensos gramados, no meio dessa calma toda, não posso deixar de refletir sobre todos os equívocos que a vida vai acumulando em torno de nós. Isto aqui seria um lugar ideal para alguém que vive da reflexão voltado para o seu próprio interior. Há muitos anos, eu imaginava que minha vocação era essa calma da atividade interior, em que se encontra a serenidade na reflexão e a beleza no canto dos pássaros e no cair das folhas, tudo isso iluminado através de vitrais góticos. Aqui, quando encontrei finalmente essa moldura para a quietude, não me posso furtar a pensar novamente em todos esses valores. Creio que se me houvesse conservado um simples intelectual, não seria compelido a refletir sobre esses assuntos. Mas a realidade é que eu nunca fui apenas ou principalmente um intelectual. Aquela paixão pelos problemas sociais, que nos infectou a todos mais de um quarto de século atrás, a mim correspondia a alguma necessidade de tipo quase fisiológico. A verdade é que nunca pude livrar-me disso, que nunca dei nenhum passo fundamental que não fosse em função disso. E *isso* faz que tudo tenha que se orientar para a ação. Comecei escrevinhando sobre literatura e terminei escrevendo sobre política. Comecei sonhando com as saias de Elvira[1] ao luar e terminei em luta corporal com os latifundiários escravistas. Hoje considero a minha vida totalmente perdida, no sentido de que não posso recuperá-la. Pode ser que ela venha a ser totalmente inútil ou inefetiva, para o futuro, e nem por isso deixa de escapar-me ao controle. Isso poderá parecer uma fantasia de exilado, em dias de outono, mas é uma dura realidade.

NEW HAVEN, NOVEMBRO DE 1964

A experiência de planejamento no Nordeste, cuja direção me coube durante mais de cinco anos, deve ser analisada à luz da ambiguidade de um sistema de poder.

A ação das Ligas Camponesas se realizou no sentido de reivindicar para o trabalhador, na sua qualidade de assalariado, a aplicação da legislação social existente. Como os trabalhadores rurais não podiam se organizar em sindicatos, em razão da inexistência de cobertura legal, toda tentativa de organizá-los, mesmo para reivindicar objetivos legais, era considerada ilegal, até subversiva. A lei assegurava aos trabalhadores, formalmente, certos direitos, mas não permitia que eles se organizassem para lutar por esses direitos. Dessa forma, se bem que seus objetivos

---

1 Referência ao "rumor das saias de Elvira", símbolo de certo lirismo de que fala Eça de Queirós em *A correspondência de Fradique Mendes*.

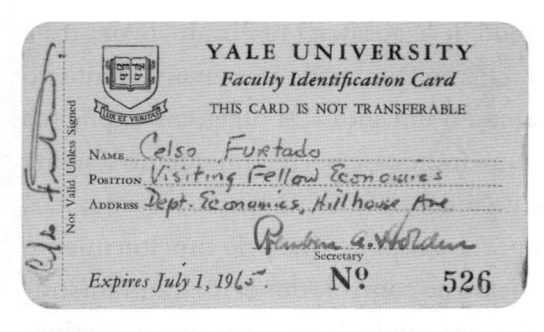

Professor visitante das universidades Yale e Columbia e professor de economia da Universidade de Paris.

fossem modestos, e totalmente dentro do espírito da ordem existente, o movimento das Ligas Camponesas devia utilizar uma linguagem revolucionária, pois, não possuindo meios institucionalizados para lutar pelos seus objetivos de melhoria social, os camponeses deviam ser encorajados a buscar meios não previstos no quadro legal, portanto revolucionários ou pararrevolucionários.

Outro exemplo de um contínuo de ação social realizado de dentro e de fora do sistema de poder foi o Plano Diretor de Desenvolvimento do Nordeste, aprovado pelo Parlamento em 1961. Os objetivos explícitos desse plano eram modestos, enquadrando-se perfeitamente no sistema social existente. Entretanto, os métodos de administração introduzidos poderiam ter consequências importantes para o próprio funcionamento do sistema de poder. O plano retirava ao controle dos órgãos administrativos subordinados a interesses locais grande parte dos recursos destinados a investimentos na região. Com o objetivo de racionalizar esses investimentos em função de uma política de desenvolvimento regional, o plano retirava aos senhores locais um de seus principais sustentáculos, que são os recursos do governo federal destinados a obras públicas. Esses recursos são tradicionalmente a fonte principal do financiamento do processo político dos grupos tradicionalistas. Dessa forma, um plano de inversões apresentado como um documento técnico pela administração passou a ser objeto de uma luta política, colocando-se os latifundiários na difícil posição de ter de combatê-lo sem poder dizer claramente por que razão. Nessa luta foi possível unir todos os grupos políticos de base urbana (industriais, operários, estudantes etc.) em uma frente comum contra a classe latifundiária, que era apresentada como obstaculizando o desenvolvimento da região.

A partir do momento em que os grupos que têm acesso a posições dentro do sistema de poder e os que estão capacitados para mobilizar as massas encontram uma linguagem comum, ainda que à base de concordância mais formal que substantiva, surgem possibilidades de realização de uma política reformista, sem prévia ruptura do esquema de dominação dos grupos tradicionalistas. O estreitamento do horizonte político com a eliminação dos grupos radicais com acesso às massas reduz significativamente as possibilidades de ação política reformista. Fora da ação reformista, ficam apenas abertos os caminhos do imobilismo, inconcebível em sociedades com um elevado dinamismo demográfico, e do uso da violência como instrumento de ação social.

Estou levando a vida que sempre desejei: estudando, pensando, escrevendo. Também dedico algum tempo a rever traduções de trabalhos meus. Este será um bom ano para mim como escritor, pois a *Formação* deverá ser publicada em polonês, o *Desenvolvimento e subdesenvolvimento* circulará em francês, a *Pré-revolução* em espanhol e catalão, e a *Dialética*[2] em espanhol e inglês. É essa a maior satisfação que pode ter alguém que escreve: saber que é lido. Em realidade, foi essa a única ambição que tive desde rapaz, seguramente por influência de papai, que me criou entre livros. Nas estantes de papai havia livro sobre tudo. Até sobre esgrima! E para mim era sempre uma emoção renovada folhear aqueles livros e descobrir coisas de que nunca havia ouvido falar. Um dia vi um livro de Freud e perguntei a Veiga[3] de que se tratava. Ele respondeu: "Não toque nisso, é coisa para gente de muita cultura".

NEW HAVEN, 2.6.65

Estou totalmente decidido a dedicar-me a alguns problemas de mais longo prazo. Na nossa sociedade ninguém se dedica a pensar os problemas do futuro e por isso o presente está sempre nos surpreendendo. Entretanto, como disse alguém, quando agimos, somos sempre escravos de quem pensou no passado. Não se trata de escapar à responsabili-

---

2 Respectivamente: *Formação econômica do Brasil* (*Rozwój gospodarczy Brazylii* [Varsóvia: Panstwowe Wydawnictwo Naukowe, 1967]); *Desenvolvimento e subdesenvolvimento* (*Développement et sous-développement* [Paris: Presses Universitaires de France, 1966]); *A pré-revolução brasileira* (*Brasil en la encrucijada histórica* [Barcelona: Nova Terra, 1966]); *Dialética do desenvolvimento* (*Dialéctica del desarrollo* [México: Fondo de Cultura Econômica, 1965] e *Diagnosis of the Brazilian Crisis* [Los Angeles: University of California Press, 1965]). A edição em catalão não consta da biblioteca de CF.

3 João Ribeiro da Veiga Pessoa (1892-1975), um dos fundadores da Academia Paraibana de Letras, amigo de Mauricio Furtado, pai de CF.

dade do presente. Trata-se de ter um compromisso maior com o futuro. Essa atitude nos dá um grau maior de liberdade, mas ao mesmo tempo exclui qualquer compromisso "tático", isto é, toda forma de oportunismo. Os nossos intelectuais evitam geralmente essa atitude porque têm sempre um olho nas oportunidades que podem surgir amanhã. Enfim, trata-se de renunciar a toda ideia de fazer "política", e definir-se estritamente como intelectual. Tenho pensado muito sobre esse assunto e creio que amadureci uma decisão que condicionará todo o meu comportamento futuro. Em linha com essa ideia foi que decidi me mudar para a Europa. Pretendo fixar-me em Paris em forma algo definitiva, isto é, com um sentido de permanência. Pretendo todos os anos ir à América Latina, principalmente ao Chile, à Argentina e ao México, dar algum curso universitário, mas ter a minha sede permanente em Paris. Recebi um convite para ensinar na Universidade de Paris, na mesma escola onde estudei. Pretendo continuar estudando os problemas da nossa região.

PARIS, 10.10.66

Eu estava de viagem marcada para o Oriente Médio, em missão das Nações Unidas.[4] O Itamaraty, sabendo da coisa, fez tal pressão junto ao Secretariado das Nações Unidas que tiveram de anular o contrato. Pelo gosto dessa gente, eu morreria de fome no estrangeiro. Em todo caso, a missão não tinha maior interesse para mim, do ponto de vista profissional.

---

4 Em junho de 1966, CF foi convidado pela ONU a dirigir um projeto de desenvolvimento regional no Oriente Médio, que previa uma visita à barragem de Assuã, no Egito. O governo brasileiro negou-lhe passaporte, e então as Nações Unidas lhe ofereceram um *laissez-passer*, mas, diante da pressão da delegação brasileira, este também lhe foi retirado.

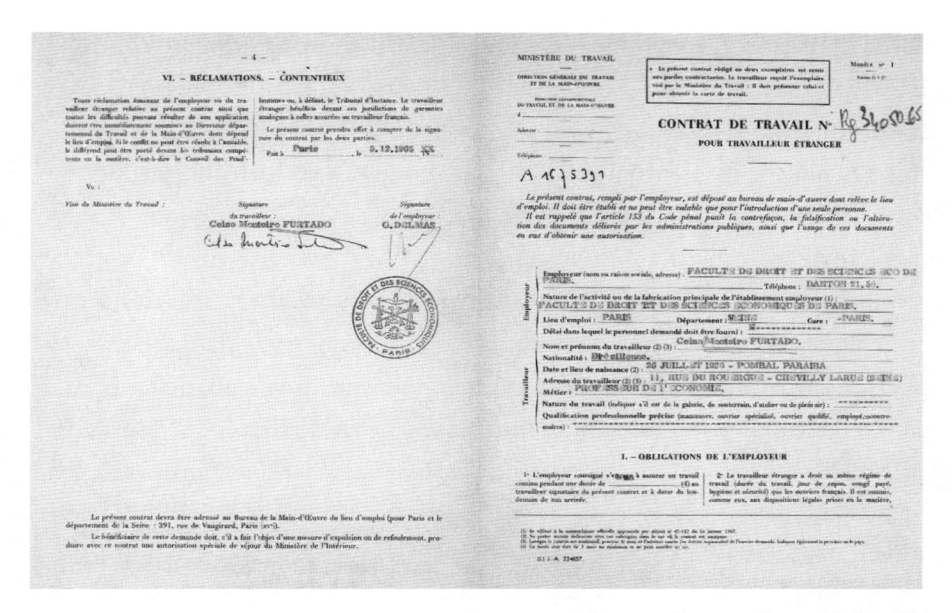

Contrato de trabalho como professor da Faculdade de Direito e Ciências Econômicas de Paris.

PARIS, 29.4.69

Perplexo como todo mundo com a notícia da renúncia de De Gaulle.[5] Tenho a impressão de que o velho estava com vontade de retirar-se. Ele arriscou muito sem necessidade e fez pouca ou nenhuma força para ganhar a eleição. Aparentemente a evolução internacional — o caso da Tchecoslováquia reduzindo as possibilidades de uma autêntica abertura dentro da Europa, o comportamento da China levando a uma rápida aproximação dos russos e americanos — criou perspectivas desinteressantes para ele. Por outro lado, os pequenos problemas da política interna francesa passaram a absorver demasiado tempo, e isso o impacienta. Os franceses, no dia seguinte ao referendo, dão a impressão de alguém

5 No dia 28 de abril, ao saber que perdera o referendo proposto sobre uma reforma do Senado e outra sobre a regionalização da França, Charles de Gaulle anunciou em um comunicado lacônico que deixava de exercer as funções de presidente da República.

Homenagem dos economistas da Bahia, e a notícia de que na Paraíba o reitor incinerou os convites. Novembro e dezembro de 1964.

que houvesse cometido um crime em sonho e ao acordar percebesse que a coisa havia ocorrido na realidade. Vai passar muito tempo até que recuperem o equilíbrio.

PARIS, 3.4.70

Dedico cada vez mais tempo à universidade. Começam a surgir alunos que me interessam, pesquisas que me parecem significativas. Insensivelmente fui vestindo a pele de um professor universitário europeu, o que significa viver mais em contato com livros do que com o mundo real. Quanto mais a gente estuda, mais ignorante se sente, o que cria uma tendência a acumular conhecimentos ad infinitum. No meu caso, como vivi muitos anos até a raiz dos cabelos envolvido com os problemas reais, espero que esse banho de erudição não me destrua a capacidade para me comunicar com outras pessoas e perceber as coisas sensíveis.

Este ano estou batendo um *record* que não deixa de dar satisfação a um trabalhador intelectual que não dispõe sequer de uma secretária, que datilografa todas as suas cartas e prepara sozinho todos os textos: publico nove livros em línguas estrangeiras, três em francês, dois em inglês, dois em castelhano e dois em italiano.[6] À exceção do italiano, revi e aprovei todas as traduções. Alguém dirá que isso é uma loucura, que mais vale *flâner* no Quartier Latin...

São cinquenta anos que se passaram.[7] O tempo tem isso de estranho: não tem cor, não se pode comparar um pedaço de tempo com outro. Em todo caso, sinto-me hoje menos angustiado do que quando tinha vinte anos, menos idealista do que quando tinha trinta, menos cético do que quando arredondei quarenta. Dos meus vinte para cá passaram-se muitas águas por debaixo dos meus pés e já desejo hoje que a corrente seja menos rápida, que haja mais calma para olhar em torno.

---

6 *Les États-Unis et le sous-développement de l'Amérique Latine* (Paris: Calmann-Lévy, 1970); *L'Amérique Latine* (Paris: Sirey); *Théorie du développement économique* (Paris: Presses Universitaires de France, 1970); *Obstacles to Development in Latin America* (Nova York: Anchor Books-Doubleday, 1970); *Economic Development of Latin America* (Cambridge: Cambridge University Press, 1970); *La economía latinoamericana: desde la conquista ibérica hasta la revolución cubana* (Santiago do Chile: Editorial Universitária, 1970); *Los Estados Unidos y el subdesarrollo de América Latina* (Lima: Campodonico, 1971); *L'economia latinoamericana: dalla conquista iberica alla rivoluzione cubana* (Bari: Laterza, 1971); *La formazione economica del Brasile* (Turim: Einaudi, 1970).

7 CF completara cinquenta anos cinco dias antes.

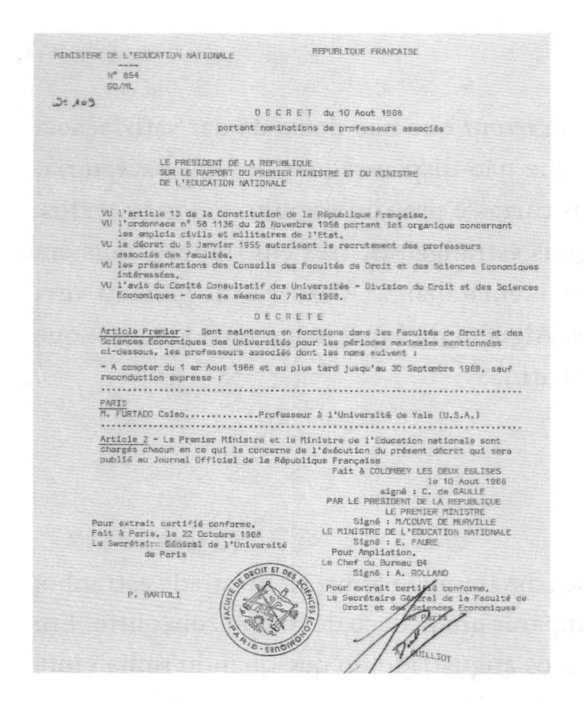

Quando a nomeação de um professor estrangeiro ainda era assinada pelo presidente da República.

PARIS, 23.1.71

A esta altura dos tempos eu me pergunto muitas vezes que cabia fazer da vida, que cabe ainda fazer. Nos tempos de andanças pelo Rio eu supunha que, se eu mesmo tinha algo a fazer, ou a tentar fazer, seria no campo da literatura. A necessidade de compreender o mundo, de encontrar-lhe um sentido, de comunicação com os homens, tudo isso eu imaginava que se concretizaria através da criação literária. No fundo eu devia ver na criação literária o meio de realizar aquilo que me estava vedado: uma autêntica comunicação com outras criaturas. Não me sendo possível comunicar-me com *aquela* pessoa ali próxima de mim, buscava uma maneira de comunicar-me com *todas* as pessoas. Algumas vezes já me fiz essa mesma reflexão com respeito aos fundamentos últimos de meu interesse pelos problemas políticos. Nunca fiz política, no sentido convencional. Na época de estudante e depois sempre horrorizou-me a ideia de envolver-me nas *lutas* políticas. Entretanto, sempre necessitei pensar politicamente. Ainda mais: existe em mim um sentimento profundo de que sou responsável politicamente, quase uma consciência de culpa. Pergunto-me se não existe aí outra manifestação da mesma necessidade de comunicação com *todos* os homens. Na realidade as duas coisas — o desejo de criação literária e a necessidade da ação política — se entrelaçam em mim num complicado contraponto. Não sei por que faço essas reflexões. A verdade é que cheguei a esta altura da vida sem me ter dedicado a qualquer das duas vocações.

CAMBRIDGE, 31.5.74

Andar por aí, nesses jardins de fantasia. Estar aqui ouvindo música, só, entre estes horizontes. Pensar qualquer coisa que vem à cabeça. É o ceticismo que vem com o tempo, ou se trata de uma forma sutil de fatiga? Cada vez penso mais na inutilidade, ou melhor, na "insignificância" de tudo que fiz. Que significa *fazer*? Deixar-se elevar, ou não deixar-se corromper? Teria sido suficiente?

Que significa não deixar-se corromper? A única coisa que teria sido constante em minha vida? Agarrar-se a alguns preconceitos? São assim claras as coisas, sabemos o que é *autêntico*, fundamental? E o que é fundamental hoje terá sido ontem, sê-lo-á amanhã?

Todos os mitos em que acreditei! Existirá algo fora dos mitos, em que se possa acreditar? E será que são mitos quando neles acreditamos?

Multiplico os projetos: ir à Venezuela, ao Brasil, a Portugal, aos Estados Unidos, voltar à França... Como interpretar isso: será que me liberei de certas servidões, ou será que busco na agitação um substituto para a vida real? Não há dúvida que há um elemento de liberação, como se sentisse a insignificância do mundo do qual era prisioneiro. Liberar-se é deixar de crer, também deixar de temer. *Surtout ça*. Liberar-se é algo negativo: quebrar as cadeias. *Et après*?

Como me desgosta a política, depois de tudo que tenho sabido sobre o Chile. No fundo tudo se parece muito mais com o que ocorreu no Brasil, *up to 64*, do que seria de desejar. Um grupo de intelectuais delirantes e jovens suicidários arriscaram alegremente tudo o que o povo havia amassado[8] com o suor do rosto durante anos. Até que ponto pesou a vaidade, em tudo que fez Allende?

CARACAS, 8.7.74

Primeiro contato com esta cidade. Não pode haver maior evidência de que o subdesenvolvimento é uma maneira deformada de acumular capital. Caracas é uma criação do automóvel: imensos capitais foram imobilizados para criar este corpo pesado que funciona queimando os royalties do petróleo. Transplantação da forma de viver da civilização mais capitalizada do mundo — os Estados Unidos — para um país que vive queimando um recurso não renovável. Somente os custos de manutenção das estruturas materiais que suportam esta forma de vida já representam um enorme sorvedouro de recursos.

E como evitar que a população toda do país deseje acampar em torno a esse espetáculo, esperando ter acesso a alguma de suas benesses? Por uma ironia criada pela topografia, essas massas se instalaram dentro da própria cidade, nas colinas que permeiam o vale. Assim, a supermodernidade dos viadutos e edifícios de apartamentos se exibe permanentemente no espelho da contrapartida representada pelo mar de ranchos[9] em que se abrigam os espectadores invejosos. Como governar este país sem estar absorvido pelos problemas de curto prazo? Como conciliar, mesmo no espírito, tantas possibilidades de fazer coisas — de certa forma os recursos são ilimitados — com a agravação permanente dos problemas? Para que este mundo funcione, *devem* se reproduzir formas de vida que tendem a impedir que os outros problemas se resolvam.

---

8 *Amasser*, em francês, *amealhar, juntar*; e *suicidários*, do francês *suicidaires*, em lugar de *suicidas*.
9 Favelas.

CARACAS, 8.7.74

Ontem conversei amplamente com um economista da direção de Cordiplan[10] sobre problemas de desenvolvimento regional; seu nome, José Antonio Abreu. À noite saímos para jantar e ele resultou ser um músico: compositor, regente de orquestra e grande pianista. Sim, grande pianista: tocou belamente uma sonata de Scarlatti, e também Mozart e Bach. E que pessoa tão sensível e simples. Como é possível conciliar a vida de música — sim, a vida de música, pois ele vai reger a orquestra sinfônica nacional dentro de uns dois meses — com o duro trabalho de economista de Cordiplan, onde tem um cargo de diretor?

A preocupação com o desenvolvimento regional é quase uma obsessão. É que, se o centralismo em toda parte é uma tendência inexorável, que não ocorrerá neste país onde tudo assenta no dinheiro do petróleo?

CARACAS, 9.7.74

Visitamos ontem um "instituto" que em realidade é um *bureau d'étude* de nome Battelle.[11] Realizaram inúmeros trabalhos no Brasil, onde se instalaram durante o regime militar. Trabalham em todo o mundo. Utilizam gente local para estudar os problemas, dão assistência técnica quando necessário, processam e dirigem tudo, a partir de grandes laboratórios que se encontram em Columbus, Ohio, na Alemanha e Suíça. É a típica organização de ação multinacional que reúne, capitaliza e utiliza informações e conhecimentos a respeito do mundo todo. O governo americano reconhece a importância de ter esse tipo de organização, reconhece-lhes o caráter de *non-profit*, não pagam imposto de renda. Pre-

10 Oficina Central de Coordenação e Planificação, criada em 1958, depois transformada em Ministério do Planejamento e do Desenvolvimento Social e Econômico.

11 O grupo norte-americano Battelle foi criado nos anos 1930 por George Battelle, industrial da siderurgia.

tendem nada mais do que fazer um "plano global" para o governo da Venezuela, como teriam feito um para o Irã. Tomaram a iniciativa de propor isso ao ministro do Plano: no memorando falam em "fazer e executar" um plano global. Pode ser que seja imprecisão de linguagem. Mas é indubitável que querem colocar-se no centro do sistema de decisões: informar-se de tudo e poder contribuir para "retificar" qualquer "desvio" inoportuno.

Quando se pensa na imensa acumulação de informações que realizam esses "institutos", sendo pagos pelos próprios países da periferia para ter acesso à informação, compreende-se a posição de força em que atuam as grandes empresas do centro do sistema. Como esperar que as águas deixem de correr para o mar? À sombra do know-how que aqui e lá vendem, pretendem opinar sobre grandes problemas de planificação geral, educação etc.

PUERTO LA CRUZ, 12.7.74

De volta a outras épocas: nada menos do que um banquete: discurso do governador, outros de representantes das "forças vivas", agradecimento à altura das circunstâncias, isto é, para dizer coisas que os interlocutores gostam de ouvir. O quadro é exatamente aquele que conheci antanho: região relativamente deprimida mas com um horizonte já aberto. Todo mundo se sente um pouco o autor da renovação. Grande plano de desenvolvimento turístico, que não pode deixar de ser também uma substanciosa especulação imobiliária de vários níveis. Banquete regado a Black Label, não somente o aperitivo, em que circularam várias rodas de uísque, mas durante todo o banquete. No magnífico hotel de turismo em que estou hospedado — feito com recursos da Corporación de Fomento — encontrei no quarto, ao lado de uma bandejinha de frutas, uma garrafa de uísque Buchanan's De Luxe. Entre pessoas presentes, personagens antigos meus conhecidos: o industrial local de êxito que diz que tudo fez sem nenhuma ajuda do governo; na verdade, as matérias-

-primas que importa têm considerável subsídio público: "Ah, sim, isso é verdade". "Por que não ajudar com mais crédito aqueles que estão efetivamente fazendo a riqueza da região?" Que pensar? A riqueza se concentra assim, ajudando os que enriquecem a região. E também o líder operário que esteve doze vezes na prisão e está ali vigilante para que se criem "oportunidades de emprego". E o jovem tecnocrata, formado no estrangeiro, tomador de uísque, com explicação para tudo; conscientes de que são necessários. Tudo já visto.

TAMBAÚ, 19.7.74

Um dia no Recife.[12] Uma simples participação num "colóquio" com mais quatro pessoas — fui o quarto a falar — transformou-se em conferência e quase em comício. Nenhum jornal local anunciou minha presença e a sala era relativamente pequena. Encheu-se demasiado e transformou-se em uma sauna. Em seguida uma longa conversa com os jornalistas, todos do Sul. Sente-se que a região é submetida a uma tutela ainda muito mais rígida, seguramente porque a classe dirigente local se sente mais cômoda assim. No que respeita ao povo — o zé-povinho da parlança local —, ele foi aqui sempre tratado assim, como gado domesticado. O rigor da tutela atual se dirige contra a gente mais jovem, provavelmente, posto que ela está exposta a outros tipos de informação e pode querer ter uma reflexão independente sobre o que se passa em torno.

Fiquei perplexo quando vi o novo prédio da Sudene; circulei em automóvel sem aproximar-me. É algo descomunal, que custou, disse a pessoa que me acompanhava, mais de 100 milhões de dólares. Vendo esse prédio e vendo depois a placa da Sudene por toda parte — não há em-

---

12 CF regressou da Venezuela em meados de julho para participar da reunião anual da Sociedade Brasileira para o Progresso da Ciência (SBPC) no Recife. Pela primeira vez ia ao Nordeste desde o golpe de 1964. Em agosto, voltou à Venezuela, passando pelo México.

preendimento industrial que não a exiba —, fiquei confuso. Finalmente tudo isso foi inventado por mim, ou sob minha direção: até a ideia de botar as placas. Nunca me passou pelo espírito a construção de um edifício como este, com requintes de Nações Unidas, para tratar de uma região tão pobre. Mas eu sabia que as burocracias andam sozinhas, se inventam um destino, fazem da miséria dos outros a sua grandeza. Portanto, nada é realmente surpresa para mim. Ou não deveria sê-lo. E essas indústrias todas: lindas fábricas, rendosos negócios para grupos internacionais e/ou do Sul do país, instaladas num campo em que tudo mais permaneceu igual: os casebres, a gente esquálida, precocemente envelhecida. Andei pela cidade do Cabo, que está no meio da "zona industrial" e tudo permanecia idêntico, exceto pelo maior número de veículos que circulam, o maior ruído, a maior poluição do ar.

Não afirmaria que isso que está aí é pior do que o que havia antes. A arrogância dos mandantes do açúcar e dos coronéis já não será tão visível. O poder [...]

TAMBAÚ, 20.7.74

Ontem tive que interromper porque surgiu um fluxo de visitas. Um jornalista local descobriu-me visitando a cidade e publicou uma nota de primeira página meio ingênua, meio sentimental, a respeito de meu retorno à "minha João Pessoa" dez anos depois. A cidade cresceu e transformou-se: é impressionante o investimento realizado em vivendas de luxo e em obras suntuárias. Até a Assembleia Legislativa, que se imagina ser algo sem função, recebeu um belo edifício. É perfeitamente claro que o excedente adicional gerado pelo "desenvolvimento" foi absorvido em obras destinadas a tornar mais agradável e "moderna" a vida da alta classe média. Somente a motorização dessa classe média e a respectiva infraestrutura terão absorvido considerável quantidade de recursos. Os "jardins suspensos" de Pombal, que me horrorizavam há dezesseis anos, foram generalizados.

Cinco semanas no Brasil. A primeira vez em dez anos que me senti mais ou menos à vontade, "envolvido" com o Brasil. Olhava as pessoas como gente corrente; se alguém se dirigia a mim, já não me passava pelo espírito que pudesse ser algo *especial*. E isso foi suficiente para que tudo mais pudesse ser visto e sentido de forma diferente. Pude reencontrar-me espiritualmente com coisas que são parte de mim. É como se eu descobrisse coisas que estavam perdidas em armários e gavetas esquecidos.

Pergunto-me se esse estado de espírito não me induz a "compromissos", a embotar a minha consciência crítica. Será que vou perder essa lucidez, que não me abandonava em nenhum momento no que respeita às coisas brasileiras? Essa lucidez terá sido quiçá o fruto mais positivo desses anos de exílio. Ou será que surge em mim uma certa fadiga, uma lucidez da lucidez? Vejo o mundo, esse mundo, tal qual ele é. Mas também vejo como é fácil superestimar a capacidade pessoal para mudá-lo. Vendo o último livro do Helio[13] não posso deixar de maravilhar-me com a extraordinária capacidade que ele tem de iludir-se superestimando a própria capacidade para interferir nos acontecimentos.

Falando com intelectuais, particularmente os de formação marxista, vejo o importante que é dispor de uma utopia para sobreviver nesse mundo absurdo. Imaginar que as "contradições se estão agravando, que o futuro de alguma maneira será *necessariamente* melhor do que é o presente", ajuda a seguir vivendo. Mas não será que reduz a percepção da realidade? Toda vez que tento explicar a realidade social a partir de um esquema teórico já feito, tenho a impressão de reduzir minha capacidade para compreendê-la.

A visita ao Nordeste foi fundamental. Lá, mais do que em qualquer outra parte, o vício essencial do desenvolvimentismo salta à vista. Não há dúvida de que o feito é muito diferente do que eu havia imaginado. Os

13 Helio Jaguaribe, *Brasil: crise e alternativas* (Rio de Janeiro: Zahar, 1974).

Anotações para um estudo sobre a Venezuela.

investimentos de caráter social foram reduzidos ou brutalmente deformados. Mas nisso não vai tudo. Tanto aqueles que pensavam em industrialização como os que pensavam em emergência de uma burguesia como fatores de transformação social "progressiva" têm aí amplo material para reflexão.

Muitos dos principais problemas que se colocam no presente ao Estado venezuelano são qualitativamente diferentes daqueles que conheceram e conhecem tanto os países desenvolvidos como os subdesenvolvidos. O crescimento econômico recente dos países subdesenvolvidos não reduziu a distância que os separa do bloco de países que constituem o centro do sistema capitalista, os quais já tinham alcançado certa maturidade industrial antes do primeiro grande conflito mundial. Nenhum dos países que se inseriram no sistema de divisão internacional do trabalho como exportadores de matérias-primas e atrasaram sua industrialização até o terceiro decênio deste século conseguiu passar a barreira que separa subdesenvolvimento e desenvolvimento. À Venezuela apresenta-se claramente a possibilidade de seguir um curso histórico distinto, vale dizer, dar o salto qualitativo que separa subdesenvolvimento e desenvolvimento, sem exigir um grande sacrifício de seu povo nem correr o risco de um cataclismo social. Evidentemente trata-se de simples possibilidade histórica, e por isso o êxito ou fracasso finais dependerão em certa medida do nível de consciência que se conseguiu dos problemas e da capacitação técnica para enfrentá-los.

CHEVILLY-LARUE, 18.10.75[14]

Cinco meses no Brasil. Depois de onze anos, um esforço de reinserção. Um balanço. Um *appraisal*. Que reter? Últimas esperanças perdidas? Consciência de ser hoje uma "herança cultural", de ser algo irreversível, que já não pertence *a uno mismo*?

---

14 Em 1975, CF aceitou o convite para lecionar por um semestre na Pontifícia Universidade Católica de São Paulo (PUC-SP). Pela primeira vez foi professor no Brasil. A correspondência da época indica que era seu desejo reinstalar-se de modo mais permanente no país, depois de dez anos de exílio, dividindo-se a partir de então entre Brasil e França. O plano gorou.

Anotemos uns pontos.

1. Uma geração, a minha, perdeu a batalha. Quiçá eu me equivoque, exagere a minha visão interior da realidade. Toda uma geração viveu, lutou, iludiu-se, alimentando-se da ideia de que o Brasil podia ser algo diferente disso que vi. Não há dúvida de que conhecíamos muito pouco o país, particularmente essas regiões de povoamento mais recente que tanta importância viriam a ter. O resultado está aí. Implantou-se um sistema de poder que é essencialmente uma aliança do grande capital, sediado em São Paulo e com fortes vinculações externas, com as chamadas Forças Armadas, mistura de burocracia, partido político e sistema de repressão. O grande capital está organizado em um sistema que está sempre presente, mas que é invisível. Ele manipula a "grande imprensa" e orquestra os "movimentos de opinião", mantém contra a parede o que resta do antigo poder burocrático civil, adula os militares e lhes inocula a ideologia da "grande potência" emergente. Quiçá aí esteja a maior *trouvaille* do grupo dominante: uma ideologia que restitui aos militares uma motivação de grandeza, depois da fase sombria em que eles eram reduzidos a gendarmes da segurança interna. A entrega do petróleo representa a culminação do esforço de instalação do modelo de sociedade implícito no movimento de 64. Para mim foi importante estar lá e acompanhar o processo que levou a essa "vitória" final. Meu sentimento é que essa vitória pesará por muitos anos. Criou-se uma aliança entre um espúrio nacionalismo de direita, que sonha com um Brasil "potência" com sua zona de influência na América do Sul e quiçá na África, e os interesses do grande capital, que deseja continuar a pilhar os recursos naturais do país e a explorar sua população, seu "potencial de mão de obra". Dado interessante é a criação da indústria de armamentos sob a forma de *joint-ventures* com o capital internacional.

2. As experiências recentes de Portugal e da Argentina — em muitos sentidos as duas nações mais próximas do Brasil — reforçam o atual processo brasileiro. De Portugal, no aspecto de divisão das Forças Armadas. O sistema de policiamento interno destes últimos tende a ser levado aos

extremos. O que está ocorrendo na Argentina dá tranquilidade de consciência ao sistema de repressão da sociedade civil. "Estão vendo do que nos salvamos, o que devemos à tão amaldiçoada tortura?"

3. O mundo universitário tende a refugiar-se em um academicismo ou num oportunismo prático. Todos têm consciência de sua irrelevância, com respeito ao que está acontecendo, ao que se está decidindo. Não são necessariamente parte do sistema mas recebem alegres as prebendas que este distribui. A pesquisa se desenvolve e seus resultados de uma ou outra forma serão utilizados pelo sistema. Também poderiam ser utilizados contra o sistema se surgisse a oportunidade. Esta reflexão deve ser suficiente para tranquilizar a consciência de muitos.

Meu otimismo histórico vem de minha formação meio positivista meio marxista. Hoje já não disponho dessas muletas epistemológicas. Contudo, continuo convencido de que no Brasil havia opções. A debilidade da burguesia mercantil, decorrente do controle de muitas atividades comerciais pelos portugueses, a continuidade do Estado, a divisão da classe industrial entre nacionalistas e cosmopolitas, estes e muitos outros fatores contribuíam para ampliar o campo das opções.

A que estão reduzidas, hoje, essas opções? Há um enorme setor público e parapúblico com quadros superiores bem pagos. Mas por que esperar que altos burocratas tenham espírito público? Muitos têm satisfação em exercer o poder, mas esse poder estará enquadrado e vigiado. Outros criam o espírito de corporação como os managers do setor privado. No segundo ou terceiro escalões haverá muita gente com uma ideia distinta sobre "tudo isso". Trata-se aí de uma força potencial, que teria importância em um contexto diverso. Nas condições presentes esse segundo escalão se encontra totalmente isolado e denunciado pela grande imprensa como "estatizante".

A importância dessa viagem está nesta conclusão: já não há nada a fazer, nada ao meu alcance. Quando escrevi um livro como *Análise do "modelo" brasileiro* ainda pensava que estava exercendo alguma forma de poder, pesando por pouco que fosse no processo de decisões. Já não cabe essa pretensão. O sistema econômico está atrelado aos interesses internacionais de forma profunda e dificilmente reversível. Tocar nisso significa ser antipatriota, desviar o Brasil de seu destino de "grande potência". Já se formou uma classe de políticos a serviço desse sistema, políticos que temem eleições. Nada a fazer... Que significa isso? Como evitar que daí venha o vazio, o envelhecimento rápido? A verdade é que nestes anos de exílio eu me alimentei da ideia de que tinha algo a fazer. Tenho de deixar de lado totalmente a ideia de que sou exilado, implantar aqui definitivamente o centro de minha vida. Dedicar-me muito mais à minha universidade, aos meus alunos. Pensar no Brasil como num lugar onde se passam momentos agradáveis. *I have given my contribution...* Desviar o pensamento para a problemática do Terceiro Mundo como um todo. Viajar menos, envolver-se mais na vida de Paris. E já não se sentir tão responsável pelo que se passa aqui e acolá. Trata-se de fazer um plano para uns dez anos de vida. O que resta de vida que ainda vale plenamente. O fim da ilusão da responsabilidade histórica? O começo da velhice? Um pouco de autêntica sabedoria? A verdade é que me sinto bem assumindo este novo papel. Terminarás com esse sentido de urgência que tanto te encurta o tempo. Te deterás mais longamente para ouvir o canto dos pássaros. Já não serás tão inexoravelmente excelente. O tempo vivido te enche as mãos. O que falta vir podes considerar como uma quebra. Para que andar tão rápido se ninguém falha ao encontro final?

CHEVILLY-LARUE, 19.10.75

Veio-me a ideia hoje de escrever um romance sob a forma de um diário de um professor na fase de maturidade avançada que dirige a preparação da tese de uma jovem que investiga um problema limitado e começa ela mesma a descobrir a profundidade de seu assunto, e se encaminha para fazer a tese sobre o próprio professor, o seu mundo de ilusões, o "fracasso de sua geração". O professor seria um emigrado brasileiro e o "fracasso" de sua geração é o ocorrido no Brasil no último quarto de século. O texto se desenvolveria em três planos: o do diário do professor, o da correspondência entre a aluna e o professor, e o dos diálogos entre os dois nas ocasionais entrevistas. A correspondência permitirá que a estudante vá explorando o mundo, descobrindo os aspectos humanos dos problemas abstratos, encontrando o próprio professor como alguém de carne e osso na memória de outros. O diário permitirá perceber que o professor realiza um esforço de autoanálise, se sente julgado pela nova geração. Da autoanálise ele partirá para a autocrítica de todo o projeto de sua geração. O diário aqui comentará muitas das "pesquisas históricas" que terá realizado a jovem. O final poderia ser algo na linha seguinte: o professor escreve uma carta explicando que não está mais em condições de continuar a dirigir essa tese, que deseja passá-la a um colega mais jovem, com mais distância dos acontecimentos etc. Depois, uma carta final dela, com reflexões sobre a vida e os comentários do diário: a vida continua seu curso, os "erros" de uma geração de nada servem aos que vêm depois. Do contrário, como continuar sonhando?

CHEVILLY-LARUE, 11.11.75

Fiz um segundo exercício e a coisa parece que anda. A história contada por outra pessoa abre maiores possibilidades. Ainda não fiz o contraponto dos dois e três planos do discurso. Há uma certa técnica a criar. Não existe a intenção de "inventar" literatura. Trata-se de fabricar o instrumento que será usado para transmitir um depoimento.

O livro também pretende ser uma nova versão do Quixote. Em alguma parte no texto haverá um diálogo que explique isso. Quixote está para a nossa cultura hispânica como Fausto está para a germânica. Fausto é o pacto com o demônio; Quixote é o pacto com a loucura. Esse pacto permite adaptar-se, sobreviver, sem integrar-se, sem renunciar a crer no impossível. O mundo do Quixote é o mundo da lógica do impossível. O impossível são fragmentos da substância do futuro que alguns intuem no presente. Referir-se a Allende, pretendendo ser um "presidente marxista" de uma sociedade burguesa como um exemplar Quixote; o humor negro da CIA que utiliza os operários com mais experiência de luta, os do cobre, para destruir o seu mito. A cena final dele sozinho, de peito aberto, enfrentando os aviões a jato. Referir-se a Fidel tentando o impossível, levando o mundo à beira do holocausto atômico, chorando patético quando verifica que não é uma potência atômica.

Em outro ponto se levantará a questão das ciências sociais como mensagem ideológica acima de tudo. Isso permitirá abordar indiretamente a natureza do livro. Entre *O capital* de Marx e *A comédia humana* de Balzac existem mais pontos em comum, quiçá, do que entre duas teses de *3è cycle*[15] sobre o mesmo tema. São dois esforços bem logrados para entender a sociedade burguesa e testemunhar sobre ela. Balzac era monarquista e Marx socialista, mas os dois estavam fascinados pela sociedade burguesa e fizeram mais do que quem quer que seja para testemunhar. As ciências sociais são em grande parte obras de ficção escritas de forma codificada por conveniência dos que a praticam. As proposições que elas formulam dificilmente são verificáveis. Uma proposição ampla como "a história da humanidade é a luta de classes" é demasiado ampla para ser desprovada, portanto não tem significação *científica*. É a capacidade de influenciar os espíritos que, no caso, intervém. Mais precisamente: veja-se a nova teoria monetária; nenhuma das proposições formuladas por Friedman é passível de verificação. Isso permite que ele seja usado como material para alimentar o debate ideológico.

O espírito do Quixote é a sedução do impossível. Referir-se ao contraponto risível desse espírito com a escolástica doutrinária. O vaivém das querelas. A necessidade de ir *más allá*. F. luta contra esse espírito, luta que encontre a sedução profunda que sente. *Malgré* as muralhas racionalistas com que se protege, sua vida é um diálogo sem fim com o espírito do impossível. Sem querer, a contragosto ele contribuirá para

15 Tese de doutorado.

reforçar esse espírito em S. Quando S. for dada por desaparecida, sua consciência de culpa crescerá. A parte final do livro será apenas o seu diário. Quando a consciência de culpa se aproximar do patético, ele procurará defender-se com a ideia de que sofre porque em realidade a amava e jamais quisera reconhecer. Mas não seria o amor uma forma de escapar da confrontação com o impossível? Fora do Quixote, que existe? Idiotice, idiotice! Na última página do diário: "Nota para a *concierge*: 'O professor partiu em missão, sem data marcada para voltar'". "Deixar uma nota à *concierge*: '*Monsieur le professeur est parti en mission. Retour imprévisible*'."

SOBERBO, 2.8.76[16]

As coincidências. Poucos dias depois de haver feito conjecturas, mamãe telefonou-me para dizer que Francisca, a preta que ajudou a criar-me, havia escrito (por intermédio de outra pessoa, pois é analfabeta) pedindo que lhe enviasse alguma ajuda financeira, vai operar-se da vista. Eu havia perdido a memória dessa pessoa, e me surpreendeu que estivesse viva. Explicou-me mamãe que ela não teria muito mais de setenta anos, que era uma negra enxuta, bem conservada. Conversa vai, conversa vem, pude reconstituir alguns aspectos de meu primeiro ano e meio de vida. Francisca fora contratada para ajudar em casa uns poucos meses antes de meu nascimento. Era uma negra jovem, sólida, sem seios, algo assexuada. Toda a sua vida ela se dedicara a "criar" filhos dos outros. Observando minha irmã mais velha ela teria dito desde o começo: essa não me interessa, mas eu vou criar esse outro que está por vir. E assim foi feito: desde que nasci passou a ocupar-se de mim. Ela dormia a meu lado, e conservava uma mamadeira de chá tépido para consolar-me em

16 Soberbo, ou Vistas Soberbas, ou Vista Soberba (ou simplesmente V. S., como aparecerá no diário de 23 de junho de 1985), é o nome da localidade onde CF tinha um apartamento, no Alto da Boa Vista, Rio de Janeiro.

qualquer momento da noite. Durante o dia eu estava sempre a seu lado, e quando comecei a engatinhar ia para a cozinha descendo dois degraus para estar perto dela toda vez que lhe cabia ajudar no fogão. Quando eu tinha um ano e alguns meses ela foi-se, bruscamente, "sem razão". Esses os dados objetivos.

Mas convém aproximá-los de outras informações referentes ao contexto. Mamãe engravidou dois meses depois de meu nascimento, e eu não mamei mais de três meses. Minha irmã aparentemente teve uma enorme crise de ciúme com meu nascimento e passou a exigir uma atenção total de minha mãe. Assim, entre o ciúme obsedante da irmã e o mal-estar do novo que era gerado, eu me situei como em um vazio. E esse vazio foi aparentemente preenchido pela negra Francisca. Que haverá representado para mim o desaparecimento dela? Por que ela terá ido embora? Meu irmão mais moço morreu quando eu tinha apenas quinze meses. Será que mamãe procurou recuperar-me, passou a ter ciúmes da negra depois da morte do mais novo? Não sei se mamãe teria resolvido o "seu" problema. Mas como não imaginar em mim um processo traumático? O brusco desaparecimento do objeto em que se fixa a afeição, de onde vem o conforto, o apoio. Seria Francisca afetuosa? Estando privada de outra qualquer atividade afetiva, é de admitir que sua dedicação à criança que tinha ao lado mobilizasse o melhor do seu ser. Mamãe evidentemente não poderia substituí-la. Havia a minha irmã mais velha, havia o recém-falecido, havia os ciúmes obsedantes que lhe despertava papai. Demais, mamãe nunca exteriorizou afeto.

PARIS, 2.10.76

De regresso do Brasil, de uma estada de algo mais de três meses. Que diferença em um ano. Onde encontrar a raiz desse desvio no processo histórico? Pois se trata bem de um desvio. É claro que todo sistema rígido de dominação se desgasta, particularmente numa sociedade exposta à rápida transformação tecnológica. Também é claro que a transição da expansão para o marasmo econômico engendraria efeitos secundários. Neste caso, com dupla razão, pois a expansão fora "desabalada", às caneladas, como diria Juscelino. Ao secar o oxigênio que vinha de fora, apareceram as distorções, os descompassos, uma economia praticamente incoordenável. Mas de tudo isso poderiam sair coisas muito diversas. A crise de 1929 tanto pôde levar a Hitler como ao Front Populaire, a um enfraquecimento da oligarquia exportadora como ao reforçamento da mesma. A história passa pela economia, mas em direções as mais diversas.

A crise econômica veio exacerbar certas características do capitalismo brasileiro, particularmente a tendência a ampliar a ação do Estado no setor econômico. A "estatização" é um fantasma que está em toda parte a assustar os capitalistas locais, particularmente aqueles que viveram sempre de favores do Estado. Os capitalistas brasileiros, que nunca tiveram "inimigo de classe", hoje se sentem ameaçados pelo Estado, *nodriza* em cujos seios abundantes sempre se ressaciavam. A lógica do sistema agora é visível para quem queira ver: na fase de expansão o Estado cresce, pois é necessário criar os "pré-requisitos", fazer o país atrativo às multinacionais; nas fases de dificuldades também cresce o Estado, pois é ele a fonte de emprego que permite manter funcionando os setores "nacionais" da economia. O que é novo são as implicações sociais dessa lógica, a emergência de novos estamentos, o peso político da tecnoburocracia.

Mais nova ainda a percepção do fato seguinte: na medida em que cresce o Estado dentro desse sistema autoritário, mais espaço político ocuparão as corporações militares, particularmente o Exército, que tende a assumir crescentemente o papel de mentor da sociedade. Estamos aparentemente em face de novas formas econômicas e sociais, engendradas por esse capitalismo defasado.

Tudo isso poderia continuar se arrastando, aos trancos e barrancos, se o Brasil fosse um país sem peso internacional. Vou mais longe: se não fosse esse problema da "nuclearização" que está repercutindo crescentemente na esfera internacional. A influência do essencialmente "político" no plano internacional será crescente, em razão desse problema. A era em que o internacional dependia principalmente de fatores econômicos chega a seu fim. Um Brasil "nuclearizado", o que se pode dar como muito provável dentro de uma geração, terá necessariamente um peso internacional considerável. O equilíbrio interno do "hemisfério" dos americanos terá que modificar-se. Como manter a "ordem" na América Latina se o Brasil não merece a confiança de seus vizinhos? Que será o sistema político brasileiro se as decisões mais importantes, as diretrizes "estratégicas" são tomadas no segredo dos estados-maiores?

O problema central parece ser este: que sistema político vai prevalecer no Brasil? O fato de que o capitalismo brasileiro seja "dependente" não assegura que seu sistema político seja facilmente controlável. Aqui pesa o problema da escala do país.

Já não se discute uma opção socialista, ou seja, um Estado de raízes mais amplamente populares. A considerável expansão da classe média e seu enraizamento nos hábitos de consumo dos países capitalistas ricos constitui o dado mais importante do ponto de vista social. As camadas privilegiadas são agora muito mais amplas, portanto muito mais sólidas as trincheiras de defesa do statu quo social. Também estão longe as ilusões de uma solidariedade irrestrita entre a burocracia civil-militar e as oligarquias. A "teoria" era que, sendo a burocracia "de classe média", na medida em que esta se consolidasse como estrato privilegiado, maior seria sua solidariedade fundamental com o statu quo. Isso tudo ignora que em questões de poder só duas coisas são importantes: a identificação do "inimigo" e a relação de força com os "amigos". No momento em que o inimigo está ativo, ele é o problema principal. Fora daí, são as relações de forças com os "amigos" o que preocupa.

Quanto maior o espaço ocupado pelos militares no sistema político, maior será sua tendência expansiva. No caso do Brasil essa tendência expansiva se sentirá cada vez mais nas relações externas e nas diretrizes estratégicas. As relações com a potência hegemônica terão que refletir essa evolução. O caso da política atômica será seguramente decisivo para testar tudo isso.

Em síntese, eu diria: a aliança entre o grande empresariado e a linha dura militar perdeu seu élan, esgotou-se como viabilidade histórica. Essa aliança começou com a bênção do Departamento de Estado e em seguida teve o apadrinhamento das multinacionais. A bênção foi substituída por condenação: o Departamento de Estado prefere um sistema político mais transparente, mais controlável. O apadrinhamento esfriou: os militares são suspeitos de segregarem.

PARIS, 7.6.77

Cada vez me interesso menos por essas coisas que são o enfeite da vida universitária: congressos, conferências, reuniões em que quase sempre encontramos as mesmas pessoas. Mas se deixamos tudo isso de lado, em que vamos aplicar o tempo? Sempre que não levemos essas coisas muito a sério, não imaginemos que tomando uísque aqui e acolá estamos contribuindo para construir um mundo melhor, o peso não será tão grande.

VISTAS SOBERBAS, 30.8.78

Cada geração vive a própria vida, murada pelas circunstâncias. É quando sai do centro dos acontecimentos que o homem observa a própria vida como história, algo que tem certa coerência, que se cumpre num espaço com limites que com o tempo se fazem mais facilmente perceptíveis. Na fase crucial da redemocratização da sociedade brasileira, que se situa nos anos 1940, as circunstâncias levaram-me a ausentar-me três vezes do Brasil, o que talvez explique o meu envolvimento apenas marginal nesse processo. Fui duas vezes à Europa, como membro da Força Expedicionária Brasileira e para realizar estudos de pós-graduação, e visitei vários países da América Latina na qualidade de economista da Cepal. Dessa plataforma móvel, que me permitiu ver o meu

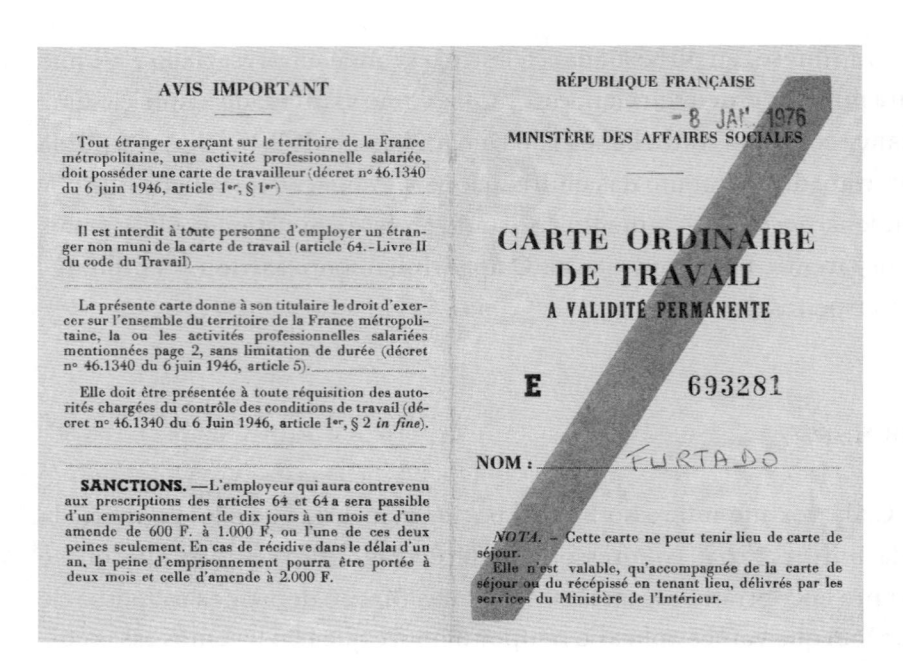

Carteira de trabalho.

próprio país (portanto o meu próprio contexto) de vários ângulos, veio-me uma espécie de tontura ou mareio, ou insatisfação. Que significa a lucidez na observação de um processo histórico, senão a autolimitação do campo de observação? E como ampliar esse campo se a cada posição da plataforma móvel corresponde um corte estrutural diverso? Muitas são as perguntas desse tipo que nos vêm ao espírito. Eu as multipliquei ad infinitum na busca de uma explicação para minha perene insatisfação com respeito à minha forma de perceber os processos históricos que estudava.

VISTAS SÓBERBAS, 31.8.78

Não é fácil explicar até que ponto se viveu confinado intelectualmente no Brasil entre 1935 e 1945. As escolas superiores e mesmo os colégios secundários foram expurgados, não de pessoas com ideias sociais avançadas, mas de todos aqueles que faziam perguntas incômodas. A preocupação essencial era que não houvesse debate, que não se estimulasse a pensar. O acesso a livros menos convencionais fez-se difícil e mesmo arriscado. Por muito tempo uma de minhas aspirações maiores foi ter acesso a um exemplar de *A condição humana* de Malraux. Finalmente pus a mão em uma tradução espanhola, vinda da Argentina.

A esse confinamento cabe atribuir a pobreza do debate na fase de redemocratização. Vinha à tona o melhor liberalismo de antes de 1929. As transformações reais por que passara o país não eram compreendidas, ou eram propositalmente distorcidas. Tudo não passava de distorções, de caprichos da ditadura, que outra intenção não teve senão perpetuar-se. Um começo de reflexão sobre a nova realidade econômica e a necessidade de pensar para o futuro e abandonar os preconceitos do passado surgira em torno a Roberto Simonsen. A indigência do mundo universitário deixava tais iniciativas sem qualquer eco. Simonsen criou em São Paulo uma escola de estudos superiores, mas o seu grupo permaneceu marginalizado pelo academicismo econômico. A linguagem acadêmica da época fundava-se num estrito marginalismo, o que tendia a confirmar a visão do economista no plano microeconômico. Política econômica era uma questão de bom senso, devendo interferir o menos possível com as iniciativas dos agentes individuais. Essa visão da economia produz a impressão de um grande rigor: ao simplificar os problemas (mesmo desnaturando-os), o economista pode assumir a postura de um "homem de ciência", formalizando suas proposições e delas derivando matematicamente novas proposições que ampliam a esfera do conhecimento. A questão fundamental está na leitura da realidade, na identificação dos problemas, a qual pressupõe um quadro conceitual que foi fabricado adrede para orientar essa leitura, expurgá-la. A discussão evidentemente não se colocava nesse nível e sim no terreno escolhido pelos ortodoxos.

A ortodoxia liberal brasileira quiçá haja sido particularmente obtusa pelo fato de ser liderada por pessoas formadas na escola de engenharia.

Algumas dessas pessoas eram ou são de inegável valor intelectual. Mas num ambiente em que as ciências sociais permaneciam com um grande atraso, a ascendência dos engenheiros na economia não podia deixar de ter efeitos deletérios. Num país onde não existiam universidades propriamente ditas — centros dedicados à crítica e à criação de pensamento científico —, era natural que se atribuísse aos indivíduos que dominam certas tendências (como os engenheiros) a auréola de "homens de ciência". Explicar a distribuição de renda pela produtividade marginal do trabalho — e "provar" essa tese com um sistema de equações diferenciais parciais — impressionava muito mais o leigo do que afirmar que os salários estavam condicionados pela lei antigreve.

Imposta a linha demarcatória entre economia como uma "ciência natural" e o "blá-blá-blá" das escolas de direito, estava esterilizado o terreno para toda iniciativa de autonomia de pensamento. Surgiam ideias originais em ensaios, em conferências e mesmo artigos de jornal. Pessoas que tinham acuidade para perceber a especificidade deste ou daquele problema e não estavam peadas pelo medo de "dizer besteira" do ponto de vista da ciência oficial. Mas dificilmente tais ideias interferiam na corrente do pensamento dominante. Não sendo discutidas, testadas num círculo universitário, careciam de autêntico poder germinativo.

Não se imagine que o pensamento ortodoxo inspirava ou orientava a política econômica. Ele apenas impedia que se formasse um pensamento crítico, capaz de analisar essa política e contribuir para desacreditá-la. Mais rigorosamente: ele reduzia a eficácia de todo pensamento crítico que se esboçava, expondo-lhe o caráter amadorístico, "não científico". A ortodoxia econômica não fazia a política, era apenas uma escora das estruturas tradicionais, um cimento do statu quo. Ela também servia para desencorajar o estudo do real. Se numa experiência de laboratório uma lei científica é desaprovada, o mais provável é que a experiência haja sido mal conduzida. Alhures, onde os recursos são infinitamente maiores, a referida lei já foi provada e comprovada. Essa atitude mental transposta para o plano das ciências sociais pode ser desastrosamente inibitória. Ora, a lógica da realidade (nas ciências sociais, mas também nas naturais) é infinitamente mais complexa do que a dos esquemas formalizados. A única forma de captar essa lógica é lidar com a realidade de todos os ângulos, qualquer que seja o grau de discordância entre a realidade apreendida e os esquemas científicos a ela referidos. Uma multiplicidade de dados imprecisos sobre uma realidade pode dar-nos uma melhor visão desta do que o melhor raciocínio de base estritamente analógica.

Um sistema econômico em crise e uma sociedade privada de meios para tomar consciência dos problemas que decorriam dessa crise: eis o retrato da ditadura getuliana. Inexistência de centros de estudo e reflexão sobre a realidade nacional, suspeição em torno de quem abordasse problemas substantivos, retórica bombástica para dar a impressão a um povo desinformado de que os problemas estavam todos sendo enfrentados e que o país estava sendo superiormente dirigido. Certo: a partir de fins de 1939 havia a grande escusa das dificuldades exteriores causadas pela guerra. O magro fluxo de informação foi reduzido quase a nada.

Nesse vazio de informação e de ideias brotou essa estranha forma de tecnocracia que foi o Departamento Administrativo do Serviço Público (Dasp). Era o estado-maior da Presidência, onde estavam reunidos todos os poderes. Um estudo do que realizou o Dasp seria suficiente para apreciar a natureza e o alcance da ditadura getuliana. O Dasp procurou dotar o país de uma burocracia eficaz no rigoroso sentido weberiano: um corpo de executores leais ao príncipe e cegos guardiões dos interesses deste, quaisquer que fossem esses interesses. Rigorosamente selecionados e recebendo um treinamento especializado nas melhores universidades americanas, os técnicos do Dasp vieram a constituir uma casta superior da administração civil. Graças a eles o sistema do mérito foi rigorosamente implantado no conjunto da administração federal e os padrões dessa administração substancialmente elevados. Realizou-se um decidido esforço no sentido de *racionalizar* os instrumentos do Estado, de *taylorizar* (no bom sentido) a burocracia pública. Os especialistas americanos que visitavam o Brasil não escondiam sua admiração e perplexidade em face desse considerável (e bem logrado) esforço no sentido de aumentar a eficiência da maquinaria administrativa. Certamente eles se perguntavam: por que também não se preocupam os brasileiros em formar especialistas em coisas substantivas? Por que tanta preocupação com os meios e nenhuma com os fins? Essas perguntas até hoje não receberam resposta. Haveria por trás de tudo isso um projeto? A proposta de um grupo de submeter os seus meios de controle do Estado e por meio deste da sociedade civil? Ou o Dasp era apenas um sintoma da obnubilação geral da incapacidade de pensar problemas substantivos que criara a ditadura?

O preocupar-se com os meios — e por esse lado exibir eficiência — e impedir o debate em torno dos fins era em realidade a expressão de um sagaz oportunismo: a todo instante se podia mudar de direção, compor novas alianças sem dar a impressão de incoerência. O poder do Estado ia aumentando por toda a parte, mas não a sua interferência nos problemas substantivos. As composições iam se fazendo em cada região ou setor de forma a assegurar a permanência dos grupos melhor situados para reforçar o poder natural. A lógica da concentração do poder e da permanência dos que estavam em cima requeria esse oportunismo com respeito às questões substantivas. Esse oportunismo não entrava em conflito com o liberalismo econômico dos grupos que comandavam a ortodoxia acadêmica. Esse oportunismo era visto mais como inépcia do que como má-fé: "que quer o amigo, este é um país despreparado para autogovernar-se, macacos que saltam de um galho para outro, vivendo *au jour le jour*...". O que irritaria o liberal ortodoxo seria a coerência a partir de falsos princípios, o querer impor-nos uma "má doutrina".

É necessário colocar-se nesse ambiente confinado, em face dessas perspectivas distorcidas, para captar a razão de ser desse antipensamento que foi a doutrina marxista subjacente em muitas das formulações econômicas emergidas nessa época. Digo antipensamento porque o marxismo não foi mais do que uma postura mental de rejeição. O marxismo não chegou a penetrar no Brasil como escola de pensamento, ou como desafio ou estímulo às escolas de pensamento dominantes. Entrou como uma seita, conjunto de textos sagrados que se distribuíam àqueles que queriam iniciar-se, ou seja, entrar para a seção brasileira da Terceira Internacional. Essa iniciação era principalmente feita mediante a leitura de textos de Lênin orientados para a ação. Alguns textos complementares de Marx e Engels eram recomendados para "aprofundar a base teórica". Em nenhum momento esses textos eram debatidos com espírito crítico, ou submetidos a um confronto com a realidade. Eles serviam de pano de fundo para fundamentar a denúncia da prática e da teoria do sistema social existente. Como pretender ignorar que a sociedade era injusta, fundava-se na exploração brutal dos trabalhadores; que o Estado é um instrumento de opressão a serviço dos ricos; que o capital estrangeiro está por trás da miséria em que vive o povo etc. Essas teses preexistiam à penetração do marxismo, foram inicialmente introduzidas pelos anarquistas. Agora podiam ser provadas "cientificamente", com citações convincentes dos "clássicos" do marxismo. O que fazia o Partido Comunista, evidentemente, pouco tinha que ver com textos de "clássicos"; dependia essencialmente da vontade de seus líderes e principalmente da influência que estes tinham na Terceira Internacional. A coerência com a linha traçada por esta era fundamental, mas essa coerência podia ser apenas formal se os líderes tinham real prestígio. Um dos líderes do Partido Comunista nos contou em suas memórias como em uma reunião de cinco minutos, *sem qualquer debate*, toda a direção desse partido foi destituída por instruções vindas da Terceira Internacional. E essa direção estava constituída daqueles que haviam fundado esse partido e o haviam conduzido através de duras lutas durante nove anos.

Essa subordinação do pensamento marxista a um pequeno partido político sectário e sem autonomia de ação é certamente responsável pela pobreza desse pensamento entre nós até período recente. Nos anos 1940 cabia falar de um antipensamento, de uma vacina contra a ortodoxia dominante. O marxismo não servia para explicar isto ou aquilo concretamente. Mas era um eficaz antídoto contra a ideologia dominante: servia para denunciar o "caráter de classe", o "conteúdo ideológico" do pensamento daqueles que se limitavam a sustentar o statu quo. Desta forma, o marxismo era muito mais uma arma de denúncia do que um instrumento para abordar a realidade e elevar o nível de reflexão sobre esta.

Indubitavelmente ele elevava a consciência crítica e apontava para uma reflexão a partir de problemas substantivos. Mas a sua própria ortodoxia, a censura mais ou menos velada que destilava da "linha do partido", castrava a imaginação criadora dos seus seguidores.

VISTAS SOBERBAS, 6.9.78

Ao regressar da Itália em julho ou agosto de 1945 fui surpreendido pela mudança no quadro político: a imprensa liberada de toda a censura e a atividade partidária em plena efervescência. Mas a pobreza do debate era notória. De um lado, os liberais empenhados em condenar o "intervencionismo" da ditadura, causa de todos os males que enfrentava o país. De outro, a "esquerda" com sua coleção de fórmulas capazes de tudo explicar.

KYOTO, 16.11.78

De surpresa encontrei-me aqui com a possibilidade de um verdadeiro *tournant* em minha vida. Há todo um movimento para fazer de mim o reitor da Universidade das Nações Unidas.[17] De todos os ângulos chegam-me as informações. Pelo que me contam altos funcionários da UNU, o reitorado entrou em crise: o atual reitor tem sido acusado, inclusive de público, por sua orientação "trilateral", por ser ligado a uma transnacional americana. Mas também se aproximam de mim, referindo-se a uma "futura cooperação" minha mais estreita com a universidade, pessoas que não perdem tempo com rumores vários, como esse agudo canaden-

---

17 Criada em 1973 por iniciativa de U Thant, secretário-geral das Nações Unidas, a Universidade das Nações Unidas (UNU)estava sediada em Tóquio. Por duas vezes o nome de CF foi cogitado para ser seu reitor, com o apoio dos países do Terceiro Mundo e da Europa. A primeira foi em 1974 (sem nenhum apoio do Brasil, a candidatura não prosperou), e a segunda, em 1978.

se-chinês, Mr. Lin, e os vietnamitas. Pelo que dizem os altos funcionários da universidade, o atual reitor fracassou em interessar financeiramente o governo americano, e essa era a razão de ser de seu mandato. Causa mais profunda: o governo japonês estaria efetivamente mudando de posição no plano internacional, e a orientação do reitor, homem do "trilateralismo", tornar-se-ia mais do que incômoda. Em face disso, trata-se de encontrar alguém que modifique a imagem da universidade, alguém com prestígio acadêmico e credibilidade no Terceiro Mundo. Esse alguém seria de preferência da América Latina, a zona mais homogênea do Terceiro Mundo, e certamente aquela em que a nova guerra fria URSS-China causa menos problemas.

A primeira reflexão a fazer é sobre essa mudança na orientação geral da política japonesa. Um dos mais importantes efeitos da crise econômica mundial será fazer ver aos japoneses que eles nunca entrarão no clube dos ricos com direitos iguais. É dentro desse quadro complexo que se coloca o problema do reitorado da UNU e a candidatura de alguém que pode conciliar muitas tendências, que têm em comum estar contra a velha ordem econômica mundial. É algo a pensar. A vida de um homem para algo deve servir.

PARIS, 9.12.78

Passou ontem o José Maria[18] e me levou para almoçar com o Brizola. Esse J. M. reencontrou o seu caminho: dedicar-se a alguém com real capacidade de liderança. E essa capacidade não falta ao B. Recordo-me dele em Nova York, chegando do Uruguai: era todo perplexidade, sem saber onde pisar. Hoje ele já se reencontrou, assumiu o seu papel. E esse papel tem um aspecto que me parece altamente positivo: o empenho de reconduzir toda essa moçada que viveu o delírio da guerrilha (as vítimas da paranoia de Castro-Guevara) ao terreno concreto da política.

18 José Maria Rabelo (1928-), jornalista, exilado, dirigia em Paris a Livraria dos Países de Língua Espanhola e Portuguesa.

Essa tarefa tentou-a o PC alguns anos atrás, sem êxito. Perdido o seu conteúdo utópico, que atração pode exercer o PC na juventude? O longo debate destes anos vacinou esse pessoal contra as fórmulas simplórias que antes passavam por "socialismo científico". E que oferece B.? Talvez uma simples escapatória, uma escusa. Mas também uma possibilidade de reinserir-se na ação a médio ou mesmo curto prazo. Em todo caso, ele é o primeiro líder que se preocupa com essa rapaziada. Dir-se-á que o trabalho que ele faz é de puro populismo, usando um discurso que se acomoda às conveniências. Mas como abordar problemas substantivos com pessoas que conhecem apenas os subterrâneos da vida política? Que começaram a vida vacinando-se para não ver a realidade? B. é dessas pessoas que põem o pensamento a serviço dos próprios desejos. Ele meteu-se na cabeça uma imagem favorável do general Figueiredo. Fala de boas referências que dele teria feito o Jango, que o teria encontrado duas vezes. Por outro lado, tem uma impressão desfavorável do general Euler.[19] Este teria sido muito inábil no Rio Grande do Sul, onde teria omitido o nome de Vargas ao referir-se a grandes próceres da República. Confirma-se a impressão que guardei de nossas conversas em Nova York: a sua preocupação central é a relação de forças dentro do MDB, a luta contra a direção deste. Trata-se de ocupar um espaço político, e este ele o disputará a outros elementos do MDB. Se a transição se vai fazer sob controle de Figueiredo (ou do grupo Figueiredo), em mais de um momento a aproximação com este pode impor-se. Não se trata de desempenhar o papel que Golbery já atribuiu a Ivete Vargas. Trata-se de não perder de vista os objetivos a longo prazo. Sob essa luz a figura de Euler só apresenta aspectos negativos, pois é uma liderança alternativa com projeções nas áreas "progressistas" e "nacionalistas". Falou B. da falta que agora faz uma grande personalidade *au dessus de la mêlée** (ele citou o nome de Oswaldo Aranha como referência no passado), capaz

---

19 Euler Bentes Monteiro (1917-2002) apresentou-se em janeiro de 1978 como candidato a presidente da República, em desafio ao general João Figueiredo, candidato oficial. Sua candidatura foi articulada pelo ex-ministro Severo Gomes.

* Acima das disputas.

de unir o país, ou melhor, de servir de catalisador num processo de reconciliação. Lembrei-me daqueles grandes momentos históricos da política do Rio Grande do Sul: a bancada gaúcha unida e de pé pelo Brasil! A figura a que ele se refere já se está oferecendo: o senador Afonso Arinos de Melo Franco! Há pouco ele dava uma longa entrevista e conseguia ser ambíguo sobre tudo o que é importante. Sobre o problema da anistia ele estendeu-se em diferenças sutis entre anistia e indulto, para não tomar posição. Dir-se-á que essa matéria amarga também é necessária para fazer política. Mas como evitar uma certa náusea, como escapar à melancolia?

PARIS, 13.12.78

Ontem tive a oportunidade de ouvir Prebisch, no Centro de Estudos do Desenvolvimento da OCDE. O Centro comemorava seus quinze anos e promovia uma grande reunião. Prebisch está bem, mais gordo do que quando o vi em Washington há uns dois anos. A face mais sanguínea do que de costume. Sempre jovial, demonstrando real satisfação em me ver. Falou em inglês, o que lhe tira grande parte do brilho. E falou de pé, como nos grandes momentos, nos velhos tempos. Tratou essencialmente de política econômica, criticando o que poderíamos chamar a doutrina vulgar do desenvolvimento. O crescimento de produtividade, nos países subdesenvolvidos (chama-me a atenção que ele fale de "*developing countries*"), não vai acompanhado da repartição dos frutos do progresso técnico. O mecanismo do mercado opera no sentido de concentrar a renda. Não estão presentes as mesmas forças sociais que nos países desenvolvidos fazem que os salários reais aumentem com a produtividade. Torna-se necessário, portanto, introduzir instrumentos de política compensatórios. Defendeu essa tese (que ele aprendeu com os discípulos dele em anos recentes) com grande ênfase, espantando esse enxame de velhas raposas que rondam em torno das mesas de conferência da OCDE. É um provocador simpático, o Don Raúl: é uma Cassandra nos arraiais da direita. Mas também tem algo de Dom Quixote, que o faz simpático. Deve ser um cético de um tipo muito especial. Não creio que ele seja movido por nenhuma força ideológica, que lhe preocupe realmente a sorte desse ou daquele povo. Mas se sabe um homem do Terceiro Mundo, alguém que sempre terá que lidar com outros que por trás de si têm poderosos países. Há algo de vingança pessoal na forma como ele trata com essa gente. Gosta de fazer susto, de rir na cara de gente carrancuda. Eu me perguntava se ele é hoje mais "progressista" do que foi três decênios atrás quando deu a grande briga da Cepal. Creio que não. Mas o extraordinário é que ele não seja mais conservador. Em todo caso, ele faz uma enorme inveja a muita gente da geração dele, e mesmo muito mais moça, pelo fato de que se mantém presente, continua sendo ouvido, ainda dá susto em muito funcionário do Departamento de Estado e põe em pânico muito burocrata internacional. Em todo caso, é um prazer ouvi-lo.

Conheci hoje o matemático René Thom, teórico das catástrofes, numa conferência no Collège de France. Tratou-se de um ensaio de trabalho interdisciplinar sobre o tema "Stabilité et instabilité dans les structures sociales". Numa primeira fase, o historiador Krzysztof Pomian fez um *exposé* sobre hierarquias sociais. Da observação da história ele deriva o conceito de "paradigma de legitimidade", em que se funda a estabilidade do poder. Este é gerado por quatro forças primárias, que estão em interação mas se apresentam finalmente como uma estrutura. A primeira dessas forças emerge de um elemento "invisível" que é a personalidade mesma da sociedade. Os outros elementos são a violência, o controle dos meios de produção e o controle da informação (dos objetos portadores de significados).

Esse quadro deveria servir de base a René Thom para estabelecer um *scénario* de ruptura de um sistema de poder. O perfil clássico teria sido a ruptura de uma monarquia hereditária por um movimento revolucionário do qual surge um governo instável, que é sucedido por uma ditadura de direita ou de esquerda, daí emergindo uma restauração etc. Através de uma série de modelos topológicos relativamente simples, ele tratou de mostrar como mudanças bruscas podiam ocorrer substituindo-se um governo de extrema esquerda por outro de extrema direita, um legítimo por outro ilegítimo e vice-versa. Ele trabalhou com três eixos de hierarquia de poder — violência, meios econômicos, meios semióticos — e duas fontes de prestígio, o social ou paradigmático e o individual ou carismático.

O debate, que se seguiu ao *exposé* de Thom, refletiu a predominância de historiadores na audiência. A preocupação principal era com a verossimilhança histórica do *scénario*. Fiz umas perguntas visando a desviar a atenção para os fundamentos do método cognoscitivo que estava sendo exposto. Ao introduzir o conceito de processo, ele estava superpondo a uma análise estrutural (visão da sociedade como uma estrutura de prestígios ou de poder) o princípio da causalidade, o que implicava introduzir o conceito de tempo. As implicações desse passo são consideráveis, pois o tempo histórico não se reduz ao cosmológico. Thom concordou com tudo isso mas tratou de evitar toda discussão nesse terreno. Terminou me desarmando com esta observação: "*Ah, vous savez... Je suis un mathématicien... Je m'amuse en construisant ces modèles... C'est tout*". Assim, o verdadeiro criador não é senão um artista.

RIO, 25.12.79

Que quadro tão melancólico é o que nos apresenta este país. A situação econômico-financeira é extremamente grave, mas o governo não faz outra coisa senão enganar o povo. E também enganar os empresários, aparentemente desejosos de se deixar enganar, ou pelo menos temerosos de ver a realidade. Tudo é falso: o tal "modelo" econômico, o liberalismo que encobre uma intervenção sob a forma de subsídios que alcançam níveis inconcebíveis. O despudor em permitir o assalto aos cofres públicos não tem qualificação. E ninguém dá maior atenção a tudo isso. O objetivo único é conservar o poder e dar a impressão de que o país somente irá adiante se essa impostura de política econômica liberal é mantida. Que pretende essa gente? Provocar o caos para impor uma camisa de força ao povo, agravar a concentração de renda, aprofundar a miséria do povo? Até quando se prestarão os militares a servir de instrumento a essa gente? E que opção se poderia apresentar a tudo isso? As oposições estão fragmentadas e absorvidas pelo jogo da pequena política. Em realidade, o espaço oposicionista está sendo mais e mais ocupado por esse partido de banqueiros, que não pode ser mais do que uma falsa opção. Essa gente no poder, o que poderá ocorrer a partir da segunda metade do ano que vem, teríamos uma recessão ao estilo do FMI, o que significa três ou quatro anos totalmente perdidos e consolidação das estruturas autoritárias.

Melancólico espetáculo o que dão os economistas, perdidos em dimensões tecnicistas sobre a "coerência do *pacote*", quando o que interessa são os fins, aonde vamos.

Eu me pergunto que contribuição poderia eu dar em tais condições? Sou tentado a pensar que nenhuma. Por toda parte domina um clima de corrupção e de inconsciência com respeito aos interesses das maiorias.

RIO, 26.12.79

Não é de meu gosto botar no papel reflexões íntimas, pois elas são *très souvent* uma simples cortina com que nos encobrimos, ou meros *wishful thinkings*. Mas este ano que se encerra foi realmente algo inesperado para mim. Por um lado, desliguei-me da universidade onde ensinava desde 1965. Já nada me dizia esse tipo de atividade escolar. Por outro lado, a evolução no Brasil se acelerou e as coisas se tornaram mais transparentes. Quando a política volta a ser uma arena de predadores ou uma pista de carreiristas, eu percebo que aí muito pouco tenho a fazer. A ilusão de que o país amadureceu politicamente logo se desvane-

Rosa Freire d'Aguiar e Celso Furtado no Jardin des Plantes. Anos 1980.

ceu. Deve haver faixas em que houve uma mudança qualitativa, para melhor. Mas essas faixas ainda são invisíveis. A velha classe política emergiu com os seus cacoetes, e a opinião pública tende a afastar-se, predominando o cinismo e o ceticismo. Agora as coisas ainda são piores do que na fase pré-64 porque o centro da cena está ocupado por militares ignorantes ou maquiavélicos e por tecnocratas travestidos de estadistas e aventureiros disfarçados em tecnocratas. Engana-se o povo da maneira mais descarada.

E essa coisa inesperada e gratificante que foi haver encontrado R. É redescobrir o maravilhoso das coisas simples. Que coisas belas se redescobrem e se reencontram, esquecidas ou perdidas que estavam. O tempo recupera espessura e solidez. O maravilhoso labirinto de surpresas que é a outra personalidade que nos seduz e embriaga. Dizer que isto aconteceria neste final de decênio, que para mim foi a mais dura das caminhadas!

Relação e interação entre o medo e a coragem. Compreender que o medo e a coragem são pulsões autônomas em uma pessoa. Ter coragem é independente de ter ou não medo. O medo é possivelmente menos estrutural no caráter do que a coragem. Traumas da infância podem engendrar uma raiz permanente de medo, como é o caso do medo que é a manifestação da insegurança. A coragem surge neste caso como uma força neutralizadora do medo. Em outras condições a coragem pode manifestar-se com total limpidez.

PARIS, 5.8.80[20]

A ideia de criar condições que propiciem a felicidade humana mediante um esforço de engenharia social já se encontra claramente estabelecida em Platão. Mas somente em nosso século se pode afirmar que a história dos homens está condicionada de forma significativa por projetos de transformação das estruturas sociais que pretendem fundar-se num conhecimento objetivo da sociedade. Supondo dispor de um conhecimento da história que o capacita para captar os sinais anunciadores do futuro, na medida em que este vai sendo gestado pelo presente, o homem deste século pretendeu assumir o papel de autor consciente da história.

O autor dos *Diálogos* nos conduz implacavelmente a duas conclusões: a felicidade dos homens depende em grande medida do quadro social em que estão inseridos; dada a natureza compósita da estrutura dominante, a tendência que prevalece é à degradação das instituições, mesmo quando estas correspondem ao logro da felicidade. A *República* não é

20 Estas foram as primeiras notas de CF para um livro sobre o socialismo e as experiências de engenharia social no século XX. O projeto não se concretizou, mas ele desenvolveu o tema em alguns capítulos publicados em *Os ares do mundo*. Ver *Obra autobiográfica*, op. cit.

outra coisa senão a demonstração sistemática da contradição que existe entre a necessidade de afirmação pessoal do indivíduo e a perfeita harmonia social. Aqueles que controlam o poder — os governantes e os guerreiros — teriam que renunciar às ideias de família e de propriedade.

ULAN BATOR, 12.8.80

Um mundo que requer observação, dada sua peculiaridade.[21] Esta era uma sociedade que se reproduzia secularmente sem maiores modificações e foi bruscamente transformada a golpe de voluntarismo político. Um punhado de pessoas absorveu um marxismo-leninismo simplista que tinha explicação para tudo e estava movido por um profundo espírito messiânico. Dado um apoio externo que o fazia onipotente, empenhou-se em destruir toda uma cultura a fim de transformar a sociedade e catapultá-la do "feudalismo ao socialismo". Uma realidade imensamente complexa foi reduzida a algo simples e transparente mediante o simples uso da palavra "feudalismo". Um povo de pastores que desenvolvera uma complexa cultura nômade foi submetido ao "desenvolvimento", isto é, forçado a adotar formas de vida urbana, a industrializar-se, a vestir-se engravatado. De tendas móveis, que o homem fazia e desfazia adaptando-se às condições do meio, seguindo o ritmo da natureza, foram transportados para pequenos apartamentos, em grandes e monótonos blocos de concreto armado. A tenda (*yurt*) estava aberta sobre os grandes espaços e o homem locomovia-se nesses espaços a cavalo. Agora empilhado em pequenos apartamentos e locomovendo-se de ônibus que são latas de sardinha, esse homem dá a impressão de sonambulismo, de apatia, de mal representar um papel. Adicione-se a isso que esta era uma sociedade teocrática. O budismo lamaísta era muito mais do que uma religião no sentido corrente. Grande parte da população vivia imersa na

21 Em 1924, sob influência da Revolução Russa, a Mongólia passou a ser uma república popular socialista, alinhada com a política da União Soviética.

religião, ou seja, pertencia à classe dos lamas, o que significava adotar uma certa forma de vida em que o espiritual primava sobre todos os demais aspectos da vida humana. Assim a cultura era não cumulativa e voltada para o contemplativo. Daí resultava uma sublimação do sexual que deveria contribuir para estabilizar a vida nômade, o prolongado isolamento da unidade familiar submetido à transumância. Ora, o budismo foi erradicado, submetido a uma "solução final", como expressivamente o explicou um professor universitário. Os monastérios foram fechados. Pude visitar um deles, que era uma comunidade lamaísta de cerca de mil indivíduos ainda nos anos 1920 quando foi fechado. Tudo isso foi visto como "ópio do povo", como algo daninho que impedia a população de "aspirar ao progresso".

Trata-se de um genocídio cultural praticado pelo Ocidente? Ora, esses genocídios, quando os houve, foram feitos para abrir espaço à penetração do capitalismo, para criar mercados. O que aqui se diz é que tudo foi feito exatamente para evitar essa penetração e "ascender diretamente ao socialismo". Tudo foi feito conscientemente, para que o homem seja mais feliz. Para liberá-lo do "obscurantismo do passado". Os homens que realizaram essa obra lutaram pelo poder e nisso não têm originalidade. Mas a eficácia que tiveram somente se explica pela ideologia que haviam absorvido, ideologia essa que também vinha do Ocidente: a fé no progresso, mesmo que ele seja imposto a ferro e fogo. Essa ideologia lhes foi inculcada pelos russos, que por esse meio lograram arrancar o país à órbita de influência chinesa e submetê-lo à própria influência, como um simples protetorado.

Não se trata de especular se o país tinha melhor opção, pois é mais ou menos evidente que de uma ou outra forma ele continuaria sob dependência externa, neste caso dependência da China. Ao passar para a órbita soviética, a identidade nacional pôde de alguma forma ser preservada. O que interessa assinalar é a eficácia da dominação externa quando a ideologia que legitima essa dominação impõe um modelo de transformação global da sociedade. Neste caso é toda a cultura que pode ser desarticulada. Nada impressiona mais aqui do que a total ruptura com o passado. O processo de modernização é sobreposto, como um dente artificial que é implantado após ter sido destruída a raiz do natural. Esse dente artificial é uma contrafação pobre da cultura material do Ocidente na forma medíocre em que esta se apresenta na Rússia contemporânea. Nada fica para lembrar que este foi um povo nômade que criou uma cultura própria essencialmente voltada para a integração do homem à natureza. O fato de que se haja abandonado a forma imemorial de escrita, para adotar o alfabeto cirílico, contribui para dar nitidez à ruptura no plano cultural: as novas gerações já nada entendem de tudo que se escreveu no passado.

Será essa ruptura assim tão completa e tão definitiva? Que capacidade criativa teria esse pequeno povo, transformado em força de trabalho disciplinada no quadro de uma civilização industrial que tem seus poderosos focos criativos no outro lado do mundo? A obsessão pelo momento é ser moderno. Visitei uma fazenda do Estado, onde se cultivam mais de 20 mil hectares, tudo mecanizado. As poucas observações que pude obter sobre precipitação, natureza dos solos, rendimento por hectare etc. puseram em evidência que se trata de uma experiência de resultados duvidosos. Fiz a pergunta: por que não praticar uma agricultura distinta, com base na tração animal, posto que existem tantos cavalos no país, os prados naturais são abundantes e a população está tão afeita ao manejo do cavalo? A resposta foi dada sem titubeios: "A agricultura mecanizada é mais racional". Que sentido terá para eles a palavra "racional"? Quiçá tenha um sentido meio mágico de porta aberta ao que é melhor. Ora, essa agricultura mecanizada somente se estabilizará se obtiverem um excedente em outro setor para pagar essas máquinas que lhes manda a União Soviética. É possível que esse excedente (e essas divisas) venha do setor mineiro que começa a desenvolver-se e parece muito promissor. Como o setor mineiro é simples prolongação da economia soviética, a modernização da agricultura servirá para aprofundar a dependência do exterior e acelerar a transformação do campo, onde a persistência do passado se afigura uma ameaça. Também visitei uma cooperativa de *arats*, pastores do tipo tradicional. Aí o cavalo é rei.

Visitar a China pela primeira vez é uma experiência desnorteante para o ocidental. Que vastidão e que permanência! Como foi possível unificar culturalmente essa quarta parte da humanidade? De onde surgiu essa ideia, que cedo frutificou, de que existimos nós (os chineses, os han) e os outros, e que a linha demarcatória deve ser tão nítida que, onde possível, assumirá a forma de altíssima muralha? E essa outra ideia de que a China é o centro do mundo, de que é completa nela mesma, nada tem a receber do exterior? Em realidade foram os "bárbaros" — uma dinastia de mongóis — que abriram a brecha pela qual Marco Polo os espiou.

Haverá na cultura chinesa algum traço que a diferencia das outras grandes culturas e civilizações? Um ponto merece reflexão: a China não gerou religiões do tipo das que vieram a prevalecer no Ocidente. A única corrente religiosa presente na cultura chinesa é o budismo, que já é rejeitado e combatido desde o século IX. Inexistiu uma casta de sacerdotes mediadores do poder político. O núcleo central da experiência religiosa permaneceu sendo o culto dos mortos. O gênio de Confúcio consistiu em traduzir uma ética familiar em normas de convivência social.

Gostaria de poder relatar o que ando fazendo por aqui, mas não é fácil. É como se tivesse de cantar uma música e não soubesse em que tom entrar. A política aqui nada tem que ver com a temática que nos preocupa quando pensamos em "política". Ontem os jornais publicaram uma fotografia de uma escola, que a polícia destruíra a pedido de um latifundiário, para confirmar que a terra lhe pertence e não a uma comunidade camponesa que dela tem a posse. Isso está entre os *faits divers*, não tem repercussão política. Todo mundo está descontente e gostaria que "isso" mudasse, mas não relaciona os privilégios de que desfruta com "isso aí".

Os que estão na oposição são em geral pessoas que foram prejudicadas em suas pretensões a alguma coisa, ou que têm rivalidades com outros que se apossaram do controle do Estado. Os jornais estão cheios de intrigas sobre se fulano ainda é candidato a alguma coisa, se beltrano insiste neste ou naquele propósito.

A minha presença aqui tem algo de insólito. Como eu somente sei falar sobre problemas substantivos, o que eu digo é aprovado por todo o mundo. É como se nada disso tivesse que ver com a "política". Por outro lado, as pessoas que falam dos problemas substantivos o fazem num plano diferente, com referência a situações muito concretas, de confrontação com este ou aquele chefete ou coronel. Essa gente também me ouve, uns entre maravilhados e descrentes. O pessoal ligado à Igreja católica, possivelmente o melhor porque diretamente preocupado em organizar o povo e conscientizá-lo da situação de explorados, com frequência tem uma visão maniqueísta. A tendência é a de imaginar que o socialismo "real" é um grande avanço, que ali "todo mundo tem emprego e come". Aquela história de fabricar meninos gordos, como ideal social.

É natural que a gente pense: o que é que estou fazendo aqui? É fácil encontrar mil razões para dar as costas a tudo isso. Quando começam as longas conversas, baseadas em hipóteses mais ou menos convenientes, sobre se acontecerá isso ou aquilo, eu me fatigo e tenho um desejo imenso de que tudo isso seja um sonho, que já termina. Talvez busque redimir-me de pecados que imagino haver cometido.

Todas essas ideias me vêm mas não me convencem. Há coisas que a gente tem de fazer, ainda que não consiga explicar. Passei toda minha vida dizendo que o mundo pode ser melhor, que há algo a fazer em cada momento. Escrever livros pode ser a única coisa a fazer, em certos momentos. Noutros cabe arregaçar as mangas e carregar peso. Sinto que sou a pessoa que pode introduzir um catalisador nesse marasmo e restituir um pouco de ânimo a muita gente que desesperou de ver isso mudar.

Cheguei por aqui e encontrei tudo parado: aproximação do Carnaval, otimismo confortável com respeito à Copa do Mundo, férias, recesso parlamentar. *Par dessus le marché*,* adiada a reunião parlamentar em que eu deveria falar.

E tudo isso não é o mais importante. A verdade é que a vida política se está esvaziando a olhos vistos. A tal "incorporação" é a única coisa que preocupa os políticos da oposição. A coisa na Paraíba está evoluindo para me *caser*** numa sublegenda de senador. Nessa hipótese o meu nome poderá ser utilizado sem que ninguém no bloco PMDB-PP corra qualquer risco. Na melhor das hipóteses eu sairia como suplente de um senador que nunca larga o cargo porque só tem mesmo isso. A ideia de ver meu nome sendo utilizado para legitimar a candidatura de Mariz (há pouco candidato arenista a governador biônico) e de João Agripino (sem comentários) a deputado federal não é nada confortante para mim. Não tenho dúvida de que donos de currais de votos despejariam toda a votação no Cunha Lima[22] e eu teria de contentar-me com o "voto consciente", que nas eleições nordestinas não passa do *supplément d'âme**** que tranquiliza as consciências. Outra possibilidade seria a minha candidatura a deputado. Neste caso o voto consciente poderia eleger-me, mas em prejuízo de gente como o Octacílio de Queiroz, a quem se dirige atualmente esse voto. Se a direção do PMDB me apresentar para deputado será para fazer dano a Octacílio e mesmo a Marcondes.[23] O meu problema, por-

* E ainda por cima.

** Encaixar, colocar.

22 CF foi sondado para disputar um mandato de senador ou mesmo governador da Paraíba em 1982. Antonio Mariz (1937-1995) era o indicado do PMDB para suceder ao governador Tarcísio Buriti. João Agripino (1914-1988) ocupou vários cargos na política estadual e nacional e foi um dos fundadores do Partido Popular (PP) na Paraíba. Ronaldo Cunha Lima (1936-2012), cogitado para o Senado, elegeu-se prefeito de Campina Grande, pelo PMDB.

*** Literalmente: suplemento espiritual. Ou: apoio inefável.

23 Octacílio de Queiroz (1913-1998) disputou a reeleição para a Câmara dos Deputados. Marcondes Gadelha (1943-) elegeu-se senador pelo PDS.

tanto, é bem mais de *politesse* com os amigos que me convidaram para ingressar na política paraibana. Ademais, o que no *milieu* se diz *politesse* noutros meios se chama *honneur*.

Invadiu-me um grande pessimismo com respeito ao que é possível fazer neste país. Se a vida política se resume aos problemas da própria classe política — quem vai ser candidato, como livrar-se do chaguismo, como deixar passar pela garganta João Agripino e *tutti quanti* —, como imaginar sair disso que aí está? Como evitar que a nova geração se refugie no cinismo ou na droga? No nosso país existe uma espécie de fatalismo inconsciente. Essa história de que os problemas se resolvem de noite, enquanto os brasileiros dormem... Mas a verdade é que se o país é isso que aí está, essa mistura de miséria e desperdício, é porque há muita gente interessada em que a política continue a ser o que é. O que para uns é fatalismo, para outros é sentimento de impotência. Na prática pode dar. na mesma coisa. Mas uns dormem tranquilos, enquanto outros se arrancam os cabelos de desespero.

Há vinte anos, quando me meti nessas brigas, as coisas eram mais claras. Havia a elite que tudo decidia e o povo esquecido. Quando se dizia "isto é assim", não havia por que duvidar. Agora tudo é ambíguo porque a classe média, que acumulou enormes privilégios, se considera "prejudicada", "explorada". Como os que pensam, escrevem, "fazem opinião" são todos de classe média, a confusão é geral. Essa confusão impede que se enxergue o que é importante. Cria-se um mundo de gente que vive em revolta contra falsos problemas, que se agita sem direção.

PARIS, 15.12.82

A distância de 1/3 de século abre uma perspectiva suficientemente ampla para que coisas, pessoas e fatos, mesmo os mais extraordinários, assumam suas exatas proporções. Mas quando olho retrospectivamente para a segunda metade dos anos 1940, não posso deixar de maravilhar-

-me com a riqueza dos acontecimentos, como se o horizonte do possível se houvesse rapidamente ampliado.

O decênio anterior, marcado por devastadora depressão e pelo avanço dos totalitarismos, havia deslocado as estruturas mais estáveis. Por todas [as] partes, o Estado ampliara consideravelmente suas funções, e o que mais preocupava era encontrar uma base nacional em que fundar essas funções. A ideia de plano se afigurava como a chave para conciliar os objetivos necessariamente conflitivos da vida social.

O mundo fora devastado pela longa depressão e por guerras devastadoras, mas sabíamos em que direção devíamos marchar. A mudança qualitativa que significava para a civilização o advento do poder nuclear escapava a quase todo mundo. Havia demasiadas coisas que fazer. Tomava-se consciência do imenso atraso acumulado em vastas áreas do mundo. Os impérios coloniais começavam apenas a desmantelar-se. Grande parte da Europa teria de ser reconstruída. E uma geração sacrificada estava exigindo que se valorizasse o presente. A reconstrução também se dava no nível das pessoas. Que sociedade? Que vida? Que futuro? Que presente?

Foi nesse contexto que embarquei para a Europa nos primeiros dias de 1947. Veio-me a ideia de que era nessa área que ocorreriam as coisas mais importantes em minha geração. Interessavam-me tanto a Europa Ocidental como a Oriental. Eu estava convencido de que as matrizes fundamentais da civilização que viria a dominar o mundo permaneceriam na Europa Ocidental. A tendência ainda era considerar os Estados Unidos como parte da vertente anglo-saxônica da cultura europeia. E que seria do mundo se as vertentes latina e germânica dessa cultura viessem a fenecer?

Por outro lado, as experiências socialistas da Europa do Leste despertavam uma enorme curiosidade. Não seria esse o atalho pelo qual a Europa "atrasada" conseguiria recuperar o tempo perdido? Os aspectos mais negativos do bolchevismo, que haviam escandalizado na fase das "purgas", ocupavam agora um segundo plano face ao formidável esforço de reconstrução das estruturas sociais e da montagem de uma nova base material que estavam sendo empreendidos.

Muito havia que ver e aprender. Como não dar graças aos deuses por viver em uma época em que tantas coisas extraordinárias aconteciam? Um decênio antes, em minha adolescência, o mundo parecia desgovernado. As economias estavam desmanteladas, o comércio mundial reduzido à metade do que fora. Os únicos países que floresciam eram os que se armavam para a guerra. O culto à irracionalidade se difundia por toda parte, e povos de velhas culturas, que haviam produzido as mentes mais lúcidas, eram manipulados como marionetes por fanáticos em delírio. Noutros países, não menos desenvolvidos culturalmente, os desempregados se amontoavam por milhões, no mais degradante espetáculo de contraste entre riqueza desaproveitada e necessidades não satisfeitas que a humanidade já havia conhecido.

Agora o mundo marchava todo para a frente. Transformara-se num imenso canteiro de obras, e havia a segurança de que as atividades econômicas podiam ser controladas e orientadas.

BUENOS AIRES, 25.8.83[24]

Estou bastante pessimista com o problema da dívida externa e também como conseguir a vontade política necessária em nossos países para enfrentar esse problema. Perdemos muito tempo, e os que têm o poder real internacional se acostumaram a nos manipular de alguma maneira. Seja como for, embora algo pessimista, tenho que aceitar que é um obstáculo a superar para poder afirmar a soberania nacional e enfrentar, depois, os outros grandes problemas. A realidade do Brasil é diferente da argentina. Cada país tem seu gênio e figura, e se não compreendemos muito bem nossos próprios problemas, é muito perigoso

24 Notas tomadas para um seminário em Buenos Aires sobre dívida externa.

fazer analogias e comparações com outros países. No caso do Brasil estou convencido de que o grande atraso acumulado, que se agravou nos últimos vinte anos, é no plano político, e não há desenvolvimento real sem desenvolvimento político. O desenvolvimento político está intimamente ligado à própria essência de transformação da sociedade. As condições que favoreceram o desenvolvimento das grandes nações capitalistas de hoje em dia não se deram nos países do Terceiro Mundo. Isso aprendemos faz muito tempo, tanto Prebisch como eu, meditando sobre o subdesenvolvimento como uma realidade própria. A dimensão política do Brasil está exigindo uma reflexão nova e um esforço considerável dos que têm a responsabilidade da coisa política, porque as enormes disparidades das condições de vida não constituem apenas um fenômeno econômico, mas político e social. Se não conseguirmos desenvolver nossas instituições políticas adequadas nem criar esse marco que permita que o desenvolvimento das forças da sociedade se faça de maneira mais ou menos equilibrada, parece-me que nosso futuro continuará sendo uma incógnita. Quando me refiro a desafio político falo da organização progressiva de todas as forças sociais, para que participem da estrutura de poder, das decisões, e portanto da apropriação e uso final do excedente social, isto é, do fruto do trabalho de todos. O excedente é um fenômeno social produzido por toda a sociedade mas apropriado por alguns. É na apropriação do excedente que geralmente nos damos conta da política de um país.

RIO, 22.9.83[25]

Zona da Mata do estado de Pernambuco, latifundismo e monocultura. Região de desnutrição por excelência, no quadro do Nordeste. Josué de Castro aí vive e estuda medicina. Jovem, faz uma viagem aos Estados Unidos, onde estuda problemas de nutrição. É a época em que a ciência

---

25 Notas escritas provavelmente por ocasião dos dez anos da morte de Josué de Castro.

da nutrição conhece grandes avanços com a incorporação de estudos sobre vitaminas. Josué volta ao Recife e se empenha em aplicar os seus conhecimentos de nutricionista. É a descoberta de que a fome é um problema antes de tudo social. A *Geografia da fome*, de 1945, dá-lhe uma projeção mundial. Sua grande contribuição é introduzir no campo das ciências sociais o *conceito de fome*. Ou seja: a maior parte das sociedades se organizam de forma a privar uma parte de seus membros — a maioria, em certos casos — do necessário para desenvolver-se fisiológica e psicologicamente.

Esse conceito pode ser medido em termos relativos: a esperança de vida e os coeficientes de inteligência. O que pudicamente se chama de custo social tem embutido um custo fisiológico. Todo o debate moderno sobre necessidades básicas, pobreza relativa e absoluta deriva da linha de reflexão originada por Josué de Castro.

No plano metodológico essa obra instigante abriu o horizonte da interdisciplinaridade. A formação de Josué era a de um médico, portanto ele não tinha percepção das barreiras que separam as ciências sociais. Interessou-se pela geografia humana, passou para a economia, para a demografia, para a ciência política. Finalmente pôde compreender que o estudo da fome deve começar pelo estudo das estruturas de dominação social e por essa forma viciosa de dominação que é a do controle da terra, fonte primária de alimentos. Josué foi um pensador social que não reconheceu as fronteiras convencionais da ciência acadêmica. Na sua forma de pensar, a ciência social deve dar resposta a problemas reais.

A injustiça do exílio. Não era um universitário convencional, desses que se satisfazem com currículos universitários. Necessitava inserir-se na vida real, próximo dos problemas que o preocupavam. Sofreu profundamente o exílio. O convívio com os estudantes de Vincennes foi para ele confortante, trouxe-lhe momentos de grande satisfação. As ideias dele haviam sido pioneiras no campo da ecologia. Os seus livros se difundiram amplamente: mais de 1 milhão de exemplares já haviam sido vendidos por aquela época, pelo mundo afora. Procuravam-no de todos os lados e cobriam-no de reconhecimentos. Mas ele nunca se conformou com o estatuto de exilado. Nas longas conversas que mantivemos sobre esses problemas, ele dizia que sua obra podia ser universal, mas que sua vida, essa estava ligada a coisas muito concretas, ao mundo real de seu país e de sua região. "Antigamente", dizia, "eu pensava que viver em Paris era um privilégio. Hoje sei que nenhum privilégio existe para mim se não posso alimentar-me de minhas próprias raízes."

8. Redemocratização, 1984-1985

Desde a anistia política de 1979, Celso Furtado passou a vir com mais regularidade ao país. Manteve os compromissos acadêmicos na França, algumas orientações de tese na Universidade de Paris I e seminários de economia internacional, mas condensava-os de modo a alongar as temporadas no Brasil. Em 26 de agosto de 1981, filiara-se pela primeira vez a um partido político, o PMDB, liderado por Ulysses Guimarães. Foi este o ponto de partida de uma estreita colaboração com o grupo dos chamados "autênticos" do partido. Envolveu-se ativamente na vida partidária, na elaboração de programas, em campanhas eleitorais, e palmilhou o país em inúmeras conferências e debates. Em 1984, o Brasil vivia o último ano do governo militar, e era amplo o leque de conjecturas sobre o futuro. Derrotada a emenda parlamentar das Diretas Já, iniciavam-se os arranjos para a escolha de candidatos à eleição indireta a presidente da República. Os herdeiros do regime apostavam as fichas em Mario Andreazza ou em Paulo Maluf, ou, como outsider, em Aureliano Chaves; do lado da oposição, o nome de Tancredo Neves conquistava a unanimidade, mas, como se percebe nestes diários, também nutriram leves esperanças presidenciais o governador Franco Montoro e Ulysses Guimarães. Por um dos improváveis casuísmos da política brasileira, José Sarney, medalhão do PDS, braço partidário da ditadura, é que viria a ser o vice na chapa de Tancredo Neves.

O enredo dessa conturbada transição que encerrou dois decênios de regime militar e levou o país à redemocratização, suas composições políticas, a intrincada crise da dívida externa e a montagem sutil da comissão de economistas que auxiliaria o presidente eleito nos primeiros meses de governo, formam a matéria destes diários que mal se estendem por um ano, de julho de 1984 a junho de 1985. Dois meses depois, falecido Tancredo Neves e instalado no Palácio do Planalto o presidente José Sarney, Celso Furtado retomaria o caminho do exterior, não mais como exilado, e sim como embaixador do Brasil junto à Comunidade Econômica Europeia, em Bruxelas. É aí, numa noite de outono, que escreve a anotação que fecha este capítulo: a saborosa conversa com o historiador Fernand Braudel, num encontro em Châteauvallon.

Cheguei de Paris no dia 2, segunda-feira, às cinco da manhã, e segui para São Paulo no mesmo dia. Programa de televisão na Bandeirantes: debate sobre a cultura brasileira, tema que entrou na moda.

Na terça, dia 3, almoço na casa do Luciano Coutinho com o dr. Ulisses e mais o João Manuel e o Belluzzo.[1] O dr. Ulisses parecia um pouco distante. Estava na expectativa do resultado da reunião, em Brasília, do grupo dissidente do PDS. Terminada essa reunião, comunicou-se com Sarney, que transmitiu as notícias frescas de que o rompimento do grupo Frente Liberal com a direção do PDS estava consumado. Isso animou um pouco o nosso presidente. Deveria embarcar para o Rio, a fim de encontrar o Brizola. Depois teria que ver o Tancredo. Em realidade, a cena política brasileira é uma mescla de ballet e de happening: dezenas de "líderes" se esforçando para ter um papel num drama que carece de sentido para todos.

Todo mundo sabe que o PDS, que nunca foi mais do que um biombo para encobrir os cambalachos dos que se apropriaram do poder, já há algum tempo foi comido por dentro pelo sr. Paulo Maluf. A única coisa real que existe é a candidatura Maluf, cimentada em corrupção e considerada uma afronta ao que antigamente se chamava "dignidade nacional". A única alternativa é a candidatura Tancredo, homem de confiança das classes potentes, inclusive dos grupos estrangeiros que seguem de perto o drama que vive o nosso país. Se as coisas são assim claras, por que todas essas tergiversações? Que futuro esperam os senhores Aureliano, Brizola e Lula se assume o Maluf, que tem em torno de si as falanges dos repressores e dos corruptos?

---

1 Os economistas do PMDB mais citados nos diários deste capítulo são João Manuel Cardoso de Mello, Luiz Gonzaga Belluzzo, Luciano Coutinho, Maria da Conceição Tavares, Dércio Munhoz, José Serra e Carlos Lessa. Outros nomes que formavam o núcleo mais próximo a Ulysses Guimarães, com quem CF mais conviveu — e cujo nome grafava com "i" —, são Fernando Henrique Cardoso, Renato Archer, José Gregori, Waldir Pires, Severo Gomes, Pedro Simon, Euclides Scalco, Franco Montoro, Jarbas Vasconcellos, Miguel Arraes, Roberto Gusmão, Fernando Gasparian e Edgar Amorim.

Tratei de convencer o dr. Ulisses de que, se o Tancredo sobe ao poder, o que estará realmente em jogo é o destino do PMDB. O movimento das Diretas Já foi magnífico mas não chegou a mudar o curso dos acontecimentos no que diz respeito ao encaminhamento da sucessão. O povo sabe que o Colégio Eleitoral é uma impostura. Eleito Maluf ou Andreazza, viveremos momentos de grande intranquilidade. Estará aberto um horizonte de incertezas mais tenebroso. A única saída desse impasse é que o PMDB se preste a legitimar uma eleição indireta. Mas para que essa saída seja convincente o partido deverá assumir com a cidadania o compromisso de cumprir um claro programa de governo. Somente o PMDB assumirá plenamente o ônus do futuro governo. Os Brizolas e Lulas, uma vez protegidos pela nova ordem democrática, logo passarão a apontar insuficiências em tudo que se esteja fazendo. Os dissidentes do PDS tratarão de recuperar o domínio desse partido, e para isso terão de manter distância do governo, que precisarão criticar.

Se os ônus do futuro governo vão cair totalmente sobre o PMDB, cabe a este partido desde já definir o seu futuro programa. Não se trata de um programa mínimo, para conciliar inconciliáveis, e sim de uma plataforma coerente. A tarefa de apresentação e defesa desse programa deveria ser assumida por ele, dr. Ulisses. Comuniquei que já havia preparado um texto introdutório, que podia servir de ponto de partida para que uma comissão executasse a tarefa. Ficou decidido que manteríamos uma reserva total sobre o assunto, que as minhas notas seriam distribuídas entre os presentes, que incorporaríamos ao grupo a Maria da Conceição. O grupo deveria reunir-se de novo no dia 9, em São Paulo, para ter uma segunda reunião com o dr. Ulisses, no dia 10. Tudo tem que andar rápido pois a reunião do diretório nacional do PMDB será no dia 16 e aí possivelmente o problema terá de ser colocado.

Na noite do dia 5 tive uma longa conversa com o José Gregori e soube por seu intermédio que o governador Montoro se havia decidido a defender a candidatura de Tancredo no Colégio Eleitoral. Ele, J. Gregori, o havia convencido de que a fórmula para tornar evitável a ida das oposições ao Colégio era Tancredo assumir de imediato o compromisso de, como primeiro ato do governo, enviar uma mensagem convocando a Assembleia Constituinte para 1986, cabendo a esta decidir sobre a duração do próprio mandato de Tancredo. Também me disse que o cardeal Arns estava apoiando a fórmula, o que é importante para acalmar o grupo do PT que atua junto às comunidades de base.

RIO, 12.7.84

Fui para São Paulo no dia 10 pensando em avançar na preparação do programa do partido. Reunimo-nos à noite, na casa do Belluzzo, com o dr. Ulisses. Também estavam presentes Luciano Coutinho e Maria da Conceição. O dr. Ulisses nos apresentou um panorama desanimador das perspectivas de entendimento com os dissidentes do PDS.[2] A intromissão do Geisel no processo teria modificado todo o quadro. O recuo do Aureliano era evidente. A reunião prevista para o dia 11 entre as duas cúpulas já não se realizaria, pois Aureliano decidira não comparecer. Ele também estaria fugindo de Tancredo. Estaria em marcha um recuo para a linha "revolucionária", o que aliás fora denunciado pelo Tancredo na televisão na noite anterior. A ideia pareceria ser forçar o Maluf a apear, e unir o PDS em torno de uma candidatura militar. Dessa forma se barraria a subida do PMDB ao poder. O dr. Ulisses ia desfiando essas coisas aos pedaços, um tanto apático, sem abrir nenhuma alternativa. Tive a impressão de que ele, na verdade, não tem nenhum entusiasmo pela fórmula Tancredo. Um governo imposto ao país, sem qualquer legitimidade, permitiria continuar a luta de cabeça erguida. Ele não afirmou isso, mas que deduzir de sua apatia? Luciano observou que nesse caso não havia sentido em convocar o diretório nacional do partido para o dia 16,

2 Em meados de 1984, formou-se uma dissidência no PDS, contrária à candidatura de Paulo Maluf. Compunha-se, entre outros, de Marco Maciel, Jorge Bornhausen, Guilherme Palmeira e do vice-presidente Aureliano Chaves. Foi o embrião da Frente Liberal, mais tarde PFL. A união do PMDB e da FL deu origem à Aliança Democrática.

pois nada havia a discutir. Dr. Ulisses tampouco demonstrou interesse por essa contemporização. Ele deu a entender que não interferiria na decisão de Tancredo. Mas observou que seria grave para o partido ter que enfrentar um endurecimento, um retrocesso, perdendo o governo de Minas, ou pelo menos o atual governador, cuja autoridade nacional é incontestada.

Saímos da reunião de cabeça baixa. Não tinha sentido pensar em programa nessas condições. Havia que esperar alguns dias. Não pude deixar de refletir sobre o terreno movediço em que pisamos. O PMDB lutou pelas Diretas Já sabendo que essa era uma meta praticamente inalcançável. Agora baseia toda sua estratégia na divisão do PDS, divisão que é um reflexo do trabalho de socapa que realizou o Maluf. E tudo isso foi possível porque Figueiredo é completamente inepto. Se o Geisel conseguisse enquadrar o Figueiredo e assumir o comando por trás dele, todo esse castelo de cartas poderia vir abaixo. É verdade que o PMDB é a única fonte de legitimidade desde que se descartou a eleição direta. Eleger alguém num Colégio Eleitoral do qual estiver ausente o PMDB seria produzir um governo espúrio, com dificuldade para governar, abrindo a porta a um amplo retrocesso ou quem sabe o quê.

No dia 11 pela noite foi a festa do Renato Archer, em sua bela casa em Santa Teresa. Estiveram presentes o dr. Ulisses, o Tancredo, muita gente da imprensa e da classe política peemedebista. A roda do caleidoscópio havia avançado alguns pontos e o panorama era totalmente distinto. O dr. Ulisses já havia acertado a reunião com a cúpula dos dissidentes para o dia 14, em Brasília. A manobra de Geisel parece haver abortado, aparentemente por resistência do Figueiredo. Falei com Tancredo, que me pareceu eufórico. Disse que tínhamos de conversar, que eu devia aparecer em Belo Horizonte. Todo mundo desfiava argumentos para demonstrar que a candidatura Tancredo era irreversível e a única solução.

Tive a impressão de que se confirmava minha suspeita original. A encenação do rumo de Aureliano era uma manobra para reforçar a posição dos dissidentes junto a Tancredo, e este explorava a manobra em benefício próprio reforçando a sua situação dentro do PMDB. Tudo foi deixado para a última hora, a fim de que não se aborde no partido as questões substantivas antes de consumar a candidatura Tancredo. Dessa forma, este chegará ao governo (se chegar) de mãos totalmente livres.

Que papel poderá caber-me nesse processo? Minha impressão é que a renegociação da dívida será confiada a uma comissão interministerial sob a presidência de alguém, como Olavo Setubal,[3] que poderá sair como vice-presidente. O Ministério do Planejamento será confiado a alguém de mentalidade tecnocrática, como o Serra, atual secretário do Planejamento de São Paulo. A melhor forma de me deixar de lado será oferecer-me a Sudene, que evidentemente não aceitarei. Dedicar esse pedaço de vida que me sobra a repetir as mesmas brigas que dei um quarto de século atrás, em fase de maior penúria de recursos e de mais matreirice dos contendores, engendradas por esse longo período de farta corrupção?

RIO, 18.7.84

A reunião do diretório nacional em Brasília, no dia 16, teve um ar meio surrealista. Não existe nada de concreto: a viabilidade da candidatura de Tancredo depende de decisões dos dissidentes do PDS que ainda estão em suspenso. Corriam muitos boatos de que nesta semana haveria uma contraofensiva do Planalto para unir o PDS obrigando Maluf a renunciar. Enfim, a decisão do diretório nacional se limitou a convocar a convenção para 11 e 12 de agosto com o objetivo específico de designar o candidato. Também se empurrou para frente a ideia de definir um programa. É evidente que este se cingirá a enunciados, ficando o candidato de mãos soltas para interpretá-los e decidir da oportunidade de execução.

Existem duas visões do possível futuro governo. Uns veem nele uma simples transição. Sendo a expressão de uma "aliança" de forças políti-

---

3 Olavo Setubal (1923-2008), banqueiro e político, era um dos caciques da Frente Liberal, e fundara com Tancredo Neves o Partido Popular.

cas disparatadas, dele não se pode esperar muito. Tudo estará decidido pela preocupação de reinstitucionalização, a Constituinte. Outros afirmam que, sendo caótica a situação do país, será necessário atacar de frente e imediatamente os grandes problemas no nível da administração. O primeiro grupo está constituído principalmente pelos paulistas, em particular pelas pessoas mais ligadas ao governador Montoro, que está certamente pensando em ser o sucessor desse governo transitório.

Tive um encontro, já tarde no dia 11, com F. H. Cardoso, José Serra, Roberto Gusmão e M. da Conceição. Estes dois estão em posições opostas. Gusmão pensa que o Tancredo será um presidente "do PMDB", com um compromisso claro com o partido. (Depois F. H. me diria: "Está tudo muito bem, só que para o Gusmão o PMDB é ele mesmo".) O Serra está pensando em ocupar "espaços do poder", em preparar o futuro. F. H. sente-se mais próximo da posição do Serra, não quer se envolver com um governo que vai ser demasiado compósito. "Trata-se de uma transição que nos cabe dirigir, mas que não foi um projeto nosso." No dia seguinte pela manhã, quando tomávamos café, eu perguntei a ele: "Você aceitaria ser ministro das Relações Exteriores desse governo?". Ele respondeu que sim. "Esse seria o único cargo que eu aceitaria."

O debate do grupo encaminhou-se para o Nordeste. É impressionante como os paulistas não têm nenhuma sensibilidade para esse problema. Parece-lhes algo irrelevante ou *sans issue*. Ter pena do NE é simpático. Mas colocar isso no primeiro plano das preocupações sérias, não. Ainda bem que Minas foi envolvida com o NE através da Sudene.

Na noite de 12 fomos jantar no Tarantella, o dr. Ulisses, F. H. Cardoso, Renato Archer, Waldir Pires, Severo Gomes, M. C. Tavares e eu. Falou-se apenas de amenidades. É evidente que o dr. Ulisses não está entusiasmado, mas desempenha brilhantemente o seu papel. A ninguém escapou que se vive um momento importante mas não há ninguém propriamente entusiasmado com o papel que nos cabe como grande partido que deu a luta contra o autoritarismo. No fim das contas somos atraídos para um compromisso que não poderá senão debilitar o que existe de melhor em nosso grupo.

No dia 19 fui a Recife para uma apresentação das ideias que poderão servir de base ao novo governo com respeito ao NE. A reunião foi promovida pelo PMDB local e teve a participação de um grande número das entidades de classe, do presidente da federação das indústrias ao líder dos trabalhadores da cana, passando por um diretor da Sudene, representante da Fundação J. Nabuco etc. O interesse esteve no *novedoso* da coisa. A política de um possível futuro governo é discutida com líderes da sociedade civil. O documento de base foi um estudo programático preparado pela Fundação João Pinheiro para o governador Tancredo Neves na qualidade de membro do conselho deliberativo da Sudene. Eu fiz uma apresentação sumária do que poderia ser uma nova política para o NE, dando ênfase ao aspecto político e à necessidade de modificar a estrutura agrária. Produção de alimentos de consumo popular e criação de emprego devem ser os dois objetivos básicos. O impressionante é que tudo isso parece fazer parte de um consenso. A tática já não é aquela do passado de denunciar como subversivo tudo que pusesse em dúvida a legitimidade das estruturas sociais. Mas as resistências são as mesmas, ainda que por outros métodos.

À noite tivemos jantar em casa de Marcos Freire, onde dormi. Havia muita gente, mas não estavam presentes os outros líderes do PMDB local, Arraes e Jarbas Vasconcelos. Encontrei Pelópidas Silveira,[4] que não via desde o dia da deposição de Arraes. Fomos as únicas testemunhas do diálogo de Arraes com os oficiais que o visitaram pela manhã do dia 1º de abril para intimá-lo. Marcos Freire é tipicamente o político de classe média, o que o afasta de Arraes, cujo apoio é realmente popular. Difícil imaginar duas pessoas tão distintas. Freire impressiona muito bem, é ágil e incisivo, mas com o tempo desencanta por não aprofundar os assuntos. Arraes impressiona mal, fala mal, mas com o tempo nos damos

4 Pelópidas Silveira (1915-2008) era prefeito do Recife por ocasião do golpe militar de 1964.

conta de que amadureceu certas ideias. São dois lados do NE. Na época em que a classe média se expandia rapidamente, Freire ia de vento em popa. Na fase de vacas magras é Arraes quem ganha terreno.

Voltei ao Rio no dia 20, e no 21 segui para Belo Horizonte para ter uma conversa tranquila com Tancredo, agora que sua candidatura parece consolidada. Esperou-me no aeroporto Edgar Amorim, que me conduziu diretamente ao palácio. Tancredo já me esperava e pude ficar com ele umas duas horas, parte do tempo só com a presença do Edgar, que aproveitou para levantar a questão da greve dos professores universitários. Tancredo pareceu-me sereno e decidido, a fase das dúvidas aparentemente já foi superada. Ele me ouviu com muita calma e concentração, havendo sido interrompido apenas duas vezes, pelo telefone, rapidamente. Fiz uma exposição sobre os temas que me parecem fundamentais, indicando que é necessário que haja muita clareza nos pronunciamentos iniciais sobre os mesmos. É preciso que se compreenda, aqui e no estrangeiro, que a política econômica vai ser profundamente modificada e com seriedade. Temos que dar as costas à recessão e temos que combater a inflação com apoio da sociedade, com base em algo como um pacto social. Tudo isso tem que ser bem fundamentado, para que se perceba que estamos falando sério. Levei um texto escrito e li para ele algumas partes importantes. O esquema de reprogramação do serviço da dívida interessou-o muito. Trata-se de transformar um problema de pagamento em um de *transferência*, de congelamento em grande parte dos juros. Não se modificam os contratos, para evitar que possam ir à justiça e declarar o país em default. Sobre todos os assuntos ele ouvia com paciência e não parecia ter pressa. É homem de grande experiência, extremamente bem informado e alerta. É um conservador no bom sentido. Percebe com clareza o que é preciso mudar, o que é injusto e mesmo imoral em nossa ordem social. Mas tem uma grande desconfiança de tudo que seja posição doutrinária de esquerda. Falou-se no PT e ele mostrou o seu desconforto com o partido que estaria seguindo mais e mais uma linha trotskista de desestabilização. Lula nem tem meios nem muita vontade de deter essa tendência. Sobre a greve dos professores mostrou indiretamente seu profundo descontentamento com o andar das coisas. Teria falado com a ministra da Educação, com o Delfim e com o Leitão[5] sobre o assunto, e teria ficado com a impressão de que o governo está deixando que a coisa se degrade mais e mais, quiçá com vistas mais amplas de desestabilização. Ele, Tancredo, havia recebido uma comissão de professores grevistas e ficara desolado com o espetáculo de desleixo e desorientação que davam os dirigentes. Segundo ele ouvira do governo, as universidades estão em mãos de irresponsáveis, minadas pelo empreguismo, separadas da sociedade, infiltradas de comunistas. Ele dizia o que ouvira, mas era evidente que concordava com o quadro que pintava. Respondendo ao Edgar, não concordou em que as oposições se metam no assunto, mas estava ansioso para que tudo viesse a ter um fim rápido. Não fiquei com ideia clara sobre o rumo que dará à preparação de seu programa de governo. Falei na necessidade de constituição de uma comissão, mas é evidente que ele não dá nenhum passo à frente antes de estar seguro de tudo. Falamos do NE. Ele já estava informado do grande êxito da reunião que havíamos tido dois dias antes em Recife. Disse-lhe que considero uma grande coisa que Minas se haja integrado na Sudene, pois isso cria condições para uma cooperação. Referi-me à pouca sensibilidade que existe em São Paulo com respeito ao NE. Ele respondeu que temos de nos aproximar, NE, Minas e Rio Grande do Sul, se quisermos criar um contrapeso a São Paulo. Falamos do espírito geral do seu governo e ele me disse que não pretende fazer um governo de *transição* e sim um governo decidido a tomar em mãos todos os problemas, a responder às ansiedades do povo. Contudo, penso eu, será que podemos ter mais do que um governo de transição, posto que não sabemos ao certo em que situação se encontra o país, e de que meios políticos disporá o presidente para impor mudanças e nem quão longe pretende ele ir?

5 Esther de Figueiredo Ferraz era ministra da Educação. Antonio Delfim Netto era ministro do Planejamento. João Leitão de Abreu era chefe da Casa Civil.

No dia 25 de julho telefonou-me o dr. Ulisses para dizer que haveria uma reunião à noite com o grupo da Frente Liberal a fim de discutir os pontos substitutivos do acordo. Acrescentou que desejava a minha presença. Tive de telefonar para Paris e explicar a Rosa que no dia seguinte não estaria no aeroporto para esperá-la, mas que a veria na hora do almoço.

A reunião em Brasília foi na casa do senador M. Maciel, com a presença do Sarney e, do nosso lado, Tancredo e o dr. Ulisses, ademais de outras pessoas (também estava o Karlos Rischbieter,[6] que pareceu interpretar o pensamento do Aureliano em matéria econômica). Dr. Ulisses relatou o que havia ocorrido na reunião da executiva naquela tarde. Antes ele me dissera que o descontentamento era geral com a candidatura de Sarney para vice. Mas limitou-se a dizer que várias pessoas haviam levantado a questão da legalidade da candidatura. M. Maciel leu a lista dos temas que deveriam ser incluídos. Percebi que os membros da Frente e Tancredo tinham a preocupação de que tudo ficasse em enunciados gerais. Em seguida saiu Tancredo e passamos a discutir mais precisamente os temas. Li alguns dos tópicos que havia escrito. O pessoal da Frente apressou-se a afirmar que não era o momento de precisar linhas da política em matéria econômica. Quando citei o NE, o Sarney disse claramente que tinham de preocupar-se com suas "bases". Saí convencido de que não se podia avançar sobre nada de concreto. Tancredo tinha razão quando se refugiava em vaguidades. A Aliança [Democrática] era essencialmente tática, sem que houvesse qualquer convergência nos objetivos estratégicos. Trata-se de improvisar uma ponte para atravessar um pantanal, e só.

No dia 31 tivemos uma reunião em São Paulo com Tancredo. Presentes João Manuel C. de Mello, L. Coutinho, Belluzzo, Lessa, Maria da Conceição, Edgar Amorim. A ideia era expor a Tancredo alguns dos problemas mais graves que deverá enfrentar o próximo governo. Tancredo

---

6 Karlos Rischbieter (1927-2013) foi ministro da Fazenda no início do mandato do presidente Figueiredo e era assessor econômico da Frente Liberal.

ouviu com muita atenção, interrompendo pouco. Luciano fez uma bela exposição sobre a questão da dívida externa. Havia a preocupação dos economistas de demonstrar que têm uma posição responsável, que não estão propondo receitas para impressionar a plateia. É um pouco o complexo das pessoas que têm uma origem de esquerda demonstrar que também podem ser eficientes. A importância da reunião está em que permitiu romper o gelo que havia entre o grupo dos economistas do PMDB de São Paulo e o Tancredo. Este está absorvendo ideias. Minha insistência em que não é possível sair da inflação sem um certo tipo de pacto social o seduziu. A maior apreensão dele é com Lula, ou melhor, com as forças que imagina estarem por trás de Lula. Ele vê aí uma mentalidade trotskista, uma obsessão ou agitação permanente. Imagino que ele compreende que os trabalhadores necessitam agir, ter iniciativas, numa sociedade hierarquizada e elitista como a nossa. Mas sabe que as classes dirigentes não compreendem isso e picham de "comunistas" os que são tolerantes com essas forças sociais.

Tive que interromper a reunião às 12 horas para tomar o avião das 13 horas para Brasília. Dr. Ulisses havia convocado a mim e a João Manuel pela manhã para que estivéssemos em Brasília pela tarde a fim de examinar o texto do acordo com a Frente. Ocorre que o antigo texto do dia 25, de simples enunciado havia evoluído para algo mais substantivo. Parte do que eu havia escrito fora aproveitado e acrescentado uma introdução, redigida pelo Santayana,[7] que está atuando como ghost-writer do Tancredo. Esse texto havia sofrido várias modificações em uma reunião da Frente de que participaram o O. Setubal e K. Rischbieter. Deixara-se a ideia de simples enunciados de temas para adotar uma redação mais elaborada. Algumas ideias, como subordinar a reprogramação da dívida externa à política de reativação, e a necessidade de começar com um saneamento financeiro interno para ter uma estrutura dos juros compatível com a política de desenvolvimento, foram eliminadas pela Frente.

7 Mauro Santayana (1932-), jornalista, foi um dos articuladores da campanha presidencial de Tancredo Neves.

Eu sugeri uma nova redação que no dia seguinte seria aceita, se bem que ainda não tenha visto o texto final.

No dia 3 de agosto fui para B. Horizonte para participar de uma reunião nacional do PMDB jovem. No dia 4, sábado, fiquei para almoçar com Tancredo. Estavam presentes F. H. Cardoso, R. Gusmão e Marcos Freire. Tancredo estava com muito espírito. Em algum momento voltou às dificuldades que poderá ter com os sindicatos. Depois do almoço fiquei um pouco a sós com ele. Disse-lhe que o momento do pacto social teria de ser o período compreendido entre a eleição pelo Colégio e a posse. Caberia ao presidente eleito dirigir-se aos trabalhadores, aos empresários e aos banqueiros e apresentar a política a ser seguida. Os trabalhadores tomariam conhecimento imediatamente do caráter social dessa política, do que seria feito em matéria de salários, de habitação, de legislação sindical. Mas o êxito dessa política exige estrita disciplina social em uma primeira fase, sem o que não poderemos sair do caos inflacionário e, portanto, da recessão. Ele disse que pretende preparar algo assim para antes da eleição de 15.1.85. Eu objetei que dificilmente o PT quereria falar de pacto nesse período, mas que o presidente eleito terá enorme poder de convencimento pois todas as esperanças estarão depositadas nele. Ele respondeu que tinha certeza de que os grandes sindicatos se aproximariam dele por cima da cabeça de Lula.

RIO, 29.8.84

Ontem Rosa regressou a Paris. Passou aqui um mês de muita agitação. Viajamos duas vezes a São Paulo, a Brasília (convenções dos dois partidos[8]), a Recife, ao Rio Grande do Sul e a Foz do Iguaçu. Em São Paulo, na Bienal do Livro, lancei o meu *Cultura e desenvolvimento*.

---

8 Em agosto de 1984, o PMDB e o PDS organizaram convenções para escolher seus candidatos à eleição indireta à Presidência da República. Pelo PMDB, a chapa única foi a de Tancredo Neves-José Sarney. Pelo PDS, a chapa Paulo Maluf-Flávio Marcílio derrotou a chapa Mario Andreazza-Divaldo Suruagy.

Na convenção do PMDB em Brasília tudo correu como previsto. Muita festa, muita alegria. Ulisses comportou-se magnificamente. O discurso do Tancredo foi bem no seu estilo: tocando no essencial mas sem assustar. Na saída cruzei com Olavo Setubal, que veio falar comigo: "Temos que pensar em construir o século XXI, não podemos perder a oportunidade", disse.

Tive uma longa conversa com Fernando Henrique, que me relatou várias coisas. A luta pelos "espaços", entendam-se cargos e oportunidades futuras (eleições de 86 e 88), está aberta. Sem perceber essas motivações, nada compreenderemos. O importante é compreender o "cacife" de cada um, o poder que tem neste ou naquele diretório regional, potencial de votos, de meios para obter votos. É a partir desses recursos que se disputam os postos-chave. Eu o ouvia falar e pensava na fragilidade de minha posição. Meu único trunfo é o nome nacional que tenho, a confiança que inspiro a muita gente como alguém que reúne competência e honestidade e não está ligado a grandes interesses econômicos. Mas basta que não se fale mais em meu nome para que eu desapareça. Sou um nome, que em certas circunstâncias pode ter um grande valor. Mas careço de meios para tomar iniciativas. Se se constitui um grupo progressista dentro do PMDB, eu poderei ter algum peso. A única pessoa que poderá constituir esse grupo é o próprio F. Henrique. Tivemos uma primeira reunião em seu apartamento com a presença do Pedro Simon, do Waldir Pires, do Marcos Freire e do Scalco. Todos representam forças consideráveis em grandes estados. O problema está em que os interesses locais de cada um impedem que se forme uma vontade global coerente. A aliança global se faz em abstrato, mas toda a ação política tem lugar regionalmente. A aliança tem sentido para dividirem-se zonas de influência. Como pensar em partido político em um país tão heterogêneo? Vejamos o caso de F. H. Tudo indica que ele terá de fechar causa com o Montoro, se pretende enfrentar o Quércia. O problema dele é menos ser governador do que evitar que o Quércia o seja, pois se este empolga o governo do estado de S. Paulo, a história, e não apenas a biografia de alguns poucos, tomará outro rumo. Ora, a aliança de F. H. com o Montoro não pode deixar de repercutir em suas relações com o Ulisses, pois este e Montoro são candidatos potenciais à sucessão de Tancredo.

Depois de muita relutância, Ulisses decidiu dar alguns passos na direção da elaboração de um programa de governo. Reunimo-nos na casa dele, na noite do dia 26, João Manuel, Belluzzo, Coutinho, Gusmão e eu. (Gasparian foi para tratar da reunião da Internacional Socialista, que será no Rio nos dias 1º e 2 de outubro.) Ulisses explicou o dilema em que se encontra. O PMDB tem que preparar um programa, pois Tancredo não pode ir ao Colégio de mãos vazias. Se ele constitui uma comissão, vai ficar muita gente descontente. E em todo caso vão aparecer as discrepâncias que serão exploradas pela imprensa. Depois de muitas voltas chegou-se à conclusão que o melhor será começar por uma série de debates para colher opiniões. A tarefa organizativa será dividida entre os principais diretórios regionais. A parte econômico-financeira ficará com Minas, a política de emprego, sindical etc. com São Paulo, educação, saúde com R. G. S., agricultura com o Paraná, política energética com Bahia, o NE com Pernambuco, mineração com o Pará. Essa fase deverá terminar para 15 de outubro, quando terá início a elaboração final.

Fiz uma visita rápida a Buenos Aires. Fui no dia 22 e voltei no 23. Participei de um programa de televisão sobre o problema da dívida externa. Conversei com uma porção de gente. O Jorge Sabato e o Jorge Romero,[9] que são pessoas do Ministério de Relações Exteriores e muito próximas do Alfonsín, deram-me a entender que a situação é muito difícil pois a pressão que estão sofrendo do governo dos Estados Unidos e dos banqueiros é terrível. Não sabem quanto tempo poderão aguentar. Falaram-me na conveniência de que comecemos a trabalhar juntos, discretamente, para uma ação coordenada futura. (Eu já havia falado sobre esse assunto com Ulisses e levava instruções para pedir para esperar um pouco, a fim de que se consolide a candidatura do Tancredo.) Também tive

---

9 Jorge Federico Sabato (1938-1995), filho do escritor Ernesto Sabato, era assessor do presidente Raúl Alfonsín (1983-9) e secretário de Estado das Relações Exteriores; Jorge Romero era subsecretário de Estado no Ministério das Relações Exteriores.

uma longa conversa com Prebisch. Formam-se dois grupos: o do Banco Central, com Prebisch à frente, que pensa em amansar o FMI, e o outro com Grinspun[10] no Ministério da Economia, que joga na confrontação, considerada inevitável. Prebisch continua a ser um ingênuo político. O que na cabeça dele é claro, considera viável na realidade. Imagina que pode obter "concessões" da direção do FMI por cima da cabeça dos funcionários mais "ortodoxos". Tratei por todos os meios de explicar-lhes que, se abrimos a porta ao FMI, estaremos condenados a fazer concretas concessões, e que eles dividirão nossas próprias forças.

Informaram-me na Argentina que já haviam conseguido detectar 7 bilhões de depósitos em dólares no estrangeiro de residentes do país. Os ativos totais em dólares passam de 20 bilhões. Tenho a impressão de que o medo de assustar essa gente, ou o desejo de atraí-los de volta ao país, fez que se atrasasse o saneamento financeiro interno. Daí que a inflação continue fora de todo controle.

Encontrei o Alegrett,[11] do Sela, que está em boa posição com respeito ao problema da dívida externa e está demonstrando capacidade de iniciativa e liderança.

RIO DE JANEIRO, 21.9.84

Finalmente as coisas parecem andar dentro do PMDB com respeito a pontos essenciais da política econômico-financeira do possível (provável) próximo governo. Elaborei um documento com os dois pontos principais — saneamento financeiro interno e dívida externa — e entreguei-o ao dr. Ulisses. Deixei bem claro que, sem uma ação rápida nessas duas frentes, não se pode pensar em *política econômica*, pois essa é inviável se

10 Bernardo Grinspun (1925-1993), da União Cívica Radical, foi ministro da Economia do governo Alfonsín de 1983 a 1985.

11 Sebastián Alegrett (1942-2002), venezuelano, era secretário permanente do Sistema Econômico Latino-Americano.

o sistema está desregulado. Tive uma conversa a sós com o dr. Ulisses e fiquei com a impressão de que ele tem uma visão clara da gravidade do problema. Se o governo Tancredo não se firma e convence que está empenhado em mudanças, não apenas o futuro do PMDB estará comprometido, também as chances de um regime democrático se reduzirão a pouco. Logo em seguida tivemos outra reunião com a participação do Luciano Coutinho, J. Manuel, Belluzzo, José Serra e Dilson Funaro. Este último é industrial. Deu-me a impressão de ser um homem excepcionalmente bem informado e com uma visão justa das coisas. Apoiou firmemente minha tese de que tudo passa pela redução das taxas de juros.

A reunião na casa do dr. Ulisses foi na noite do dia 16. Eu estava chegando de uma viagem a Curitiba, onde participei de um congresso de médicos-veterinários e de um amplo debate na sede do PMDB. No dia 6 estive em Vitória, onde fiz uma conferência-debate na Assembleia Estadual. Por toda parte me crivam com as mesmas perguntas: "Como pretende o novo governo enfrentar o desemprego, a inflação, a dívida externa? Vai romper com o FMI? Que compromissos tem T. N. com os banqueiros da Frente Liberal?". Eu saco em branco. Afirmo que partiremos para uma nova política, pois o PMDB só tem compromissos com o povo e entro em detalhes como se efetivamente já tivéssemos um programa elaborado e decisão para pô-lo em prática. Há esperança e eu trato de alimentá-la, mas também há muita desconfiança. Em Curitiba, no partido (a portas fechadas com membros do diretório estadual e secretarias de governo) o debate foi mais difícil. O Scalco, que é uma figura de primeira, estava preocupado com o envolvimento do T. N. pelo pessoal da Frente Liberal. Saí com a convicção de que a equipe do Paraná é de primeira, que aí se dispõe de um sólido ponto de apoio.

Em Piracicaba, no dia 19, encontrei um colega do liceu, que não via desde 1937. Seu nome é Frederico Pimentel Gomes, professor de estatística superior da Escola de Agronomia, hoje aposentado mas ainda ativo. Esse rapaz foi meu único colega de liceu por quem eu tinha uma verdadeira admiração intelectual. Ele chegou de São Paulo e entrou já no segundo ano. Tinha uma formação bem superior à nossa, filhos da terra.

Era modesto, inteligente, competente e generoso. A ele devo haver começado a ler em inglês cedo, tateando de início. Foi a primeira pessoa que me fez ver, de forma convincente, que eu tinha capacidade intelectual para estudar qualquer coisa. A diferença entre ele e nós estava em que ele sabia as coisas *bem*, tinha método para estudar e não ostentava o que sabia. Depois do reencontro estive pensando na importância de estudar em boas escolas, de encontrar companheiros de boa formação. Frederico, sendo diferente de todos nós, constituiu uma demonstração daquilo que nos faltava, na nossa província pobre em que tudo era improvisado.

No dia 20 jantei com T. N. em Brasília. Ele já havia tomado conhecimento do papel que eu tinha preparado e entregado ao dr. Ulisses. Estavam presentes este, L. Coutinho, C. Lessa, F. Gasparian, D. Funaro e o senador Camargo, secretário do partido. Antes do jantar tivemos uma sessão de trabalho e fiquei com a impressão de que T. N. também se está convencendo de que ou se enfrentam com firmeza os problemas essenciais — saneamento financeiro e dívida externa — ou tudo ficará como está, agravando-se a desordem. Ele ouviu com muita atenção e só fez perguntas pertinentes. Durante o jantar ele nos falou do encontro que tivera com o Kissinger, na véspera. Este estaria convencido de que é possível obter melhores termos na negociação com os credores, que o que está ocorrendo na Argentina ajudará o Brasil, que convém esperar para negociar. Teria mesmo dito que somente um país como o Brasil poderia haver suportado um tratamento tão brutal, que a ortodoxia do FMI era criticada mesmo entre os banqueiros. Falou-se também da situação interna. As ações de agentes provocadores — oficiais do Exército encobertos pichando paredes com slogans do PC, ou portando bandeiras deste — se estão repetindo. Mas não se deve pensar que isso tenha amplitude ou profundidade.

O T. N. informou que o embaixador da Argentina procurou-o para dizer que o presidente Alfonsín desejaria mandar um enviado especial para tomar contato com ele. É evidente que o governo argentino está sob enorme pressão e necessita saber se tem sentido continuar essa luta, que somente teria êxito se o novo governo brasileiro se decida a dela participar.

Nestes últimos três meses não voltei a ter nenhuma conversa séria com o Tancredo. Encontrei-o aqui e lá, trocamos cortesias e ele diz que necessitamos conversar com vagar, mas ficou nisso. Ele sabe que eu não participo de nenhuma grande jogada política, quer dizer, não sou elemento de peso nas políticas dos estados, arena das confrontações diuturnas na luta pelo poder. Minha presença é na "cena nacional", como elemento que incute credibilidade, e nesse plano o essencial foi decidido prematuramente com a degringolada da candidatura Maluf. Já se desencadeou a luta pelo poder nos estados e ela se agravará se a luta pelas prefeituras das capitais for antecipada.

Voltei da Europa no dia 16 de novembro e encontrei uma grande confusão com a renúncia do Dércio Munhoz à chefia da "assessoria técnica" do Tancredo. Eu não chegara a entender qual era o alcance dessa "assessoria". Fui falar com o Dércio em Brasília e percebi que havia muita ambiguidade na função que lhe fora atribuída. A saída do Dércio só podia ser por pressão da direita, da Frente Liberal. A "crise" obrigou a uma clarificação. Fui convocado a Brasília pelo dr. Ulisses, que me informou que se havia decidido ampliar a assessoria e dar-lhe maior status. Seriam três pessoas indicadas pelo PMDB e duas da Frente. Aparentemente o que aconteceu foi que Tancredo foi induzido pelo Camargo (Afonso) a indicar o José Serra para chefiar a assessoria, o que teve o apoio decidido do Fernando Henrique. Houve gritaria de vários lados e decidiu-se ampliar a coisa, criando a Comissão[12] de cinco, que seria ampliada para seis por exigência da Frente e depois para sete com a inclusão do Sebastião Vital, pessoa que não é nem de um lado nem de outro mas somente do Tancre-

---

12 Trata-se da Comissão para o Plano de Ação do Governo (Copag), instalada em fins de 1984, com seis membros dos dois partidos que davam sustentação a Tancredo Neves (pelo PMDB, Celso Furtado, Luciano Coutinho e José Serra; pela Frente Liberal, Sergio Quintella, Sergio de Freitas e Helio Beltrão), além de Sebastião Vital, representante de Tancredo Neves. A Copag apresentou propostas para os primeiros cem dias do governo Tancredo Neves.

do. Pela Frente ficavam o Helio Beltrão, o Sergio Quintella e o Sergio de Freitas.

Cheguei a Brasília, vindo de Porto Velho, na tarde do dia 27 de novembro. Telefonei para o dr. Ulisses e ele me convocou imediatamente. Encontrei no seu gabinete o Luciano Coutinho e o João Manuel. Ele me fez um relato rápido dos acontecimentos e me disse que desejava que eu integrasse a comissão de assessoria em nome do PMDB. O segundo nome ficou para ser indicado posteriormente, o que foi feito no dia seguinte, sendo convocado o L. Coutinho. A campanha contra o Serra, acusado de "esquerdista", nada teve que ver com ideias. Serra revela ser uma grande vocação de tecnocrata; tem sido na Secretaria de Planejamento de São Paulo o homem que põe os "políticos" no passo, que se entende bem com o Delfim, que alivia o Montoro absorvendo as pressões. A campanha foi orquestrada pelo Roberto Gusmão, e outras eminências pardas do Montoro. Está em jogo, por um lado, a luta pela Casa Civil de Tancredo, entre Camargo e Gusmão (se Serra entra para o Ministério, Gusmão não tem chance), e por outro lado a sucessão do Montoro. Para F. Henrique, que é candidato, é importante ter um homem em posição-chave no governo federal.

A primeira reunião da Comissão contou com a presença de Tancredo e Ulisses. Realizou-se no dia 11 de dezembro em Brasília. Tancredo fez uma declaração definindo o âmbito de ação. Como sempre incisivo, tocando no essencial, mas ao mesmo tempo vago. Depois que saiu a imprensa, de forma reservada disse que esperava grande discrição dos membros da Comissão, para evitar especulações em torno da futura política. O Helio Beltrão observou que o contato com a imprensa era inevitável, inclusive ele e eu tínhamos um programa de televisão no domingo seguinte. Tancredo adoçou um pouco a advertência inicial. Também disse que os contatos com o governo, para obter informação, convinha que fossem centralizados em Serra, "que tinha bom trânsito nessa esfera".

A primeira reunião substantiva realizou-se em Brasília, no dia 18. Eu havia antes preparado um documento em torno das diretrizes básicas a serem seguidas pelo futuro governo e o havia levado a São Paulo, ao Ser-

Instalação da Comissão para o Plano de Ação do Governo. Sentados: Celso Furtado, Helio Beltrão, Tancredo Neves, Ulysses Guimarães, José Serra. 11.12.84. Foto Agil Fotojornalismo.

ra e ao Luciano. Este mostrou-se inclinado a um intercâmbio de ideias, a fim de que nós, do PMDB, nos ponhamos de acordo sobre o essencial antes da discussão aberta com os demais. Mas não houve reação da parte do Serra. Na discussão que tivemos no dia 18, ficou evidente que ele faz um jogo pessoal.

Estive em Recife no dia 19 de dezembro para uma conferência na Fundação Joaquim Nabuco. Pela manhã procurou-me no hotel um grupo de técnicos da Sudene. Ao conversar com eles, com o Dirceu Pessoa, com o Ronald[13] e outros, deixei claro mais uma vez que o NE será o enjeitado de toda essa festa. Como os governadores são todos da Frente Liberal e quase todos com raízes nos interesses oligárquicos locais, tudo que se faça pelo NE corre o risco de servir principalmente para consolidar o

13 Dirceu Pessoa (1937-1987), economista pernambucano, ex-funcionário da Sudene e diretor da Fundação Joaquim Nabuco. Ronald Queiroz (1932-2006), economista paraibano, ocupou vários cargos na administração pública.

que existe como estrutura de privilégios na região. Por outro lado, como negar que é importante descentralizar, reforçar a Federação? Foi feito um projeto de reforma da Sudene, visando a reforçar o poder dos governadores. É evidente que quando houver pluralismo, governadores de mais de um partido, essa é a fórmula ideal. Mas como fazer a transição? Continuo convencido de que a Sudene deveria voltar a ser, como em minha época, algo independente da política partidária, basear-se numa espécie de consenso regional, ou pacto social. Mas como implementar isso agora, quando o PMDB é tão fraco?

Hoje saiu na imprensa que a dívida brasileira havia sido posta pelos banqueiros em *stand still*, ou seja, se suspendem as negociações até segunda ordem. A razão seria, "segundo fonte ligada ao governo brasileiro", declarações minhas recomendando que se suspendam os pagamentos dos juros, e do Tancredo afirmando que a meta inflacionária da sétima carta de intenção enviada ao FMI seria irrealista e teria que ser descartada. Tudo isso é provavelmente mentira, pois os bancos já haviam declarado muito antes que as negociações só frutificariam com o novo governo. A intriga é evidentemente dirigida contra mim. Há uns dois meses um banqueiro francês declarou numa entrevista à imprensa que eu não seria um ministro do gosto deles. Contudo, não creio que sejam banqueiros nos Estados Unidos que tenham dado origem à intriga. A *Newsweek* desta semana traz uma entrevista minha que é bastante moderada, se bem que afirme que os países endividados da América Latina não podem pagar a carga dos juros sem sacrificar seus investimentos. A intriga deve ter origem nos meios financeiros brasileiros que lutam pelo controle do Ministério da Fazenda.

A situação atual é a seguinte: está desencadeada contra mim uma ofensiva dentro do próprio PMDB, com origem na luta pela sucessão em São Paulo e que se apoia no arrivismo do Serra; em outra pista desenvolve-se a ofensiva maior dos interesses financeiros, locais e internacionais, que veem em mim uma pessoa extremamente incômoda, porque eles não podem me enganar nem comprar e sabem que tenho credibilidade diante da opinião pública. O problema que se vai colocar para mim é este: qual o valor real (a eficácia) do papel que eu venha a desempenhar, caso venha a ocupar um cargo-chave no setor econômico-financeiro? Excluída a hipótese de que o próprio Tancredo queira dar uma luta grande (como existe o problema da Constituinte, é provável que ele pense que a luta com os credores internacionais será de menor importância em sua biografia), tudo indica que o problema se cingirá a obter algumas concessões dos banqueiros e do FMI. Como essas concessões menores não alteram o essencial, pergunto que significação tem para mim enfrentar o enorme desgaste exigido por essa luta secundária. Eu iria contribuir para legitimar falsas soluções. Ou daria a impressão de que não era sincero, quando dizia nesses anos de luta que é essencial resgatar a soberania do país, ou de que era sincero mas, "como todo mundo neste país de Macunaíma", não tenho muito caráter. Se há algo de que estou convencido é de que, se não estou convencido do papel que desempenho, sou um mau ator. Mais ainda, um cargo de ministro não acrescenta nenhum lustro à minha imagem, a menos que se tratasse de lutar por coisas maiores.

Também existe a possibilidade de que Tancredo, seja porque está convencido de que essa é a missão que ninguém está em condições de cumprir melhor do que eu, seja por malícia, procure enviar-me ao NE. Neste caso o problema é diferente; não tenho apetite para repetir a minha própria história. É tarefa útil, mas ingente, que tentei quando estava nos meus trinta. Seria uma enorme punição se tivesse de tentá-la de novo nos meus sessenta.

RIO, 27.12.84

Tivemos ontem uma reunião da Comissão do Plano de Governo, que deveria debater o problema da dívida externa. O Sergio de Freitas fez uma exposição totalmente anódina, cheia de frases como "Não podemos nos afastar do Ocidente", "Temos uma indústria de vanguarda tecnológica ou quase (atraso de três a cinco anos) que seria profundamente afetada caso haja uma 'ruptura' com os bancos credores", e coisas similares. Mas ao mesmo tempo reconhecia que estamos enviando 4% do nosso PIB ao estrangeiro e que nessas condições o desenvolvimento faz-se bem mais difícil. Depois de mostrar um telex que havia sido enviado pelo comitê de bancos credores a todos os bancos que são credores do Brasil (o Itaú, a cuja direção ele pertence, também é credor, por intermédio de sua agência de Nova York), concluiu dizendo que temos de escolher entre a ruptura com os credores ou fazermos o sacrifício. Segundo ele, firma-se a opinião de que podemos voltar a crescer fazendo esse sacrifício.

Em seguida falou o Coutinho, que apresentou o problema de vários ângulos, hipóteses "otimista", "pessimista" sobre as perspectivas de balança de pagamentos no próximo ano, hipóteses sobre o que se poderia fazer para enfrentar uma nova crise de liquidez externa, mas sem definir propriamente um rumo. O José Serra também apresentou uma série de estatísticas sobre "tendências".

Tomei a iniciativa de dizer que fomos convocados para fazer sugestões precisas ao dr. Tancredo, as quais ele usará na forma que lhe aprouver. Que não estávamos ali apenas como técnicos, mas também como representantes dos principais partidos políticos que apoiavam a candidatura do dr. Tancredo. Passei em seguida a ler um documento preciso em que propunha uma linha clara de política: assegurar aos bancos aquilo com que eles haviam concordado para 1984, ou seja, o pagamento de 40% dos juros com dinheiro das exportações, sendo o resto capitalizado em condições a discutir. Houve certa perplexidade com minha franqueza e o Serra, que aparentemente está jogando na indefinição do Comitê, para que ele possa fazer pessoalmente as sugestões a Tancredo, ficou meio desorientado. Meu objetivo era duplo: definir bem minha posição (que está sendo deformada por pessoas ligadas aos bancos) e evitar que o Comitê se transforme num jogo de esconder, em que todo mundo apresenta "opções", dando a impressão de que existe um "amplo denominador comum". Essa ambiguidade permitirá que se utilize o nome de cada membro do Comitê para dar cobertura ao que Serra venha apresentar como produto final.

Com esse ato eu "queimei" o meu nome definitivamente, pois minha opinião vai ser conhecida de banqueiros e *tutti quanti*, por baixo do pano, e Tancredo seguramente não quererá sair da ambiguidade sobre os rumos a seguir. Mas deixei bem claro que meu nome não será usado para dar cobertura a qualquer política. Como já estava desencadeada a luta contra mim de várias frentes, pelo menos agora fica claro que não serei conivente. Guardarei minha liberdade para dizer o que penso quando se apresente o momento.

Vale a pena registrar algumas observações:

A classe política está desgastada, deteriorada e demasiado ansiosa para ocupar espaço. É necessário que surja uma nova geração, que possa perceber a realidade com outros olhos. Quanto tempo demorará isso? Que contribuição posso dar para o advento dessa nova geração? Durante os últimos vinte anos estive preocupado, quase exclusivamente, em desacreditar esse monstrengo que foi o projeto de "modernização" pelo caminho autoritário. Posso estar satisfeito, pois ganhamos a luta. A própria figura de Tancredo simboliza essa rejeição do autoritarismo e da modernização *à outrance*. Mas isso não é senão uma transição. O mundo de gente que se acotovela em torno dele é um pré-anúncio do que será a cena política futura. Como existe pela frente a Constituinte, o grande papel histórico dele sempre estará preservado. No mais, teremos uma época de acomodações, de ilusionismo político, de avanços e recuos. Em pouco tempo tudo estará polarizado pelas sucessões estaduais e pela Constituinte. De toda forma, estamos apenas no início de uma fase histórica que não se definirá enquanto não surja uma nova geração infensa a essa impostura que é a imagem do Brasil criada pelo autoritarismo e introjetada, ainda que inconscientemente, por grande parte dessa classe média.

RIO, 21.1.85

No dia 6, domingo, jantei com o Serra e disse claramente a ele que a Comissão do Plano de Governo devia avançar rapidamente se desejamos que ela não desapareça por irrelevante. Ele me disse que não tinha a menor confiança em vários dos seus membros. Referiu-se ao Quintella como alguém que está fazendo um jogo pessoal e citou o caso do Beltrão "cujo grupo tem 25 milhões de dólares no open market". Eu retruquei que nada disso me impediria de dizer o que penso, pois é fundamental que Tancredo tenha em mãos opções tecnicamente bem fundadas. Se não for possível chegar a um entendimento, eu apresentarei meu ponto de vista por separado, diretamente ao Tancredo ou por intermédio do dr. Ulisses.

No dia 8 tivemos uma reunião da Comissão em Brasília. Para surpresa minha, o Sergio Quintella apresentou por escrito seu ponto de vista recomendando a capitalização da metade dos juros. Seriam pagos aos banqueiros os 4% da inflação americana mais 2% de juros reais, e o restante seria capitalizado, devendo os recursos em cruzeiros ser utilizados para "capitalizar" as empresas nacionais. O Beltrão assumiu ponto de vista similar. O Sergio de Freitas não discordou abertamente. Foi o Sebastião Vital quem mais discrepou.

Eu fiquei calado saboreando a cena. O pessoal da Frente Liberal havia avançado muito com respeito aos meus colegas do PMDB. Minha provocação de pedir pronunciamentos por escrito tinha dado frutos. Beltrão tomou uma posição similar à minha: o governo deve definir uma política, e só em seguida discutir com os bancos credores. Só assim se pode sair do impasse atual e tirar os governos dos países credores do cômodo imobilismo. Havíamos avançado enormemente.

Qual não é minha surpresa quando vejo no *Globo*, no dia seguinte pela manhã, uma exposição completa, feita por quem entende do assunto, de toda nossa discussão de quatro horas. Pareceu-me claro que a inconfidência fora praticada pelo Sebastião Vital. Ele deixou a sala às 18 horas para tomar o avião das 19 horas para o Rio. Era de supor que ele houvesse preparado no avião um informe para o Dornelles[14] e que este

---

14 Francisco Dornelles (1935-), sobrinho de Tancredo Neves e seu futuro ministro da Fazenda.

tivesse transmitido a informação ao *Globo*. Já havia reação no mesmo dia entre os banqueiros nos Estados Unidos. Expus meu ponto de vista ao Luciano e ao Serra, por telefone, e os dois haviam imaginado que era microfone dentro da sala. A coisa pareceu esclarecer-se depois, pois a imprensa deu uma versão similar à minha, introduzindo também no circuito o Simonsen[15] (para conexão com os banqueiros de NY). Parece evidente que o Dornelles, em seu empenho de afastar o Serra do Tancredo, está disposto a torpedear a Comissão. Mas agora as cartas estão na mesa. Existe uma clara opção de política à que segue atualmente o Delfim, e para combater essa opção já não é suficiente atacar a mim. Tudo estava parecendo simples: bastava pichar-me de "esquerdista" ou o que seja para deixar intocada a política que vem sendo seguida. Finalmente, gente ligada ao governo de São Paulo, como o L. C. Bresser Pereira, já havia dito que "o problema da dívida externa está no passado". O problema agora não é apenas de balança de pagamentos, mas o de saber se o país pode enviar para o exterior 40% de sua poupança e reativar a economia e combater a inflação.

O Tancredo continua fazendo o seu jogo de reinar à distância, colocando-se num plano inacessível ao mesmo tempo que agrada todos aqueles que farejam para dele se aproximar com risos e blandícias.

O Serra está nervoso, pois sente que não toma pé embora tente fazer tudo que supõe agradar ao homem. Ontem disse-me por telefone que quer abreviar o trabalho da Comissão, a fim de que tenhamos a coisa pronta para 15 de fevereiro, data do regresso de Tancredo ao Brasil. Com efeito, se ele ao voltar indica o ministro da Fazenda ou do Planejamento, que não seja membro da Comissão, esta fica no ar. E a humilhação para ele, Serra, não será das menores.

Não fui a Brasília para a reunião do Colégio Eleitoral no dia 15. O país inteiro explodiu de alegria. Senti-me recompensado dos esforços e lutas de vinte anos.

---

15 Mario Henrique Simonsen (1935-1997), ex-ministro da Fazenda e do Planejamento nos governos militares.

Ontem tivemos nova reunião da Comissão do Plano de Governo, em Brasília. Havia que preparar um documento sobre a dívida externa para que o Tancredo o tenha em mãos em sua viagem ao exterior que começa hoje. Ele terá contato com Reagan e é preciso que esteja prevenido contra algum envolvimento, ou pelo menos que tenha em conta certas coisas quando abrir a boca. A minha proposta inicial de que cada um expresse por escrito seus pontos de vista sobre essa matéria tinha dado fruto. Dispúnhamos de cinco textos. Ao apresentar o meu, eu havia feito duas perguntas: 1ª, é possível financiar a transferência de recursos de 4% a 5% do PIB para o exterior, como foi feito em 84, e ao mesmo tempo restabelecer o nível de investimentos e combater a inflação com eficácia? 2ª, será que não existe uma alternativa de política à que vem seguindo o governo? Minha resposta foi no sentido de capitalização de 60% dos juros — critério aceito pelos banqueiros para 84 — e aplicação interna dos recursos para saneamento financeiro e retomada dos investimentos. Logo se formou uma maioria dentro da Comissão, com pessoas dos dois lados convergindo na direção da minha proposta. A resistência foi principalmente oferecida pelo S. Vital, mas sem atacar o fundo do problema. Ele insistia em que os problemas são mais simples, que a transferência de recursos para o exterior não é a principal causa da desordem inflacionária, "há muitas outras coisas", raciocínio correto ou firme mas equivocado no fundo, pois reduz ao imobilismo, armadilha da qual queremos sair.

Serra, com a ajuda de Coutinho, havia preparado um texto de síntese, bastante abrangente e fiel. Faltou-lhe um pouco mais de contundência, mas pôde ser melhorado. Trabalhamos cinco horas sobre ele, e o que resultou pareceu-me razoável como conteúdo. A grande vitória está em que esse texto exista, e que esteja assinado por todos os membros da Comissão. Já não se pode dizer que não há uma alternativa de política à atual, ou que as alternativas refletem pontos de vista de "esquerdistas".

Essa Comissão foi muito provavelmente criada para não fazer nada, daí sua heterogeneidade e a presença de uma pessoa como Sebastião Vi-

THE NEW YORK TIMES, SUNDAY, APRIL 22, 1984

Forum

THE VIEW FROM BRAZIL

Time to Accommodate Debtor Nations

By CELSO FURTADO

Lynn Pauley

WHEN great interests are at stake and conflicts are many, we take refuge in Pilate's crude skepticism: What is truth? Interlocutors slide from reasoning to rationalization and invariably become irritated by evidence that theirs is only half the truth. These are commonplaces of our day-to-day existence, but become far more significant when they occur internationally. Dialogue is blocked and everything conspires to create a situation that damages us all.

The recent initiative by Mexico, backed by the United States, to unite various Latin American countries in an effort to prevent an Argentine default illustrates this point.

The arrangement, in which the Latin countries temporarily loaned money to the Argentines so they could make overdue payments on their debt, was ballyhooed as a new form of international cooperation. Significantly, however, it was limited to restoring the flow of Argentina's interest payments: that is, to resolving the problem of the American and European banks, without paying heed to the debtor's problem.

That failure to pay heed to the debtor is having major repercussions in Brazil. It is the third world's largest economy and is, without doubt, one of the countries best prepared to pass from underdevelopment into a modern and democratic society.

Today, almost all multinational corporations have interests in Brazil. Between World War II and 1980, growth was rapid, averaging 7 percent annually, thanks to creation of a domestic market now among the world's 10 largest. Many problems still remain, above all in social areas, but Brazilian society is blessed with a talent to assimilate and create; the country possesses a vigorous entrepreneurial class and a public sector that stands out in the third world for

Celso Furtado, who was Brazil's Planning Minister prior to the 1964 military coup and was a long-time economics professor at the Sorbonne, is an author and a leading member of the opposition Brazilian Democratic Movement Party.

its good organization.

And yet the Brazilian economy has been led by internal and external factors into a situation of misgovernment which, if prolonged many more years, could significantly affect the country's destiny over the next generation or two. Aggravation of social conditions and swollen numbers of unemployed and underemployed could deny Brazil the option of democracy based on social homogeneity which is the outstanding attribute of Western civilization. Further, no matter what is done to tame demographic growth, its impact on the supply of labor and on the high unemployment rate will not be felt until the next century.

Faced by the increase in world oil prices in 1973, Brazil gambled that investments financed from abroad could increase its capacity to export industrial products. International liquidity and low interest rates on money borrowed abroad served as further stimuli or excuses. Then, in 1979-80, just as the new export industries began to operate, there came the second brutal rise in oil prices, followed soon afterward by higher interest rates and a general recession.

Nowhere were the effects of this crisis felt more severely than in Brazil, with its traditional dependence on imported oil (80 percent of consumption then), compounded by weighty payments of interest and capital to foreign creditors. Experts calculate that, between 1979 and 1982, increased interest rates and deterio-

ration in the terms of trade cost Brazil $47 billion, that is, more than half its total foreign debt in 1982.

And even if the investment strategy adopted after the first oil shock was too risky, Brazil was in fact encouraged to press on by the enthusiastic support of foreign banks, particularly the American giants, that willingly financed this expansion.

In practice, no instruments of international cooperation exist to deal with problems of the magnitude posed by Brazil, whose debt servicing demanded $56 billion between 1979 and 1982, $31 billion in interest. The truth is that Brazil could not simultaneously absorb the worsening of the terms of trade, pay higher interest rates and preserve a minimum of economic normality.

It is worth recalling that, at the start of the crisis, Brazil's imports represented only a tiny part — around 7 percent — of the country's gross domestic product, a fact that underlines their essential role.

At present, for Brazil to meet its foreign obligations and keep its economy functioning normally, it must double the value of its exports. But this is impossible without a recovery of the international economy and a reversal of the current protectionist wave. Such an effort would take time and demand an adequate level of investment, a difficult achievement without international cooperation.

Since it is impossible under present circumstances to service the debt and maintain an adequate level of eco-

nomic activity, the problem becomes strictly political and its solution a reflection of the balance of forces. On the one side, there are the interests of external creditors and, on the other, those of the Brazilian people, who are today experiencing generalized hunger and unemployment. Under less serious conditions in the 1930's, the Governments of Britain and France suspended payment of their debt to the United States Government.

BRAZIL'S extreme weakness in the face of its creditors can be attributed to the minimal representativeness of the country's governments for nearly two decades and the total loss of credibility of those who manage the economy. The International Monetary Fund, whose raison d'être should be to ease balance of payments problems such as Brazil's, in fact is insisting on policies that subject the country to recession in order to reduce imports and free resources to stimulate exports, even at "dumping" prices.

The trade surplus passed from 4 to 42 percent of imports between 1982 and 1983 and will not be less than 60 percent this year. In 1982, domestic resources covered 22 percent of interest payments, but that share would have risen to 50 percent in 1984 had interest rates not resumed their growth. But all this is being achieved through a sharp drop in real wages and a significant reduction in investment. The armies of unemployed and underemployed grow daily, accompanied by alarming malnutrition.

It is hardly surprising that 90 percent of Brazilians repudiate this policy and are clamoring for changes. These cannot come through the altruism of bankers; their job is to protect the interests of their stockholders. They could be helped by initiatives from countries responsible for ordering the international economy, but no move has come from this side either.

The only remaining hope is therefore that debtor governments join together to demand that the interests of their populations also be taken into account in this difficult readjustment of the international economy. And if in this way they help preserve internal order in their own countries, they will be making an important contribution to the international stability that is of concern to all. ■

---

tal, profundamente comprometido com a política atual, e de um membro da direção de um grande banco. Tudo foi concebido dentro do estilo de Tancredo, de evitar definições claras em tudo que pode ser controvertido. Ganha-se tempo e se dá a impressão de estar fazendo alguma coisa. Por último, houve as incríveis inconfidências, certamente para desacreditar a Comissão e aumentar o medo em muitos de seus membros candi-

QUARANTIÈME ANNÉE — N° 12057   **DERNIÈRE ÉDITION**   — MERCREDI 2 NOVEMBRE 1983

Le Monde

Fondateur : Hubert Beuve-Méry   Directeur : André Laurens

3,80 F

5, RUE DES ITALIENS
75427 PARIS CEDEX 09
Tél. : MONTPAR 656572 F
C.C.P. 4287 - 23 PARIS
Tél. : 246-72-22

EN TURQUIE ORIENTALE

Plus de 2 000 morts dans le tremblement de terre

LIRE PAGE 8 L'ARTICLE DE NOTRE ENVOYÉ SPÉCIAL JEAN-PIERRE CLERC

Un appel au cessez-le-feu dans le Golfe

La conférence de Genève sur le Liban s'est engagée dans un climat très tendu

Le rapport des forces est favorable à l'opposition et à ses alliés syriens
Le médiateur américain a proposé le « gel » provisoire de l'accord israélo-libanais

La dette du Brésil ne cesse de croître

« Nous ne pouvons plus continuer à payer avec la faim de nos concitoyens »
nous déclare M. Celso Furtado
ancien ministre de la planification

La victoire de M. Alfonsin en Argentine
Les péronistes paraissent disposés à pratiquer une opposition constructive
Lire page 4 l'article de JACQUES DESPRÈS

Le référendum du 2 novembre en Afrique du Sud
Le projet de Constitution prévoit l'intégration limitée des communautés indienne et métisse
Lire page 5 l'article de PATRICE CLAUDE

AVANT LES ÉLECTIONS D'AULNAY-SOUS-BOIS ET DE VILLENEUVE-SAINT-GEORGES

Dreux revisitée

De notre envoyé spécial
MICHEL KAJMAN

Georges Dumézil
Du mythe au roman

Collection Quadrige [puf]

Les livres des Puf questionnent le monde.

« LA TRAGÉDIE DE CARMEN » AU CINÉMA

Le tiercé de Peter Brook

MATHILDE LA BARDONNIE

(Lire la suite page 12.)

Explicando a dívida externa em publicações no exterior: artigo no *New York Times* e entrevista no *Le Monde*.

datos a cargos no futuro governo. E ainda assim tivemos uma autêntica vitória, pois já existe uma proposta clara de modificação substantiva num campo crítico da política. O importante é que, se o Brasil rompe o tabu do pagamento em divisas dos juros em sua integralidade, todos os demais países devedores em situação similar poderão seguir o exemplo. O caminho estaria aberto para romper o jugo da finança internacional sobre os países devedores.

Mesmo que tudo isso fique no papel, terá sido uma vitória no plano político que poderá dar frutos no futuro. As conjecturas sobre o ministério de Tancredo levam a crer que ficarão mesmo no papel. Fala-se em Dornelles para a Fazenda e Olavo Setubal para o Exterior. As informações que tenho sobre Dornelles fazem pensar que ele não tem pensamento próprio, é um simples *operator*, que conviveu magnificamente com Delfim no governo e tem boas relações entre militares, inclusive o general Cruz.[16] A simples presença dele marca o governo. Tampouco do Setubal se pode esperar empenho em mudar a política atual.

Mas digamos que a intenção de Tancredo seja esta: fazer mudanças com homem de quem não se espera nenhuma mudança. Neste caso, o risco está em que as mudanças não *peguem*, fiquem na aparência, e na execução, na "regulamentação" perca-se o essencial. Em um campo tão complexo como o das relações financeiras internacionais, basta deixar uns capítulos para que as mudanças sejam apenas aparentes.

Quando saí da reunião fui até o gabinete do dr. Ulisses. Encontrei lá várias pessoas. O clima geral é de expectativa e apreensão. Tudo indica que no novo governo não haverá espaço para o grupo mais progressista do PMDB, que é em realidade a alma do partido. Estive trocando ideias com Arraes sobre os riscos que corre o NE de ser esquartejado entre caciques políticos de vários partidos. Disse a ele que havia feito um projeto de política para o Plano de Governo, definindo o essencial a fazer na região. Haveria a possibilidade de chegar a um compromisso sobre uma linha de política entre todas as forças da Aliança Democrática. Ele não crê.

---

16 O general Newton Cruz (1924-) foi chefe da agência central do Serviço Nacional de Informações (SNI).

Estive falando a sós com o dr. Ulisses e lhe transmiti minha boa impressão sobre o resultado do trabalho da Comissão, ao concluir o texto sobre a dívida externa. Ele me ouviu com aquela atenção cortês com que oculta seu desinteresse por assuntos que não seja a política quente do momento. Depois de ouvir-me, disse: "Estive pensando em certas coisas e vou lhe falar num assunto que é apenas uma reflexão pessoal minha, e que quero que fique absolutamente entre nós. (Pensei comigo: ele vai me fazer alguma proposta e eu não poderei deixar de dar uma resposta imediata; se meu destino vai se modificar neste momento, meu pressentimento é de que não será num bom sentido.) Estive pensando que você poderia dar uma contribuição ao futuro governo ocupando uma embaixada onde a parte econômica é essencial, como a de Bruxelas junto ao Mercado Comum Europeu. Daí você poderá ajudar a encaminhar muitos problemas importantes".

Eu fiquei um tanto estatelado, pois não estava preparado para responder a *essa* questão. Tinha me passado pela cabeça que ele me ia falar em NE. Disse apenas que se o nosso partido achava essa uma missão importante, eu me inclinava a dar minha contribuição. Ele acrescentou que teríamos de voltar a falar mais detidamente sobre este e outros pontos, e que me chamaria.

Saí para o aeroporto mastigando o assunto. Seria uma tentativa de afastar-me do primeiro plano e mesmo de neutralizar-me como um crítico potencial? Neste caso a coisa teria partido do Tancredo. Ou seria uma "compensação", um prêmio de consolação, que me oferecia o partido, por serviços prestados? Depois veio-me ao espírito de que o mais provável é que essa fosse uma ideia do Fernando Henrique, preocupado com a repercussão negativa, nas alas mais progressistas do PMDB, da queima de meu nome pela entourage do Tancredo. Dificilmente passaria pela cabeça do Ulisses a existência dessa embaixada, e o Tancredo não deve estar preocupado com alguém que não exerce nenhuma pressão sobre ele num momento em que tem tantos *chats à fouetter*.* F. H. deve se lembrar

* *Avoir d'autres chats à fouetter*: "ter mais com que se preocupar".

de que o cargo está pendente da decisão no Senado, de que o Ueki[17] não tem chance. A ideia também poderá ter vindo do Severo Gomes, mas no caso do F. H. deve haver certa preocupação com o meu "caso".

Uma coisa parece certa: no mundo tancrediano não existe espaço para mim. A percepção que tenho dele é de alguém que joga permanentemente na ambiguidade, que usa as pessoas e evita aquelas que parecem pouco flexíveis. Com a degradação da vida política no país, esse tipo de liderança torna-se ainda mais eficaz. A sorte é que ele tem compromissos com coisas fundamentais e é um homem honrado. Por isso devemos ver as coisas globalmente e apoiá-lo, pelo menos nessa fase de transição democrática.

O importante é que já sei que não terei nenhum cargo de responsabilidade no novo governo. O pesadelo de participar de uma equipe heterogênea, devendo fazer concessões a todo momento para evitar crise, desaparece. O susto de ter de voltar ao NE para uma contrafação de minha saga de um quarto de século atrás desaparece.

Ganhei alguns graus de liberdade. Convém continuar pensando sobre isso.

RIO, 26.1.85

Jantei ontem na casa do Marcito.[18] Havia um pequeno grupo de pessoas, inclusive Antonio Callado e Ana. Procurei falar de literatura, desse último livro do Mario Vargas Llosa, *Historia de Mayta*, que me parece algo extremamente destruidor. O que ali está poderia ser objeto de um ensaio, uma boa contribuição para aprofundar o entendimento dessa fase histórica latino-americana que se pode chamar de ilusão guerrilhei-

---

17 Shigeaki Ueki (1935-), presidente da Petrobras no governo Figueiredo, pleiteava uma embaixada na Europa.

18 Marcio Moreira Alves (1936-2009), jornalista e deputado federal que em 1968 fez um discurso contra as comemorações da Semana da Pátria, episódio que culminou com a decretação do ato institucional nº 5 e sua cassação política.

ra. A meu ver, essa fase é similar à da Europa Ocidental no período compreendido entre 1848 e 1870. Nesse período, na Europa, predominou a ideia, entre as forças sociais que emergiam com a industrialização, de que o caminho para avançar, para participar do poder, era a revolução, a violência aberta. A derrota da Comuna em 1871 desacreditou essa ideia. Ao mesmo tempo a sociedade havia mudado e outros caminhos foram encontrados. Na América Latina o processo se inicia com a Revolução Cubana, em 1959, e provavelmente se encerra com a restauração democrática da Argentina e do Brasil no começo dos 1980. Também na América Latina houve transformações importantes na sociedade, e o que importa é saber que projeções terão elas no plano político. O livro do V. Llosa enfoca a coisa apenas do lado da degradação social e psicológica provocada pelos conflitos, e nesse sentido é extremamente destrutivo. Se fosse um ensaio não haveria problema, mas sendo um romance tende a ser absorvido em bloco, sem ser submetido a uma análise crítica. Essa a razão pela qual um romancista pode ser muito mais efetivo ao transmitir uma mensagem *revolucionária* ou *reacionária* do que os nossos cientistas sociais, e pensadores ou "ideólogos".

Qual não foi minha surpresa quando o Marcio puxou a coisa para o lado político e disse para todo mundo, com aquela meia leviandade meia arrogância que o caracteriza, que eu ia ser convidado para a embaixada junto ao Mercado Comum [Europeu]. Eu me mostrei perplexo e ele acrescentou: "Ouvi do Montoro e estava também presente o Brossard". Imagino que haveria outras pessoas. Se é assim, por que então o Ulisses me fez todo aquele mistério?

RIO, 1.2.85

A Rosa telefonou-me de Paris dizendo que havia estado com Fernando Henrique, a sós, e ele a havia sondado para ver minha reação no caso de um convite para algo como embaixador na ONU. Ele seguramente imaginava que eu já havia conversado com a Rosa sobre o assunto, o que não é verdade. Porém, confirma-se a ideia de que partiu dele a iniciativa de arranjar uma embaixada para mim.

Tenho pensado nesse assunto. Pode-se dar por certo que estou excluído da equipe que vai comandar a política econômico-financeira. Mas devo partir do princípio de que não vou assumir uma posição crítica, mesmo que a política seguida não seja muito diferente da atual. Em primeiro lugar está o compromisso com a redemocratização, e esta depende de que o governo Tancredo não se gaste demasiadamente rápido. É preciso que o PMDB sobreviva para a Constituinte. Aceitando ou não um posto, meu comportamento terá de pautar-se por esse princípio. Negar apoio explícito pode ser necessário, mas em nenhum caso se justifica criticar, pelo menos numa primeira fase. Desse ponto de vista, estar no Brasil ou fora não faz muita diferença.

O verdadeiro problema é meu, pessoal: passei muitos anos fora do país e conheço demasiado essas instituições para que elas exerçam sobre mim qualquer atrativo. Como justificar uma nova ausência do país e dedicar o meu tempo a coisas que não considero prioritárias? Viver no estrangeiro como métier será para mim uma punição. É verdade que Paris não é para mim "estrangeiro", mas não se trata de ir para lá. Em realidade, ir para Paris teria mais o sabor de um hedonismo, que me criaria uma consciência de culpa. Finalmente, em um processo de reconstrução do país em marcha, poder participar dele é um privilégio. Eu posso ter essa participação e, ao mesmo tempo, realizar uma vida pessoal voltada para o que gosto: pensar, escrever, ler, ouvir música, viajar, estar com amigos. Horroriza-me não poder dispor de meu tempo, ter "obrigações".

RIO, 5.2.85

Tivemos no dia 3 mais uma reunião da Comissão, em São Paulo. Levei por escrito uma consolidação dos compromissos do Tesouro — orçamentos fiscal e monetário — onde se demonstrava que o déficit previsto para 1985 chega a 40% das receitas, portanto, algo como 4% do

PIB. Também indiquei que esse déficit se deve ao custo (em juros) da dívida mobiliária interna e às contas externas assumidas pelo BC, juros da dívida externa assumida por este. A opção é simples: ou se aprofunda a recessão cortando mais nos gastos públicos — e isso seria insuficiente — ou se aumenta brutalmente a carga fiscal — o que seria intolerável —, ou se reduz o custo a curto prazo da dívida interna e capitaliza uma parte importante da dívida externa. O Sebastião Vital assumiu uma posição mais ortodoxa do que o FMI. Não sei que tipo de consenso poderá sair disso.

Ontem tive uma longa conversa com o F. Henrique. Ele é a pessoa que enxergou mais claro no caso Dornelles. Esta é a dimensão oculta do Tancredo, que começa a vir à tona. Ele ouviu do Aécio, neto do Tancredo que está sempre próximo do avô, uma advertência: "O Chico é parte do velho". Se é assim, é necessário partir dessa simbiose. Esse homem tão secreto devia ter coisas escondidas. Ele atravessou todos esses anos da ditadura com olhos que viam o bicho por dentro. Isso explica a pilotagem maravilhosa que ele realizou através de todos os obstáculos. Mas cabe indagar: que compromissos terá ele assumido pelo caminho? O que mais preocupa o sistema em decomposição é que não se projete muita luz sobre a podridão que aí ficou, os escândalos e "estouros" havidos e por haver. O sobrinho, sabidamente o homem mais informado da República (responsável pela Receita Federal), foi o *go-between* de toda a trama.

Também me disse o F. H. que o cavalheiro esse já fala como se fosse o primeiro-ministro; refere-se ao "círculo do poder", atribui ministérios a A e a B e também dispõe do tempo do tio. A viagem à Europa foi organizada por ele, praticamente só.

O importante, evidente, não é o sobrinho, e sim o tio. Se este é tão secreto é, provavelmente, porque se sente inseguro quando totalmente exposto à correnteza dos acontecimentos. É possível que a experiência vivida ao lado de Getúlio, que foi arrastado ao suicídio por algum passo falso, algum descuido, o haja seriamente traumatizado. A verdade é que ele procura cobrir-se de todos os lados. Como tem escrúpulos, utiliza o sobrinho para realizar a *besogne* mais comprometedora. Ele nunca confiará em ninguém que tenha independência de espírito, cujo comportamento possa conduzir a imprevisto, riscos. É preciso manter tudo sob controle, mas deixar espaço para possíveis aberturas, avanços reais no plano, se estes caírem em nossas mãos como frutos maduros. Mas sempre olhando para trás, para não perder de vista a saída de socorro.

RIO, 9.2.85

Ontem jantei com o Sergio de Freitas, companheiro da Comissão do Plano de Governo e vice-presidente do Itaú. Ele está efetivamente convencido de que é necessário abandonar a política atual de ajustamento e sair para outra coisa, particularmente a capitalização dos juros. Na discussão que havíamos tido na Comissão abordamos o problema da agricultura, que está totalmente distorcida, contra o mercado interno. O coeficiente de exportação do setor agrícola dobrou; se a isso se adiciona a produção de cana para álcool, explica-se o declínio da oferta interna de alimentos. Também falamos da produção de petróleo, que cresceu muito mais do que as reservas, havendo a relação produção-reservas descido a níveis perigosos. Assim, por todo lado o país está sendo distorcido para atender aos interesses dos bancos credores. É importante que o Sergio de Freitas se haja capacitado de tudo isso, pois ele pode influenciar o Olavo Setubal. Se o setor financeiro chega a ver a realidade, tudo pode mudar. A nossa Comissão teria realizado um trabalho útil, por essa forma indireta.

O dr. Ulisses hoje me telefonou pela manhã cedo. Ontem ele teve a primeira longa conversa com o Tancredo, que regressou anteontem. Pelo que me disse, o Dornelles será efetivamente ministro da Fazenda. Ainda haveria a possibilidade de alguém do PMDB para a equipe econômico-financeira. Também me disse que minha candidatura para a embaixada junto à CEE estava andando. Depois das conversas que tive nos últimos dias decidi que o melhor é não se deixar marginalizar completamente.

Há dois dias tomei conhecimento de que alguns deputados do NE tomaram a iniciativa de sugerir meu nome para a Sudene. Parece que quem está na frente do movimento é o Oswaldo Lima. O Aloisio Campos também está envolvido. Mas tenho a impressão de que o Humberto Lucena[19] fará corpo mole, seguramente preocupado com uma futura candidatura minha para governador da Paraíba, o que não me passaria pela cabeça. O Arraes, aparentemente, está fora disso, pois ele esteve longamente com o Ulisses anteontem à noite, na casa do Renato Archer, onde jantamos juntos. Se ele houvesse tocado nesse assunto ao Ulisses, este teria me falado. Veremos o que vai sair de tudo isso.

RIO, 16.2.85

Nos dias 13 e 14 tivemos duas longas reuniões da Copag para concluir nossos trabalhos. Na reunião do 13, que durou cinco horas, estivemos concentrados na política financeira, ou seja, no saneamento das finanças públicas, no problema das taxas de juros, enfim no grande imbróglio. Com base nos trabalhos anteriores — vários de nós havíamos apresentado por escrito sugestões —, o Serra preparou um texto de conjunto que, sem ser audacioso, era bastante abrangente. Vista a coisa em conjunto, fica clara a insânia do enfoque monetarista que vem impondo o FMI. Os ativos monetários declinaram de mais de 30% para menos de 10% dos ativos financeiros totais. Continuar a comprimir a base monetária, quando o sistema opera com outras formas de liquidez, é uma bobagem que desvia a atenção do essencial. O problema da dívida interna está em que ela gira rápido demais, e não em sua dimensão. Não há verdadeiros tomadores finais para os títulos, que são financiados no mercado do dinheiro com recursos tomados ao próprio BC.

---

19 Oswaldo Lima Filho (1921-1994), pernambucano, foi ministro da Agricultura de João Goulart e era deputado pelo PMDB. Aluizio Campos (1914-2002), deputado paraibano pelo PMDB, tinha sido do conselho deliberativo nos primeiros anos da Sudene. Humberto Lucena (1928-1998) era senador da Paraíba pelo PMDB.

Seria necessária uma limpeza completa, mas há gente demais vivendo dessa confusão.

Foram muito instrutivos os debates. Serra abandonou sua atitude de extrema prudência dos primeiros dias. Fez circular o papel no dia 13 sem maiores precauções. É evidente que ele estava marcando sua posição para o futuro. Se o governo Tancredo vai continuar com a política atual, o que significa que a inflação vai se agravar, e a retomada do crescimento abortar, não terá sido por falta de um projeto alternativo. Por outro lado, o Sebastião Vital mostrou-se extremamente conciliador. Como Dornelles já é ministro (o Serra já não é nenhuma ameaça), o que produzir nossa Comissão não terá qualquer relevância. Aparentemente, ele só vê o presente. E como se sente culpado da sabotagem que fez no passado, agora procura ser generoso.

No dia seguinte, 14, deveríamos apresentar o conjunto do trabalho concluído (quatro dos onze programas não estariam datilografados, devendo sua entrega ser postergada) ao Tancredo. Quando nos reunimos às nove horas para fazer um *tour d'horizon*, o Helio Beltrão nos surpreendeu com a afirmação categórica de que o projeto de política financeira tocava em assunto demasiado quente, podia filtrar e comprometer o novo governo provocando pânicos e coisas similares. Os jornais do dia davam ele como ministro (da Desburocratização e da Desconcentração) no novo governo. Ele, que havia sido tão corajoso, no começo, agora tomava a posição oposta. Havia uma perfeita simetria com o caso do Serra: maior esperança de participar do Ministério, maior cautela, mais preocupação em não assustar o Tancredo. Foi uma dura discussão. Eu imaginei que não haveria consenso, sendo necessário apresentar votos por separado ou deixar de fora o tema mais importante, ao lado do da dívida externa. Finalmente acertou-se o seguinte: todas as cópias do documento seriam recolhidas e não se faria referência a ele na lista a ser publicada no momento da entrega a Tancredo. Este seria advertido, numa nota preliminar, de que se tratava de um documento preliminar a ser mantido fora de toda circulação. Todos os membros da Comissão se comprometiam a, se necessário, assegurar de público que não existia esse documento. Se alguém fizesse uma afirmação em contrário, podia ser desmentido pelo coordenador da Comissão. Para desanuviar o ambiente, eu fiz a seguinte observação: este é um compromisso de honra assumido por todos nós. Eu me comprometo a não abordar o assunto nem mesmo quando escrever minhas memórias... Houve um riso geral...

Saí da sala de trabalho e encontrei-me de surpresa no corredor com o Tancredo, que vinha para se reunir conosco. Ele me saudou cordialmente e depois disse, tomando-me do braço: "A coisa está dura, Celso". Eu observei, querendo fazer humor: "O que não é difícil não tem valor, presidente".

Na tarde do dia 14 encontrei várias pessoas e as coisas ficaram claras para o meu lado. É evidente que os governadores do NE não têm interesse em ter alguém na Sudene com o meu peso. Estão argumentando que deve ir para a Sudene um "técnico". E que eu sou do PMDB... Por outro lado, nem todo mundo do PMDB se interessa em que eu vá para lá, pois o rendimento em termos partidários não seria grande. Para uns eu sou "político", para outros demasiado "técnico". No fundo, prevalecem sempre os interesses partidários, o que é compreensível. Estaria eu em condições de dar de novo uma briga dessa magnitude? Teria o apoio do presidente do qual necessitaria? A verdade é que me senti aliviado.

Com respeito ao novo Ministério de Ciência e Tecnologia, mandei dizer ao Ulisses que de nenhuma forma competiria por esse posto com o Renato Archer. Este teve o golpe do Sarney no Maranhão e perdeu as Relações Exteriores. Quando voltei no dia 14 para o Rio encontrei no avião o Renato, que me comunicou que o convite a ele estava feito, ainda que com os subterfúgios usuais do Tancredo. Pus-me à disposição dele para ajudá-lo, pois fui o relator desse projeto na nossa Comissão. Ele estava meio zonzo com a perda das Relações Exteriores, mas parecia começar a interessar-se pelo novo ministério.

De meu lado tudo ficava claro. A partir do momento em que percebi que Tancredo ia adotar uma política continuísta no campo econômico--financeiro, desinteressei-me da coisa. Não tomei nenhuma iniciativa.

Se tomo distância para ver o que aconteceu nestes últimos três anos, mais precisamente desde que fui formalmente para o PMDB, devo reconhecer que é um período único, que deve ser separado do que ocorreu antes e do que terá de ocorrer depois. Durante esse período eu passei a falar como um dos mentores de um grande movimento político, na verdade a voz mais ouvida desse movimento no que respeita ao que parecia mais sensível, a política econômico-financeira. A mágica estava em que eu podia exercer esse papel guardando a seriedade de um renomado estudioso "objetivo" da economia brasileira. Ora, o PMDB nunca sancionou formalmente as ideias que eu defendia. Na convenção de 1983 discutimos esses problemas mas de maneira ad hoc, as decisões ficando em nível de comissões de trabalho. O prestígio de meu nome foi um fator a mais usado para mobilizar a opinião pública. Onde eu chegava, do Rio Grande do Sul ao Pará, de Roraima ao NE, reunia-se um público numeroso e esclarecido para ouvir-me e debater. Muita gente colocava a questão-chave: "O senhor crê que os líderes da Aliança Democrática, heterogênea como ela é, poderão levar à prática essas mudanças?". Eu saía pela tangente afirmando: "Nós, do PMDB, temos de lutar para que isso ocorra". Não era muito convincente, mas contribuía para consolidar a ideia de que constituíamos uma força organizada. Para convencer eu tinha que ser claro, mesmo contundente, o que me punha em evidência como o arauto das mudanças. Como as forças que resistem às mudanças eram poderosas (dentro da Aliança), o compromisso com elas encontrava um caminho fácil em entregar minha cabeça. É evidente que eu poderia ter lutado para ficar com "alguma coisa", na hora do frigir dos ovos. Mas como compor-me com um governo que ia executar uma política quase oposta à que eu havia defendido?

Se se tratasse apenas de política econômico-financeira, eu poderia tomar uma posição crítica desde agora, bastando para isso renunciar ao diretório nacional do partido. Mas o que está em jogo é o processo de democratização, é consolidar a transição, fechar as portas ao militarismo. Portanto tenho que ficar calado, pelo menos durante algum tempo. Se me ausento do país, as coisas serão mais fáceis.

A pergunta que me faço no momento é a seguinte: poderia ter cumprido uma tarefa distinta da que cumpri? Creio que não. A verdade é que eu não me liguei à máquina do partido. Quando me convidaram para fixar-me em São Paulo, ligando-me ao grupo do Montoro, prestando um serviço a seu governo, não o aceitei. Quando quiseram envolver-me no Rio de Janeiro, com o oferecimento de uma futura candidatura majoritária (senador), também não mostrei interesse. E como podia ser de outra forma? Utilizar o meu tempo em atividades *partidárias* parece-me uma insensatez. O que fiz, na verdade, foi dar uma contribuição, que chegou a ser importante mas que somente teve sentido em um contexto determinado. Não excluo a hipótese de que se apresente, no futuro, um novo contexto em que eu possa dar uma contribuição valiosa. Mas é preciso reconhecer que a probabilidade não é grande. Portanto, eu não devo organizar a minha vida a partir dessa hipótese.

Devo preparar-me para retomar minha tarefa de intelectual, sem vinculação partidária, dentro de breve prazo. Se aceitar missão no estrangeiro será como transição, que não deve demorar muito. Ter o sentimento de missão cumprida e sentir-se livre para recomeçar nova caminhada é o que importa no momento. É possível que nunca tenha havido a possibilidade de que eu assumisse a tarefa executiva que mereceria o uso do meu tempo e o sacrifício total das energias criativas. Meu papel terá sido de simples catalisador no processo político que levou ao fim do militarismo. Sendo assim, teria sido um erro lutar por uma outra posição. Pois, como renunciar a pensar e criar com independência, para dar uma batalha desgastante por uma tarefa secundária? Agora é pensar novamente no futuro como um horizonte aberto.

Que o Brasil entra em um ciclo novo de sua história parece-me claro. A verdade é que os últimos dois decênios não foram fruto do acaso. Tanto a direita como a esquerda tinham, há um quarto de século, a certeza de que possuíam uma solução para os problemas do país. Uns e outros pensavam que por atos de voluntarismo se podiam remover os obstáculos ao desenvolvimento e/ou à justiça social. Como o Estado seria o instrumento privilegiado dessa transformação, a luta foi pelo seu controle. Como a direita pôde mobilizar as forças do medo (e não somente entre as classes privilegiadas), ganhou a dianteira e produziu o ciclo do autoritarismo. O resultado final (a corrupção desbragada) produziu o descrédito do Estado como instrumento de engenharia social.

O debate agora faz-se em torno das forças sociais que suportam e/ou controlam o Estado. A complexidade do sistema econômico, suas múltiplas formas de vinculação internacional e a maior espessura do tecido social já não permitem pensar em projetos de engenharia social. O simples voluntarismo, se exacerbado, não produzirá mais do que tragédias sociais. O problema essencial está em encontrar formas de convivência entre forças sociais com visões diferentes da sociedade. Se se caminha para uma sociedade efetivamente aberta, os despossuídos encontrarão o caminho para produzir recursos de poder. A luta não se dará apenas no sistema produtivo (velho conceito de luta de classes) mas também no sistema social.

A homogeneização social não se pode dar no Brasil pelo processo clássico da pressão dentro do mercado organizado de trabalho. Como a hipótese de engenharia social é historicamente inviável (e indesejável, em razão do grau de complexidade já alcançado pelo sistema econômico), o caminho a seguir é o da ativação das forças sociais. Se esse processo não é suficientemente rápido, as tensões poderão crescer, aumentando o risco de acidente político e regressão ao autoritarismo.

E não se pode desconhecer que o país está se transformando de uma maneira profunda, na sua própria matriz social e cultural. A população europeia que se instalou no Brasil a partir do último quartel do século passado somente agora assume plenamente a cidadania. Esse fenômeno não é tão visível nas grandes cidades, mas nas pequenas de toda a região Sul, a começar de São Paulo, ele se impõe a qualquer observador. Esse enorme segmento do país, de grande peso econômico, ainda não emergiu plenamente para a vida política. O autoritarismo retardou o processo, mas por isso mesmo o choque terá de ser maior do advento dessas novas forças. É um Brasil mais moderno, e ao mesmo tempo mais conservador. O outro ponto a ter em conta é a ascensão da cultura popular, ou melhor, a invasão da cultura popular. A fisionomia do país vai seguramente mudar. Que projeções terá no plano político?

VISTA SOBERBA, 26.5.85

Aproveitei estes três meses para escrever o livro de memórias do período cepalino.[20] Era algo que estava atravessado em minha garganta. Saiu de um jato, se bem que tive de reler uma porção de coisas.

Nos últimos quinze dias ocorreu essa peripécia do Ministério da Cultura. Saiu José Aparecido e se percebeu que o ministério não existia. Convidaram a Fernanda Montenegro, que é uma pessoa de méritos excepcionais, fora da carreira. Ela não aceitou e indicou meu nome. Formou-se uma bola de neve: surgiram apoios de todos os lados no mundo intelectual. O argumento da Fernanda era que o ministério *devia ser criado* e para isso se necessitava de alguém capaz de falar com os que controlam o dinheiro. Mas é evidente que o Sarney não deseja para o campo da cultura uma pessoa que ocupa efetivamente o espaço, sendo ele mesmo um *homme de lettres*. Senti isso e tratei de fazer ver a ele que não estava interessado. A coisa, parece, esfumou-se.

---

20 *A fantasia organizada* (Rio de Janeiro: Paz e Terra, 1985, 1. ed.), em *Obra autobiográfica* de Celso Furtado, op. cit.

Certas convergências não passam sem chamar a atenção. Sinto que uma certa descontinuidade ou mudança de fase ocorreu em minha vida. O ter escrito esse livro de memórias, o ter encontrado tempo e haver sentido a serenidade necessária não são frutos do puro acaso. E ao escrevê-lo senti o quão densa havia sido a minha vida naquele período de doze anos que vai dos meus 26 aos 38 anos. Foi tão intensa a vida que terminou com uma ruptura dentro de mim, que não refiro no livro. A ruptura dá-se entre os 35 e os 37 anos, numa progressão, para em seguida ceder. Mas eu já não seria a mesma pessoa. Sabia que aquela rachadura havia sido calafetada, mas poderia abrir-se se eu viesse a ser submetido a grande pressão. A experiência posterior veio demonstrar que minha resistência era bastante grande. Mas dentro do meu espírito estava aquela luz que sinalizava a pressão que estava sofrendo, como alertando-me.

Escrevendo sobre aquele período dei-me conta com mais clareza da importância do que havia feito. O que veio depois foi desdobramento.

Veio-me subitamente a ideia de que minha vida comportava um projeto e a realização deste. Por outro lado, a luta de dois decênios para restituir o país ao seu caminho certo também se concluiu. Foi uma luta difícil: muitos anos na defensiva, tratando de sobreviver, mas sempre cobrando um preço; o simples fato de ocupar posições de prestígio no exterior já era um preço pago por eles; mostrando o que era o "desenvolvimento" imposto ao país pela ditadura. Depois, na ofensiva: cinco livros de denúncia,[21] campanha nos jornais e ação através do PMDB. Agora a tarefa está cumprida. Visitei Brasília pela primeira vez após a plena instalação da Nova República. Os ministros agora são colegas. Em todas

---

21 Ver, em especial, *Análise do "modelo" brasileiro* (Rio de Janeiro: Civilização Brasileira, 1972); *O Brasil pós-"milagre"* (Rio de Janeiro: Paz e Terra, 1981); *A nova dependência: dívida externa e monetarismo* (Rio de Janeiro: Paz e Terra, 1982); *Não à recessão e ao desemprego* (Rio de Janeiro: Paz e Terra, 1983); *Cultura e desenvolvimento em época de crise* (Rio de Janeiro: Paz e Terra, 1984).

as partes me recebem aos abraços. Já fui agraciado duas vezes: com o Prêmio Nacional da Ciência e Tecnologia, pela primeira vez dado a um cientista social, e como grande oficial da Ordem de Rio Branco.

O papel que me cabia em tudo isso esgotou-se. Não me interessa exercer o poder pelo poder e sei que no setor econômico-financeiro nada de realmente importante pode ser feito. O país não está preparado para enfrentar os problemas maiores. Enfrentá-los sem os meios adequados é provocar desestabilização, dificultar a consolidação das vitórias no plano da redemocratização. Preparar o país a longo prazo para enfrentar os grandes problemas não é tarefa para mim e sim para a nova geração. O que me cabe fazer é continuar pensando os problemas globais.

Essa tranquilidade é bem-vinda. A angústia profunda, que me acompanhava e fazia de mim um transeunte, sempre preparado para partir, tentar algo de novo, vai finalmente cedendo. O fim de tudo, que é a morte, já não assusta. Fortifica-se o sentimento de que a vida foi bem aproveitada. O que eu trazia dentro de mim não se dissipou. O meu eu incorporou-se ao mundo real na medida em que fiz coisas que são permanentes. Não que o meu nome deva sobreviver com elas, mas o mundo do futuro será algo diferente porque elas ocorreram no passado.

v. s., 23.6.85

Muitas coisas ocorreram no mês que separa esta nota da anterior: estive nos Estados Unidos para apresentar o meu trabalho para a série Pioneiros do Desenvolvimento que organiza o Banco Mundial. Houve um bom debate e surpreendeu-me que um pensamento tão fora do mainstream fosse relativamente bem-aceito. É claro que havia muita gente do Terceiro Mundo, com sensibilidade para a coisa. Tive vários contatos com pessoas da colônia brasileira, jornalistas e funcionários de agências internacionais. Uma pessoa ligada ao staff do Banco Mundial que havia presenciado a entrevista de Tancredo com o presidente do banco (Clausen) contou-me que o nosso homem parecia ter apenas uma preocupação: tranquilizar o interlocutor. A primeira vez que Clausen citou a expressão "dívida externa", ao ouvir a tradução ele se precipitou em dizer: "Diga a ele que nós pagaremos tudo o que devemos".

Entre 6 e 8 participei de uma reunião do Centro de Desenvolvimento da OCDE nos arredores de Paris. A temática era a mesma: o desafio dos ajustamentos mundiais. Como é corrente, nada de novo foi dito, mas os contatos pessoais foram frutíferos. Claude Cheysson[22] procurou-me e parece entusiasmado com o Brasil. Considera que há muito campo para ação conjunta em face do desafio colocado pelas rodadas de negociações em torno dos problemas comerciais, financeiros e monetários. A conversa com alemães e ingleses é decepcionante. Estão convencidos de que a visão Reagan-Thatcher nos dá um novo *Weltanschauung* que moldará o mundo por muito tempo. O "social" e o "nacional" tendem a ser relegados a segundo plano em benefício de uma mítica "razão de mercado". O único ponto de apoio é a França, e temos pela frente a perspectiva da derrota dos socialistas no ano próximo.

De regresso ao Brasil fui a Brasília para passar a "sabatina" no Senado.[23] O debate não foi nada idiota: havia gente informada e que pôs o dedo no sensível; a maioria tinha, contudo, uma visão tópica, derivada de interesses particulares ou regionais.

Em Brasília já se vive um clima eleitoral: eleição para prefeitos das capitais este ano e renovação do Congresso (Assembleia Constituinte) no próximo. Esses dados pesam brutalmente na conduta dos deputados. A situação econômico-financeira do país continua deslizando para rumo incerto. Acumularam-se fatores recessivos, o que fará mais difícil lutar contra a inflação. Como não há coragem para enfrentar o problema ex-

---

22 Claude Cheysson (1920-2012), ministro das Relações Exteriores do governo Mitterrand até 1984, era comissário europeu, cargo equivalente ao de ministro, na Comissão Europeia, onde se ocupava do Mediterrâneo e das relações Norte-Sul.

23 Os indicados para embaixadas e chefias de missões diplomáticas têm seus nomes aprovados pelo plenário do Senado, em voto secreto, após uma sabatina. CF seguiu, pouco depois, para Bruxelas, onde assumiu a chefia de missão diplomática do Brasil junto à Comunidade Econômica Europeia.

Claude Cheysson, comissário europeu responsável pelas relações Norte-Sul. Brasília, 1986. Foto EBN/José Amarante.

terno, os juros internos continuam pelas alturas. Sarney parece fazer um grande esforço para tomar pé. A menos que ele se convença de que é necessária uma outra política e tenha tutano para enfrentar as pessoas externas e internas, teremos pela frente dias difíceis: uma recessão maior e eleições formam material explosivo.

Minha presença em primeiro plano não ajuda a melhorar a situação. É preciso que nomes menos comprometidos com soluções supostamente radicais, menos ligados à ideia de "moratória", apareçam dizendo o que é óbvio. Foi bom que eu não estivesse na reunião com Sarney no dia 6.

BRUXELAS, 22.10.85

Passei do 18 ao 20 em Châteauvallon, Toulon, num seminário em torno da obra de Fernand Braudel. Pude conversar muito com ele e sua senhora, que se agarraram a mim para falar do Brasil. O tempo que passou no Brasil, entre 1936 e 1938, marcou-o de forma profunda. Como foi um período imediatamente anterior à guerra — como grande admirador da cultura alemã e tendo visitado longamente a Alemanha, essa guerra o terá traumatizado mais que o comum —, esse período brasileiro ficou em seu espírito como um Paraíso Perdido. Por outro lado, quiçá tenha uma certa consciência de culpa por não haver deixado um livro sobre o Brasil, que parece ter estado muito tempo nos seus planos escrever. Ele tem plena consciência de ser um intelectual do mais alto nível e por isso é modesto no melhor sentido da palavra. Fiquei surpreendido quando disse que não havia jamais encontrado Jean-Paul Sartre. Quando lhe lembrei que Sartre havia passado quarenta anos sem encontrar [Raymond] Aron, seu *copain* de Normale Sup.,[24] ele observou: "No meu caso se explica mais facilmente, porque eu fui muito menos mundano que Aron". E acrescentou: "Jean-Paul quase sempre estava errado no que fazia, mas eu o admirava porque ele tomava partido claramente diante de tudo que era importante. Aron foi um *faux grand homme*".

Falamos da paranoia dos grandes homens. Eu citei o dito de Hugo: *Ego Hugo*, e ele riu. Também riu com as histórias de Gilberto Freyre, que admira muito como escritor. O narcisismo de Goethe o horroriza. Observei que no nosso mundo já ninguém pode se autoproclamar gênio, como Byron ou Goethe. Ele observou de bom humor: "Nós somos a última geração de monstros sagrados".

24 École Normale Supérieure, uma das chamadas *grandes écoles* da França.

9. Ministério da Cultura, Constituinte, 1986-1988

No início de 1986, Celso Furtado era embaixador em Bruxelas quando recebeu um telefonema de José Aparecido de Oliveira, que fora o primeiro titular do Ministério da Cultura. Era uma sondagem para saber se gostaria de retornar ao Brasil e assumir a pasta da Cultura na próxima reforma ministerial. A partir daí, o telefone não parou de tocar, e tampouco pararam, do outro lado da linha, os dribles e evasivas do embaixador. Por fim, em março de 1986, Celso assumiu o ministério. Concretizava-se assim a proposta encaminhada um ano antes ao presidente Sarney num abaixo-assinado de 176 artistas e intelectuais, encabeçado por Fernanda Montenegro, que sugeriam seu nome para a pasta. Da posse até a demissão, em fins de julho de 1988, foram quase trinta meses em que a atuação de Celso se concentrou, de um lado, em pôr de pé um ministério que sequer tinha organograma, em dar unicidade ao que mais parecia uma colcha de retalhos de repartições herdadas dos governos militares, e, de outro, em criar os meios de compensar um orçamento raquítico, que mal chegava a 0,5% do federal. Para isso, dedicou-se ao que, retrospectivamente, se afigura como uma grande realização de sua gestão: a implementação da primeira legislação brasileira de incentivos fiscais à cultura, a Lei Sarney. Naqueles primórdios do ministério, em que sua própria existência ainda era contestada até por quem teria interesse em defendê-lo, a nova lei foi uma inovação que possibilitou, já no primeiro ano de vigência, a realização de 5 mil projetos culturais em todo o país e dobrou o orçamento dedicado à cultura.

Em Brasília, porém, Celso Furtado não tratou só de assuntos culturais. Nunca lhe passou pela cabeça, ao contrário de conjecturas por vezes indecifráveis, que a Cultura seria uma pasta trampolim para um ministério da área econômica. Isso não impediu que seu nome fosse cogitado em discretos bastidores para o Ministério da Fazenda. Muito menos que ele fosse regularmente consultado, não só pela imprensa, mas por constituintes e, mais reservadamente, pela cúpula do PMDB e pelo presidente da República, sobre a complexa agenda econômico-financeira do momento, que incluía a renegociação da dívida externa, a ameaça da recessão, a ascensão e queda do Plano Cruzado, os soluços da inflação. É o que se lê nas notas pormenorizadas de seus diários, que se iniciam com a primeira audiência do ministro no Palácio do Planalto.

Audiência ontem com Sarney. Deu-me apoio total e toda liberdade para organizar o Ministério e escolher o pessoal de direção. Preocupado com a lei de incentivos fiscais à aplicação de recursos para compra de bens culturais e ajuda à atividade criativa.

Estivemos falando da força criativa do povo brasileiro e ele lembrou a vida de praia com sua multiplicidade de atividades. Confiante na política econômico-financeira de Funaro.[1] Disse-me que minha presença também era importante para seguir esses aspectos. Autorizou-me a decidir quanto dar de ajuda aos programas da Ruth Escobar, modificando decisões recentes do ministro anterior. Enfim, tudo começou bem.

BRASÍLIA, 8.1.87

A degringolada do Plano Cruzado, *incroyable*, como dizem os *clochards*.[2] Desde o começo, uma estratégia concebida por pessoas como André Lara Resende, Chico Lopes e outros do mesmo gênero não podia ir a fundo no ataque a uma inflação estrutural como a nossa. Bastava ter em conta que se procurou "ignorar" a questão da dívida externa e também a da insuficiência da poupança interna.

---

1 Dilson Funaro (1933-1989) era ministro da Fazenda e foi o idealizador do Plano Cruzado, lançado em 28 de fevereiro de 1986.

2 Meses antes, CF pegava o metrô em Paris, de smoking, quando ouviu essa expressão de grupo de *clochards*.

Ministro Jean-Bernard Raimond:[3] balanço positivo do programa Brasil-França, aparentemente não se apresenta problema no que se refere a 1987. Imagina-se que a partir da inauguração da Maison de la Présence Française as atividades do lado francês vão se intensificar. Gostaríamos de poder contar com uma presença mais forte da cultura francesa contemporânea: nas artes plásticas, no teatro, na dança, mas também o design, a moda, o Beaubourg como centro cultural, as experiências das Maisons de Culture, as grandes exposições, os prêmios literários. Continuamos a privilegiar a grande exposição de 1989, O Brasil Contemporâneo, que deve ser uma apresentação-síntese do Brasil.

Encontrei o Funaro na embaixada da França. Ele mostrou interesse em conversar, afirmando que pretendiam tomar uma iniciativa. Observei que a única maneira de recobrar credibilidade era começar com um novo tratamento da questão da dívida externa. Chamei a atenção para as informações publicadas no *Washington Post* de que o Baker[4] estaria pensando em uma fórmula que permita aos bancos menores absorver perdas sem fechar suas carteiras nos países devedores. Ele me disse que estava trabalhando numa fórmula no sentido de reduzir unilateralmente as transferências. Observei em seguida que duas outras coisas eram indispensáveis: primeiro, um tabelamento de juros, a começar pelos que

---

3 Jean-Bernard Raimond (1926-2016), ministro das Relações Exteriores do governo francês entre 1986 e 1988, fazia visita oficial ao Brasil. Em 1985 fora assinado o Programa Brasil-França, de intercâmbio cultural entre os dois países e com duração de três anos, que culminou com a exposição Modernidade, em 1989, aqui chamada de O Brasil Contemporâneo. A Maison de la Présence Française é a atual Casa França-Brasil. As anotações de CF estão em francês.

4 James A. Baker (1930-), secretário do Tesouro dos Estados Unidos no governo de Ronald Reagan.

pagam os bancos; segundo, um controle mais estrito do câmbio, com centralização. Por último, o Congresso deveria votar uma lei para aumentar a poupança, mediante um empréstimo compulsório ou coisa parecida. Ele estava extremamente interessado e queria conversar neste fim de semana, o que não vai ser possível pois viajo para o Rio amanhã. Creio que a melhor tática é apoiá-lo para que fique no cargo e induzi-lo para que vá na boa direção. Não há condições para que uma pessoa que suscita tanta apreensão entre empresários, como sou eu, assuma o comando, a menos que a situação se degrade totalmente e surja um movimento político no sentido de mudanças mais profundas.

Estamos entrando numa fase de grande turbulência; portanto, os riscos são grandes. A conjunção de fatores favoráveis que se apresentou em 1986 já não se repetirá. É indispensável aumentar a taxa de poupança e reduzir as transferências para o exterior. A discussão em torno dos salários é secundária, pois estes terão de baixar de uma ou outra forma. Resta saber se à baixa de salários se acrescentará ou não o desemprego. Que padrão de preços relativos emergirá? Que grande concentração de renda se produzirá? Que tempo tomará a transição?

BRASÍLIA, 13.1.87

A reunião do Conselho da Secretaria do Patrimônio Histórico e Artístico Nacional (Sphan) convida a refletir sobre a experiência mais significativa, ocorrida entre nós, no campo da política cultural. O Sphan, nome de batismo da atual Sphan, nasceu com títulos de nobreza. O movimento de 1922, ainda que marcado por nossa tradicional visão estética da cultura, foi um grito de alerta para a necessidade de afirmação de nossa identidade nacional. O negro real passou a substituir o negro idealizado, o índio real, o silvícola criado pelos indigenistas. O interesse pelos problemas reais da região e do país passa ao primeiro plano das preocupações dos intelectuais. E se firmou a consciência de que havíamos vivido de costas para nossa herança cultural.

Todo mundo está apreensivo, mas mostrando um riso amarelo. Funaro parece realmente desarvorado: sente-se impotente diante da sublevação contra o cruzado, surgida de todos os lados. O presidente fez um discurso bastante firme: estão querendo chantagear a nação e devemos resistir.

As forças econômicas que se desencadearam contra o governo não são diferentes das que fizeram o mesmo em 1964. A diferença está em que naquela época tudo estava envolto em ideologia, as esquerdas sendo utilizadas para assustar a classe média e forças externas participando, no quadro da confrontação internacional (temor a uma repetição do caso cubano etc.). E os militares (o partido militar) atuavam no primeiro plano. Agora tudo é mais claro porque essa cortina de fumaça ideológica se dissipou. Tudo é transparente: a tentativa de redistribuição de renda, o esforço de reforma agrária, o ensaio de independência vis-à-vis dos interesses financeiros internacionais, as veleidades de autonomia no campo da informática — a revolta é contra tudo isso. Trata-se de restabelecer o statu quo ante e acabar de vez com as veleidades reformadoras surgidas na fase da confrontação com o autoritarismo militar. A contraofensiva não tem discurso ideológico, a luta é em campo raso para imobilizar o governo.

BRASÍLIA, 5.2.87

Os dados em que vou tropeçando sobre a Paraíba me deixam cada vez mais perplexo. Um dia é a renda per capita, que desceu ao nível do Piauí, ou mais baixa, quando era superior à média do Nordeste em minha época na Sudene. Outro dia é a esperança de vida: na zona rural (44 anos), a mais baixa do Brasil. Ou a idade média: a proporção de gente com sessenta anos ou mais (8,5%) é a mais alta do Brasil (média brasileira, 6,5%). Esses dados mereceriam uma reflexão. Qual a responsabilidade da classe política que se especializou em prestar serviços aos verdadeiros donos do poder, produzindo "líderes" para o Congresso e coisas parecidas? De minha pequena experiência em 1982 ficou-me a ideia de que certas famílias de políticos controlam o acesso aos cargos e às "candidaturas", sendo quase impossível a alguém de fora penetrar nos círculos de decisão. Eles mantêm sistemas de aliança nos centros de decisão nacionais. Que essa classe haja oferecido maior resistência à mudança do que em outras partes é o que cabe explicar. A decadência de hoje tem algo que ver com o relevo político do Estado no passado.

BRASÍLIA, 13.2.87

Mudança na direção do Banco Central. O despudor com que os especuladores financeiros vêm atuando — emitem títulos "pré-fixados" e, dessa forma, comandam as expectativas inflacionárias — é clara indicação de que ninguém leva a sério o governo. Ontem houve uma grande passeata de "produtores agrícolas" em Brasília para pressionar o governo, que no dia anterior havia feito importantes concessões a este setor.

No fundo de tudo está a luta para restabelecer a concentração da renda afetada pelo Plano Cruzado. Mas também não há dúvida de que o governo dá mostras de ser fraco e incompetente. Como conciliar por muito tempo a enorme transferência de recursos para o exterior com a forte elevação do consumo? Enquanto o crescimento se fazia com utilização de capacidade ociosa e com remonetarização da economia, tudo ia bem. Como é possível que não se haja percebido que os fatores estruturais causadores do desequilíbrio permaneceriam ativos? Mais de uma vez eu disse ao presidente: "Ter purgado a economia da inflação inercial é extraordinário, mas os desequilíbrios estruturais permanecem de pé". E também disse: "Temos uma crise financeira, que é uma doença perniciosa. O que não é feito no seu devido tempo já não se pode fazer depois". E a Funaro eu disse com ênfase: "Meu temor é que vocês, depois de terem nadado tanto, morram na praia". Mas ocorre que Funaro estava maravilhado com o que havia feito, passou a acreditar que tudo que fazia

Instalação da Assembleia Nacional Constituinte. Maestro Claudio Santoro, Thiago de Mello, Celso Furtado e Rosa Freire d'Aguiar. Brasília, 1.2.87.

dava certo. Todos deviam imaginar que eu era uma pobre Cassandra, quiçá me mordendo de inveja. E a verdade é que ninguém se orgulhava mais do que havia sido feito do que eu. Inclusive estava convencido de que alguém controvertido como eu não teria encontrado condições para realizar uma operação tão delicada como a que eles haviam feito. O presidente continua evasivo. Quando despachei com ele no dia 5, somente quando eu já estava de pé para sair é que abordou a situação econômica, e de forma lateral. Limitei-me a dizer que "o importante agora é restabelecer um sistema de preços relativos que assegure o funcionamento da economia, pois o que se havia ganho na luta contra a inflação foi por água abaixo".

Acrescente-se a complicação no plano político, com a insegurança que se apoderou do presidente em face do comportamento da bancada do PMDB na Constituinte. A decisão de que Câmara e Senado deveriam entrar em recesso e de que a Constituinte deveria assumir todo o poder, tomada de forma intempestiva pela bancada, aparentemente deixou

Sarney em pânico. Eu estava com o dr. Ulisses quando Aluizio Alves[5] chegou com uma mensagem oral de Sarney dizendo que, caso se postergasse a eleição da presidência da Câmara, ele mobilizaria todos os meios para dividir o PMDB. O dr. Ulisses mostrou-se irritado e observou: "Diga ao presidente que vá dormir, ele está cansado. Eu cuido desse assunto". A verdade é que estamos pisando em areia movediça.

No dia 11 estive em São Paulo e pude conversar longamente com Julio Mesquita no *Estadão*. É evidente que o melhor conspirador está se mexendo. Ele observou: "Será que Sarney tem realmente capacidade para governar este país?".

BRASÍLIA, 16.2.87

Tópicos para desenvolver:

Na configuração da sociedade democrática moderna foi de significação decisiva a crescente organização das massas trabalhadoras, sua participação na esfera pública. Foi isso que permitiu que o excedente (crescente em razão do avanço tecnológico) fosse realizado internamente. Considerar o caso da Inglaterra que pôde crescer rapidamente, aplicando o excedente no exterior.

O que está ocorrendo atualmente é que o excedente volta a realizar-se no exterior, o que acelera a integração e globalização da economia mundial, mas retarda o desenvolvimento social dentro das economias nacionais.

Considerar um cenário alternativo de desenvolvimento do capitalismo no século XX em que o excedente se realizasse de preferência no exterior: o fascismo teria sido uma saída política. O capitalismo não necessita de democracia e sim de concorrência. A liberdade política é distinta da liberdade econômica e tem uma outra gênese histórica.

---

5 Aluizio Alves (1921-2006), do Rio Grande do Norte, muito ligado ao presidente Sarney, era ministro da Administração.

Joaquim — Angelo[6]

Agora que vamos completando um ano me preocupa tomar conhecimento das dificuldades de operação e comunicação internas ao Ministério. O ponto mais difícil das articulações está nas relações entre a Sphan e a Pró-Memória. A própria existência do Ministério depende do bom funcionamento dessas relações. Os dirigentes são pessoas as mais capazes que seria possível encontrar. Peço que me digam com toda franqueza que problemas estão se manifestando, para que em conjunto possamos buscar soluções para eles. A melhor forma de usar nossa inteligência é esforçando-nos para ver a realidade tal qual ela é. Não poderemos agir em sincronia se não partirmos de uma mesma visão global do Ministério e se não estivermos empenhados em reforçar a instituição em seu conjunto. Peço que toda dificuldade que surja me seja transmitida para que busquemos uma solução com franqueza. Problemas possíveis: a) divergência de visão do que deve ser o Ministério; b) dificuldades de relacionamento pessoal, causadas por insuficiência de informação; c) fricções decorrentes de má organização, inclusive problemas criados por subalternos; d) rivalidades que se traduzem em luta para ocupar mais espaço e exercer mais poder. O único ponto em que a irracionalidade predomina é o último. Mas neste caso cabe respeitar certas regras de comportamento, como sempre ocorre no mundo civilizado, particularmente se temos objetivos comuns, como é a construção do Ministério.

---

6 Joaquim Falcão (1943-) era presidente da Fundação Nacional Pró-Memória. Angelo Oswaldo de Araújo Santos (1947-) acumulava os cargos de chefe de gabinete do Ministério da Cultura e secretário da Secretaria do Patrimônio Histórico e Artístico Nacional. Os dois órgãos cuidavam de assuntos do patrimônio.

O poeta russo Ievguêni Ievtuchenko em visita ao Brasil, 1987. Foto BG/Renato Costa.

BRASÍLIA, 26.2.87

Ontem passou o Eugeni Evtushenko.[7] Não escondeu a missão que trazia de romper o absurdo isolamento que permanece entre os dois países. "Veja, eu sou o primeiro escritor soviético que visita o seu país." Referiu-se explicitamente ao fato de que "nossos dois países vivem momentos históricos similares, engajados que estamos em processos de redemocratização". Lançou a ideia de um encontro de escritores, aqui ou lá, e também de lançamento de um conjunto de livros brasileiros na União Soviética e de livros soviéticos entre nós. No nosso caso, livros representativos da literatura de ontem e de hoje, pois tudo se desconhece lá. Na conversa citou-me uns dez livros de escritores latino-americanos contemporâneos, mas não conhecia Guimarães Rosa. Disse que iam tirar uma edição de Borges de 300 mil exemplares. Também está muito interessado em intercâmbio cinematográfico. "O cine soviético vive uma fase extraordi-

7 O poeta russo Ievguêni Ievtuchenko (1932-2017), em visita ao Brasil.

nária pela qualidade do que produz." Como é possível que saibamos tão pouco do que se passa na União Soviética?

Pontos a reter da reunião do Conselho de Segurança Nacional do dia 20:

O presidente reconhece que estamos contra a parede pois as reservas (3960) haviam descido do limite de tolerância.

O fato de que nenhum recurso foi liberado depois do acordo com o Clube de Paris foi a gota d'água.

Os ministros que falaram — depois da exposição de Funaro — (Marinha, Educação e Justiça) fizeram-no para expressar preocupação com represálias.

Ontem encontrei Sarney na casa do dr. Ulisses e ele me pareceu confiante. Parece decidido a levar a coisa adiante. Pergunto-me se não se abriu um processo de reajustamento do sistema financeiro internacional. As ações dos grandes bancos baixaram nos Estados Unidos e na Europa (Inglaterra, Alemanha, Suíça). Pode-se formar uma pressão com mudanças de atitudes de um número crescente de países devedores. Os americanos (Baker e Volcker[8]) parecem que não percebem a gravidade da situação.

BRASÍLIA, 1.3.87

Na TV, Funaro peregrinando pelas capitais dos países nossos credores "explicando" o que fizemos ao suspender unilateralmente o pagamento dos juros da dívida de médio e longo prazos. Ele parece exausto. Por toda

---

8 Paul Volcker (1927-) era presidente do Federal Reserve, o Banco Central norte-americano.

parte encontra as mesmas palavras, pois todos já acertaram o que dizer com antecipação. A manobra de isolamento do Brasil é evidente: já estão correndo para acertar as negociações com todos os outros países de credores que se apressam em tirar pequenas vantagens da situação nova criada pelo Brasil. Se recuarmos (evitando a retomada dos pagamentos cobertos por um empréstimo-ponte qualquer), teremos comprometido seriamente nosso futuro. Tudo terá sido *bluff*. Os bancos se sentirão seguros para continuar nos sangrando por tempo indefinido. Isso foi o que me preocupou desde o início: não se pode entrar numa coisa como esta sem estar preparado, pois o que está em jogo é o poder dos bancos para controlar as economias de grande número de países. Temo que Funaro haja pensado que ganharia essa batalha com "argumentos racionais". Vão arrancar-lhe a pele vivo.

BRASÍLIA, 17.3.87

Jantar em casa com Julius Nyerere e Andrés Pérez. Estão liderando o projeto de organização de uma Comissão Sul,[9] que deverá dar expressão aos povos encurralados no subdesenvolvimento e no endividamento. Algo na linha de Bandung e do não alinhamento, menos ideologizado, como corresponde à situação do mundo atual. A Comissão será constituída por vinte personalidades e terá um pequeno secretariado em Genebra. Convidou-me o Nyerere para integrá-la. Disse que precisava consultar o presidente, mas é evidente que não poderei escapar. Meu sonho de liberar-me de toda obrigação para "cultivar o meu jardim" fica mais uma vez ameaçado. Estou convencido de que é dentro do Brasil que se

---

9 Julius Nyerere (1922-1999), ex-presidente da Tanzânia, e Carlos Andrés Pérez (1922-
-2010), ex-presidente da Venezuela. A Comissão Sul foi instituída em 1987, sob a presidência de Nyerere, dedicada aos países do Sul. Compôs-se de trinta líderes e intelectuais, entre eles dois brasileiros: Celso Furtado e d. Paulo Evaristo Arns. Concluída em 1990, deu origem ao South Centre, sediado em Genebra. Ver *O desafio ao Sul: Relatório da Comissão Sul* (Porto: Afrontamento, 1990).

pode fazer um trabalho importante, pois este é um país que tem peso. Mas, numa fase subsequente, se se consegue quebrar os grilhões da dependência financeira atual, é possível que se abra uma nova fase no Terceiro Mundo de iniciativa e inovação.

BRASÍLIA, 18.3.87

Conversei ontem à noite em casa com Funaro. Ele parece preocupado com a questão das linhas de crédito a curto prazo, cujos contratos vencem no fim deste mês. Disse-me que alguns bancos já estão manobrando para saber se o Brasil vai pedir a renovação. Como sempre ele está otimista. Mas não me parece estar estudando uma saída alternativa ou um plano de contra-ataque. Já está claro que os bancos não são de briga. É necessário preparar-se para surpresas.

A saída de Sayad,[10] ontem, está sendo interpretada pela imprensa como uma "vitória" do Funaro. Mas a verdade é que ele estava nervoso, seguramente preocupado com o substituto possível. Os nomes que circulavam estavam longe de ser do agrado dele.

BRASÍLIA, 19.3.87

Jantar ontem à noite com o dr. Ulisses na casa do Renato Archer. Estavam presentes o Raphael de Almeida Magalhães e o Luciano Coutinho.[11] A ideia era tomar pé na situação pós-Sayad, mas o dr. Ulisses estava sob o impacto da eleição do Covas para a liderança da Constituinte pelo PMDB, que a imprensa em peso estava interpretando como uma

---

10 João Sayad (1945-) estava à frente da Secretaria de Planejamento, ligada à Presidência da República. Foi substituído por Aníbal Teixeira.

11 Raphael de Almeida Magalhães (1930-2011) era ministro da Previdência Social. Luciano Coutinho (1948-) era secretário executivo do Ministério da Ciência e Tecnologia.

derrota dele. Era o primeiro arranhão que ele sofria depois de uma série de vitórias. E também parece ser a ascensão de uma nova figura dentro do partido, cuja força é considerável, pois vem de São Paulo e tem esse *label* de ser o homem mais votado da história do país. O outro candidato (Luiz Henrique[12]), de Santa Catarina, apagou-se. Demais, Covas é um orador dotado, o que hoje quase não existe. E é uma figura de melhor orientação dentro do partido.

Fui claro sobre o seguinte:

a) O período de turbulência da economia vai permanecer por algum tempo, até que se defina um sistema de preços relativos.

b) Há graves problemas a resolver a curto prazo, como a situação das pequenas empresas que se endividaram no período do cruzado, quando as taxas de juros eram muito baixas.

c) O rendimento real das cadernetas de poupança de 6% ao mês é um escândalo, reflexo da inépcia com que atuou o Banco Central dirigido pelo sr. Bracher.[13]

d) O Funaro não tem sabido transmitir uma mensagem capaz de tranquilizar a população.

e) Não podemos perder de vista o objetivo essencial que é modificar as relações externas, ou seja, consolidar a moratória. Portanto, nos próximos três meses tudo deve ser feito para consolidar a posição de Funaro, pois o risco de que um substituto recue nesse setor é muito grande. Passado o período crítico se poderá fazer pressão sobre ele para retificar certas coisas. Neste momento a unidade de direção é essencial.

12 Luiz Henrique da Silveira (1940-2015), do PMDB, era deputado federal por Santa Catarina, e em outubro seria nomeado ministro da Ciência e Tecnologia, em substituição a Renato Archer.

13 Fernão Bracher (1935-2019), banqueiro, presidiu o Banco Central durante o governo Sarney, de agosto de 1985 a fevereiro de 1987.

Almoço com Ulisses e jantar com Sarney nas respectivas residências (Sarney no sítio). Com Ulisses, Raphael e Severo.[14] Com Sarney, Severo. As preocupações são as mesmas: temor de que o governo perca o controle da situação econômica e seja encurralado de uma ou outra forma. Ulisses é mais explícito e teme uma capotagem nessa fase final da "travessia". A impressão de um e outro é de que Bresser[15] é "fraco" e "ingênuo", na expressão de Sarney. Fala demais, favorecendo o clima de especulação e a desconfiança dentro do PMDB, que é o partido que o sustenta. Eu insisti em que ele é um economista de tradição antimonetarista, comprometido com a primazia do desenvolvimento. "Mas por que dizer que vai fazer algo similar ao que recomenda o FMI?", observa Severo. A verdade é que ele tem o vício do professor, quer tudo explicar, mostrar que *sabe* o que está fazendo. Não se pode negar que ele contribuiu para exacerbar a especulação. E onde quererá chegar? O que mais me surpreende é que o presidente também tem essa dúvida no espírito. Contou-nos reservadamente que Bresser quis trazer o Bracher de novo para o Banco Central. Ele lhe teria dito: "O senhor tem toda liberdade de escolher seus auxiliares, mas quero observar que a volta desse senhor — indicado como o responsável pela brutal elevação das taxas de juros — terá repercussões negativas no plano político". Isso é suficiente para indicar que ele deseja um "bom entendimento" com os bancos desde o início e que a "ciranda" vai continuar do melhor. Ulisses considerou conveniente que tivéssemos uma conversa *en petit comité* com o Bresser. Quando se começou a falar em nomes, o Raphael observou: "O melhor é que a conversa seja sua com ele e o Celso. Assim haverá mais confiança para falar e saber que nada transpirará". Assim ficou acordado. O próprio Ulisses recomendou que eu comunicasse ao presidente que ia ter

14 Severo Gomes (1924-1992) era senador do PMDB por São Paulo.

15 Luiz Carlos Bresser Pereira (1934-), economista do PMDB, fora nomeado, em 29 de abril, ministro da Fazenda, cargo em que permaneceu até 21 de dezembro.

essa conversa. Quando à noite falei com este, seu interesse foi imediato. Disse-me: "Tenho a impressão de que estamos perdendo tempo, andamos para trás nesta primeira semana, e já não há tempo a perder".

Pela primeira vez tenho a impressão de que a situação está realmente saindo de controle. O presidente está muito acabrunhado, como se se sentisse impotente. O fracasso do cruzado deixou-lhe uma grande amargura. A certa altura observou: "É como se tivéssemos ganhado a sorte grande e inadvertidamente rasgado o bilhete".

BRASÍLIA, 16.5.87

Na segunda, 11, almocei com o Bresser na casa do Ulisses. Apenas nós três. Encontrei-o um pouco *leve* para a situação. Não parecia consciente da gravidade. Ele lembrou que eu há vários meses tinha referido o risco de que caminhávamos para uma recessão e um forte agravamento da inflação caso a transição (para um novo quadro de preços relativos) se fizesse desordenadamente.

Disse-lhe com franqueza e quase rudeza da grande preocupação nossa (dr. Ulisses, minha e de outros dirigentes do partido e membros do governo) de que a situação saísse do controle. Com uma inflação de 50% ao mês, o povo viria para a rua, seria a desordem, e a transição democrática estaria em sério perigo. A ele cabe a tarefa mais difícil no momento, qualquer passo em falso podia ter consequências graves. Por isso estava falando sem meias palavras. Em primeiro lugar queria saber se ele acreditava em realinhamento de preços "espontâneo" num quadro de inflação especulativa, em que as expectativas de alta de preços pesavam duramente. Ele respondeu que estava preparando medidas para restabelecer alguma forma de controle de preços. Observei que o mínimo que se podia fazer era voltar ao que havia feito o Delfim, ou seja, limitar a 80% do índice de preços os aumentos autorizados em curto período de tempo. Passamos em seguida ao problema financeiro. Falei do escândalo que é o overnight, da ilusão de ter uma política monetária "sofisticada" num clima de inflação aguda, da idiotez que é imitar o "Volcker *tuning*",[16] a base monetária numa economia em que já não se usa moeda, tudo é título financeiro. Lembrei que o Fed [Federal Reserve] deixou de controlar as taxas de juros dos depósitos a prazo em 1980, quando os CDs[17] emitidos internamente já não podiam competir com aqueles do mercado do eurodólar. Que teríamos de encontrar uma maneira de desmontar a impostura do *over* e restabelecer uma disciplina nas taxas de juros. Para isso é necessário que o governo faça um saneamento da dívida interna, convertendo os títulos e aliviando a rolagem por algum tempo. Ele começou defendendo o sistema financeiro. "O Brasil é o único país da América Latina que dispõe de um sistema financeiro e não apenas de um sistema bancário." Eu perguntei cético se isso havia aumentado a taxa de poupança, ou se havia servido apenas para aumentar a participação da intermediação financeira na renda nacional. Em seguida ele observou que não existe força no Brasil, hoje, capaz de poder enfrentar o setor financeiro. Ele havia sido membro da direção da Fiesp e sabia que a solidariedade dos dirigentes das indústrias com os interesses financeiros é total. "No fundo é uma coisa só." Falamos também sobre a dívida externa. Ele estava mudando o estilo da negociação mas não o fundo. Esperava que o FMI apoiasse o que ele estava fazendo, mas não se submeteria a suas imposições. Notei que ele parecia não conhecer o FMI, cujo objetivo é impor certos interesses do sistema financeiro internacional. Ele me diz que havia conversado com Kafka[18] (que estaria no Brasil incógnito) e que tinha ouvido deste que lá fora se está vendo a situação nossa mais otimisticamente do que aqui. Eu obtemperei que eles não podiam deixar de estar mais otimistas, pois percebiam que nós estamos mais fracos. Dr. Ulisses

---

16 Paul Volcker (1927-), presidente do Federal Reserve, promovera alguns anos antes alterações na política monetária durante a chamada "crise dos juros", que se refletiu nas políticas de outros bancos centrais. Volcker promoveu um aumento brutal da taxa básica de juros, abandonando, assim, a política de "sintonia fina", de elevação gradual dos juros.

17 Certificados de depósitos.

18 Alexandre Kafka (1917-2007), funcionário do FMI, onde nessa época era representante do Brasil.

Com Ulysses Guimarães, presidente do PMDB.

interveio para observar que qualquer tentativa de submeter-se ao Fundo teria consequências políticas.

Felizmente no correr da semana foi se firmando a consciência de que a situação é grave, estando em sério perigo o próprio processo de redemocratização. A liderança do dr. Ulisses parece seriamente comprometida. Sarney, diminuído. Esse projeto da Ferrovia Norte-Sul não podia surgir em pior momento. Todo mundo que entende dois tostões do assunto percebe que a coisa não tem fundamento. Mas o presidente se fecha sobre o assunto. Nunca pediu minha opinião. O general Ivan[19] noutro dia transmitiu-me suas apreensões. Havia até "perdido o sono" mas o presidente não queria ouvir ninguém. Essa história e o caso do Tasso Jereissati[20] le-

19 Ivan de Souza Mendes (1922-2010) era ministro-chefe do Serviço Nacional de Informações.

20 Tasso Jereissati (1948-), então governador do Ceará, fora convidado por José Sarney para assumir o Ministério da Fazenda depois da morte de Dilson Funaro. Seu nome foi anunciado pelo Planalto, mas Ulysses Guimarães o vetou, provocando uma crise no PMDB. Como retaliação, a bancada cearense fechou questão, na Constituinte, em torno do presidencialismo com cinco anos de mandato para Sarney.

varam-me a pensar que Sarney tem graves falhas de julgamento, o que é grave num governante. Também isso fez-me pensar nos riscos do presidencialismo, com seu sistema de decisões demasiado fechado. Em um governo de gabinete a possibilidade de evitar tais erros é bem maior. Basta ver o que se passa nos Estados Unidos com seu Irangate.

BRASÍLIA, 4.6.87

Reunião em casa para receber o Heitor Gurgulino, novo reitor da Universidade das Nações Unidas, com sede em Tóquio. É homem lúcido e de ampla experiência administrativa na coisa internacional. Preocupado com a redução dos recursos, em razão da valorização do iene. O dinheiro da UNU está principalmente aplicado em dólares.

Presente o Florestan Fernandes — meio convalescente, sem aquela energia que o caracterizava. O trabalho constituinte não parece entusiasmá-lo. F. H. Cardoso, também presente, parece igualmente pessimista com respeito ao trabalho constituinte. Os dois vivem o mesmo drama do intelectual que veste a camisa do político entre nós: necessidade de radicalizar verbalmente e necessidade de acomodação à prática, o que fazem com constrangimento. Há um certo irrealismo no intelectual-político, que os faz pouco convincentes. Ainda assim, são o que há de melhor em nossa arena política.

BRASÍLIA, 19.6.87

Almoço com Kissinger[21] no dia 22 de junho. Pontos a reter: a) Brasil cresceu sobretudo através da expansão do mercado interno — incorporação de população e de terras. Desenvolvimento orientado para dentro.

---

21 Notas tomadas, em inglês, dias antes do encontro com Henry Kissinger (1923-), secretário de Estado e de Defesa de vários governos dos Estados Unidos.

Expansão das fronteiras internas, como os Estados Unidos no século XIX. Talvez esse não seja o caminho ideal, mas foi o seguido na prática. Importações são essencialmente matérias-primas, por exemplo petróleo, carvão e trigo, e tecnologia incorporada em equipamentos; b) o papel do crescimento nas economias da OCDE foi demasiado lento e nelas o desenvolvimento é menos orientado para fora; c) essas economias estão mais e mais entrelaçadas mas carecem de um mínimo de regulação macroeconômica global; d) reduzir o fardo da dívida seria muito importante para o Brasil, mas não o suficiente para outros países latino--americanos.

Estamos explorando novas formas de descentralização no campo da política cultural, através de incentivos fiscais.

BRASÍLIA, 22.6.87

Almoço com Kissinger, Alvorada.

Muito lúcido e prudente, tomando posições avançadas, como que para nos desarmar. Pontos essenciais: a) não há perspectiva de melhora na situação mundial, havendo mesmo o risco de uma crise maior; b) nenhuma iniciativa importante, global etc., cabe esperar do governo dos Estados Unidos, enquanto permaneça a administração Reagan; c) o governo dos Estados Unidos dificilmente permitiria que os bancos credores levem o Brasil formalmente, na justiça, à inadimplência, pois sabem o importante que é a estabilidade deste país para a estabilidade da América Latina; d) não haverá muito avanço na negociação com os bancos, pois estes não podem absorver as perdas sem alguma ajuda dos respectivos governos; e) devemos ir com calma nas negociações, mas o diálogo será frutífero; f) todos estão de acordo em ajudar o Brasil a sair das presentes dificuldades.

Preparar reunião com secretários no quadro do conselho deliberativo do IPC.[22] Explicitar a natureza do IPC, instrumento de ação da política do Ministério. Elemento do estado-maior do ministro. O Ministério existe na medida em que existe uma *política cultural*. Fora disso é uma constelação de fundações, com inércia própria, em busca de identidade própria. A equipe de Brasília deve trabalhar mais unida e dedicar-se mais à programação — visão global, novos projetos, revisão do que está sendo feito. As fundações ocupam certos espaços. O que importa é abri-las ao exterior e ampliar a superfície coberta pelo Ministério. A área total deve crescer mais do que aquela ocupada pelas fundações, mediante novas formas de articulação com instituições dos estados e municípios e da sociedade civil. 1. Reunião periódica dos secretários para apresentar seus projetos, discuti-los, explicitando de que forma vão ser executados. 2. As secretarias elaborarão seus planos discriminando: a) o que será executado através das fundações; b) o que será repassado aos estados e municípios; c) o que será executado com a cooperação de outros agentes. 3. Será estabelecida uma agenda para cada reunião, a qual será enviada com antecipação aos dirigentes das fundações, que poderão participar das reuniões quando lhes parecer conveniente. 4. Como norma geral, em cada reunião será apresentado o programa, ou projeto, de uma secretaria.

BRASÍLIA, 23.7.87

Despacho com o presidente. Pela primeira vez falou-me da necessidade de preservar a unidade do PMDB, como forma de assegurar a transição e atingir o objetivo de reconstitucionalização. E disse categoricamente: "Isso de mandato é secundário. Para mim o que importa é que a Constituição seja votada. Se tenho que voltar para casa mais cedo, me-

---

22 Instituto de Promoção Cultural, criado por CF como órgão do Ministério da Cultura.

lhor".[23] Antes, a propósito de um dicionário de espanhol que lhe entreguei, em atenção a uma encomenda sua, disse que lamentava ter pouco tempo para ler, se bem que lesse pela manhã cedo (acorda às cinco horas) e pela noite antes de dormir. Estava informado do trabalho que eu havia feito na convenção do PMDB. Referiu-se a Covas como sendo um político menor, capaz de provocar uma crise por motivos subalternos. Mostrou-me o resultado de uma pesquisa, ao final do primeiro mês do Plano Bresser, com um forte aumento (de 20% para 40%) de sua credibilidade como condutor da política econômica.

BRASÍLIA, 7.9.87

Conversa com o dr. Ulisses na casa do José Aparecido sobre as perspectivas da Constituinte. Havíamos conversado há poucos dias na casa do Renato Archer. Ele tem plena consciência de que o país poderá ser levado para uma situação de crise, de consequências imprevisíveis, se não for bem encaminhada a questão do sistema de governo. A maioria tende a ser parlamentarista, por motivos vários: o desejo de desconcentrar o poder, de obter maior flexibilidade, de mudança, enfim a consciência generalizada de que o presidencialismo imperial tende a escapar a todo controle. O fato é que o país deseja tentar um novo caminho. Antepõe-se a isto o conservadorismo dos militares e o empenho de Sarney de defender o próprio mandato. A menos que se defina uma maioria presidencialista, o que é tanto menos provável quanto maior é a oposição de Sarney e dos militares ao parlamentarismo, a disjuntiva passa a

---

23 A Constituição em vigor fixava o mandato presidencial em seis anos. Em maio de 1987, o presidente Sarney abriu mão de um ano, em troca da manutenção do presidencialismo. Majoritariamente, o PMDB era favorável ao parlamentarismo e mandato de quatro anos, o que implicaria eleições presidenciais em 1988. Sarney aceitou o parlamentarismo, desde que preservasse os cinco anos. Na votação final, em 23 de março de 1988, a Assembleia Nacional Constituinte aprovou o regime presidencialista e o mandato de cinco anos.

ser: a) parlamentarismo imediato, ou b) parlamentarismo no final do mandato de Sarney. Nos dois casos, teremos riscos pela frente. Deixei clara minha opinião de que a melhor saída será parlamentarismo com quatro anos para Sarney, ou seja, eleições no fim do ano que vem. Na reunião que tivemos, os ministros do PMDB, na véspera da convenção do partido, o Ronaldo Costa Couto[24] nos transmitiu uma mensagem do Sarney dizendo que ele esperava que defendêssemos o mandato presidencialista dele, caso viesse a prevalecer a tese do parlamentarismo. O que importa agora é encurtar esse mandato para quatro anos, pois a opinião pública não compreenderá que, se o parlamentarismo é o regime que traduz as novas aspirações, não se justifica ter a Constituição engavetada por dois anos porque um senhor se atravessa na frente e diz: "Esperem, pois eu tenho um direito que está por cima dessa Constituição". O dr. Ulisses parece ter-se convencido de que a responsabilidade maior para sair desse impasse é dele, como presidente da Constituinte. É de esperar que ele tenha uma conversa decisiva com Sarney nos próximos dias.

Estive nos dois últimos dias na Bahia e conversei amplamente com Waldir[25] sobre as perspectivas do PMDB. Votada a nova Constituição (parlamentarista) e não sendo ela aplicada de imediato, o desgaste de Sarney continuará avançando. Waldir pensa que o partido deve tomar novo rumo: repudiar a atual coalizão: ter a total responsabilidade do governo (o que é impraticável numa transição, isto é, enquanto permaneçam os restos do sistema presidencial) ou afastar-se do governo.

Parece-me claro que depois de votada a nova Constituição um novo governo (nova equipe, novos nomes) deve emergir. É tão grande a ansiedade de mudanças que não se deve privar o povo destas, ainda que seja uma mudança menor, ou aparente. Minha intenção é dizer isso claramente ao presidente, no momento oportuno. A menos que Sarney assuma claramente o papel do presidente da transição e atue coordenada-

---

24 Ronaldo Costa Couto (1942-) era ministro-chefe da Casa Civil.
25 Waldir Pires (1926-2018) era governador da Bahia.

mente com o dr. Ulisses, os riscos de desencarrilamento institucional continuarão grandes. Tanto mais que o front econômico-financeiro continua inseguro. Bresser saiu com seu plano de renegociação da dívida externa mas está encontrando fortes resistências dentro do próprio governo. Disse-me ele que essas resistências se polarizam em Ricupero e no Marcílio Moreira,[26] que desejam reencaminhar as negociações para o modelo mexicano. Se perdemos o que se ganhou em credibilidade depois da moratória, tudo será mais difícil. Meu temor é que o próprio Bresser recue, o que suscitará forte reação no PMDB.

Não se exclui a hipótese de ter no próximo ano um resto de presidencialismo com pouco crédito abrindo caminho para um avanço da direita em todas as frentes. O parlamentarismo sempre será uma defesa contra o aventureirismo populista, mas não contra a volta das crises com interferência militar na fase de transição. Que falta para que o país encontre o caminho da estabilidade institucional? Quiçá partidos políticos mais estruturados, e isso não nasce da noite para o dia.

BRASÍLIA, 30.10.87

Café pela manhã com o Bresser. Muita satisfação no PMDB com o encaminhamento da negociação da dívida externa. Dr. Ulisses pediu-me que tomasse pé na coisa.

Não se pode esquecer que o Bresser está lutando sozinho. Cercado de adversários no Itamaraty e no Planalto. O Marcílio pesa negativamente na embaixada em Washington. O seu negociador é Fernão Bracher, seu amigo, é verdade, mas que foi escolhido para tranquilizar a comunidade financeira, cujo peso o Bresser conhece. Sabendo que ele luta praticamente só, dentro da máquina burocrática brasileira, e da debilidade do governo, os credores estão pressionando para que o Brasil abandone o

---

26 Rubens Ricupero (1937-), embaixador, era assessor especial do presidente Sarney. Marcílio Marques Moreira (1931-) era embaixador do Brasil nos Estados Unidos.

único trunfo que tem, que é a moratória. Montaram uma estratégia hábil: levar o Brasil a fazer uma primeira concessão, depositando 500 milhões para pagamento de juros, dentro de um esquema que levará à liquidação total dos juros até o fim do ano, cobrindo o Brasil um terço do pagamento. Os outros dois terços virão de um empréstimo-ponte cujo formato e funding Bresser não me soube explicar. Como todo esse plano nasceu no Tesouro americano (David Mulford seria o autor), desconfio que haverá uma caução do Tesouro, ou mesmo dinheiro dele, ou do BIS[27] como na operação mexicana de 1982. Tudo isso feito nas carreiras, seria para evitar a "reclassificação" do Brasil pela autoridade monetária americana. Chamei a atenção do Bresser para o fato de que essa "reclassificação" é problema entre as autoridades americanas e os bancos americanos. Nós já fomos reclassificados pelo mercado, não temos acesso ao mercado (exceto as linhas comerciais, que interessam tanto a nós como a nossos parceiros), portanto nada temos a perder. Montaram um espantalho para assustar a ingênuos e nos forçar a resolver um problema dos bancos.

Bresser imagina que poderá assinar um protocolo com os bancos antes do fim do ano no qual se assentariam as bases do futuro acordo. Eu disse claramente que se nós precipitamos uma saída da moratória enfraquecemos nossa posição negociadora, que não devemos precipitar os acontecimentos enquanto a situação mundial não se esclareça, que em todo caso não devemos fazer uma primeira concessão (o depósito dos 500 milhões) antes de fixar o protocolo. Bresser objeta que alguma concessão teríamos de fazer de imediato. Lembrei-me de De Gaulle e disse: "Neste momento somos demasiado fracos para fazer concessões".

Saí com a impressão de que não há mais nada a fazer: a primeira concessão arrastará a segunda e até o fim do ano já não teremos moratória. Depois, ir ou não ao FMI é irrelevante.

---

27 Bank for International Settlements, ou Banco de Compensações Internacionais.

A saída do L. C. Bresser Pereira do governo me parece ser um marco importante na virada geral para um governo mais integrado com os grupos de poder que tradicionalmente governam o país. A instabilidade intrínseca da situação anterior decorria de que o PMDB estava e não estava no poder real (à diferença do poder simbólico). Mais precisamente, a cúpula do PMDB, os porta-estandartes que conduziram as campanhas de rua e permitiram que se obtivessem grandes vitórias eleitorais. Por trás desses estandartes galgou o poder uma maioria de homens ligados a grandes ou pequenos interesses patrimoniais e empresariais. A primeira fase da Assembleia Constituinte foi dominada por aquela cúpula. A segunda fase, surgida com a emergência do "Centrão", é simplesmente a explicitação dos valores que representa a maioria dos constituintes, a começar pelo PMDB. Clarificando o horizonte no Congresso foi possível afastar da direção da política econômico-financeira as pessoas que tinham um vínculo ideológico com a cúpula do PMDB.

Bresser sabia que enfrentava resistências crescentes para continuar com uma política que mantivesse um mínimo de vinculação com a plataforma saída da convenção do PMDB, vitória da cúpula. A disjuntiva era: passar para o outro lado ou conservar sua imagem de intelectual progressista, que o marcou toda a sua vida. Que haja preferido sair é indicação clara de que é menos político do que intelectual. Minha impressão é que Sarney estava ansioso para que ele saísse mas não sabia como obter esse resultado. Na manhã do dia da saída chamou-me ao Palácio, menos para consultar-me do que para explicar-se. À sua primeira pergunta sobre o "pacote" do Bresser, respondi: "A parte fiscal me parece tecnicamente correta, mas quanto à oportunidade política somente o senhor pode ajuizar". Já não pude mais falar. Durante uns quarenta minutos desenvolveu argumentos para demonstrar que se tratava de um conjunto de medidas recessivas que afundariam o país. "Parece uma coisa feita por antecipação para agradar ao FMI", disse. Os investimentos iam ser ainda mais desencorajados etc. Eu observei que o Bresser parecia preocupado com a hiperinflação, que o país enfrentava ameaças graves: a recessão e a hiperinflação. Ele arguiu que, se havia recessão, o perigo da hiperinflação não existia. Chamei a atenção para o fato de que isso hoje já não era mais verdade, e que se caíamos na hiperinflação o país se tornaria ingovernável. Também disse que a causa maior da recessão era que os investimentos públicos e privados estavam praticamente parados, situação que somente poderia ser modificada com a superação da crise política, ou seja, a votação de uma Constituição. Ele demonstrava um grande ardor na defesa de suas teses, como se houvesse falado com muita gente e colecionado argumentos contra Bresser. Deu-me a entender que o Bresser o havia surpreendido com aquelas medidas, como se ele não o houvesse consultado antes de pô-las no papel. À noite o encontrei novamente e ele afirmou que seu propósito era reter o Bresser, mas que este havia fechado questão em torno do imposto ao patrimônio. Não tenho dúvida de que Bresser poderia ter ficado, mas se aceitasse não decidir o essencial e ser tutelado pelo grupo de assessores da direita que têm crescente poder sobre o presidente.

Não vejo perspectiva de que os partidos políticos tenham real importância. Haverá os pequenos partidos de conteúdo ideológico ou organizados em torno de uma personalidade. Mas os grandes partidos voltarão a ser clubes eleitorais, com bandas de música na frente e a intendência bem controlada pelos lobbies do poder econômico. Do ponto de vista da vida política seremos mais e mais parecidos com os Estados Unidos. O que importa é que a sociedade civil se organize e pese na vida política. O perigo é que a evolução da sociedade civil continue a se fazer no sentido do corporativismo. Em uma sociedade com as desigualdades da nossa, o corporativismo constitui uma grave ameaça ao avanço da democracia participativa, pois o que vale é a "categoria" e não a cidadania.

Chegado o fim deste ano, as coisas parecem mais claras. Mas como guardar um resto de otimismo? A classe política já não tem ideia do que é o Brasil. Brasília provincianizou-a completamente. O peso de São Paulo passou a ser esmagador, e sua classe política é a que menos conhece o país com seus contrastes e misérias. Toda a vida econômica do país é dominada por filhos de imigrantes, com pouca sensibilidade para os problemas estruturais com raízes em uma história que lhes escapa. É toda uma realidade nova que exige estudo, um outro Brasil, para o bem e para o mal.

Para onde irá esse pequeno Ministério que me coube organizar? Quanto tempo ainda poderei permanecer aqui com dignidade? Tudo que foi feito é frágil, dado que a administração está corroída e sempre ameaçada de uma infecção. A tendência das fundações é se fecharem sobre elas mesmas, sob controle burocrático ou corporativista. A abertura para a sociedade, com a criação dos conselhos deliberativos, é um antídoto. Mas quanto tempo terá eficácia? O Ministério, em realidade, são as secretarias, que formam uma espécie de estado-maior do ministro e estão voltadas para a inovação, pois não sofrem o peso de programas permanentes vindos do passado. Mas só o ministro pode articular e movimentar esse estado-maior. Portanto, o Ministério somente existirá se o ministro tiver um projeto inovador para acionar as secretarias.

A Lei Sarney foi evidentemente a grande inovação. Mas está ameaçada de desvirtuamento por todos os lados. Se o ministro não consegue defendê-la desse desvirtuamento, a Fazenda saberá reduzi-la a pouca coisa.

BRASÍLIA, 29.12.87

Estaríamos vivendo uma minirreação termidoriana? Foi amordaçada a Constituinte com a vitória esmagadora do chamado Centrão, que é uma coligação de várias formas de fisiologia. Foi afastado o Bresser da Fazenda, rompendo-se nesse setor o último vínculo com compromisso partidário ou programático. Tudo indica que se vai voltar nesse setor à velha fórmula do "empurrar com a barriga". O dr. Ulisses, preocupado em salvar a Constituinte, parece inclinado a entender-se com o Centrão. Melhor uma Constituição com falhas do que nenhuma, pensará ele. Em todo caso, esticar até a metade do ano a discussão da Constituinte, em uma situação que beira o desgoverno, envolve risco de tudo deitar a perder. Sobre isto estamos todos de acordo. Uma reação termidoriana em cima de muito pouca coisa. Isso dá a medida de quão conservadora é a nossa classe política. Enquanto as eleições forem dominadas pelo dinheiro, qualquer avanço democrático será difícil entre nós.

BRASÍLIA, 31.12.87

Encontro com o pessoal do Inacen,[28] que representa "categorias profissionais" na direção do instituto. Deixei bem claro que não cederei na designação do presidente da nova fundação (Fundacen) e que o conselho deliberativo deverá ter uma maioria que represente a sociedade civil e não categorias profissionais. São pessoas de esquerda, que lutaram contra o autoritarismo, mas que ao ocupar pequenas posições de poder já não enxergam que estão abrindo o caminho a fórmulas de controlar o Estado que são profundamente antidemocráticas. Referi-me ao que está ocorrendo na Universidade de Brasília e também no setor musical, onde os interesses de categorias impedem que se registre para memória a première de execução de obras de importância.

BRASÍLIA, 4.1.88

Confirmou-se a permanência do Mailson da Nóbrega na Fazenda. Rompe-se, assim, todo vínculo com o PMDB (quero dizer a cúpula que tem algum compromisso programático). Como Mailson é um executor de ordens da escola do Delfim, o centro de decisões passa para o Planalto, onde nessa matéria nada é transparente. Está claro que, votada a Constituição e aberta a sucessão presidencial, a ruptura do PMDB com o presidente terá que se tornar explícita.

28 Instituto Nacional do Teatro, um dos órgãos da Funarte. CF o transformou na Fundação Nacional do Teatro.

No último despacho com Sarney (21 de janeiro) encontrei-o bem--disposto, desejando conversar sobre coisas gerais. Disse-me que havia lido um artigo sobre a desarticulação dos partidos políticos nos Estados Unidos, consequência do efeito na sociedade da televisão, e comparou a coisa com o Brasil. Um programa de televisão pode destruir a reputação de um político construída no correr de uma luta de anos pela coisa pública. Tenho a impressão de que ele superou a crista da crise, está confiante de que obterá os cinco anos e de que o PMDB é coisa já superada.[29]

A experiência atual da Constituinte, onde a direita pôde facilmente assegurar-se uma maioria apoiando-se na fisiologia, obriga a pensar nos riscos de um regime parlamentar. A experiência do passado me havia ensinado que as iniciativas autenticamente reformistas nascem do Executivo. Mas como não reconhecer que o nosso presidencialismo impede o avanço das instituições democráticas?

Estive conversando com o Saulo Ramos[30] e pude observar que suas relações com Sarney são antigas e cimentadas em muitas "experiências" comuns. As simpatias dele pelo Jânio Quadros são enormes, ao mesmo tempo que reconhece que o Jânio é capaz de tudo, particularmente de enganar ao melhor amigo.

Criou-se um estranho estado de espírito de descrença no governo, que dá até vergonha ser ministro. No setor econômico-financeiro volta--se simplesmente ao "empurrar com a barriga" do Delfim. A estranha "saga da corrupção" do ministro do Planejamento que acaba de sair (Aníbal Teixeira) criou um horrível mal-estar. O homem saiu coberto de elogios do presidente.

---

29 Para garantir o quinto ano de seu mandato, o presidente Sarney aliou-se prioritariamente aos parlamentares do Centro Democrático, o Centrão, formado em agosto de 1987, e conseguiu o apoio da maioria dos governadores e de seus parlamentares.

30 Saulo Ramos (1929-2013) era consultor-geral da República.

Conversa com alguns "históricos" do PMDB. A divisão do partido não é apenas uma questão ideológica ou de fisiologismo. No fundo também está o problema de confrontação de personalidades no plano local. Crescendo demasiado, o partido está sujeito à doença que obrigou a Arena a enveredar pelas sublegendas. Dizia-me ontem o Pimenta da Veiga: "Como meter no mesmo partido o Richa e o Alvaro Dias no Paraná, o Newton Cardoso e a mim em Minas?".[31] Vencida a etapa da Constituinte, tudo isso virá à tona. Esse grupo está convencido de que o partido tem que passar para a oposição, posto que o governo instalou-se na direita (do ponto de vista econômico e financeiro). E também pensa que o dr. Ulisses já não tem papel a cumprir. "Seria um péssimo candidato a presidente." Meu propósito é não me afastar da luta pela unidade do partido enquanto não saia a nova Constituição. Portanto, se se reúne o diretório nacional, terei de ficar do lado do dr. Ulisses. Superada essa fase, não há sentido em permanecer no governo. Recuperando minha independência, poderei dar uma melhor contribuição, exercendo a atividade de intelectual independente que me coube antes.

BRASÍLIA, 1.2.88

Notas para reunião ministerial do dia 1º de fevereiro. Pontos sobre os quais o governo tem de ser firme: 1. Somente assinar acordos que possamos cumprir, isto é, retomar o pagamento dos juros em condições de sustentabilidade desse pagamento. 2. Manter um nível de reservas que nos permita negociar como um Estado soberano. Nossas reservas atuais cobrem três meses de importações, o que é considerado o mínimo ne-

---

31 Os deputados Pimenta da Veiga (1947-) e José Richa (1934-2003) se afastaram do PMDB, em agosto de 1988, para fundar o PSDB. Alvaro Dias (1944-) e Newton Cardoso (1938-) eram, respectivamente, governadores do Paraná e de Minas Gerais, eleitos pelo PMDB.

cessário. Se vamos assumir o compromisso de pagar um terço dos juros devidos, o nível mínimo de reservas deveria ser [de] pelo menos 1 bilhão de dólares ou mais. 3. A justificação para um novo acordo com o FMI é obter novas linhas de crédito do Clube de Paris. Esse acordo pode ser feito sem apelar para as facilidades ampliadas do Fundo, portanto num nível mais baixo de condicionalidades. Aceitar a *vinculação* do acordo com o Fundo ao acordo com os bancos é recair na total rigidez e privar-se de toda iniciativa nos entendimentos com os bancos privados. A tese da *desvinculação* já foi aceita por muita gente e seria um erro abandonar o terreno ganho. 4. Os acordos assinados no passado colocaram o Banco Central em posição vulnerável à ação de qualquer banco credor, pequeno ou grande, junto a qualquer juiz de Nova York, visando à penhora dos seus bens. O Banco Central pode aceitar a lei estrangeira, o juízo estrangeiro, mas não deve admitir que seus bens sejam *penhorados desde o início do litígio*. É claro que podemos contornar essa situação retirando de Nova York nossas reservas e depositando-as no Banco de Acordos Internacionais, na Suíça, como fez o ministro Funaro, mas custa dinheiro. Em síntese, é essencial que não recuemos dessas quatro posições, com respeito às quais já havíamos ganhado terreno: 1) não assinar acordos que não possamos cumprir; 2) defender o nível mínimo de reservas, cobrindo-se com cláusulas de salvaguarda; 3) não permitir vinculação entre o acordo com o Fundo e o acordo com os bancos, ou seja, a condicionalidade cruzada; 4) excluir dos contratos com os bancos a cláusula que permite a penhora dos bens do Banco Central *desde o início da lide*.

BRASÍLIA, 6.2.88

Jantar com o dr. Ulisses. Ele assumiu a Presidência da República em razão da viagem de Sarney ao Uruguai e à Colômbia. O dr. Ulisses agora está confiante de que a Constituição sai dentro de três meses. Disse-me que antes mesmo da homologação algumas decisões políticas terão que ser tomadas no nível do PMDB. Tudo indica que ele espera eleições presidenciais para este ano, o que coloca a sua candidatura em posição forte. Se fica para 89 as chances dele desaparecem e a divisão do PMDB será praticamente inevitável. Ele me perguntou se eu achava que o presidente apoiará o candidato do PMDB, sendo a eleição este ano. Respondi que mais provavelmente o presidente ficará fora da disputa, inclusive para poder governar com mais tranquilidade. Ele observou que essa seria a solução mais conveniente para o PMDB. Acrescentou que as coisas terão que se clarificar desde que se vote o regime de governo (título IV), o que pode ser dentro de dois meses. Entendi que isso quer dizer que teremos de deixar o governo para participar da campanha. Veio-me o temor de que a necessidade de um vice nordestino ponha meu nome na baila. Bahia e Pernambuco não podem perder seus governadores.

BRASÍLIA, 17.2.88

Terminada a trégua de Carnaval. De todos os lados açulam a opinião pública contra Sarney, que parece cada dia mais inseguro. Não fosse a tranquilidade do setor militar, e o governo estaria desestabilizado. Enquanto isso a direita vai sutilmente tomando conta da área econômico-financeira do governo. Volta a empréstimo-ponte, Fundo Monetário, baixas reservas e *tutti quanti*. Sobre esses assuntos substantivos ninguém diz nada. Sabe-se que o JB, jornal mais influente do país, está negociando um empréstimo de 25 milhões de dólares com o City Bank, maior credor do Brasil. Ninguém parece preocupar-se com isso.

Com a emergência do Centrão, que pareceu tudo dominar mas já está em declínio, o povo parece haver perdido interesse pela Constituinte, deslizando para uma espécie de niilismo, ou descrença geral, que facilita a tarefa à direita.

Estou tratando de manter o ânimo no meu Ministério, reunindo o pessoal com mais frequência, visitando fundações e secretarias. Mas o fantasma de uma mudança geral está pela frente. E o clima malsão criado pela imprensa penetra em tudo. O grave é que não existe no país nenhuma corrente de pensamento realmente válida, indicando soluções de problemas fundamentais. A tragédia social se agrava e alastra. As massas de desempregados e subempregados acampam por toda parte. Com a penetração da droga, a criminalidade organizada aumenta e cresce de poder. As condições de vida de grande parte da população são calamitosas. Por outro lado, as elites se deixam embalar por um liberalismo imbecil e de imitação e procuram desmoralizar o Estado, único instrumento de que dispomos para enfrentar os problemas criados pela industrialização tardia e pelo consumismo mimético.

Que me cabe fazer? Minha vocação para o apostolado, ou o quixotismo, já se esfumou. Talvez porque perceba que estamos entrando num ciclo histórico que vai se desdobrar por muito tempo, além de meu horizonte de vida ativa. As consequências da criação de Brasília e as sequelas do autoritarismo militar, que se prolongou até apodrecer, continuarão a se desdobrar. O peso político das regiões que se industrializaram nos últimos trinta anos continuará a aumentar. Os partidos políticos, clubes oligarcas, tendem a ser substituídos por coligações de lobbies. Uma sociedade parecida com a norte-americana mas sem suas raízes puritanas e sem sua capacidade de autopurgar-se. Como manter a estabilidade nesse tipo de sociedade marcada por tantas taras sociais? Haverá nela espaço para a liberdade?

Vai ainda demorar para que tudo isso se clarifique. É como se estivéssemos de novo no começo dos anos 1950, quando tateávamos por um caminho. Mas já não tenho diante de mim toda uma vida por construir.

BRASÍLIA, 18.2.88

Despacho com o presidente. Mostrei-lhe alguns dados estatísticos sobre o desempenho das economias mais endividadas da América Latina no período 85-87 (gov. Nova República) comparadas com o triênio anterior. A taxa de crescimento anual da economia brasileira foi de 6,5%, sendo de 2,1% a da Venezuela, 1,1% da Argentina e 0% do México. Observei que o Brasil é o único país que não seguiu a terapêutica do FMI. No triênio anterior, quando havíamos seguido as receitas do Fundo, nossa taxa de crescimento anual foi 1,4%. Ele observou que dera instruções ao Mailson para que não aceitasse recessão, "não haverá novas cartas de intenção, não deslizaremos para a recessão". Em seguida falamos sobre a campanha de "desestabilização" que sofre o governo. "Quando se levanta o espantalho da moralidade o que se pretende é desestabilizar. Sabemos que o nosso é um país permissivo, onde formas de corrupção estão em tudo", disse. "Veja os jornais: o Estadão devendo 30 milhões de dólares ao Banco de Boston, o Mesquita processado por falcatrua na Bolsa, o JB submetido ao Citicorp, o Frias (das Folhas) que engordou com favores do Ademar de Barros. E os nossos senadores. Conheci-os de perto, casos de gente recebendo dinheiro para votar desta ou daquela forma." E continuou: "Não me perdoam porque eu saí do trilho, fiz o Plano Cruzado, tentei a moratória, rompi com o FMI. Se não fosse uma pessoa tão conciliatória e moderada já não estaria aqui". Observei que o objetivo maior dessa gente era bloquear a Constituinte. Toda vez que esta avança um pouco, recrudesce a campanha. Mas a desestabilização arrastará todos, portanto é importante que o presidente dê um empurrão para que a Constituição saia. Ele obtemperou: "Eu sou o maior interessado em que ela saia". Se isto é verdade, pensei, nem sempre ele age com acerto.

BRASÍLIA, 23.2.88

Fernando Henrique almoçou em casa e fizemos uma *mise au point*:

1. As eleições presidenciais muito provavelmente serão este ano. 2. Ulisses será o candidato do PMDB. 3. A briga pela vice-presidência será grande, mas o escolhido será alguém de confiança das direitas. Eleito, ele será rapidamente envolvido pelas mesmas forças que hoje estão com o Sarney, sendo pequena a possibilidade de fazer um governo na linha histórica do PMDB.

Almoço com o senador Fernando Henrique Cardoso e cogitações sobre o novo partido.

Pergunta: teremos nós que carregar esse andor, fazer essa campanha? Fernando acha que a única saída honorável é fundar um novo partido antes que Ulisses se lance. Mesmo para perder, um candidato permitiria a consolidação do novo partido. No segundo turno, seria dado apoio a Ulisses. O Montoro poderia ser um bom candidato para firmar o novo partido. O que importa é abrir um horizonte para o futuro. Sair da confusão em que se transformou o PMDB. Retomar o trabalho da oposição hoje monopolizado pelo Brizola.

No dia 25 tivemos uma reunião de ministros de iniciativa do Brossard.[32] Era uma manobra para nos envolver explicitamente com a tese dos cinco anos. O presidente nunca me falou sobre isso senão para afirmar que não se preocupava com a extensão do próprio mandato. Quando diz que as eleições este ano tumultuariam o país, o faz como cidadão e não como presidente que defende o próprio mandato. O Brossard expôs a ignomínia que eram os ataques de imprensa contra a pessoa do presidente e que atingem todo o governo. O ministro da Marinha (único militar presente) observou que era preciso cumprir a lei. Muitos retrucaram que a Justiça não estava em condições de agir com a necessária prontidão. "Há juízes que em sentença apoiam os ataques em vez de limitar-se a julgar." O José Hugo[33] opinou com ênfase que deveríamos todos mover ações judiciais contra "jornalistas difamadores". Eu observei que por esse lado não iríamos longe pois se não nos podiam acusar de corruptos nos acusariam de outra coisa, inclusive de ineptos ou burros. Muitos também opinavam que o fato é que, com uma inflação de 20% ao mês, é difícil que o governo não seja impopular.

O Mailson havia estado calado. Solicitado por Brossard, disse que a situação realmente é difícil pois o risco de hiperinflação se mantinha e, como as inversões não retomam, a recessão é também uma ameaça grave. Levantou o espantalho do déficit público dando a entender que os gastos com pessoal constituem o maior fator de desequilíbrio. Repetiu a afirmação que está nos jornais que, na forma como vão as coisas, os gastos de pessoal chegariam a 106% da receita fiscal. Outra afirmação que fez, que me surpreendeu — ou manipula dados abusando da ignorância dos outros, ou ele mesmo é ignorante —, foi a de que a poupança caíra de 25% para 16%. É evidente que a queda foi dos investimentos, não da poupança, devendo-se ter em conta que 4% a 5% do PIB estão

---

32 Paulo Brossard (1924-2015), do PMDB, ministro da Justiça.

33 José Hugo Castelo Branco (1926-1988), ministro da Indústria e Comércio.

sendo remetidos ao exterior, quando antes recebíamos de 2% a 4% de poupança externa. Eu me limitei a observar que não podíamos analisar o déficit público sem ter em conta que a receita líquida do governo federal havia sido reduzida de 17% para 8,5% do PIB, em razão do aumento dos gastos financeiros e dos subsídios. Que o setor privado financiava o setor público com empréstimos que eram devolvidos sob a forma de subsídios.

Ele concordou mas foi logo dizendo que nada disso se podia corrigir rapidamente e que devíamos nos preparar para tomar medidas impopulares nos próximos três a quatro meses ou cairíamos na hiperinflação. Que tudo será mais difícil se não conseguirmos um entendimento com os nossos credores. Terminou dizendo que três incertezas imobilizam os investidores: a inflação, a dívida externa e a Constituinte. Foi aí que Brossard o interpelou sobre se eleições presidenciais este ano teriam impacto negativo sobre tudo isso. Ele disse que sim: "Seria um quarto fator de incerteza, pois ninguém pode prever o resultado de uma eleição". Luiz Henrique insistiu em que o problema essencial está na reaproximação do presidente com a Constituinte. Que esses dois poderes devem procurar entendimento. Antônio Carlos Magalhães[34] retrucou que o presidente já havia feito o que podia para esse entendimento, mas que do outro lado vinham insultos.

Ficou decidido que Brossard falará à imprensa em nome de todos e o que se viu no *Globo* em cinco colunas (certamente dedo de Antônio Carlos) foi a "opinião unânime dos ministros de que eleição neste ano desestabilizaria o país".

A ninguém escapa que eleição este ano poderá ser mais ou menos conveniente do que no próximo. Se se mantém o baixo nível de credibilidade do governo, como imaginar que a postergação das eleições pode ser uma boa coisa? Hoje já o presidente não se pode apresentar em lugar público, amanhã seremos todos nós, os membros do governo. Mas não interessava abrir esse debate com as pessoas que ali estavam presentes.

---

34 Antônio Carlos Magalhães (1927-2007), do PFL, ministro das Comunicações.

Não faltaria quem fosse dar uma visão distorcida de minhas palavras ao presidente, tornando ainda mais difícil minha tarefa administrativa.

E para a frente? Sarney parece decidido à confrontação com a Constituinte. Se ele está subestimando a capacidade de ação e de reação do dr. Ulisses, estará caminhando para um beco sem saída, ou melhor, para perda de face e humilhações. Não creio que os militares, e menos ainda o Supremo Tribunal Federal, se deixem envolver nesse entrevero. E pouca dúvida tenho de que o povo estará de preferência do lado do poder constituinte. E quem estará compelindo Sarney, homem de paz, para essa guerra? Será esse A. C. um autêntico Raspútin, como se diz? E seria Sarney assim tão incapaz de julgar e distinguir o certo do errado?

De resto, os meus dias no governo estão contados. Gostaria de ficar até maio para amarrar alguns cabos soltos. Será possível?

BRASÍLIA, 1.3.88

Abertura do Congresso Nacional. Encontrei o general Ivan de Souza Mendes e perguntei se a medida de eliminação da URP[35] com respeito ao funcionalismo ia realmente ser tomada. Ele disse "talvez" hoje mesmo. Expressei-lhe minha opinião de que era um erro político abrir uma frente para o governo. E que os dados que o Mailson estava utilizando (os gastos de receita com pessoal já representam 6% mais do que a receita fiscal) não têm fundamento. Os gastos de pessoal de todo setor público (federal + estadual + municipal), não incluídas as empresas públicas, representam 7% do PIB, e só o imposto de renda chega à casa de 10%. Que convinha olhar melhor esses dados.

Lá para as seis da tarde telefonou-me o Mailson para dizer que eu estava levando ao presidente dados diferentes dos dele. Que não estava trabalhando com contas nacionais e sim com a caixa do Tesouro. Tive a

---

35 Unidade de Referência de Preços, que reajustava mensalmente os salários, incluindo os do funcionalismo público. Em maio de 1988, Sarney decidiu eliminá-la.

impressão de que ele não é muito seguro no uso de dados macroeconômicos. Repetia sempre: "Estamos falando de coisas diferentes". E também dizia: "Não posso deixar de pagar os juros, não serei caloteiro". Eu chamei a atenção para o aspecto político da medida, que me caberia defender a política do governo dentro do PMDB, que estamos no mesmo governo. Foram uns quarenta minutos de telefonema. Creio que foi a primeira vez que ele encontrou resistência do presidente e isso o desnorteou. A coisa foi transferida para hoje, ouvido o Conselho de Desenvolvimento Nacional.

BRASÍLIA, 6.3.88

[Dias] 5 e 6, reuniões na casa do dr. Ulisses e Renato Archer sobre a votação do sistema de governo. Dr. Ulisses se reserva, mas tende a inclinar-se pela maioria do partido, que é parlamentarista. Como ninguém tem experiência de parlamentarismo (a experiência de 1961 nunca sequer foi avaliada), este regime exerce grande sedução em face do desastre que tem sido o nosso presidencialismo. Tenho argumentado com a vantagem da existência de um gabinete (corresponsabilidade) e de uma oposição organizada no Parlamento. Meu temor é a tendência conservadora que pode (e tende a) prevalecer neste. F. H. Cardoso argumentou que, com a urbanização, o conteúdo do Parlamento tende a melhorar desse ponto de vista. A verdade é que as bancadas mais presidencialistas são as dos estados do NE e outras áreas dominadas pelo coronelismo. Isso é tanto mais paradoxal quanto os políticos dessas áreas poderiam aspirar à chefia do governo no parlamentarismo, mas dificilmente (só por acaso) fariam o mesmo no presidencialismo. A impressão que se tem é que os presidencialistas o são por interesse pessoal, pois ninguém defende doutrinariamente essa posição. Os argumentos são: não estamos preparados, não temos partidos, a conjuntura é desfavorável ao parlamentarismo.

Viajei ontem a João Pessoa com o presidente. Convidou-me para o café no avião e aproveitei um gráfico no jornal que registrava queda da produção industrial no começo do ano para levantar a questão do risco de cairmos em uma recessão. Conduzi a conversa para a política do Mailson, que me parece estar preparando a cama para o FMI, "sabendo que o senhor não pretende assinar cartas de intenção" no estilo das do Delfim. Ele obtemperou que essa estratégia havia sido iniciada pelo Bresser. Aproveitei para mostrar os dados recém-elaborados pelo Banco Mundial, que ele ainda não conhecia, relacionados com o desempenho do setor público federal em 1987. Os gastos com pessoal haviam alcançado 3% do PIB e o pequeno incremento relativo que houve era menor do que a baixa relativa na arrecadação. Se continua a recessão, esta última baixa se acentuará, anulando os cortes que se pretendem fazer na remuneração do pessoal. O verdadeiro problema são os compromissos financeiros assumidos pelo Banco Central, que não tem receita própria. Sarney interessou-se e me pediu que deixasse com ele o volume do Bird. Entreguei-lhe inclusive o anexo.

Fiquei pensando comigo: como poderá ele usar esse material se não tem a seu lado ninguém com a necessária competência e isenção para decifrar esse emaranhado de dados técnicos? Nesse regime presidencialista um presidente pode ser facilmente enganado por um ministro da Fazenda. Finalmente os dados servem para se provar aos parvos o que se deseja passar por verdade. Fiquei com a impressão de que ele já não está rezando cegamente pela cartilha do Mailson, cuja estratégia é obter o sinal verde do Fundo, a qualquer preço, para poder obter a aquiescência dos banqueiros. O Calazans,[36] que acaba de ser apeado do Banco do Brasil, declarou à imprensa: "O Mailson teme os banqueiros, e por isso ignora que o déficit público é acima de tudo um problema financeiro". Em seguida encaminhei a conversa para as decisões iminentes da Consti-

---

36 Camilo Calazans (1928-2012) foi demitido da presidência do Banco do Brasil por divergência com a política econômica de Mailson da Nóbrega.

tuinte sobre regime de governo. Ele tomou um papel e começou a riscar expondo suas teses. Insistiu de início em que continua sendo parlamentarista. "Como não reconhecer que essa é a forma de governo que permite maior participação etc. A desgraça é que esse relator (Bernardo Cabral[37]) é um incapaz e tudo conduziu a uma confusão. O projeto a ser discutido, inclusive o do Ferreira Lima,[38] praticamente impede a dissolução do Parlamento, que é o freio essencial aos excessos do parlamentarismo. Sem dissolução o regime degenera em assembleísmo. Na verdade, somente pode haver parlamentarismo com voto distrital. No regime atual os parlamentares são predadores uns dos outros, o que impede a solidariedade entre eles e faz a eleição cara e difícil."

Observei que um sistema misto atende a outras considerações e que na prática estamos caminhando para isso. E acrescentei que o sentimento dominante é no sentido do parlamentarismo. Ele então insistiu em que a saída está em uma fórmula que mantenha o presidente como chefe do governo, constituindo-se um gabinete que pode ser dissolvido pelo presidente. O que seria um substitutivo para a dissolução do Parlamento. Falou com veemência de que criar um sistema que não opera será preparar a volta dos militares. (Em outra oportunidade disse-me que "os meus inimigos [da direita] não me põem para fora porque os militares estão sem apetite de poder".) Quando observei que, não havendo parlamentarismo, a eleição presidencial tendia para ser este ano, observou com vivacidade que nesse caso ganhará Brizola. Como eu obtemperasse que este é um país conservador, com forte instinto de sobrevivência, que Brizola não inspirava confiança, o que faz crer que em um segundo turno Brizola não passaria, ele fez esta observação significativa: "No segundo turno será Brizola ou Lula". Esta e outras observações (acha que a simultaneidade da eleição de prefeitos favorece Brizola) deixam claro que ele perdeu a serenidade na apreciação do quadro político. Que paixão o domina então, ao ponto de tanto reduzir-lhe a percepção do que está

37 Bernardo Cabral (1932-), deputado amazonense pelo PMDB.
38 Maurílio Ferreira Lima (1940-2017), deputado pernambucano pelo PMDB.

ocorrendo? O mais fácil é pensar que ele está apenas ocupado em prolongar o seu governo com os poderes que atualmente exerce. Não quer deixar o governo em situação de tanto desprestígio.

De volta, conversando com o general Almeida, filho de José Américo, militar aposentado como ministro do Tribunal Militar e homem muito relacionado, ouvi dele uma observação curiosa: "Se precipitam as eleições presidenciais para este ano, não teremos eleições e tudo volta atrás; é necessário dar uma chance ao presidente para que ele recupere o seu prestígio".

A visita a João Pessoa (em realidade a uma barragem no rio Gramame, a vinte quilômetros do aeroporto, e à Fundação José Américo, em Tambaú) foi algo estranho, pois havia tropa do Exército em todo o percurso que atravessamos. Estávamos sempre vendo soldados com fuzil na mão e ocasionalmente blindados. A ninguém de sentido comum escapa que isso opera contra a recuperação do prestígio do presidente.

Desta vez me convenci de que Sarney, quiçá *malgré lui-même*, não trabalha no sentido de facilitar a transição democrática. A engrenagem que se formou o fez perder a orientação. E não tenho dúvida de que ele havia sonhado ser o bom timoneiro dessa transição para uma democracia consolidada.

BRASÍLIA, 14.3.88

Ontem conversa com o dr. Ulisses, que desejava minha impressão sobre o estado de ânimo do presidente. Fui franco e lhe expus a conversa que havíamos tido: o presidente não me parece inclinado a colaborar para encaminhar a solução do problema do regime de governo a ser aprovado pela Constituinte. Simplesmente considera inviável o tipo de parlamentarismo de que se está cogitando. O dr. Ulisses fez a seguinte reflexão: "Sarney em nenhum momento quis colaborar com a Constituinte. A única vez que me falou foi quando de sua iniciativa para impor o mandato de cinco anos. Sobre nenhuma das questões fundamentais tomou qualquer iniciativa. Quando falou foi para fazer um escândalo, no caso dessa história da confusão entre prisão e detenção. Várias vezes procurei trazê-lo para o diálogo, mas sem resultado positivo".

Fiz referência à conversa com o general Reinaldo Almeida e ele comentou: "Tenho ouvido coisas similares dos ministros militares; é evidente que há um envenenamento dos militares e isso não é bom". E comentou: "A situação não é nada fácil. O povo está exigindo eleições e essa gente a dizer que a democracia corre alto risco se fizermos eleições. Que democracia é essa que não resiste a uma eleição? O certo é que não há uma maioria clara a favor do parlamentarismo ou do presidencialismo. Se sai o presidencialismo, vai-se interpretar como uma vitória do Sarney. Se saem quatro anos, uma derrota dele".

Saí pensando: bastaria que esses dois homens se entendessem para que essa crise política não existisse. Pelo que posso testemunhar, quem perdeu o rumo foi Sarney. O dr. Ulisses pode ter forçado a mão, mas sempre esteve no rumo certo. Haverá ainda tempo para que acertem o passo? Quão pouco às vezes é necessário para que a história vá numa direção ou noutra, para que se evite o irreparável?

BRASÍLIA, 19.3.88

Na noite de 16 de março, reunião-jantar na casa do dr. Ulisses e uma série de líderes ou coordenadores de bancada do PMDB, mais Renato e Luiz Henrique. Dr. Ulisses fez ver a gravidade que a situação estava assumindo: o presidente, com seus pronunciamentos, estava hostilizando a Constituinte e parecia interessado em trazer os militares para o meio da cena política. Houve consenso de que era importante que a votação do sistema de governo fosse o mais rápido possível, pois a situação tendia e envenenar-se cada vez mais. Essa votação devia ser no fim de semana (19-20). O dr. Ulisses faria um chamado formal para que todos os constituintes se capacitassem da gravidade da situação.

Expedito Machado[39] argumentou com a necessidade de que o dr. Ulisses retomasse as negociações, reunisse todos os coordenadores da bancada do PMDB, consultasse governadores. Dr. Ulisses se mostrou cético. E a certa altura disse: "O presidente Sarney anda afirmando que eu não tenho nenhuma proposta; mas que proposta posso ter se não há consenso sobre o essencial?". Eu obtemperei: "O Sarney afirma (como o fez ao embaixador Ricupero) que o senhor controla cinquenta votos que são os decisivos para a solução final, portanto sua opinião é que decidirá". O dr. Ulisses ficou abespinhado com minha intervenção e disse de maneira brusca: "Suponhamos que eu faça uma proposta formal — quatro anos de mandato —, ele vai aceitar?". Foi essa a única vez que ele deixou transparecer sua inclinação pessoal pelos quatro anos de mandato para o Sarney. Sente-se que ele já se inclina a aceitar o parlamentarismo, se essa fórmula é capaz de salvar o partido. Talvez a força sem par desse homem como líder tenha algo que ver com o fato de que ele nunca parte, nem se deixa influenciar, de posição doutrinária. São os objetivos operacionais que prevalecem, ou guiam o seu pensamento. Quando nos despedimos eu lhe disse, em particular: "O senhor precisa fazer uma proposta concreta ao Sarney, qualquer que ela seja, a fim de que ele mesmo possa orientar-se. Pelo menos para que ele não continue a acusá-lo de imobilismo".

No dia 17 pela manhã houve a entrega de condecorações no Congresso Nacional. Ao meu lado, agraciado como eu e outros ministros, o general Ivan. Transmiti-lhe minhas apreensões pelo momento, particularmente com o comportamento do presidente. Ele fez a seguinte observação: "O mais grave é que ele muda de posição com frequência". Eu observei que havia gente aparentemente interessada em trazer os militares de volta para as confrontações políticas. Ele, sempre muito preciso nas observações curtas, obtemperou: "É verdade, mas está dando trabalho trazê-los de volta". Em seguida fiz referência ao discurso da véspera do presidente no navio-escola, em face a altos comandos navais, especificamente à

---

39 Expedito Machado (1918-2010), cearense, deputado eleito pelo PMDB, era um dos líderes do Centrão.

passagem em que ele denunciava a autofagia das lideranças civis. Ele comentou: "Coisa de improviso". "Não", observei, "na televisão se pode perceber que ele lia." Aí o general notou: "Então ele mudou o texto, escreveu por cima, pois li o original e isso não constava".

No mesmo dia 17 tive despacho com o presidente às 15 horas. Ele, como sempre cortês e interessado, concordando com minhas sugestões. Pedi licença para abordar a situação política e ele aquiesceu. Fiz notar com firmeza que ele se estava expondo demais, correndo o risco de se transformar em parte do problema, quando em realidade devia ser parte da solução, pois ele era e continuaria a ser o presidente, qualquer que fosse o resultado da votação do Parlamento. A solução da crise política era condição necessária para enfrentar a crise econômica. Que as responsabilidades do posto o obrigavam a estar preparado para enfrentar qualquer situação a ser criada pela Constituinte. Tanto com presidencialismo como com parlamentarismo ele terá que iniciar negociações para constituir um novo governo, com bases sólidas no Congresso para poder enfrentar os problemas econômicos etc.

Os comentários que ele fez indicaram uma grande mudança de estado de espírito com respeito à nossa conversa no avião poucos dias antes. Esteve conciliatório e afirmou que sua preocupação maior era restabelecer as condições da plena governabilidade do país. Sua preocupação maior é assegurar a transição democrática. Que o nosso é um país difícil. "Nenhum vice-presidente que assumiu na vida republicana chegou a governar três anos." Falou-me das apreensões dos militares com respeito à ingovernabilidade, que seguramente aumentará se houver eleições presidenciais este ano. Há poucos dias se reunira com eles até tarde da noite (o que me dizia reservadamente). Então me disse com muita ênfase que a votação do sistema de governo não devia ser feita de forma precipitada no fim desta semana. O próprio prestígio do dr. Ulisses iria ficar arranhado. Brizola sairia no dia seguinte dizendo: "No descuido de um domingo, com uma maioria escassa, retiraram do povo um direito essencial", e coisas parecidas. Insistiu muito em que a votação fosse fixada para a próxima semana, quando se obteria a presença de todo mundo. O importante é que ele foi enfático afirmando que estava disposto a colaborar qualquer que fosse a decisão da Constituinte. E muito preocupado em formar um governo com firme apoio parlamentar para enfrentar a crise econômica.

Tudo isso me tranquilizou consideravelmente. Fui diretamente ao Congresso encontrar o dr. Ulisses, que presidia a sessão da Assembleia Nacional Constituinte. Postei-me ao seu lado e, sem que ele perdesse a atenção no que fazia, relatei-lhe minha conversa com Sarney, dando ênfase ao estado de espírito cooperativo que ele demonstrou. O dr. Ulisses observou que já havia convocado as sessões para o sábado e domingo, mas que trataria de arranjar as coisas.

No dia seguinte pela manhã (18) tive que ir a São Paulo. Encontrei no aeroporto a deputada Rita Camata e lhe perguntei quantos destaques votaram ontem, ela respondeu 27. Pelos nossos cálculos na casa do dr. Ulisses, na noite de 16, seria preciso votar quarenta, para chegar com o regime do governo no domingo. De volta de São Paulo, no mesmo dia, ouvi no *Jornal Nacional* que o dr. Ulisses havia fixado para a terça-feira a votação do regime do governo. Os dois homens começaram a entender-se.

BRASÍLIA, 20.3.88

Encontro na casa do Renato com o Luiz Henrique e o Almir Pazzianotto.[40] A ideia era acertar o relógio entre os ministros autenticamente do PMDB e mais ligados ao dr. Ulisses. Quando cheguei também este estava lá. Encontrei-o desencorajado como nunca o havia visto antes. Fez um relato das peripécias das últimas 48 horas. No dia 18, sexta, tivera a reunião com Brossard e mais três presidentes de partidos. Saíra convencido de que o caminho estava aberto para a solução parlamentarista com cinco anos para Sarney. Brossard dissera que o presidente estava aberto para uma solução conciliatória desse gênero. Outros sinais vieram con-

---

40 Almir Pazzianotto (1936-), do PMDB, era ministro do Trabalho.

firmar que Sarney estava inclinado a uma fórmula de entendimento. Logo depois surgiu a contraofensiva de Antônio Carlos e Prisco Viana:[41] o presidente continuava decidido a queimar todos os cartuchos pelo presidencialismo com cinco anos. Sarney viajou para uma fazenda no Pantanal na sexta, devendo regressar no domingo pela manhã. Precipitou a volta para o sábado e nem o general Ivan foi informado da coisa, conforme disse o dr. Ulisses. Este pensou que o grupo da copa e cozinha conseguisse aliciar bastante forças para convencer Sarney de que a vitória seria certa na primeira votação. O Luiz Henrique foi do alvitre de que eles esperam conhecer a lista dos indecisos depois da primeira votação para em seguida (nas 24 horas) ir no corpo a corpo, partindo do princípio de que todo metal tem seu ponto de fusão. A mim me parece que Sarney está dando mais uma demonstração de sua fraca capacidade de julgamento, pois o problema dele é governar e não ganhar a todo custo uma vitória no placar da Constituinte. A confrontação vai dividir o país e reduzir o espaço de manobra do governo.

O dr. Ulisses tomou um avião e foi jantar no Rio com o Roberto Marinho. (Não é somente Sarney que o considera mais poderoso do que o presidente da República.) Surgiu uma zona de atrito do Marinho com Toninho,[42] em razão do apoio que este teria dado ao Silvio Santos em suas veleidades para prefeito de São Paulo, e é preciso não deixar passar a oportunidade.

O dr. Ulisses foi enfático em que nós, os quatro ministros do PMDB,[43] não devemos nos mexer até a homologação da Constituinte. Que "eles não digam que estamos criando caso". Ao sair o dr. Ulisses, trocamos ideias. Todos acham que a qualquer momento pode haver um acidente

---

41 Prisco Viana (1932-2015), deputado baiano pelo PFL, era do Centrão.

42 Antônio Carlos Magalhães.

43 Lapso do autor. Os ministros do chamado PMDB autêntico que ainda estavam no governo eram três: Renato Archer, na Previdência Social; Luiz Henrique da Silveira, na Ciência e Tecnologia; e ele próprio, Celso Furtado, na Cultura. Raphael de Almeida Magalhães já tinha deixado a Previdência Social e ocupava um cargo no governo do Rio de Janeiro.

que obrigue um de nós a dar o fora. L. Henrique observou: "E se nos querem obrigar a assinar um papel dizendo que somos presidencialistas?". Mas não creio que essas coisas ocorram. Sarney não é homem para *trancher* as coisas. Contudo, observei, "se eles obtêm presidencialismo com cinco anos para Sarney, este poderá querer reorganizar o seu governo imediatamente para não mais perder tempo no enfrentamento dos problemas econômicos e financeiros. Isso poderá acontecer dentro de dez dias, e teremos todos que partir, pois esse novo governo será tudo menos PMDB sob a liderança de Ulisses". A verdade é que a vitória do grupo A. Carlos e Prisco Viana será a transformação do PMDB em partido de oposição declarada, ou a divisão do partido. Quiçá também o fim do papel histórico que vem desempenhando o dr. Ulisses. Quanto a mim, creio que será o encerramento da minha incursão pelo mundo da política partidária.

Amanhã temos cerimônia no Planalto, com Sarney, para dar início às comemorações do Centenário da Abolição da Escravatura.

BRASÍLIA, 31.3.88

A votação do dia 22 surpreendeu a todos. Imaginava-se que a Assembleia [Constituinte] estaria dividida em duas metades, que a vitória seria por pequena margem, que havia risco de cair no "buraco negro"; e o resultado foi uma vitória contundente do presidencialismo. Para isso contribuiu o contingente (talvez uns cinquenta) de constituintes que nunca comparecem e são como uma reserva secreta da direita (e do governo), mais os quarenta votos do PDT-PT, partidos que, neste caso, agiram em função dos interesses de seus líderes. Contudo, penso que sempre o presidencialismo ganharia, pois este é um país que teme demasiado a mudança, a experiência, o risco. Esse resultado veio confirmar minha velha tese de que o nosso Parlamento é profundamente conservador, que pode ocorrer a existência de um presidente capaz de introduzir mudanças estruturais, mas não um Congresso.

A votação seguramente contribuiu para estabilizar a situação, brindando a Sarney uma nova chance de assumir o poder e restaurar a credibilidade do governo.

No dia 23 almoçamos na casa do Luiz Henrique, em companhia do dr. Ulisses, um pequeno grupo: Renato, o dono da casa, eu (os três ministros mais ligados ao PMDB autêntico), o líder, o Cid Carvalho.[44] Eu havia telefonado para o Aluizio Alves e ouvira dele que era necessário evitar "intrigas" entre dr. Ulisses e Sarney. Na noite anterior essas "intrigas" haviam vicejado no Alvorada entre os que "comemoravam" a vitória. Pouco antes, o Mesquita,[45] governador de Fernando de Noronha, me havia telefonado para desfazer algumas dessas intrigas veiculadas pelos jornais da manhã. O presidente ficara desgostoso e pedira para que me informasse de que não estava pensando em reforma ministerial naquele momento. Mensagem idêntica transmitiu Mesquita aos outros dois ministros "ulissistas", Renato e Luiz Henrique. (Por outros meios recebi dias depois outra mensagem de Sarney no mesmo sentido.)

Dos presentes, o mais acabrunhado era o Renato. Dr. Ulisses insistia que a saída do PMDB iria prejudicar o trabalho da Constituinte, que os ministros deviam permanecer nos seus cargos até que a convenção do partido (que ele previa para junho) tomasse uma decisão. Eu observei que devia evitar precipitações, mas que estava decidido a entregar o meu cargo assim que fosse homologada a Constituição. Ficou acordado que não haveria iniciativa de nossa parte, ministros, pelo momento.

Dr. Ulisses mantinha ainda a ilusão de que faria aprovar uma emenda introduzindo a figura do primeiro-ministro, no quadro do presidencialismo. "Vamos aguar a vitória deles", disse. Esse projeto havia sido aceito pelo Sarney, mas agora me parece totalmente inviável.

Hoje estou convencido de que o Brossard se prestou a uma intriga para envolver o Ulisses, quando abriu espaço, em nome do presidente, para que ele tomasse a iniciativa de apresentar uma fórmula conciliado-

---

44 Cid Carvalho (1923-2004), deputado maranhense pelo PMDB.

45 Fernando César Mesquita (1938-), maranhense, muito ligado ao presidente Sarney.

ra (parlamentarismo com cinco anos para Sarney), e quando o grupo do Antônio Carlos já estava seguro da vitória presidencialista.

Atribui-se a Pétain o *mot* de que, havendo a França perdido a alma, restava salvar seu corpo. É isso que muita gente pensa agora do PMDB. Os que representavam a alma do partido sabem que terão de abandoná-lo. Os Newton Cardoso e Orestes Quércia terão meios de dominar a convenção. E ficarão com o controle do partido, transformado em Zumbi. Dr. Ulisses vai continuar, com sua obstinação de sempre, lutando pela unidade do partido, mas nenhum dos dois bandos em que este se dividir abrirá espaço para que ele exerça o tipo de liderança que lhe é peculiar. A direita ganhou a batalha pelo poder e tem a custódia do cadáver do PMDB. Os outros sairão para essa tentativa, sempre malograda, de organizar um verdadeiro partido "social-democrata". O gênio político do dr. Ulisses estava em conseguir unir ideias e coisas disparatadas, quando o adversário eram os grotescos generais-presidentes com seus séquitos de Delfins e Garneros.[46] No futuro as coisas serão menos claras: empresários da Fiesp e líderes sindicais "modernos" unem-se contra o Estado, a ideologia liberal denuncia o corporativismo, essa nova forma de organização da pobreza que aspira a migalhas dos privilégios. O homem que aporta como novo líder é o Quércia, o que explica o seu empenho de também falar em união do PMDB, mesmo morto.

BRASÍLIA, 9.4.88

Saíram algumas das medidas do Mailson que nada mais são do que a receita do Fundo Monetário. É como se estivéssemos voltando à época do Delfim em 1982.

Existe um efetivo risco de hiperinflação mas não creio que cheguemos lá. A competição distributiva vai se resolvendo com o sacrifício de

---

46 Mario Garnero (1937-), empresário da área de telecomunicações e bancos.

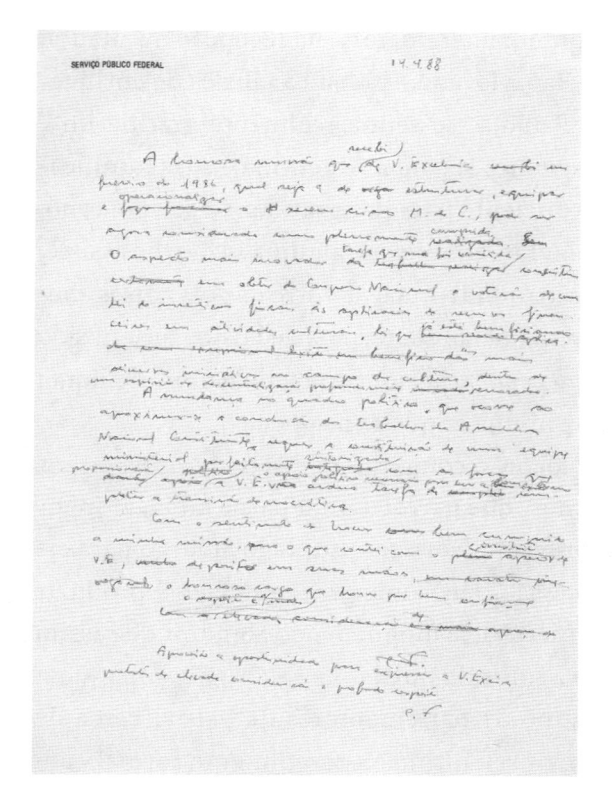

Dando por cumprida a missão à frente do Ministério da Cultura. Abril de 1988.

grupos mais fracos (agora é a vez de sangrar o funcionalismo público[47]) e a redução dos investimentos. Existe uma massa enorme de ativos financeiros (cerca de 35% do PIB) que podem ser utilizados a qualquer instante para ameaçar o governo, seja especulando nos mercados de bens reais, seja monetizando-os. O governo está acuado pelo setor financeiro, que é, aliás, o que mais se beneficia no conflito redistributivo. Como a hiperinflação causaria profundos danos a esse setor, é natural que ele trate de evitá-la. Os especuladores financeiros praticam a chantagem da hiperinflação, mas a mantêm sob controle.

47 Em fevereiro, os ministros da Fazenda, Mailson da Nóbrega, e do Planejamento, João Batista de Abreu, quiseram congelar os salários do funcionalismo público. A proposta foi sustada, mas semanas depois os salários foram congelados por dois meses.

Sarney parecia satisfeito ontem no Itamaraty, na recepção que deu ao presidente de Moçambique. Havia levado Alfonsín à fábrica de enriquecimento de urânio, em São Paulo, e se sentia realmente gratificado.[48] Essa política de integração econômica com a Argentina e suas ramificações no plano nuclear seria suficiente para dar grandeza a seu governo, foi o que disse com outras palavras. E creio que alguma razão lhe assiste, pois o risco de uma competição militar-nuclear entre os dois países chegou a ser grande, e suas consequências em termos de custos teriam sido terríveis. Em *Criatividade e dependência*, escrito há dez anos, dediquei uma página a isso, que traduz minha angústia na época.[49]

A fraqueza do governo colocou-o como refém dos poderosos grupos financeiros, internos e externos, que garroteiam o país e o fazem ingovernável. Resta a Sarney sobreviver. Deve ser um trago amargo para ele praticar uma política de recessão, cuja única razão de ser é produzir grandes saldos de balança comercial. Já ninguém pode ignorar que assim se paga a dívida externa com a fome do povo.

Ontem, finalmente, o grupo de parlamentares do PMDB, cerca de cem, apresentou ao dr. Ulisses o seu ultimato: rompimento formal com o governo Sarney e tomada de posição pelas eleições presidenciais este ano, ou ruptura com a direção do partido, criação de bloco independente. São passos numa caminhada que só terminará quando se formar um novo partido. Tudo indica que o dr. Ulisses ficará com a legenda, portanto com a fisiologia. Pior ainda se ele aceitar ser eleito indiretamente para a vice-presidência, com o apoio de Sarney.

Para mim, trata-se de escolher o momento de deixar o governo. A primeira *écheance* é a votação do mandato de Sarney, a segunda, a homologação da Constituição, e a terceira, a convenção do partido. Em condições

---

48 Os presidentes José Sarney e Raúl Alfonsín tinham assinado a Declaração Conjunta sobre Política Nuclear, que previa visitas mútuas às instalações onde eram realizados testes de enriquecimento de urânio, como no Centro Experimental Aramar.

49 Ver *Criatividade e dependência na civilização industrial*, de Celso Furtado (São Paulo: Companhia das Letras, 2008 [1. ed., 1978]).

normais, a terceira seria a correta, mas nada é normal, exceto o apoio que continua a me dar Sarney. Assim que for votado o mandato, apresentarei minha carta entregando o cargo. Creio que isso ocorrerá em um mês.

BRASÍLIA, 11.4.88

Jantar na casa do dr. Ulisses com Renato e dois ou três líderes parlamentares do PMDB. O velho está abatido mas lutando para sobreviver. Disse-nos que ia tomar café amanhã (12) com Sarney e que sabia que este iria insistir para que ele aceitasse a candidatura (indireta) a vice-presidente. Mas isso não lhe interessava. Perderia o mandato de deputado e ficaria depositado no Jaburu à espera de que Sarney viajasse para se "sentar na cadeira dele" de dois a quatro dias. E perderia a possibilidade de poder disputar a presidência do partido. A conversa se encaminhou para o ponto principal: que fazer para salvar o partido? A hemorragia parece sustada. Mas como enfrentar a convenção? Se ela é dominada pela disputa pró e contra Sarney, a divisão será inevitável. Aí surgiria a ideia "genial" de que o partido necessita de um novo programa, e eu estou em primeiro lugar na lista para dar ideias e elaborar esse "programa". As diretrizes destas indicariam o caminho a tomar com respeito ao governo Sarney.

É impressionante o esforço de certas pessoas para continuar com a ficção de um partido em que cabe tudo. Os argumentos são sólidos. Dr. Ulisses referiu a sua conversa com Covas: "Apoiado neste partido você poderia ser muitas coisas, até presidente da República. Fora dele tudo será difícil. Veja o destino de outros que tentaram novos partidos, a começar pelo fracasso da experiência do Tancredo com o seu Partido Popular". Em certo momento referiu-se ao Montoro de forma irônica: "Certos políticos são como essas figuras de macumba que morrem mas continuam agindo como se estivessem vivos".

No dia 12 almocei com o Renato e ele referiu à conversa que dr. Ulisses tivera com o Sarney pela manhã. Este insistira muito na história da vice-presidência dando a entender que era fundamental para a estabilidade do país e insinuando que o apelo vinha também dos militares. Dr. Ulisses tratou de escapar e finalmente pedira prazo. Sarney já ouvira falar na história do "programa" e se mostrara preocupado. A notícia lhe fora passada pelo Quércia.[50] Falou em ter acesso ao texto com antecipação. É evidente que ele não deseja deixar ao dr. Ulisses margem para recuperar-se. O Renato havia ouvido dele há alguns dias: "Agora que o PMDB está rachado, precisamos cuidar de Ulisses, ele tem que ser preservado".

Luciano Coutinho chegou para o almoço na casa de Renato. Do gabinete dele telefonaram dizendo que o Mailson queria falar urgente com ele, de Washington. Era para tratar da regulamentação da lei do software. Mailson acabava de chegar a Washington, e na primeira conversa com os americanos levantaram exigências na informática. Queriam que o texto da regulamentação da lei fosse publicado (certamente para ser matracado pela imprensa que eles manipulam entre nós). Mailson achava bom que "filtrassem" o texto à imprensa. Queria uma cópia. Luciano resistiu com subterfúgios.

Renato ia ter um despacho com Sarney. Estava preocupado porque recebera do Ronaldo Costa Couto uma lista de funcionários a substituir nos estados. Em alguns casos os padrinhos dos que iam sair teriam gritado e a coisa abortara: na Paraíba (Lucena) e no Ceará (Jereissati). Mas ficava o caso da Bahia. Waldir é o principal alvo das agressões do governo. Renato não quer ser conivente com essa campanha de Antônio Carlos.[51] Estava considerando a hipótese de ter que entregar o cargo. Não só o dr. Ulisses trata de evitar isso, mas também muita gente que quer ver uma derrubada de seus afilhados, "abrindo espaço para o PFL". A grande manobra em curso parece-me ser o envolvimento de Covas pelo Quércia. Sem Covas não há verdadeiramente rachadura no partido, haverá apenas dispersão de elementos "rebeldes". Covas, com o olho no governo de São Paulo, vacila. A manobra do "programa" poderia facilitar essa aproximação, servindo o dr. Ulisses de parteira.

50 Orestes Quércia (1938-2010) era governador de São Paulo pelo PMDB.

51 Antônio Carlos Magalhães, adversário do governador Waldir Pires.

Hoje Fernando Henrique veio almoçar em casa. Afirmou com clareza que ele mesmo, Montoro e Covas deixarão o PMDB para tentar um partido novo. Chamei a atenção para o risco de que Covas fosse tentado a morder a isca de Quércia, que apoiaria sua candidatura a governador de São Paulo. F. H. disse: "É pouco provável, pois Covas poderá ser governador sem apoio do Quércia. A eleição para presidente da República é anterior e Quércia poderá prometer apoio e não cumprir". É evidente que F. H. não aceita a liderança do Quércia, não tolera os métodos que este utiliza para controlar o poder. Também pensa que Ulisses já não tem papel a desempenhar. "Poderia haver tido um fim de carreira melhor."

BRASÍLIA, 15.4.88

Telefonou-me hoje de Nova York Maria da Conceição com a estranha história de que ontem à noite no aeroporto do Galeão havia sido detida e submetida a interrogatório policial antes de embarcar. "Voltou o controle do computador, a mesma fita de antigamente." Fiquei perplexo e prometi-lhe falar com o general Ivan. Logo Maria, que é pessoa nervosa. "Tá tudo voltando atrás, eles devem estar divididos. Veja as demissões no IBGE." Maria é membro da executiva do PMDB. Uma coisa dessas é uma provocação grosseira e imensa burrice. Pergunto-me se ela não irá botar a boca no mundo.

Despachei com o presidente às 11h30 no Alvorada. Tudo assuntos de cultura, que sempre interessam a ele. Convidei-o inclusive para um jantar em minha casa no dia 12 de maio com o prêmio Nobel da Nigéria[52] e Madame Luther King, que estarão entre nós para o Centenário da Abolição. Sarney parecia tranquilo e atento ao que eu dizia. Entreguei-lhe o

---

52 O escritor Wole Soyinka (1934-), prêmio Nobel de literatura em 1986.

catálogo da Modernidade e referências a vários outros eventos que se tornaram possíveis graças à Lei Sarney. Falei-lhe que ia amanhã à Argentina e ele observou que a situação desse país é pior que a nossa. "Encontrei Alfonsín da última vez realmente acabrunhado", observou.

BRASÍLIA, 18.4.88

Dia 13, jantar na casa do dr. Ulisses. A sós ele me informou que Sarney havia forçado Renato a fazer as substituições do pessoal e não somente na Bahia, mas também nos dois outros estados. Referiu-se à situação penosa de Lucena: "Falaram que ele devia ser enviado como embaixador vitalício na Beócia". Mostrou-me uma carta que acabava de receber de Sarney advertindo-o contra as modificações do projeto de Constituição no plano fiscal, transferindo recursos da União para os estados e municípios. A carta aparentemente destina-se a marcar uma posição para o futuro. Dr. Ulisses observou: "O texto que estamos votando é o do Centrão, que se organizou por iniciativa do Sarney para nos tirar o comando das decisões". A verdade é que essa tentativa de descentralização redistribuindo recursos é a mais importante inovação da nova Constituição.

Chegou o Pazzianotto, que é candidato a prefeito de São Paulo, e falou amargamente contra Quércia, que foi implacável no empolgamento da máquina do partido em São Paulo. O deputado Roberto Rollemberg, quercista, reduziu os problemas do partido à indisciplina dos "quatranistas"[53] que não querem aceitar a decisão da última convenção de transferir para a Constituinte a questão do mandato de Sarney. No fundo de tudo estão as questões estaduais, o medo de perder o controle da máquina do partido e, por último, no caso dos candidatos mais altos, como o Quércia, o temor de que o partido se desfigure excessivamente, assuma

---

53 Os partidários do mandato de quatro anos para Sarney, como Fernando Henrique Cardoso, Mário Covas e outros que fundariam o PSDB.

a cara da fisiologia. O Cid Carvalho afirmou com ênfase que ou o partido se une em São Paulo ou ele se inviabiliza nacionalmente como grande partido. Dr. Ulisses terminou afirmando ao Pazzianotto que apoiaria o seu nome para prefeito junto ao Quércia. A verdade é que hoje tudo gira em torno do Quércia. Parece que José Aparecido[54] desentendeu-se com Sarney e pretende sair depois do dia 21. Sarney teria ficado descontente com mais um monumento na praça dos Três Poderes. No fundo deve estar o descontentamento de Sarney com a greve dos ônibus, que não tem sentido, é simples provocação.

BRASÍLIA, 25.4.88

O dr. Ulisses vai recuperando o controle do PMDB. Para não perder essa legenda, os políticos engolem muita cobra. Como o Centrão perdeu fôlego na Constituinte, Sarney precisa maneirar sua ofensiva para dividir o PMDB. Fernando Henrique e Montoro tendem a se isolar. Quércia fará tudo para trazer o Covas para o redil.

O dr. Ulisses passou à ofensiva: deseja reeleger-se presidente da Câmara e nisso mantém uma aliança orgânica com Sarney. O PMDB continuará, portanto, com vínculos com o governo, frustrando o projeto do Antônio Carlos Magalhães e outros de criar o partido do Sarney. Esse PMDB será o dos governadores. A política nacional tenderá a se esvaziar, melhor, a se tecnocratizar. Serão os interesses estaduais que ocuparão o primeiro plano das preocupações de todas as instâncias políticas. Se a isso se adiciona que Brasília é uma pequena província, percebe-se o risco de atrofia dos centros nacionais de decisão e da preocupação com os "problemas nacionais". Isso poderá conduzir a conflitos entre regiões e a nova valorização do estamento militar, único a manter uma visão glo-

---

54 José Aparecido de Oliveira (1929-2007) era governador do Distrito Federal. O memorial Tancredo Neves, obra de Oscar Niemeyer, na praça dos Três Poderes, foi inaugurado em 21 de abril de 1988.

bal do país. O custo das eleições e a interferência da mídia, cujas vedetes ascendem, tendem a mediocrizar a classe política. Sua provincianização completa o quadro. Nada disso seria realmente grave se o país houvesse alcançado o grau de homogeneização social das nações desenvolvidas. Mas nas condições que prevalecem entre nós, sem uma política baseada numa visão global do país, estaremos condenados a permanecer um gigante desarticulado e fraco.

BRASÍLIA, 1.5.88

A preparação do simpósio da Fundação do Terceiro Mundo em torno da dívida externa se iniciou na época em que Bresser era ministro. Ele almoçou em casa com o presidente da Fundação, Altaf Gawhar, comparecendo também o Cristovam Buarque,[55] pois a UnB seria a instituição coadjuvante. Foi-se Bresser, mudou radicalmente a política brasileira com respeito à dívida, mas ficou o simpósio. O presidente se havia comprometido a comparecer à sessão inaugural. Nos últimos dias multiplicaram-se as dificuldades. Do Palácio veio a mensagem de que o presidente não iria mais, o que seria grave pois existe a outorga do Prêmio do Terceiro Mundo, que nos anos anteriores tem contado com a presença do chefe do Estado em que tem lugar a cerimônia. O presidente, duas vezes consultado por mim, havia assegurado que iria. Fiz-me fiador da coisa. Deve ter havido intriga. Imaginei que podia vir do lado do Mailson. Falei-lhe e convidei-o formalmente para expor a política do governo atual. Depois de muitas voltas, ele aceitou. Tranquilizei o presidente (a cerimônia se realiza no Banco Central) e ele voltou atrás aquiescendo em ir, quando soube que não necessitava falar sobre o tema da dívida ("Neste momento não posso falar sobre dívida externa"). Pediu-me que redigisse um esboço para seu discurso, o que fiz. Pude saber que ele havia gostado do texto, pretendendo dar-lhe um toque pessoal. Ontem pela tarde

---

55 Cristovam Buarque era reitor da Universidade de Brasília.

falou-me o general Ivan: o presidente não pode ir ao Banco Central pois há risco de manifestação na entrada. Teríamos que simplificar a reunião e transferi-la para o Planalto. Os convites terão que ser anulados. Há os embaixadores. Vamos ver o que se pode fazer. Essas peripécias ilustram bem as condições em que se governa o país atualmente. O presidente se entregou ao sistema de segurança, que vê fantasmas por todos os lados.

BRASÍLIA, 19.5.88

Jantar na casa do dr. Ulisses ontem. Renato, Luiz Henrique, Cid Carvalho e dois vice-líderes do PMDB. Tema central: como recauchutar o partido em face da dissidência que quer roubar "as bandeiras que fizeram do PMDB o que foi". Falou-se em contratar uma firma "profissional" que produza uma "cartilha" com as conquistas sociais da Constituinte. Enfim, como tirar ainda algum leite dessa legenda que já suscita tanto repúdio? O debate parecia uma peça surrealista. Outro tema importante: como conservar Renato na Previdência em face da voracidade do PFL. Com a descentralização do Inamps, importantes transferências financeiras são feitas aos estados e municípios, e isso tende a pesar muito nas próximas eleições municipais. Renato terá que sustentar-se no cargo, custe o que custar. É preciso mobilizar os governadores para sustentá-lo, ou melhor, pedir apoio ao Quércia. Tudo se passa como se o partido estivesse na total dependência dos governadores. Que objetivo tem o dr. Ulisses? Entregar o que resta do partido ao Quércia? É evidente que o mais importante para todos os que estavam presentes é poder continuar a fazer política, é "ter espaço", como dizem. Os que saíram "estão no sereno", esperando que lhes atirem uma boia de salvamento.

Dr. Ulisses dirigiu-se a mim: "Temos que preparar o programa do partido para a convenção. O amigo está disposto a assumir a direção dos trabalhos?". Obtemperei que como membro do governo não estou em condições de fazê-lo. Na convenção anterior tratava-se de mobilizar o partido para apoiar o Bresser, que era novo companheiro e estava tentando uma saída. Agora o governo entregou-se ao FMI, ou coisa parecida. Eu continuo no governo para evitar criar problemas políticos à Constituinte. Mas não posso parecer em conflito aberto com esse governo. Ele concordou comigo mas logo deixou transparecer que compreendia qual é meu estado de espírito.

Estratégia de *désengagement*.* Duplo processo: em relação ao governo e em relação ao partido. Terminado o processo de reconstitucionalização, apresentar a carta de exoneração ao presidente argumentando que a missão de organizar o Ministério da Cultura está cumprida etc. Comunicar o fato ao dr. Ulisses, a quem já disse mais de uma vez que meu compromisso com o governo se concluiria com a homologação da nova Constituição. Duas suítes possíveis: o presidente aceita imediatamente, ou pede que espere algum tempo. Na primeira hipótese irei contemporizando até a convenção do partido. Caso o partido se haja dividido: não aceitar a recondução para o diretório e em seguida sair do partido, dando por encerrada minha atividade partidária. Em nenhum caso entrar no novo partido pois tudo indica que ele será tão ou quase heterogêneo quanto o atual. Sua verdadeira razão de ser está nas lutas locais (falta de espaço para A ou B). A vida partidária em si não me interessa pois não pretendo disputar cargo eletivo. Fora de uma razão maior, como foi a luta pela redemocratização do país, não tem sentido fazer vida partidária.

Regresso de Manila. Bela reunião em que um grupo de países, representados pelos seus governos, se reúne para considerar o problema da

* Desvinculação, retirada.

Com o ministro das Relações Exteriores, Roberto de Abreu Sodré. Lisboa, 1987.

defesa das instituições democráticas recentemente restauradas em seus respectivos países. Eram treze: três da Europa (Espanha, Portugal e Grécia), um da Ásia (Filipinas) e nove da América Latina (Argentina, Brasil, República Dominicana, El Salvador, Honduras, Nicarágua, Peru, Uruguai e Equador). A grande figura da reunião foi o chanceler filipino Raul Manglapus, homem de cultura e experiência política, com anos de exílio, formação acadêmica e profundas convicções democráticas. Muitos desses países lutam contra o terrorismo e a insurgência, extremistas de extrema-direita e de extrema-esquerda. Dominou a ideia de que o fundamento da política é o homem, portanto a moral, e que sem isso não há desenvolvimento, pois a corrupção tende a prevalecer e a possibilidade de plenitude humana a estreitar-se. Como era de esperar, o problema da cooperação internacional e a fortiori da dívida externa. Tive assim que assumir um papel central. Tratava-se de explicar particularmente o caráter global do problema: desajustes da economia internacional — altas taxas de juros, degradação dos termos do intercâmbio, novo protecionismo nos países industrializados etc. A precariedade do dólar como moeda-reserva e a urgência de caminhar para nova forma de criação de liquidez internacional. Expliquei a larga experiência do Brasil que já seguiu as receitas do FMI, já tentou a confrontação e agora buscava negociar em novos termos. Defesa de um nível mínimo de reservas, desvincular o acordo com os bancos do acordo com o FMI, tentar swaps etc. Também falei de nossa experiência com o Grupo de Cartagena, que facilita um permanente intercâmbio de ideias e de experiências. Como a imprensa — que somente se preocupou com esse assunto, fazendo de mim vedete da conferência — perguntasse insistentemente se convinha promover um "cartel de credores", respondi sempre que isso não era viável, mas que uma espécie de "fórum" que permitisse intercambiar experiências podia ser útil e que eu mesmo iria propor uma coisa nesse gênero, na linha do que havia seguido a Comissão Sul em sua reunião recente de Kuala Lumpur. No dia seguinte a Reuters fez circular na imprensa uma "desinformação" bem estruturada dizendo que eu havia proposto a constituição de um cartel de devedores ao mesmo tempo que dava dados precisos sobre as negociações do governo brasileiro com o FMI e com os banqueiros. Logo imaginei que essa era uma notícia para circular em todo o mundo e que tinha endereço certo. À noite comunicam-me da embaixada que o Abreu Sodré[56] pedia para que eu lhe telefonasse para Nova York, onde estava acompanhando o presidente, que lá estava para fazer um discurso nas Nações Unidas. Dizia Sodré que corria a notícia de que o Peru fizera em nossa conferência uma proposição radical sobre dívida externa e que, se isso fosse aprovado, criaria dificuldades em nossas negociações com os credores. Expliquei que a resolução já fora aprovada e que era muito moderada, tanto que a Espanha, país credor, a aceitara. Ele pediu que mandássemos o mais rápido possível o texto para ele, em Nova York.

Os fatos haviam sido os seguintes: o Peru expressara sua ideia de limitar a 10% do valor das receitas de exportações o montante destinado ao serviço da dívida. Mais adiante, na discussão, propusera que se formulasse uma declaração especial sobre dívida externa e que eu fosse o relator. As Filipinas apoiaram de imediato a ideia da resolução e alguns paí-

---

56 Roberto de Abreu Sodré (1917-1999) era ministro das Relações Exteriores.

ses — Argentina e Uruguai — apoiaram o meu nome. Tudo foi votado por unanimidade. Quando se reuniu a subcomissão pude constatar que a Espanha e a Grécia não assinariam a resolução especial sobre dívida pois não tinham instruções para isso. São países que estão atados à CEE e agem com muita prudência. Dessa forma, dirigi a discussão para que se chegasse a um acordo no sentido de propor uma só resolução que incorporasse as ideias fundamentais sobre a dívida: ligação com o comércio, cessação do fluxo de recursos reais em detrimento dos países devedores, ligação com o crescimento, intercâmbio de informações. Enquanto isso imagino que os observadores dos banqueiros (no caso, o homem da Reuters) mandavam o alerta para todo o mundo e iam diretamente ao Mailson para assustá-lo com interrupção de negociações, tudo isso para que o governo brasileiro me pressionasse. Mailson terá telefonado ao presidente e este chamou o Sodré, que me telefonou para que eu procurasse sustar tal resolução. Pergunto-me se os banqueiros estavam realmente preocupados com a resolução ou se apenas pegaram a coisa no ar para extorquir mais concessões do Mailson, continuar a denegrir o meu nome, ou simplesmente levar o governo brasileiro a mais um ato de calhordice e assim continuar a humilhá-lo para que purgue as audácias do Dilson e do Bresser, que pretenderam agir com "independência". Em todo caso, veio-me um sabor de asco à boca.

PARIS, 9.6.88

A visita ao Palácio Malacañang, onde vivia enclausurado o casal Marcos,[57] é uma estranha experiência, certamente apaixonante para quem estuda o fenômeno do poder como paixão, ansiedade, frustração naque-

---

57 Ferdinando Marcos (1917-1989) presidiu as Filipinas de 1965 a 1986; sua mulher Imelda Marcos (1929-) tinha uma grande coleção de sapatos, abandonada no palácio quando o casal, acusado de corrupção, fugiu para o Havaí. Em 1988, quando se realizou a Conferência das Democracias Recém-Restauradas, a presidente das Filipinas era Corazón Aquino.

les que aspiram a ele e o exercem até a exaustão. Em outros palácios imperiais, na Turquia, na China etc., a acumulação de riqueza parece um meio, uma forma de se *rassurer*, de que nada faltará a quem exerce o poder, ou de buscar a ostentação, de impressionar, o que é uma forma de fruição do poder. No caso desse casal Marcos tudo era escondido e sequer pode ser chamado de tesouro, de riqueza utilizável num momento de necessidade. Tudo para um gozo secreto, satisfação de um ego insaciável, certamente frustrado porque o país é pequeno e pobre, exposto ao desafio de reivindicações sociais. Os vizinhos preocupados com desenvolvimento, seguindo o modelo japonês, acumulando riqueza reprodutível. Eles acumulando joias, casacos de pele, vestidos de luxo, contas bancárias no exterior. Tudo isso *en cachette*, em salas que não têm uma janela, onde não entra um raio de luz. E por todos os lados tubos de oxigênio, para o caso de um mal súbito. Ao lado da cama de dormir dele, outra cama de hospital cercada da parafernália de que pode alguém necessitar em caso de emergência. É como se todo momento de gozo de saúde fosse algo a despertar suspeita, pois a saúde é sempre precária, como dizia o dr. Knock. O quarto dela, fechado como uma catacumba, exibe no centro um leito imenso, como o sonho de alguém que esperasse a visita de todo um regimento. Esse casal vai assim passar à história como autor de um dos mais estranhos monumentos criados pelo desvario humano.

Outra coisa curiosa a visitar nessa cidade de Manila: o cemitério chinês, cidade constituída de casas e palácios, de estilo eclético, onde se expõem lado a lado pastiches de todos os estilos. Nessas casas os mortos recebem regularmente a visita de seus vivos. Em nenhuma parte a força da tradição em uma cultura se exibe de forma tão despudorada.

BRASÍLIA, 22.6.88

Boa conversa ontem com Waldir. Ele é um político, mas alguém que não perde de vista o núcleo das ideias que lhe dão um rosto próprio, uma identidade de cidadão. E dirige um estado de peso, que não pode ser ignorado. Ele vinha de ter uma conversa franca com Ulisses, com quem insistiu em que o PMDB não pode se desfigurar. Eu lhe observei que Ulisses é um político *puro*, em última instância decide em função das chances pessoais que tem para continuar ocupando espaço. Waldir critica o pessoal que se precipitou em sair do partido. (Em realidade, são pessoas que estão numa mesma situação estrutural, distinta da dele, não controlando uma máquina partidária estadual.) A luta terá que ser dada na convenção. Se convencemos o Ulisses a ficar de nosso lado, ganha-se a convenção. Estão do lado de lá muitos governadores, inclusive o Moreira, o Arraes e o Simon.[58] A ideia do chapão, mancomunando todo mundo, no bom estilo do passado, é destruir a credibilidade do partido. Portanto, trata-se de ir para uma confrontação com o Centrão. Por trás disso também estão as relações com Sarney e sua política econômico-financeira.

Eu indaguei: "Você acha que há chance de ganhar?". E ele respondeu afirmativamente, dependendo da posição que tome o Ulisses. A mim me parece, mas não disse a ele, que Ulisses não quererá confrontação com Quércia. "E se perdemos?", indaguei. Ele respondeu que formaremos uma dissidência, permanecendo no partido até as eleições municipais. Depois veremos o que fazer.

Essa me parece uma estratégia razoável. Para segui-la terei que sair do governo antes da convenção (21 de agosto), pois só assim terei liberdade para lutar nesta, ou pelo menos tomar posição sem constrangimentos. Se a Constituição é homologada antes, eu sairia nesse momento, conforme já havia decidido. Mas enquanto estiver no governo manterei minha posição discreta.

Logo depois, pela tarde, despachei com Sarney. A certa altura ele se referiu ao mal que estavam fazendo em querer destruir o PMDB. Preferi desconversar. É evidente que ele pesará nas decisões de Ulisses, pois a sucessão não se fará sem ter em conta o comportamento dele.

---

58 Respectivamente, governadores Wellington Moreira Franco, do Rio de Janeiro; Miguel Arraes, de Pernambuco; e Pedro Simon, do Rio Grande do Sul.

Coincidindo com a instalação do novo partido fundado pelos dissidentes do PMDB, Quércia resolveu promover um "seminário" para demonstrar a força dos que ficam ao abrigo da velha sigla. Respondi ao convite polidamente escusando-me por "motivo de força maior". Telefonaram de São Paulo insistindo mas não atendi ao telefone. Disseram a alguém de meu gabinete que o dr. Ulisses iria convidar-me pessoalmente. Chegou um telegrama de Ulisses mas imaginei que fosse uma dessas circulares que mandam em seu nome. À noite do dia 24, no sítio do Sarney, em meio às festas de São João, encontrei o dr. Ulisses e o achei contraído, tenso. Em certo momento em que me aproximei de dona Mora para cumprimentá-la, ele me interpelou seco: "Você vai a São Paulo amanhã". Respondi, também meio abrupto: "Não. Nunca participei de atividades do PMDB em São Paulo e não será agora, quando estão divididos, que farei isso. Reservo-me para definir minha posição na convenção do partido".

Minhas relações com o dr. Ulisses passam, assim, a ser de outra natureza. Ele se empenha em salvar o PMDB como sigla, independentemente daquilo que contém. Imagina que chegará a ser candidato a presidente com essa sigla e que poderá ocorrer um milagre. É a ideia da "vaca leiteira" que produz votos.

Sarney, em meio à festa de São João, no Pericumã, parecia um colegial em férias. Abraçou-me cordialmente, fez pilhéria com a imprensa: "O *Estadão* fará um editorial nos chamando de provincianos porque comemoramos São João com fogueira". Em realidade ele parece outro homem: mandato assegurado, prestígio recuperado com a demissão do ministro do Emfa,[59] grande imprensa batendo palmas aos acordos com os bancos internacionais, PMDB implodido, dr. Ulisses de asas cortadas...

---

59 O brigadeiro Paulo Roberto Camarinha foi exonerado em 17 de junho de 1988 da chefia do Emfa (Estado-Maior das Forças Armadas), depois de declarar à imprensa ser contra a decisão de Sarney de eliminar a URP (Unidade de Referência de Preços), que reajustava os salários do funcionalismo.

Já não vejo razão para continuar no governo. Pela metade de agosto apresentarei minha carta de exoneração a Sarney. Caso se haja decidido pelo "chapão" na convenção do PMDB, apresentarei minha carta de afastamento do partido no mesmo momento. Caso haja uma chama dissidente, ficarei com ela e agirei em coordenação com os dissidentes.

Notas para reflexão:

Sarney iniciou o seu governo com um grande desejo de ganhar um perfil progressista de autêntico democrata. Tudo que fez no primeiro ano foi nessa direção.

Assustado com a inflação, aceitou os riscos do Plano Cruzado.

Em todo esse período não teve apoio do PMDB propriamente dito, de seus líderes mais significativos, que pretendeu continuar fazendo jogo da oposição, "radicalizando", com a obsessão da confrontação com o PT em São Paulo e com Brizola no Rio.

O Plano Cruzado foi uma mistura de coragem e de ingenuidade de Funaro, com arrogância e esperteza de rapazes que ganharam notoriedade e dali saltaram para ocupar bons empregos em bancos privados. Soltaram os fogos de artifício e depois se puseram a salvo. Os desequilíbrios fundamentais — serviço da dívida externa, declínio da carga fiscal, desordem monetária causada pela ciranda financeira — não foram tocados.

A moratória parcial chegou tarde e não convenceu. Não houve apoio interno. Sarney assustou-se de novo e buscou aliança com a direita financeira. Mas não foi essa a sua primeira opção.

BRASÍLIA, 30.6.88

Informações obtidas em Brasília com pessoa que acompanhou Sarney na viagem a Washington esclarecem que o "pânico" em torno de uma possível declaração em Manila sobre dívida externa à la peruana e encabeçada por mim foi obra do nosso inefável embaixador, tradicionalmente conhecido como Mr. Afraid.[60] Ele corria de um lado a outro na suíte do presidente, preocupado com as *retombées** negativas de uma resolução (puramente declaratória) que pudesse insinuar a ideia de um cartel de devedores. A verdade é que o Itamaraty se opôs a que o presidente fizesse qualquer menção ao problema da dívida externa em seu pronunciamento nas Nações Unidas, como se fosse possível falar da situação internacional omitindo esse problema. Não é fácil entender o Brasil. O Itamaraty continua na tradição portuguesa de pensar apenas em sobreviver, como se continuássemos sob a ameaça de conquista do grande vizinho, a Espanha. O genro[61] se assustou com a ideia, sugerida por alguém, de introdução de uma referência à presente "ordem internacional injusta". *Mirabile dictu!*

BRASÍLIA, 7.7.88

No domingo almoçamos na casa do dr. Ulisses, que está exercendo a presidência enquanto Sarney visita a China. Na despedida ele me observou com vivacidade: "Precisamos conversar". Obtemperei que tinha despacho com ele na quinta, 7, e ficamos de conversar nessa oportunidade. Está programada uma viagem dele a São Paulo, para a qual fui convidado.

O despacho foi rápido e, antes que ele tomasse a iniciativa, fui entrando na matéria. Lembrei que desde o começo havia aceitado o ministério como uma missão e que já não tinha dado por encerrada essa missão porque ele, dr. Ulisses, me havia pedido para não criar um problema a mais enquanto não se concluísse o trabalho da Constituinte. Há bastante tempo estou em desacordo com a política econômico-financeira do

---

60 Marcílio Marques Moreira, embaixador do Brasil em Washington.

* Repercussões.

61 Jorge Murad, marido de Roseana Sarney, era conselheiro informal do presidente da República.

governo e me faço uma violência mantendo-me calado. Nosso compromisso é com a reconstitucionalização do país. Ele então me fez um apelo para que eu não deixasse o governo antes da convenção do partido, pois isso contribuiria para aprofundar as divisões. Ele estava empenhado em salvar o partido com sua verdadeira identidade. Acrescentou que queria minha cooperação e referiu-se ao grande prestígio de que eu desfrutava entre os companheiros. Disse-lhe que não contasse comigo pois não desejava meter-me nas lutas internas, não sendo eu um político profissional nem candidato. Minha participação na vida partidária estava ligada à crise política que vivera o país, à necessidade de unir forças para recuperar as liberdades. Sendo um intelectual, um pensador, somente em momentos excepcionais me cabia fazer política partidária. Necessitava de liberdade para falar, coisa de que as funções do governo me vinham privando. Comprometi-me a permanecer no governo até a convenção (21 de agosto) e não falar a Sarney até que se aproximasse o momento de sair. Ele me agradeceu efusivamente.

Hoje acompanhei-o a São Paulo para uma visita ao vale do Ribeira, onde se inicia a duplicação de uma estrada que liga o estado a Curitiba. Muita gente, muitas faixas apresentando Quércia como futuro presidente. Discursos etc. Imagino que será a última vez que subo a um palanque para ouvir arengas vazias de políticos — candidatos disfarçados.

Conversei amplamente com o Severo. Ele critica o pessoal que saiu, porque cabe dar a luta para defender o partido dentro da convenção. Está convencido de que existem possibilidades de ganhar o controle do partido, de derrotar o grupo da direita que pretende empolgá-lo. Que Ulisses terá que compreender isso etc. Falei também com o Nelson Jobim, atual líder da Constituinte, e a conversa dele não foi muito diferente. Tudo indica que se caminha para uma confrontação. Esse desejo de regenerar o partido somente está sendo possível porque já houve o primeiro racha.

Permaneço no governo até a convenção, o que significa sem me manifestar sobre as divisões internas no partido. É a última contribuição que dou ao dr. Ulisses. Se a direita ganha uma participação decisiva na direção, afasto-me do partido. Se a esquerda fica com o melhor, permaneço nele. Em qualquer dos dois casos afasto-me do governo: se o partido vai para a esquerda, terá que criticar a política econômico-financeira do governo; se ele vai para a direita, não poderei permanecer no governo sem partido, pelas graças do príncipe.

Viagem a São Paulo com o presidente para reabertura do Teatro Municipal. No avião ele falou o tempo todo sobre a China, consciente que está de que sua política externa é quiçá o mais importante de seu governo e de que a China é um aliado natural do Brasil no longo prazo. De imediato não há muito a fazer no plano comercial, mas a cooperação tecnológica pode dar frutos no longo prazo. As grandes potências industriais não cedem certas linhas tecnológicas pois não temos nada nesse terreno para lhes dar em troca, ao passo que com a China esse intercâmbio torna-se possível. No exterior Sarney é o presidente do Brasil e isso os chineses tomam muito a sério. Como têm consciência de que o Brasil muito provavelmente terá um peso crescente no plano internacional, encontrar um presidente cortês e que gosta de se explicar (diria mesmo de impressionar) como Sarney passa a ser para eles uma oportunidade de investir a longo prazo. Deng Xiaoping fala por epigramas que são bocados condensados de soberania, ainda que convencional. Aparentemente ele soube *flatter* os seus interlocutores fazendo ver que a China tem muito a aprender com o Brasil, particularmente em matéria de organização empresarial e em certos campos tecnológicos. É natural que seja gratificante para Sarney personalizar a nação brasileira em face de personagens que representam o colosso chinês, num tratamento de igual para igual. A mim me parece que esse tipo de papel Sarney desempenha muito bem, dada a sensibilidade que tem para o aspecto dramático de toda encenação política. É possível que os chineses o encontrem loquaz demais e desconfiem da inconsistência de tudo, mas é mais provável que o tomem a sério e redobrem o seu interesse pelo Brasil. O agregado científico soviético em encontro com o ministro Luiz Henrique demonstrou surpresa e mesmo irritação com o acordo de cooperação tecnológica brasileiro-chinês. O que demonstra a importância do mesmo.

O que chamou a atenção de muitos que participaram da viagem foi o bom estado de alimentação da população e a inexistência de crianças abandonadas. Isso em um país tão pobre! É a maior lição que os políticos brasileiros podem receber em viagens ao exterior.

BRASÍLIA, 19.7.88

Na conversa com Sarney no avião (domingo, 18) abordei o problema da agravação da pressão inflacionária, que passou a cota de 20% neste mês. Observei que Mailson estava se esforçando mas o que ele fazia era exatamente o que queria o FMI: aumentar os excedentes de exportação. Comentei: ele obteve o que queria: apertou os salários, conseguiu "o melhor acordo" com os banqueiros, segundo suas palavras, e ainda se está beneficiando de magnífica colheita agrícola. Contudo a inflação continua aumentando. O fundo do problema está nas transferências para o exterior, que poderão chegar a 5% do PIB este ano. Sarney arguiu que Mailson havia prometido que elas pouco passariam de 2%. Mas a verdade é que ele não mostra interesse de comentar esses assuntos. Como se desejasse afastar toda ideia que conduz ao pessimismo. Mas comentou que não foi esse o primeiro caminho que escolheu: nas outras tentativas não teve apoios. "Quase me desestabilizaram o governo." Contudo, sabe que o caminho atual exclui toda popularidade e isso o faz sofrer. Em São Paulo foi vaiado na entrada do teatro, o que explica a cara contraída que manteve todo o tempo. Como não tem autêntica legitimidade não pode enfrentar nem a direita nem o povo.

No dia 25 de julho, Sarney foi à televisão para denunciar o perigo para o país que envolve a nova Constituição. Por duas vezes o dr. Ulisses tentou dissuadi-lo. Não sei qual seria sua intenção. Em resumidas contas, um daqueles erros de julgamento de que ele é mestre. Falou em tom de denúncia, apontando os constituintes como um grupo de irresponsáveis, ou inconscientes, alegremente levando o país para a "ingovernabilidade". Tudo isso com muitos gestos e fisionomia convulsionada. Cumpria o dever de salvar o país do caos. Referiu-se inclusive a uma suposta "Constituição de um só partido", o que seria uma imposição inaceitável. Tudo isso havia sido pensado, com escriba vindo de São Paulo em jatinho, com amplas conversas preparatórias com militares. Estes não tardaram a pronunciar-se apoiando a fala. O que mais impressionou foi o ataque direto às medidas sociais, cobrindo-se sempre com frases sobre a necessidade de que o país avance no plano social. Apresentou uma série de dados para "demonstrar" que o país seria arruinado caso pretendesse aplicar as medidas incluídas no projeto de Constituição. O objetivo era induzir os constituintes a não aprovar esse projeto, o que significaria voltar ao ponto de partida, quiçá à autodissolução.

No dia seguinte nos reunimos na casa do Renato, o dr. Ulisses, o Luiz Henrique, o Nelson Jobim, o Ibsen[62] e o Cid Carvalho. Cheguei um pouco atrasado, em torno das 22 horas, pois tinha gente em casa me cumprimentando pelo aniversário. O dr. Ulisses introduziu o problema, expressando sua preocupação com o que ele considerava um ataque frontal à Constituinte na véspera da votação do conjunto do projeto (com a ressalva de futuras emendas supressivas) que havia sido aprovado no primeiro turno após longas negociações e entendimentos de lideranças. E acrescentou: "O Renato está demissionário, por isso peço a ele que se explique". Renato observou que enviara ao presidente informação completa sobre o possível impacto das medidas incluídas no projeto de Cons-

---

62 Nelson Jobim e Ibsen Pinheiro, ambos deputados pelo PMDB.

tituição no orçamento da Previdência e que os dados utilizados por Sarney eram outros saídos ele não sabia de onde. Disse que o João Batista de Abreu lhe havia telefonado para esclarecer que não havia fornecido ao presidente outros dados senão aqueles que recebera do próprio Renato. O mínimo que podia imaginar era que Sarney o estava desacreditando, convidando-o a que fosse embora. Não havia condições, portanto, para que ele permanecesse no governo. Em seguida falou Luiz Henrique, afirmando que sairia em solidariedade com Renato. Coube-me completar o quadro dos ministros demissionários. De início observei que denunciar a Constituinte porque avançava no plano social era grave. O desenvolvimento de nosso país é certamente o mais antissocial que se conhece. Em nenhuma parte a renda é tão concentrada e tão grande a população na pobreza absoluta relativamente ao nível de renda média. Algum avanço que se obteve foi institucionalmente e nunca pelo simples jogo das forças do mercado. Para fazer face aos encargos sociais previstos no projeto de Constituição bastaria recuperar parte do que se perdeu na carga fiscal líquida, reduzida pela inflação de 17% para 9%. Se a economia retomasse o crescimento, os ajustamentos se fariam mais facilmente. Não compreendia por que o presidente afirmava que eram os 30 milhões de pobres que iriam pagar. Esses não tinham o que dar. Os novos encargos sociais deveriam ser cobertos por receitas a serem votadas pelo Congresso etc. Em seguida afirmei que estava em frontal desacordo com a política econômico-financeira do governo, mas que me havia calado, ou permanecido no governo, porque o essencial era concluir o trabalho da Constituinte. Agora, me parecia que defendíamos a Constituinte saindo do governo. O entendimento que havíamos estabelecido, Renato, Luiz Henrique e eu, era agirmos em conjunto. Renato delicadamente observou que a agressão tinha sido feita a ele. Observei que havia sido feita ao partido na pessoa dele. Discutiu-se em seguida o problema da votação do projeto prevista para o dia seguinte. O projeto podia ser aprovado, rejeitado ou não haver número. Neste último caso, significava que a negociação teria que começar pelo miúdo, somente avançando na medida em que fossem feitas concessões à direita. Era a tática que eles adota-

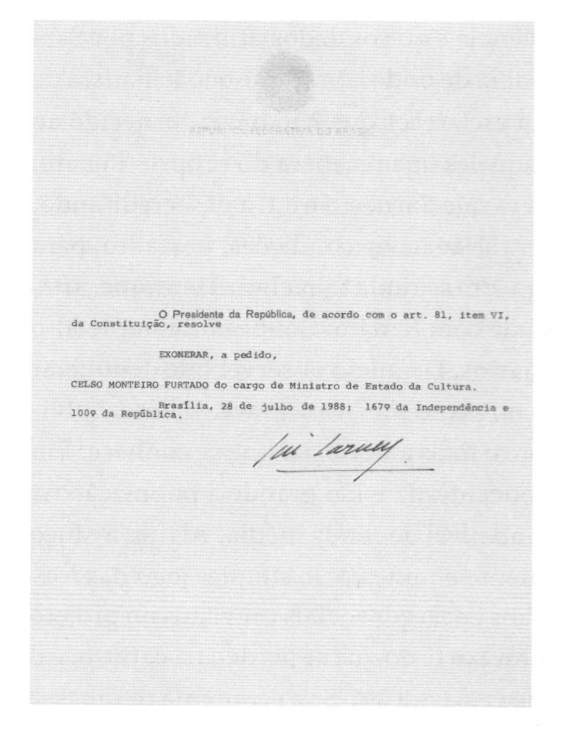

O Presidente da República, de acordo com o art. 81, item VI, da Constituição, resolve

EXONERAR, a pedido,

CELSO MONTEIRO FURTADO do cargo de Ministro de Estado da Cultura.

Brasília, 28 de julho de 1988; 167º da Independência e 100º da República.

Exoneração do cargo de ministro da Cultura.

riam. O processo se prolongaria e o povo que perdesse a paciência. O Luiz Henrique sugeriu que o dr. Ulisses fizesse um pronunciamento firme antes da votação, mostrando os riscos a que se expunha a Constituinte e o país se não fosse votado o projeto. O dr. Ulisses reagiu vivamente dizendo que não via conveniência nisso, que ele poderia falar à imprensa, ou ao país por uma cadeia. Mas todo mundo opinou que o momento para falar era o da votação. A batalha se daria naquele momento. Disse com certa ênfase: "Há momentos em que o comandante tem que sair na frente, como na Batalha de Valmy". Mas até o fim o dr. Ulisses relutava. Despedimo-nos sem estar certos sobre qual seria o seu comportamento. Quando saíamos alguém observou: "O dr. Ulisses deseja evitar a confrontação com Sarney na esperança de obter seu apoio na candidatura à Presidência". Se se tratar de escolher entre o Quércia e ele, o Sarney provavelmente o preferirá. Luiz Henrique me disse: "Como posso permanecer no ministério se me querem para dar cobertura à liquidação da política de informática? Todo dia Saulo Ramos consegue mutilá-la de alguma forma". O sentimento geral era de que algo muito importante estava na iminência de acontecer e que o comportamento daquele grupo seria fundamental.

No dia seguinte o dr. Ulisses falou esplendidamente e a vitória foi obtida em campo raso: 403 contra treze, e cinquenta e tantas abstenções.

Toda a imprensa já havia anunciado nosso afastamento do governo, mas Sarney só estava preparado para a saída do Renato. Mandou-me mensagens por várias pessoas. Convidou-nos, a Luiz Henrique e a mim, para o Alvorada, na noite do dia 28. Estava tenso e parecia desorientado. Disse que de nenhuma forma pretendera uma confrontação com o PMDB. Que não se pode governar em conflito com esse partido, "única opção de poder de que dispomos". Suas palavras deviam ser interpretadas como uma tentativa de colaboração com os constituintes. "Fui criticado veementemente por me omitir do processo de elaboração da Constituição (e citou o Covas), agora me criticam por interferir." Agradeci todas as atenções que recebera. "Trabalhei com outros três presidentes", acrescentei, "mas em nenhum caso foi tão grande o entendimento, nas matérias sobre as quais me cabia decidir, como o que obtive no tratamento com o senhor." Havia aceitado a pasta como uma missão — a de organizar o ministério recém-criado — e podia dá-la por cumprida, ao sair agora. Isso me tranquilizava. Fora ministro jovem sem pertencer a qualquer partido. Mas já não repetiria isso, particularmente numa fase política complexa como a atual. Por isso me solidarizava com os colegas que saíam.

BRASÍLIA, 2.8.88

Ontem telefonou-me o dr. Ulisses, que está na Presidência enquanto Sarney visita a Bolívia, para falar-me da chapa para o diretório do partido a ser apresentada à convenção do dia 21 próximo. Eu sabia que a situação no estado do Rio (pelo qual sou atualmente membro) estava muito complicada, reduzido o número para cinco em razão das saídas para o tucano. Maria da Conceição me telefonara antes alarmada com o fato de que nem o Raphael de Almeida Magalhães entraria. Eu respondi a ela que não me interessa disputar posições no diretório. Dr. Ulisses comenta as dificuldades e depois afirma: "Já temos um lugar assegurado para você na bancada de Minas. Depois veremos a questão da executiva". Eu respondi rápido: "Dr. Ulisses, agradeço o seu interesse mas não me identifico com a atual direção do partido em Minas Gerais. Prefiro ficar fora, na militância simples". Ele comentou: "Foi bom que eu lhe telefonasse. Mas voltarei a chamá-lo". Não chamou. Melhor para todos nós. Depois de tudo, se eu saísse no pelotão do Cardosão,[63] seria um finale de ópera-bufa.

Ontem passei o exercício do cargo ao Hugo Napoleão, homem extremamente cortês. Antes havia feito um apelo a todos os dirigentes para que permaneçam em seus cargos e deem toda cooperação aos seus possíveis substitutos, pois o Ministério é em grande parte o que está na cabeça de cada um dos que formam a equipe. É esse um ministério excepcionalmente complexo, que atua em muitas áreas e que lida com gente difícil. Construí-lo foi árduo, mas para destruí-lo é fácil. Mesmo pessoas bem-intencionadas poderão desmanchá-lo antes de entender o que estão fazendo. Deu muito trabalho constituir a equipe. Se esta se desfaz, o Ministério praticamente desaparece, voltando cada fundação a viver por conta própria. Mas o Ministério só sobreviverá se a própria classe e comunidade cultural defendê-lo. Citei a carta que me fizera o presidente Sarney na qual se referia ao fato de que o Ministério fora estruturado e ganhara consistência. Era pouco provável que ele se inclinasse a dissolvê-lo. Mas havia forças pressionando nessa direção. Tudo, portanto, devia ser feito para defendê-lo.

63 Newton Cardoso, governador de Minas Gerais.

10. Balanços, sínteses, 1988-2002

Depois de se demitir do Ministério da Cultura, Celso Furtado instalou-se no Rio de Janeiro e deu por encerrada sua participação em governos e no partido, do qual porém não se desfiliou formalmente. Cumprido o desafio de lutar, com as armas do economista e do homem público, pela redemocratização do Brasil, concluída a tarefa de dar rumo ao Ministério da Cultura que, quando o assumiu, não tinha nem um ano de vida, e tendo o país enfim, depois de vinte anos de regime autoritário, conquistado uma Constituição cidadã, era como se desse por cumprida a sua missão — aquela de que sempre se sentiu imbuído por entranhado senso de responsabilidade: trabalhar pelo destino do país. Fechava-se um ciclo.

Pôde então se dar ao prazer de dedicar-se a tarefas mais amenas e sempre adiadas: retomar o projeto das memórias intelectuais,[1] escrever com mais vagar sobre temas que lhe eram caros, reelaborar ensaios com enfoques amplos que cruzassem as fronteiras das áreas do conhecimento que o apaixonavam, a começar pela história e a filosofia.

Livre de compromissos no Brasil, passava temporadas em Paris, onde participou por três anos de uma seleta comissão mundial, iniciativa da

---

[1] *Obra autobiográfica* de Celso Furtado (São Paulo: Companhia das Letras, 2014). Nessa edição estão reunidos os três livros de memórias do autor: *A fantasia organizada* (1. ed., 1985), *A fantasia desfeita* (1. ed., 1989) e *Os ares do mundo* (1. ed., 1991).

ONU e da Unesco, que estudou como o binômio cultura e desenvolvimento poderia combater a exclusão que se agravava no mundo todo. Celso era o único brasileiro dos catorze membros da Comissão Mundial de Cultura e Desenvolvimento. E também o único da Comissão Internacional de Bioética, iniciativa pioneira que, na metade dos anos 1990, confrontou-se às complexas questões surgidas com as novas técnicas da biologia, as experiências com seres vivos, as novas possibilidades da genética.

Certas notas dos anos 1990 e 2000 têm um quê de balanços de vida. Outras, de sínteses de um pensamento que, com a idade, foi se depurando para se fixar no essencial — o subdesenvolvimento, os destinos do Brasil, a globalização, esses territórios de predileção de Celso Furtado.

As transformações em curso na URSS se fundam na tomada de consciência, pelo grupo dirigente atual, de que o sistema econômico e social adotado pelo país encontra-se em estado de exaustão. Esse sistema tem sido inapto para traduzir o esforço de acumulação e o avanço da técnica, realizados no próprio país, em efetiva melhoria das condições de vida da massa da população, na qual são evidentes os sinais de frustração e decepção. Os consideráveis investimentos realizados na agricultura não obtiveram uma resposta correspondente em termos de produtividade, e os grandes avanços da ciência realizados no país não se traduziram em conquistas tecnológicas capazes de assegurar competitividade internacional à indústria soviética. Já se reconhece abertamente que o desenvolvimento das atividades produtivas foi essencialmente *extensivo*, ou seja, fundou-se mais no aumento da dotação de capital por trabalhador do que em melhoras técnicas, com um custo considerável em termos de destruição de recursos não renováveis.

Existe clara percepção de que a corrida armamentista causou considerável dano ao país, tanto porque absorveu grande parte da capacidade de investimento como porque impôs uma orientação unilateral à criação tecnológica, isolando-a das atividades propriamente econômicas. Afirma-se presentemente que a simples destruição das armas nucleares envolve um custo enorme, o que postergará a efetiva liberação de recursos permitida pela melhora nas relações internacionais. As reformas no plano econômico sintetizam-se em duas diretrizes básicas: dar ênfase às formas do mercado e abrir mais espaço para o comércio exterior. O planejamento tende a ser estratégico e indicativo, e a gerência empresarial, essencialmente descentralizada. Pretende-se criar um novo conceito de sistema de preços que concilie esses dois objetivos.

---

2 Em agosto de 1988, CF entreteve-se longamente, em Moscou, com o economista Abel Aganbeguian, responsável pelas reformas econômicas da Perestroika promovida por Mikhail Gorbatchóv.

Importa assinalar que os soviéticos estão empenhados em uma obra de reconstrução de estruturas econômicas nunca antes vista. Eles têm consciência da complexidade da tarefa e dos riscos que terão de enfrentar. Mas não há dúvida de que dispõem de gente excepcionalmente preparada e totalmente livre de amarras ideológicas. A situação é distinta da que se observa na Polônia, onde a sociedade reivindica e o Estado resiste. Na URSS, é o próprio Estado (sua liderança, pelo menos) que promove o movimento reformista, com apoio de amplos segmentos da sociedade, particularmente da intelligentsia. Está em curso uma revolução cultural que é o inverso da ocorrida na China nos anos 1960: revaloriza-se a herança cultural, redescobrem-se o passado e as raízes da cultura popular, a arte religiosa, a produção artística "ocidental" dos anos 1920, os escritores que antes eram renegados. E é impressionante o número de obras que estavam nas gavetas, prontas para vir à luz do dia.

PARIS, 19.10.88[3]

A bipolarização do poder em escala planetária marcou as relações internacionais nos últimos decênios e transformou a Unesco, assim como outras instituições internacionais, em arena de confrontações político-ideológicas. A ideia generosa, ainda que de corte romântico, de uma instituição dedicada a colocar a ciência e o saber acumulados por certos povos a serviço do bem-estar de toda a humanidade foi sendo erodida na medida em que passaram a primeiro plano os interesses de governos empenhados em disputar espaço no plano internacional. Descortina-se pela primeira vez no pós-guerra nova perspectiva, graças a modificações de grande amplitude nas relações Leste-Oeste. Tudo leva a crer que o quadro de confrontação que parecia cristalizado será substituído nos

3 Anotações para participação num debate sobre o futuro da Unesco, que se realizaria em Paris no mês seguinte.

anos 1990 por crescente cooperação entre países industrializados capitalistas e socialistas.

O novo estilo de desenvolvimento, cujo dinamismo se funda de preferência nas relações externas, exigirá melhora substancial dos recursos humanos. A distância entre desenvolvimento e subdesenvolvimento se apresentará cada vez mais como diferença na qualidade do fator humano. Portanto, o problema já não será apenas de *alfabetização*, e sim de melhora significativa na qualidade do ensino.

O peso crescente das transnacionais na definição do estilo de vida e na orientação dos investimentos em geral aumenta o risco de que cresça o que se pode chamar de *custo cultural* do desenvolvimento, custo esse que se distingue do financeiro e do ecológico. Será cada vez maior a ameaça de destruição irreparável de valores culturais acumulados secularmente pela humanidade. Essa ameaça também existe nos países desenvolvidos, mas estes dispõem de meios para enfrentá-la. É nos países do Terceiro Mundo que a modernização tem frequentemente como contrapartida a destruição de parte da herança cultural e/ou a perda definitiva de valores paisagísticos.

Um desenvolvimento crescentemente apoiado na transnacionalização do sistema de decisões pode conduzir à atrofia de instituições políticas guardiãs dos direitos fundamentais do homem. O enriquecimento de minorias não impede que se perpetue a miséria da maioria da população, e tudo subordinar à lógica dos meios (primazia da eficiência) pode conduzir ao descuido do atendimento de necessidades intelectuais e espirituais do homem. A preservação da visão humanística do desenvolvimento deve se voltar acima de tudo para o enriquecimento da pessoa humana, e será outro grande desafio da época da globalização dos investimentos.

Reflexões da viagem para os Estados Unidos.

1. Um povo admirável e um país que dificilmente se chega a admirar. A experiência retrospectiva: o contato com o Exército norte-americano. A alegria natural, a comunicação fácil. Lembranças do hospital, da escola de mecânica. A confiança em si mesmo e a consciência de pertencer a um grande povo. O Quatro de Julho de 1945 em Cannes. Contato com o país na era do macarthismo. A questão nacional no Sul e no Norte. O rigor da vida universitária. O cosmopolitismo da intelligentsia. A distância entre o indivíduo e as instituições políticas. Caso do cidadão comum integrado na comunidade. O acolhimento da vizinhança. A distância desse cidadão com respeito às instituições públicas: a visão crítica e o conservadorismo. Na vida universitária: o hábito de tratar com intelectuais estrangeiros e a distância vis-à-vis do Estado, particularmente do governo federal. O sentimento de liberdade e independência de ação.

2. A ideia de que um longo exílio me esperava e de que dificilmente me seria dada outra oportunidade de atuar no Brasil. Havia uma tarefa intelectual a realizar: produzir ideias que pudessem ser utilizadas pela nova geração. Em primeiro lugar contribuir para um melhor entendimento do que são os Estados Unidos, esse país que exerce, quiçá sem o saber plenamente, uma tão incomensurável influência sobre nosso destino. Por que não existem no Brasil cursos e debate sobre os Estados Unidos, sua sociedade, suas estruturas de poder, sua tradição de intervenção nos países vizinhos, seu peso na economia mundial, sua influência na conformação das modernas instituições capitalistas?

Minha incursão no estudo da formação dos Estados Unidos, recurso

---

4 Primeiras anotações para dois livros que CF planejava escrever, um sobre os Estados Unidos, outro de memórias. O primeiro não se concretizou, mas certos temas esboçados, como o convívio com os militares norte-americanos durante a Segunda Guerra Mundial, num hospital de campanha e na escola de mecânica, foram desenvolvidos em *Os ares do mundo*. Ver *Obra autobiográfica*, op. cit.

A casa dos primeiros tempos do exílio, em New Haven.

que utilizei para melhor entender as anomalias inerentes ao nosso subdesenvolvimento. Uma digressão sobre a *Formação econômica do Brasil*.

3. O refúgio em New Haven, mais precisamente em Woodbridge. A casa onde um psicólogo havia realizado estudos sobre o desenvolvimento mental dos símios, utilizando como parâmetro o desenvolvimento do próprio filho. Em seguida havia sido comprada por um professor de literatura francesa. Bela biblioteca. Piano. Minha camaradagem com pessoas do departamento de música. Longas conversas sobre música moderna, com a qual eu procurava me familiarizar. A qualidade do isolamento que propicia a floresta. Visita a outras universidades. Harvard. O debate sobre o papel das grandes empresas na sociedade americana e no plano internacional. Raymond Vernon, defensor das transnacionais. História a respeito de [Constantin] Vaitsos. Galbraith gestando o seu *O Novo Estado industrial*. O debate com [Robert] Triffin em Yale. A defesa do marco conceitual do New Classicism no estudo dos países em vias de desenvolvimento. O interesse pelo pensamento em gestação na América Latina. Os estudos de Carlos Diaz Alejandro sobre a Argentina e de Werner Baer sobre o Brasil. As discussões com Triffin sobre a crescente desordem no sistema monetário internacional. O pioneirismo de Stephen Hymer com

respeito ao papel das transnacionais na conformação de uma nova ordem internacional.

A subida da direita com a candidatura Goldwater. Reeleição de Johnson: falsa euforia. O recrudescimento da Guerra do Vietnã. A volta da política do Big Stick na América Latina. A invasão de São Domingos com a cooperação do Brasil. Dificuldade para obter visto de retorno por ocasião de uma viagem à Inglaterra e à França. Problema com o passaporte diplomático. Démarches junto à Universidade Yale para que não me renovassem o contrato. Por acaso queriam obrigar-me a regressar ao Brasil? Consciência de que lá, sob constrangimento, nada de válido eu poderia produzir. Trabalho com Andrea Maneschi para formalizar um modelo da economia subdesenvolvida. O problema da tendência à estagnação. A ideia do Clube Bianchi[5] e a busca de um aprofundamento das relações intelectuais na América Latina. [José] Matos Mar (Peru), Orlando Falls Borda (Colômbia), [Osvaldo] Sunkel (Chile), [Aldo] Ferrer (Argentina).

O encontro com Ralph Nader. O utopismo viável nos Estados Unidos. A sociedade civil como última barreira contra o poder avassalador das grandes empresas. A volta do "intervencionismo" na política externa no quadro do *realismo* de [George] Kennan. O projeto de monitoramento das sociedades latino-americanas. The Great Society.[6]

RIO, 25.7.90

Desde a minha juventude causou-me sempre um sentimento misto de perplexidade e angústia dar-me conta do passar do tempo. Há datas que nos obrigam a tomar consciência de que estamos implantados den-

---

5 O Clube Bianchi foi idealizado em Londres, em 1965, por CF e pelos cientistas sociais citados, para discutirem suas ideias por meio de troca periódica de cartas.

6 A Grande Sociedade foi um pacote de políticas públicas destinadas a diminuir a pobreza, a criminalidade e as injustiças raciais nos Estados Unidos, lançado por Lyndon B. Johnson, presidente dos Estados Unidos, em 1964-5.

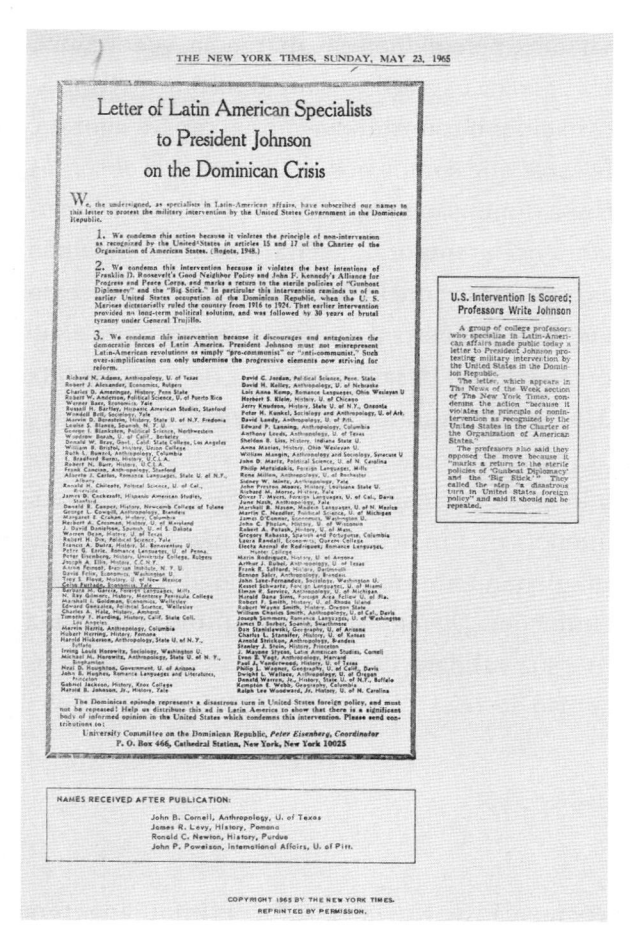

Personalidades ligadas à América Latina escrevem ao presidente Lyndon Johnson condenando a intervenção militar na República Dominicana.

tro do tempo, de que somos mortais.[7] Como dizia Heráclito, somos transeuntes, a todo instante nos deparamos com um mundo completamente novo. Essa preocupação da perecibilidade de tudo, e em particular de nós mesmos, deve haver-se agudizado com a descoberta do espelho e, mais ainda, com a da fotografia. Ver a imagem da multiplicidade das

---

7 CF escreveu estas notas na véspera de completar setenta anos.

pessoas que já fomos no passado, pelo menos em aparência, redescobrir nos traços de nossa imagem passada os traços da angústia que nos dominou naquele exato momento cujas circunstâncias nos escapam agora, é captar a multiplicidade de seres que somos nós desde que nos observamos como um ser que inclui a dimensão temporal. Se pudéssemos aceitar mais facilmente essa dimensão temporal, aceitaríamos a morte não como uma decadência mas como uma conclusão natural de um processo que abarca o conjunto da vida. A angústia da morte não pode ser senão o resultado de uma distorção ou um desajustamento, de uma revolta contra a vida não vivida. Uma perfeita sintonia com a vida transforma a morte em um ato natural. O medo à morte somente se explica no caso de uma ameaça à vida quando esta se encontra em sua fase ascensional, como no caso de interveniência de um acidente. Mas não tem sentido nas pessoas que realizaram plenamente suas potencialidades [e] sorveram o cálice da vida sem inibições. Devemos tratar de prolongar a vida mas sem perder de vista que sua validade decorre da fruição de todos os seus momentos e do somatório destes.

PARIS, 25.9.90

A crise provocada pela ocupação do Kuwait por forças iraquianas tem implicações em escala planetária e seus desdobramentos são imprevisíveis. Desde já pode-se dar por certo que ela reforça a posição da URSS relativamente aos países que dela dependem para o suprimento de petróleo a preços favorecidos, e debilita a dos Estados Unidos, que respondem pelo essencial dos enormes custos financeiros da operação militar.

PARIS, FEVEREIRO DE 1991

O grau de incerteza com respeito ao futuro aumentou. Se bem que a probabilidade de uma guerra nuclear, que poria em risco a própria sobrevivência da espécie humana, se haja consideravelmente reduzido. Para pensar o futuro necessitamos poder globalizar, isto é, captar a dinâmica do todo, o que é diferente da soma dos elementos particulares que o formam e nos quais penetramos pela análise.

Algumas observações permitem perceber a dificuldade que hoje temos de globalizar. Em primeiro lugar cabe pensar na decomposição do marco institucional que constituía o sistema de poder soviético. Não se trata de saber se isso veio para bem ou para mal, e sim de reconhecer que relações estruturais que concerniam a uma parte importante dos povos da terra foram subvertidas e estão buscando nova conformação. No que respeita às antigas democracias populares do Leste Europeu, a fase de turbulência desse processo de transição absorverá pelo menos cinco anos. Na União Soviética propriamente dita muito provavelmente a turbulência se prolongue por mais tempo. O segundo fator que dificulta perceber o sentido do atual acontecer histórico decorre do declínio da posição econômica dos Estados Unidos. Não devemos perder de vista que a economia americana durante o último decênio conheceu um duplo e crescente processo de endividamento, que se traduz em enorme desequilíbrio fiscal na conta-corrente do balanço de pagamentos e em considerável déficit do governo federal. A verdade é que a sociedade americana perdeu a capacidade de poupar e mantém-se hoje em dia mediante crescente endividamento. O terceiro fator de incerteza decorre da mudança do quadro europeu resultante da forma imprevista como se deu a reunificação da Alemanha. O projeto de integração europeia com base no entendimento entre a França e a Alemanha muito provavelmente terá que ser reconsiderado. Tende a prevalecer a doutrina inglesa de intercâmbio sem integração na economia. E isso aumenta o peso da Alemanha.

E também devemos ter em conta que a fase de grande dinamismo do comércio internacional parece superada em detrimento dos países do Terceiro Mundo. Nas condições atuais, para que os preços dos produtos primários não se degradem nos mercados internacionais, é preciso que o comércio mundial cresça pelo menos 4% ao ano, o que parece pouco provável no futuro imediato. Em face desse quadro não vejo conveniência em que um país como o Brasil embarque numa política de abertura indiscriminada, ou que abandone sua tradição de privilegiar o desenvolvimento do mercado interno, sem o qual temos que aceitar a marginalização de parcela crescente da população, ou seja, um aumento considerável do desemprego e do subemprego.

Questões-chave para a Comissão Mundial de Cultura e Desenvolvimento

Primeiro eixo (Cultura)

No que se refere à dimensão cultural, devemos responder a três questões: 1. Como resolver as tensões entre os eixos tendenciais históricos (globalização) e a fragmentação das subjetividades culturais e políticas. 2. Como enfrentar as tendências estruturais à agravação das desigualdades de renda, de patrimônios, de acesso ao conhecimento e à informação. 3. Como pacificar os conflitos étnicos, religiosos e interculturais.

Segundo eixo (Desenvolvimento)

Para alcançar o objetivo do desenvolvimento cultural, a estratégia deve compreender três linhas de ação no que se refere à sua dimensão econômica: 1. Para os países desenvolvidos, dois objetivos são prioritários: a) redução do custo ecológico do processo de acumulação e de inovação tecnológica; b) redefinição das prioridades sociais, para absorver o desemprego e melhorar a qualidade de vida dos grupos sociais de baixa renda. 2. Para os antigos países de economia de planificação centralizada, é preciso restabelecer as condições de equilíbrio e crescimento, evitando reproduzir a concentração de renda e o desperdício ecológico dos atuais países desenvolvidos. 3. Para os países subdesenvolvidos, o mais importante é a introdução de um modelo de desenvolvimento sustentável, capaz de garantir a satisfação das necessidades fundamentais da população e a realização da capacidade de iniciativa e de criatividade dos indivíduos, a despeito do baixo nível de acumulação alcançado.

Pergunto-me se não devemos refletir mais a fundo sobre a clivagem entre desenvolvimento e subdesenvolvimento, a dinâmica perversa que concentra a renda em escala planetária em benefício dos que controlam os capitais, as tecnologias e a informação. Sem dúvida, devemos evitar as armadilhas do reducionismo econômico. Mas como não enfrentar a problemática das estruturas de poder, o papel progressivamente dominante das empresas multinacionais, a anulação do Estado nacional como força motora nas regiões subdesenvolvidas?

PARIS, MARÇO DE 1993

As decisões a serem tomadas com o plebiscito de abril[8] são de considerável importância para o futuro do Brasil. A crise econômica está impedindo que se perceba essa importância. Ora, o que está em jogo é a governabilidade do país, coisa que nossa sociedade ainda não aprendeu a fazer. Duas coisas são fundamentais para que se avance nesse terreno: um quadro institucional adequado e uma classe política apta a captar os anseios da população e a administrar os conflitos inerentes ao próprio processo de desenvolvimento.

A formação de uma classe política apta a governar um país que acumulou tantos problemas, como é o caso do Brasil, é evidentemente um processo lento e pressupõe a existência de uma matriz institucional adequada. A experiência histórica brasileira deixa claro que o regime presidencial não favoreceu a formação de uma autêntica classe política. Daí que o país não haja aprendido a governar-se no quadro das instituições representativas e haja apelado com tanta frequência para o autoritaris-

---

8 Em 21 de abril de 1993 realizou-se o plebiscito sobre a forma de governo (República ou Monarquia) e o sistema de governo (presidencialismo ou parlamentarismo) a se adotar no Brasil.

mo. O autoritarismo degrada a classe política e expõe o país ao aventureirismo de "iluminados". O mais importante é aprender a governar-se, e isso somente é possível se o Parlamento assume o governo. Não deixa de ser curioso que entre nós, no século XIX, não obstante o enorme atraso social, o regime parlamentar permitiu a formação de uma classe política de inegável competência.

Sou uma das poucas pessoas no Brasil que tiveram a experiência de participar de governos parlamentarista e presidencialista. A diferença essencial está em que no parlamentarismo (governo de gabinete) as decisões são, no essencial, coletivas, portanto existe uma corresponsabilidade dos membros do gabinete. Os ministros têm de ouvir as ponderações de seus colegas nos assuntos mais relevantes. Todos têm que assinar a ata que sanciona as decisões do gabinete.

No presidencialismo as reuniões ministeriais são apenas uma oportunidade para o presidente dirigir a palavra aos ministros e aparecer na televisão "governando". No presidencialismo nenhum ministro abre o jogo diante dos colegas. Ele guarda seus assuntos importantes para o despacho privado com o presidente. Os deputados e senadores se comportam de forma similar: disputam despachos privados com o presidente, negociando com este o apoio a esta ou aquela iniciativa do governo. Essa enorme concentração de poder nas mãos do presidente dificulta o desenvolvimento dos partidos políticos e consequentemente da classe política. E nenhum país pode ascender ao regime democrático sem formar uma autêntica classe política. E só no regime democrático se consegue limitar a tendência dos que exercem o poder a corromper-se.

RIO, 19.1.95

O início de um ano novo sempre me deixava algo desorientado como se se tratasse de uma ruptura real do tempo. É que eu me punha a fazer um balanço do que o ano que findava significara realmente para mim.

Ora, o tempo não é mais do que uma ilusão criada pela implacabilidade dos processos vitais. O que é real é o presente, e este está fora do tempo.

RIO, MAIO DE 1995

Necessidade de compreender as mudanças estruturais que estão ocorrendo e as consequências delas em uma economia com as particularidades da brasileira. O processo de industrialização ocorreu com uma extrema concentração de renda e agudos desequilíbrios regionais. Só tem sentido falar em desenvolvimento no Brasil na medida em que haja um avanço na correção desses desequilíbrios. Ora, por mais positivas que tenham sido as forças do mercado, não podemos desconhecer que elas operam no sentido de agravar esses desequilíbrios, o que exige uma ação corretiva do Estado. O Brasil é um país em que é enorme o papel que cabe à política pública econômica. Aperfeiçoar o instrumento estatal é o grande desafio que se coloca à presente geração. A ação do Estado não deve fundar-se apenas em critérios de eficiência. Ela só escapa à corrupção se fundar-se primeiramente em princípios éticos, o que exige instituições democráticas, uma sociedade civil aberta e livre. Estamos ainda hoje pagando o estrago feito entre nós por dois decênios de ditadura.

PARIS, 8.5.95[9]

Quando correu a notícia do término da guerra na Europa (as hostilidades ainda continuariam por alguns meses na Ásia) eu estava num acampamento da FEB num bosque na Toscana. Recordo que no dia da capitulação da Alemanha os americanos exibiram para nós, brasileiros, um filme documentário sobre os campos de concentração dos nazistas. Eu nunca

9 Notas tomadas quando fazia meio século da vitória dos Aliados na Segunda Guerra Mundial.

havia imaginado que o comportamento humano pudesse descer àqueles níveis de abjeção. Foi uma dura lição do mal que pode fazer um povo civilizado quando ensandecido pelos ódios políticos e sociais. O inimigo que acabava de ser abatido era a personificação do mal em estado puro.

PARIS, MAIO DE 1995[10]

A chamada "teoria da dependência" é uma variante da teoria do imperialismo formulada pelo economista alemão Hilferding[11] e vulgarizada por Lênin. O que surgiu na América Latina nos anos 1950 foi a teoria do *subdesenvolvimento* concebido como uma situação estrutural que privilegia as oligarquias internas que reproduzem os padrões de consumo dos países desenvolvidos. A ideia de dependência foi vulgarizada nos anos 1960 por sociólogos latino-americanos. Minhas ideias sobre subdesenvolvimento, formuladas no decênio anterior, implicavam em perceber a nossa história contemporânea como uma forma tardia de industrialização sob o controle das empresas transnacionais.

RIO, JUNHO DE 1995

Começar por reconhecer o evidente: 1) o processo de globalização reduz a autonomia de decisão dos Estados nacionais; 2) o avanço tecnológico engendra exclusão social, isto é, cria desemprego permanente. O impacto desses dois processos se multiplica negativamente pois a perda de governabilidade limita a margem de ação para lutar contra a exclusão social. Esses problemas se apresentam agravados em um país com as desigualdades sociais e as disparidades geográficas do Brasil. Conciliar o

10 Notas, provavelmente, para uma entrevista.

11 Rudolf Hilferding (1877-1941) nasceu na Áustria. Morou desde jovem em Berlim, como professor do Partido Social-Democrata; participou da República de Weimar e foi ministro da Fazenda da Alemanha, antes da ascensão de Adolf Hitler.

processo de globalização com uma política de emprego que anule os efeitos do processo de exclusão social exige uma ação complementar do Estado em colaboração com a sociedade civil. Trata-se de privilegiar o bem-estar das maiorias.

A globalização não pode ser vista como um imperativo histórico resultante de exigências inescapáveis do avanço tecnológico. Ela traduz decisões políticas tomadas em função de interesses de grupos e países que ocupam posições dominantes na esfera internacional. Durante muitos anos o governo brasileiro defendeu-se dos supostos imperativos econômicos ditados pela ciência econômica oficial contemporânea. A construção de Volta Redonda foi considerada uma "insensatez" pelos economistas de mais prestígio na época. A forma final adotada pela globalização refletirá as relações de forças dos Estados que conformam as estruturas de poder internacionais. É preciso não perder de vista que a tecnologia é um *meio* que pode ser usado para diversos *fins*, os quais dependem em última instância da vontade política. O grave é que atualmente se está usando a cobertura da *globalização* para esvaziar os Estados periféricos. E no caso do Brasil, que é uma sociedade heterogênea, esse processo de esvaziamento do Estado pode levar à sua destruição.

A Conferência Geral da Unesco adotou no dia 11 a Declaração Universal sobre o Genoma Humano. Trata-se de uma carta de 25 artigos que estabelece critérios universais em defesa da dignidade da pessoa humana. Erige, em nome dos direitos humanos, um sistema de proteção contra eventuais desvios no campo da genética e contra práticas científicas autorizadas pelo desenvolvimento da biologia molecular. Pela primeira vez se amplia o âmbito dos direitos humanos considerados na Declaração de 1948. Parece-me de particular significação o artigo 11, que se refere "às práticas que são contrárias à dignidade humana, tais como clonagens para fins de reprodução de seres humanos", que devem ser "expressamente condenadas". São também condenadas as doutrinas que pretendem justificar o desenvolvimento comercial das práticas de engenharia genética. Toda a Declaração está profundamente impregnada de espírito humanista, e expressa claramente que "cada indivíduo tem direito ao respeito de sua dignidade, quaisquer que sejam suas características genéticas". Visa-se conciliar a liberdade de ação do pesquisador e a necessária proteção da humanidade contra os múltiplos abusos que já começam a ser detectados em vários países, em prejuízo das populações mais deserdadas.

PARIS, JANEIRO DE 1999

A crise brasileira não surpreendeu ninguém. Foi a repetição de um espetáculo de desgoverno com que estão familiarizados os estudiosos da história do país. O problema de fundo é sempre o mesmo: incapacidade da classe dirigente de enfrentar problemas que são a excessiva concentração da riqueza e da renda e que se traduzem em excessiva propensão a consumir e a importar, e uma baixa taxa de poupança. Existe uma contradição entre o modesto nível de desenvolvimento do sistema produtivo e os padrões de consumo das classes afluentes a que aspiram as classes médias. O crescimento econômico, que tem sido considerável, engendrou uma sociedade com graves distorções, sujeita a crises intermitentes de desequilíbrio fiscal e balança de pagamentos. Essas considerações são essenciais para explicar a inflação crônica que caracteriza o evolver da economia brasileira tanto nas fases de crescimento como nas de recessão.

A estratégia de estabilização adotada pelo governo no último quinquênio ignorou esplendidamente essa realidade. Certo, a instabilidade vinha reduzindo a governabilidade do país desde os anos 1970, quando mudou a conjuntura internacional. O primeiro passo da nova política consistiu em tirar proveito do aumento conjuntural da liquidez internacional. Deu-se mais elasticidade à oferta interna de bens de consumo invertendo-se a posição do balanço comercial, que, de positivo, passou a ser negativo. Isso favorecia a massa dos consumidores, o que produziu dividendos políticos consideráveis.

Como era de prever, logo se manifestou o desequilíbrio na balança de pagamentos. Mas, à diferença do ocorrido no passado, quando se enfrentava o desequilíbrio manipulando o câmbio, privilegiou-se a estabilidade de preços facilitando o endividamento externo de curto prazo e elevando de forma exorbitante as taxas de juros.

Não cabe culpar os formuladores do plano de estabilização, que haviam imaginado uma política compensatória fiscal, a qual engendraria uma elevação compulsória da poupança. É sabido que essa nova política foi concebida nos Estados Unidos, com a colaboração de técnicos do FMI, o que explica que não se haja tido em conta as peculiaridades do processo legislativo brasileiro, o qual está longe de ter a racionalidade ao gosto dos tecnocratas. Por outro lado, os dividendos políticos produzidos pela estabilização dos preços inebriaram os dirigentes do Poder Executivo, que se dispuseram a aceitar qualquer risco para se reeleger.

Mais uma vez evidencia-se que as instituições internacionais são incapazes de mobilizar os recursos requeridos para evitar rupturas de pagamentos nos chamados países emergentes. Os parcos recursos que intermedeiam são aplicados a taxas de juros que pouco alívio trazem aos devedores. A estratégia do FMI parece ser prolongar a recessão até que o paciente aceite a adoção do "currency board", ou seja, a plena dolarização, à semelhança do ocorrido na Argentina. Isto significa nada menos que compartilhar com o sistema financeiro internacional o governo do país. Diante dessa perspectiva temos que reconhecer que a moratória é um mal menor, pois evita a abdicação da responsabilidade de se autogovernar. Mas a moratória não deve acontecer como uma catástrofe. Deve ser meticulosamente programada no plano externo como no interno. No plano interno, caberia inspirar-se no capítulo 11 do Código de Bancarrota dos Estados Unidos, conforme recomenda a última edição do "Trade and Development Report" desse órgão das Nações Unidas, a Unctad, atualmente dirigido por um brasileiro de excepcional competência, que é o embaixador e ex-ministro da Fazenda Rubens Ricupero. No plano externo, cabe lutar por uma reestruturação do sistema financeiro internacional, no sentido de restaurar a disciplina cambial e a dos fluxos de capital.

Persistir na política atual de endividamento externo é aceitar o risco de uma moratória catastrófica, que parece ser o objetivo dos que se empenham em liquidar o que resta do patrimônio público (leia-se Petrobrás) e ceder às empresas transnacionais o comando do sistema monetário (leia-se dolarização).

Desde muito cedo me atribuí a tarefa ingrata de pensar o Brasil. Nos meus diários de juventude há uma página escrita aos dezessete anos em que eu me atribuo a missão de escrever um livro sobre o Brasil, para ajudar a entender o nosso país.

O mundo em que eu vivia me parecia absurdo. Era o mundo do cangaço com sua insegurança e crueldades. E era o mundo das secas periódicas, das mortandades e miséria. E era o mundo das romarias em direção a Juazeiro, onde predicava o padre Cícero. E ainda era o mundo das histórias da absurda Guerra de Canudos. Ocorre que muito cedo tomei contato com o pensamento positivista graças a um conjunto de livros que herdei de um parente militar que havia participado da Guerra de Canudos. Transplantou-se em mim a ideia de que o mundo pode ser diferente, que cabe aos homens lutar para fazê-lo melhor do que é. É preciso estar armado para essa luta e a arma principal é o conhecimento, em particular em sua forma mais nobre que é o conhecimento científico. Não basta a vontade política. É necessário armar-se de conhecimentos para transformar o mundo.

RIO, JULHO DE 2000

Sabemos muito pouco sobre o custo real do que chamamos desenvolvimento econômico. Por exemplo, em termos de destruição de recursos não renováveis minerais, dificilmente renováveis como a cobertura vegetal e os solos aráveis e os custos em seres humanos que decorrem da estrutura social, como no caso dos homens que são usados apenas como força de trabalho. O verdadeiro desenvolvimento se traduz em investimento no homem.

RIO, 2002

Muita gente se interroga como é possível que um país dotado de tantos recursos naturais como é o Brasil seja tão vulnerável à ação predatória de vagas de capital estrangeiro. Para refletir sobre esse tema, temos de esclarecer o processo de construção das ideias que estão na base de nossa visão do mundo. Trata-se de pensar por que temos determinadas ideias e certa visão valorativa das coisas. O certo é que nos envolvemos em lutas por causas sociais e que esse envolvimento nos custa sacrifícios consideráveis. Se rememoramos o desenrolar de nossa história na segunda metade do século xx, constatamos que foram escassas as confrontações que envolveram grandes massas de opinião pública. Por isso mesmo a nossa história tem sido marcada por contrarrevoluções e movimentos restauradores da ordem estabelecida. Os movimentos sociais muitas vezes desempenharam um papel positivo, mas via de regra impediram a sociedade de abrir caminhos novos permitindo que líderes dotados de imaginação abram pistas na busca da felicidade e muitas outras que dignificam o homem. Nada traduz tão bem a face criadora de uma sociedade como sua capacidade de inventar utopias.

Soberania nacional é um desses conceitos difíceis de precisar mas que exercem enorme fascinação e cimentam a consciência de pertencer a uma cidadania. A luta pela conquista da soberania é a saga nacional de cada povo, o qual muitas vezes se confunde com a construção de um sistema cultural com valores específicos. Por outro lado, a desmontagem de um sistema nacional pode assumir várias formas que vão da dominação militar até a perda da identidade cultural. A conquista da soberania nacional no caso brasileiro apresenta peculiaridades que necessitam ser tidas em conta para entender a formação desse sistema político de dimensões geográficas inusitadas, grande heterogeneidade étnica e unidade cultural. Na formação de um conjunto heteróclito desempenha papel de grande relevo a construção do Estado nacional, estrutura política herdada do colonizador português. É essa estrutura política de Estado nacional que está sendo negociada no projeto da Alca,[12] o qual implica abandono crescente do exercício de autogoverno e da autonomia. A implantação da Alca conduzirá inevitavelmente à dolarização da economia brasileira mediante abertura financeira e *vulnerabilidade*. Por último, restringirá a circulação legal de pessoas. No caso do Brasil será a frustração do processo de construção do Estado nacional.

12 A Área de Livre Comércio das Américas, proposta pelos Estados Unidos em 1994, visava eliminar barreiras alfandegárias entre os países do continente. O governo de Fernando Henrique Cardoso foi favorável ao projeto, que o governo Lula, como a maioria dos governos latino-americanos, recusou em 2005.

Índice onomástico